普通高等学校地理与城乡规划类专业教材

人文地理学野外实习方法指导与案例研究

Introduction for Human Geography Field Practice

乔观民　李伟芳
马仁锋　叶持跃　等著

ZHEJIANG UNIVERSITY PRESS
浙江大学出版社

前　言

　　"人文地理学,它研究与空间和地方有关的社会特殊方面"(Johnston,R. J. 1986)。"人文地理学是研究社会活动的空间组织以及人地关系的学科"(Golledge,1993)。"人文地理学不仅描述经济、社会的空间表现,还解释空间配置、空间塑造经济、社会和社会过程。空间与经济、社会之间存在空间辩证法"(Peter Daniels,2001)。"事物不可能摆脱时空而发生,它总有一定的地点,因此地理学总有用武之地"(Hubbard,2002)。按照哈伯德(Hubbard)的说法,人文地理学具有"互联网+"的功能,"空间+各类社会活动",形成各人文地理学分支。陆大道院士在《中国人文地理学发展的机遇与任务》中指出:"人文地理学过去是以'任务带学科'发展……今后认真完成国家或地方战略需求课题,这是我们学科发展的源泉"。人文地理学是实践性很强的学科,它面向生产、生活,因此人文地理学需要进行实践。从学科建设上看,人文地理学野外实习是由书本理论知识到实践运用,再对知识进行具象化、系统化,同时实践活动也是发现研究新问题的根本,因此野外实习,既可以完善学生的知识体系,也可以丰富人文地理学研究课题。

　　宁波大学地理与空间信息技术系[原宁波师范学院地理学系(1982—1996)、宁波大学城市科学系(1998—2015)]十分强调野外实习对于学科建设和发展的促进作用。地理科学专业和资源环境城乡规划管理专业在大三短学期设置了野外实习环节。针对学科的发展,我们一直尝试进行区域地理综合实习基地建设。1998—2003年,以陕西西安—秦岭北坡—黄土高原为实习基地,以区域历史文化、秦岭地质地貌、地域景观、黄土高原景观、农业生产、陕西师范大学附近的西安城市郊区化为主要内容,同时邀请陕西师范大学的张治勋老师一起指导实习,当时我们也编写了实习指导书。这期间以黄天元、李伟芳老师为主,乔观民、张美亮老师参与,共同进行实习基础的建设。2004—2009年,针对资源环境与城乡规划管理专业新要求,并考虑到实习经费有限,尝试以苏州—无锡—南京为中心,以城市历史街区保护与老城区更新、城市旅游、苏州工业区建设规划、跨长江大桥建设的桥头堡经济为内容,既体现了经济性,又考虑到了学生获得新景观体验感,建立苏州—无锡—南京城乡规划实习基地。期间还尝试将厦门城市旅游、城市规划、港城互动与宁波城市建设、规划进行对比分析。该时期实习基地建设以李伟芳老师为主,乔观民老师参与。2010—2015 年,在 2009 年后物价上涨而实习经费萎缩的情况下,到外地建立实习基地已经成为不可能的任务。鉴于实习基地建设对学科发展的重要性,我们对实习基地建设实行转向。强调以解决问题为导向,以城市规划、社区规划为核心内容,厉行节约,立足本地,开始以宁波—舟山为范围探索区域内实习基地建设。目前形成庄市街道、孔浦街道、鼓楼街道、象山石浦镇为主的实习场所。从城市规划角度,选取的基地场所内具有老城区更新(孝闻街)、历史街区保护与建设(庄市街道、鼓楼街道、石浦镇)、城市的郊区扩张(孔浦街道)、新城建设(庄市街道)、新农村建设(庄市街道的光明村和勤勇村)、城市主题公园建设(象山影视城)等特色。而且从城市空间上具有 CBD—近郊—远郊—农村的横断面特色,可以满足城市—乡村规划的景观要求。积极开展专题城市规划调查工作:城市交通拥堵治理、城市公交满意度调查、流动人口居住行为空间、中心城区公共服务设施与公共服务均等化、区域产业集群调查、征地(失地)农民的市民化调查、社区转型与治理等。目前该基地正在建设中,本书也是实习基地建设成果的部分体现。

本书内容大致分为三部分:第一篇人文地理学野外实习理论与方法;第二篇宁波大学人文地理野外综合实习案例;第三篇宁波大学人文地理野外专项(专题)实习案例。本书是宁波大学城市科学系(1998—2015 年曾用名)担任人文地理学与城乡规划的学科教学的各位教师合作成果。各章主要执笔人:乔观民,第一章、第二章第一、二节、第三章;翁仲华、乔观民,第二章第三、四节;冯秀丽、任丽燕,第四章;李伟芳,第五章;袁海红,第六章;刘永强,第七章;马仁锋,第八章;叶持跃,第九章;乔观民、崔小鹏,第十章;江文政、乔观民,第十一章。

本书能够在较短的时间内完成,首先感谢各位同仁通力协作;其次,感谢本系李加林、李伟芳、马仁锋老师对本书写作的安排、协调和建议及人文地理学专业硕士研究生王腾飞、周国强、朱菲菲、朱丹丹的文字校对与图件处理付出;第三,感谢"浙江省'十二五'重点学科建设——地理学"学科项目为本书的写作和出版提供经费支持;最后,感谢浙江大学出版社编辑的辛勤劳动。正是由于这些努力和帮助,使本书得以付梓。本书在写作过程中参考和引用一些相关书籍与资料,在此一并致谢!

因作者精力、专业水平和时间的限制,本书仍有一些不足之处,希望得到同行专家、学者和读者的批评指正。

作者

2015 年 12 月 28 日

目　录

第二篇　宁波大学人文地理野外综合实习案例

第三篇　宁波大学人文地理野外专项（专题）实习案例

第一篇

人文地理学野外
实习理论与方法

第一章 野外实习与地域特色

宁波位于我国海岸线中部,地处长三角南翼,属于浙江省东部地区,北临杭州湾,西接绍兴,南依三门湾,东濒舟山群岛。宁波市是全国 15 个副省级城市、5 个计划单列市和 14 个沿海开放城市之一,是长三角南翼的经济中心、浙江省经济中心和浙江对外开放的门户和窗口。

改革开放以来,宁波经济持续快速发展,显示出巨大的活力和潜力,成为国内经济发展最活跃的地区之一。2014 年,全市实现生产总值 7602.5 亿元,财政收入 860.6 亿元。随着北仑深水良港的开发建设,宁波城市空间由河口向滨海演进,形成了三江、镇海、北仑三片临江、滨海发展的空间格局。港口货物吞吐量达 5.26 亿吨,集装箱吞吐量 1870 万标箱,港口集装箱吞吐量跃升到全球第五位。城市综合竞争力跻身全国十强,被评为国家园林城市、国家优秀旅游城市、国家卫生城市和全国首批文明城市。

第一节 地域城市特色

一、港口城市

宁波市域空间格局从三江口的内河港—镇海(河口港)—北仑(深水大港)向滨海港的空间演变。"以城促港、以港兴城、港城互动"一直是宁波城市发展的主线。

二、组团城市

宁波城市格局为三江组团、镇海组团、北仑组团,中心城市组团结构明显。三江组团为中心商务区(CBD),重点发展商务楼宇经济,以生产性服务业、总部经济为主(图 1-1)。

北仑组团,由北仑中心片区、小港片区和大樹—白峰片区组成,各片区之间以生态带分隔,以快速交通相联系。北仑中心片区强化产业发展与城市生活的综合承载能力,提升城市功能和形象;小港片区推进转型升级,承接三江片功能和产业的外溢;大榭—白峰片区推进海洋产业集聚发展。该区域重点发展港口大工业经济,能源产业、石化产业、钢铁产业、修造船、汽车及零配件产业以及机械、模具等,以深水良港为核心的港口物流经济,大力建设城市的次级 CBD 区,该区域也是浙江省的海洋经济重点发展区。

镇海组团形成滨江生活居住和滨海工业仓储两个片区,其中滨江以生活居住为主,滨海以工业仓储为主;生活居住片区和工业仓储片区之间以防护绿化带相隔离。该组团重点发展石化、能源产业等港口工业,大力推动循环经济建设。城市建设要处理好新城建设与老城振兴之间的关系。

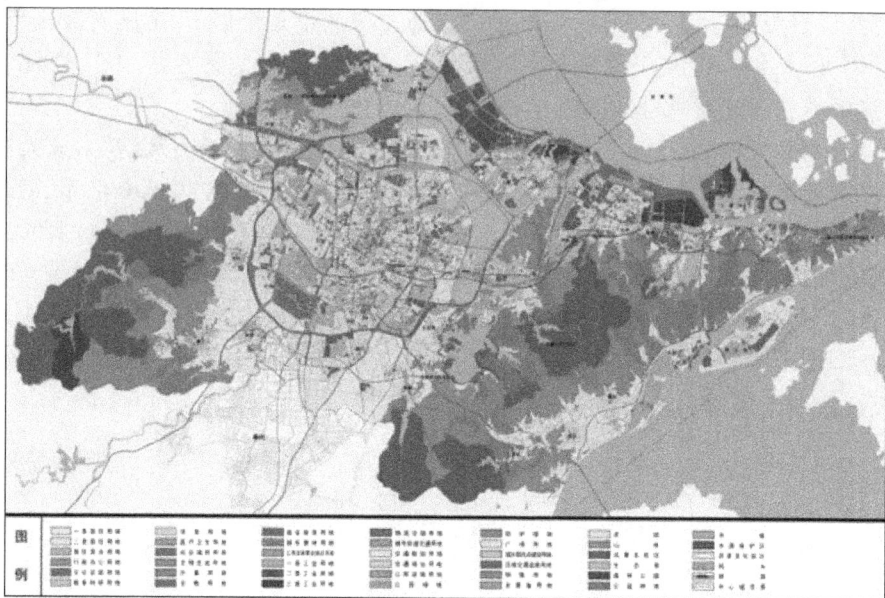

图 1-1　宁波中心城区土地利用图

三、城镇体系

市域城镇人口:590 万～620 万(2020)

特大城市:宁波 230 万～270 万

大城市:余姚、慈溪

中等城市:奉化、宁海、象山

小城市和小城镇:周巷镇、龙山镇、泗门镇、莼湖镇、石浦镇、西周镇、春晓镇、姜山镇、梁弄镇、马渚镇、逍林镇、溪口镇、西店镇、长街镇、陆埠镇、松岙镇、前童镇、贤库镇、庵东镇

人口发展：人口总量增长地区为宁波市区、余姚市、慈溪市、奉化市、宁海县、象山县

枢纽设施：宁波国家级综合交通枢纽包括宁波—舟山港，宁波栎社机场、宁波铁路枢纽、宁波公路枢纽、余慈铁路客运站、余慈公路客货运站、宁波内河港线网规划（见图 1-2）：

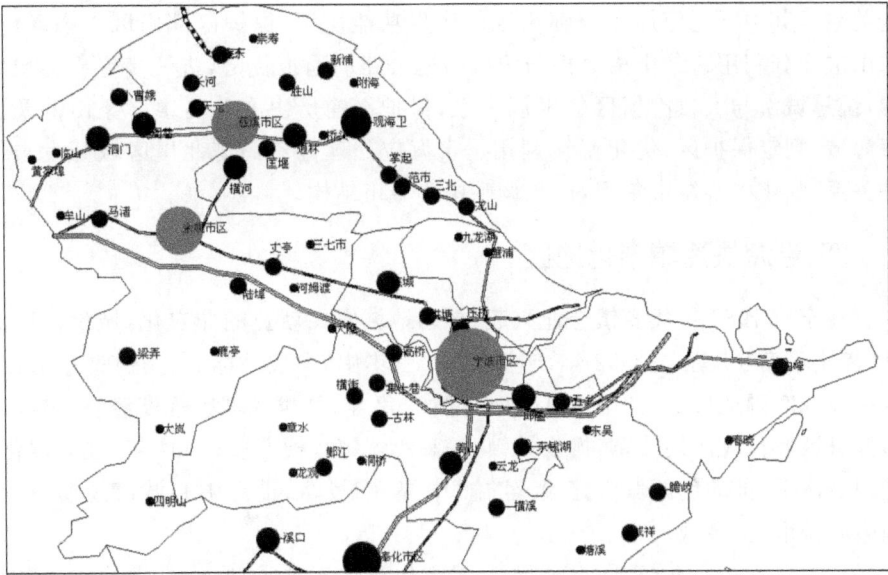

图 1-2　宁波北部地区城市体系图

沈海高速公路复线宁波—象山段、杭州湾环线高速公路宁波—慈溪段、甬舟联岛高速公路；

沪杭甬深客运专线杭甬段和甬台温段、甬台温铁路、金甬铁路、杭州湾跨海铁路大桥、宁波—舟山铁路；

杭甬、宁波—余慈城际轨道交通，都市区一体化公交线；杭甬运河。

自然与人文特色地区：

宁波市区三江地带（余姚江、奉化江、甬江）、余慈绿心、宁波东部、西南部山林地区、大型防护绿化带、余姚江、杭甬运河、宁波市区—慈溪之间的绿地。

县（市）域总体规划指引：

（1）从宁波都市区整体功能布局出发统筹市域南北地区发展，缩小发展差距。北部余姚市、慈溪市以网络组团布局为导向，南部奉化、宁海、象山以点轴开发布局为导向。

（2）余姚、慈溪加强一体化发展，全面协调县（市）域总体规划。协调网络化基础设施廊道建设，确定区域性高速铁路、快速交通通道、跨杭州湾铁路大桥通道。划定滨海湿地保护区、森林公园、河网水系保护区，控制组团隔离绿地。其

中慈溪应加强市域网络片区结构,推进小城镇整合转型,保护滨海湿地与南部山区,加强水资源综合利用与区域引水工程建设。余姚应加强北部城镇整合,处理好中心城市与姚北区域的发展关系,保护四明山生态环境。

(3)奉化、宁海、象山应进一步加强与宁波中心城市联系,开辟都市区联系新通道,预留轨道交通通道。协调象山湾旅游、产业、生态保护、基础设施等功能关系。其中奉化应加强与鄞州区的边界功能协调,保护西部山区生态环境。象山应充分利用跨象山湾大桥与滨海高速公路的通道优势,进一步完善县域结构,统筹城市与大目涂新区的发展关系;保护石浦历史文化名镇与象山港及近海海域,划定保护区,优化岸线利用。宁海应处理好三门湾北岸区域开发与保护关系,强化中心城市集聚,优化调整中心城市结构。

四、沿海快速城市化地区

在宁波1980年代乡镇企业兴起,推动地域农民就业的非农化,城市化推进是"离土不离乡"模式;1992年,宁波实施"三集中"发展战略,大力打造小城镇,其中以329国道形成了"串珠状"城镇群;2002年,为推动城镇规模经济,宁波大力推进区域行政区划改革,撤乡并镇,提高小城镇规模层次;2004年,在全球化、知识经济下,推动创新城市建设,实施"中提升"战略,提高中心城市规模,打造副中心城市、卫星城。

从人口城市化角度看,宁波人口城市化存在三种类型:一是本地农民向城镇迁移的过程;二是外地农民工由于经济引致而形成的"新宁波人"过程;三是本地城镇人口"再城市化"过程。

在当前人口城市化过程中,本地农民向城镇迁移经历了三个阶段,1980—1992年,由于城镇良好的公共基础设施和附着在城镇非农业户籍上的就学、参军、就业、医疗和社会保障等利益,农民对于城镇化具有积极的意愿;但由于户籍政策限制,非农业户籍城镇化缓慢。1992—2002年,由于户籍政策松动,特别是对小城镇的非农业户籍放开,非农业户籍人口增长速度较快,宁波市非农业户籍人口由1992年的106.82万,增加到2002年的162万。2002年后,由于城市建设步伐加快,拆迁改造所带来的农户利益,导致转户口的意愿显著降低。但宁波本地农民就业非农化与经济发展同步,1985年农村劳动力就业非农化为43.9%,到2010年农村劳动力就业非农化达到80%。

"新宁波人"人口城市化稳步推进。1980—1990年代到宁波的外来流动人口很少,产业的劳动力引致主要是面向本地农民,1990年第四次人口普查中宁波流动人口数量为15132人。1990年代,随着国家对人口流动政策的放开,宁波流动人口迅速增加,到2000年宁波流动人口数量达到545614人。2000年后,随着国家对流动人口政策由规范走向公平,流动人口增加加速,到2010年流动人口为 228.85 万人。流动人口在职业构成中,以制造业为主,基本上是就业非农化。

本地城镇户口的"再城市化",主要是城市中心城区的改造所带来的城市居民的位置迁移和居住条件改善。特别是 2000 年后,"中提升"战略带来的再城市化影响最大。

第二节　地域产业空间特色

一、产业所有制特色

2013 年宁波第三次经济普查显示,宁波第二、第三产业具有企业数 166749个,其中小微企业数量达到 141686 个。

表 1-1　第三次经济普查宁波企业的产权结构

	企业法人单位(个)
合　计	150025
内资企业	144180
国有企业	384
集体企业	1319
股份合作企业	1248
联营企业	37
有限责任公司	5344
股份有限公司	685
私营企业	133295
其他企业	1868
港、澳、台商投资企业	2853
外商投资企业	2992

从表 1-1 产权结构上看,宁波产业特色兼顾了温州模式与苏州模式的特点,具有很强的地域特色。

二、工业产业已基本形成三大产业集聚的格局

改革开放以来,宁波经济快速增长,1979—2014 年宁波的 GDP 增长率达到14.8%,其中制造业对整个经济增长的直接贡献率达到 51%。2014 年制造业

产值达到 892.68 亿元,占整个 GDP 的 49.95%。凭借独特的区位条件和人文优势,宁波已逐步形成传统加工制造业、临港大工业、高新技术产业三大产业集群。2014 年宁波的工业增加值占长三角的 8.15%,宁波已经成为长三角重要的制造业基地之一。

(一)传统产业集群——营造制造业基地

宁波的传统加工制造业产业集群主要发端于乡镇企业,经历了 1970 年代末—1993 年原始资本积累阶段,1993—1998 年飞速发展阶段,1998 年至今正处在创立品牌和整合发展阶段。宁波已经初步成为全国的服装、家电、塑机、汽车零配件、文具、塑料及模具生产基地。

服装业生产基地。第三次经济普查数据显示宁波市已有各类服装生产企业 4617 余家。生产服装约占全国服装的 5%,年服装生产能力 14 亿件,占全国服装生产能力的 12%左右;规模以上企业 588 家,总资产达 614.58 亿元,单个企业资产平均过亿元。知名品牌企业有雅戈尔、杉杉、太平鸟、落兹、罗蒙、培罗成、一休等,宁波已经成为中国服装生产与品牌的密集区之一。

宁波慈溪已经和广东顺德、山东青岛并称为中国三大家电制造业基地。慈溪市在家电整机装配、制造上已形成完整的产业链。家电配件加工业不仅支持本地整机产品的发展,为国内的海尔、长虹等著名品牌的冰箱、空调、电视机、洗衣机产品配套,而且也成为国内外重要的家电 OEM(Orignal Equipment Manufacture,原始设备制造、定牌加工、贴牌生产)制造基地。

重要的汽车零配件生产基地。20 世纪末随着国内汽车工业及汽车零配件业的迅速发展,宁波利用其发达的注塑行业,迅速成为国内非整车生产的主要集聚地。2012 年,生产汽车零配件的企业有 3599 家,从业人员 153199 人,企业固定资产 1060.7 亿元。

初步形成以宁海、北仑为中心的文具生产基地。目前宁波的长尾票夹产量居世界第一位,同时拥有削笔器、胶水、打孔机、订书机等上千种文具产品,并远销欧美、中东、东南亚等 80 多个国家与地区。第三次经济普查显示文具制造企业有 3089 家,从业人员 114585 人,企业固定资产 426.8 亿元。

全国最大的注塑机生产基地。中国最大的注塑机生产基地,年生产量占国内注塑机年总产量的 1/2 以上,占世界注塑机的 1/3。

重要的塑料及模具生产基地。塑料模具与家电制造、汽车零配件、塑料机械等发展关系密切。以余姚为中心的塑料生产基地,为了便于产业协作,建造了余姚中国塑料城与中国轻工(余姚)模具城。第三次经济普查显示橡胶和塑料制品业企业数目 8344 家,从业人员 168601 人,企业固定资产 650.4 亿元。

(二)临港大工业集群——重化工业基础

宁波临港大工业集群主要是依托港口优势发展起来的。从行业来看,主要集中在石化、煤炭、电力、钢铁、汽车、修造船工业、粮油等方面,目前正以大工业为主导向生产地域综合体迈进。从地域来看,宁波临港大工业主要分布在镇海与北仑的经济技术开发区。其中,镇海以镇海石油炼化集团为主导,2014年销售收入达1205亿元;北仑六大临港产业实现工业总产值1193.10亿元。

由于依托港口优势,利用国内国外的资源进行规模化生产,镇海石化公司的成本费用与亚太炼厂平均水平相当,位居国内最低行列。北仑的宁波经济技术开发区有协和石化、台塑石化等大型石化企业。

钢铁工业主要有美国投资的宝新不锈钢、华光不锈钢、建龙钢铁。钢铁产业总资产达到271.5亿元,黑色金属冶炼与压延加工69家,从业人员7029人。

利用港口优势建立火力发电电站,是临海大工业的一大特色。镇海电厂、北仑电厂都是大型企业。当前电力工业产值达到874亿元左右。

北仑区的机械行业的企业数达到1514个,以通用设备制造与专用设备制造为主,从业人员达到4.9万人。

造纸业以中华纸业为龙头。中外合资中华纸业有限公司白板纸一期、二期、三期宁波亚洲纸业157万吨/年的纸板项目。造纸行业的原材料主要依托港口从国外进口,目前从国外进口商业木浆150万吨/年和废纸70万吨/年;而且造纸工业环境污染大,是高耗水的工业,可以充分利用海水,造纸工业相对集中在青峙工业园区。造纸行业的主要产品有加工纸、纸和纸板、纸容器等,其中纸板工业1/4出口,1/4本地消费,2/4销往国内市场。

宁波经济技术开发区在2001年引进吉利汽车集团,主要生产低价位家庭用的轿车。2002年获得国家的轿车生产许可后,当年产值即达到86687万元,增加值26234万元。目前北仑区有汽车制造企业792家,形成汽车整车行业与汽车零配件协作网络。

每一座世界级大港都有大型修造船企业为之配套,北仑的修造船工业主要有恒富蓝天造船厂、三星重工宁波有限公司。在港口工业中,出现了一些轻型化倾向,如利用港口的大进大出贸易特征,建立粮油加工企业等。

(三)高新技术产业集群——新兴经济增长点

1990年代后期以来,宁波高新技术产业发展迅速,其产品产值年均增长速度为42.36%,大大高于同时期的工业平均增长速度。

2013年末,全市共有规模以上高技术产业(制造业)企业法人单位587个,占规模以上制造业的比重为8.2%。2013年,规模以上高技术产业(制造业)企业法人单位R&D经费支出20.5亿元,占规模以上制造业的比重为14.4%;R&D经费投入强度为1.97%,比国内规模以上制造业平均水平高0.82个百分点(见表1-2)。2013年,规模以上高技术产业(制造业)企业法人单位全年专利申请量为4516件,其中发明专利申请788件;发明专利申请所占比重为

17.4％,比国内规模以上制造业平均水平高 1.4 个百分点。

表 1-2　宁波高新技术产业的 R&D 情况

	R&D 经费支出（亿元）	R&D 经费投入强度（%）
高技术产业（制造业）	20.5	1.97
1.医药制造业	1.4	2.62
2.航空、航天器及设备制造业	0.1	2.53
3.电子及通信设备制造业	13.0	1.68
4.计算机及办公设备制造业	0.3	0.87
5.医疗仪器设备及仪器仪表制造业	5.8	3.26

从空间来考察,宁波高新技术企业分布呈现出区域集中、集聚的格局。产业领域主要集中在新材料、新能源、生物医药、电子信息、现代交通等领域。北仑、鄞州、慈溪、余姚和保税区高新技术产业集聚明显,高新技术产品产值约占全市的 3/4。

三、农业产业化发育良好

1979 年宁波在农村逐步推进以实行家庭联产承包为主的责任制度,1981 年 8 月宁波全面推行联产承包责任制,并将这一形式从农业发展到林业、畜牧业及渔业,建立统分结合的双层经营新体制,形成了以家庭为主、精耕细作、自主经营的生产模式。总体上调动了农户的积极性,粮食连年丰收,1984 年,宁波农村基本解决了温饱问题,农户土地利用以粮棉生产为基础。

1984 年 4 月宁波被国务院批准为对外开放沿海城市和经济体制综合改革试点城市。城市改革从简政放权让利出发,扩大企业自主权。由点到面推广厂长(经理)负责制,企业新招工全部面向社会,实行劳动合同制度。在农村贯彻"放宽政策,搞活经济"(又称"放宽搞活"),大力发展乡镇企业,1984 年,宁波市政府根据中央 1 号、4 号文件提出"多路并进,集体为主;外引内联,双向发展;城乡结合,农工一体"的乡镇企业发展方针。开启"离土不离乡"的城镇化。

1985 年宁波农村进行以改革农产品统派购制度为内容的第二步改革,放开部分农产品价格,积极进行农业产业结构调整。政府鼓励、支持集体、个人开发"五荒"(山、水、滩、涂、岛),同时积极进行农业区划:北部平原重点发展蔬菜、淡水养殖和畜牧业,建立环市区的猪、禽、蛋、奶、菜等副食品基地;东南港湾丘陵重点进行滩涂开发和经济特产作物,建立水产和水果基地;西部山区、半山区大力发展林、竹、茶、畜,振兴山区经济。积极探索解决农民增收问题。同时利用沿海开放城市优势,大力发展出口创汇农业,按照"贸工农"方针,调整农业产业结构,农业经济由内向型走向外向型。

1987 年开始实施"菜篮子"工程,全市建立了市、县、乡三级副食品生产基地,基本完成国务院要求的常年吃菜人口人均二厘五亩菜地。

1989 年农村开始实施稳定家庭联产承包责任制,进一步完善"统分结合"的双层经营责任制,发展壮大集体经济,完善农村社会化服务体系,促进农业专业化、商品化、社会化。

1992 年,党的十四大召开后,农村改革进一步深化。1992 年,国务院为缓解农产品卖难问题,较快地增加农民收入,拓宽农村工业品市场,实现小康目标,加快农业现代化进程,制定了《国务院关于发展高产优质高效农业的决定》,在全国范围内推广"一优两高"农业。宁波市政府积极推动农业专业化,在宁波各乡镇积极建立"一优两高"农业示范基地。

由于种粮农民的社会地位低、劳动强度大、经济效益差等原因,出现了不少农户不愿种田或少种责任田的现象。对此,一些地方推行了用工副业利润补贴承包款或商品粮的"以工补农"政策措施,但收效不大。"农工一体化"的地方政府扶持政策培育了一批种粮大户,土地规模经营开始迅速发展,1994 年全市承包 10 亩以上商品粮田的专业大户已有 1.27 万户,经营面积 32.75 万亩。

为推动农户增收,宁波市委、市政府出台了《关于深化改革,加快农业和农村经济发展的若干意见》(市委〔1994〕1 号),《宁波市人民政府关于扶持农业龙头企业若干政策意见的通知》(甬政发〔1995〕3 号),并为了贯彻十四届三中全会的精神,加快建立农村社会主义市场经济体制的步伐,把发展农业规模经营、农业股份合作制、农业龙头企业作为农村社会主义市场经济体制的重要途径,同时开展了乡镇企业产权的制度改革。

根据党的十五届三中全会《中共中央关于农业和农村工作若干重大问题的决定》,《中共中央办公厅、国务院办公厅关于进一步稳定和完善农村土地承包关系的通知》(中办发〔2002〕16 号),省委办公厅、省政府办公厅《关于搞好第二轮土地承包工作,稳定完善家庭联产承包责任制的若干意见》(省委办〔1997〕70 号),宁波市委、市政府制定了《关于认真搞好第二轮土地承包工作的通知》(市委〔1998〕12 号)。第二轮土地承包中,宁波市坚持大稳定、小调整的原则,因地制宜,积极推动土地向大户集中的战略。

2000 年后,由于城市建设土地指标等,宁波加强基本农田建设,重点加大农业基础设施投入。2003 年后,重点开始实施"百村示范、千村整治"工程;2005 年制定《宁波市统筹城乡发展纲要》,部署实施"强龙"工程、百万农民培训工程、人口梯度转移工程等六大工程建设;2008 年,出台《关于加快推进农村改革发展的实施意见》,提出"夯实一个基础、突出两个重点、实施三个突破、落实四个保障"总体思路,以新农村建设为核心内容。

在农业生产上,出台《关于进一步推进农村土地承包经营权流转加快发展规模经营的意见》(甬政发〔2006〕108号),进一步推动土地向大户集中。

1990年代初期,宁波采用农业地域专门化,实施"一村一品"建设。但存在"小农生产与大市场之间矛盾"。1990年代后期,推进农业产业化。开展"公司＋农户"生产、"农超对接"、"合作社＋农户"等模式。

2000年后都市经济兴起,农业生产实行"都市农业"、"外贸农业"、"农户＋农家乐"等新模式。

第三节　新农村建设

建设社会主义新农村是指在社会主义基本制度下,反映一定时期农村社会,以经济发展为基础,以社会全面进步文明为标志的新型社会形态,是一个包括社会、政治、经济、科技、教育、文化、交通、人民生活、社会治安和社会保障的有机统一体,是我国社会发展程度的标志。

一、宁波农村空间的格局

1990年代宁波在工业化的同时推进地域小城镇化,目前全市已进入统筹城乡经济社会发展的新阶段:农业生产和农村生活条件不断改善,农村人口加快向城镇集聚,城乡经济融合、要素流动和体制改革"三个加快"的发展趋势初步形成。但与城乡协调发展的良好势头相比,宁波城乡空间的布局却亟待改观:村镇数量过多、布局分散、规模偏小;空间规划重城市、轻乡村,城乡规划未能与土地利用规划有效衔接;基础设施、公共服务的城乡共享度低。

从市域村镇布局看,城镇分布呈"北密南疏"的格局,在中北部平原,城镇密度较高,特别是329国道沿线每3千米就有1座城镇,形成了城镇连绵带。村庄布局呈"北大南小"的状况,北部区域共有3517个自然村,人口有90.58万;南部区域共有7800多个自然村,人口却只有88.36万。反映了南部区域的村庄分布散、规模小。从人口居住的地域分布情况看,余慈区域(除四明山区)村镇常住人口共136.58万,每平方千米人口为896.85人;南部区域村镇常住人口共124.72万,每平方千米人口为311.63人。两者相差将近3倍。

(一)宁波北部农村

在宁波北部,农村户籍人口分布主要围绕慈溪市浒山街道和宗汉街道空白区,形成农村人口高密度的圆形区,以余姚市区为中心形成北部扇形高密度区。在中心市区,形成一个圆形的高密度区。高密度区的农村人口密度在800人/平方千米以上,沿城市边缘,易于统筹城乡一体化建设,这也是宁波新农村建设的人口学基础。

在北部经济发达区,城市化质量不高,现有城镇等级结构"底部"大,3万人口以上城镇11座,仅占全市建制镇总数10.3%;1万以下城镇占全市建制镇总数53.3%。平均每镇人口(除县城镇外)仅1万,规模普遍偏小。反映了各级城镇集聚功能还不强,在带动区域经济发展中力量不足。

村庄量多面散,平均每平方千米有0.65个行政村,1.9个自然村。共有村民237.65万人,每个行政村的人口为500左右。其原因是长期以来的区域规划编制滞后,村镇建设缺乏宏观指导和调控。有的地方虽然有规划,但各行其是,缺乏区域空间的通盘考虑。新农村建设的难度主要是:一是村镇规划与基本农田保护之间的矛盾,使规划难以开展;二是流动人口缺乏相应的建设指标,导致基础设施高负荷运转;三是家庭小微企业、庭院经济发育,导致宅基地紧张。同时土地利用效率不高问题突出。

但必须看到,宁波北部区域经济发达,人口稠密,基础设施共享性强,能为新农村建设提供有利的环境和良好的基础。

(二)宁波南部农村

在宁波南部,农村人口密度相对较低,但在沿海地区形成密度较高的区域。南部人口密度一般在500人/平方千米以下。

在南部区域,由于村集体经济弱,很多村庄缺乏规划,房屋建设杂乱,村庄内部缺乏基本的道路,汽车通行困难。虽然近年来开展"千村整治、百村示范"工程,但由于缺少经费,规划建设困难。

南部区域主要以山地海岛为主,农村人口密度较低,更多的是需要做好居民点规划,进行基础设施集中建设,以提高基础设施利用效率。

(三)宁波南北区域农村差异

乡镇企业的规模和数量,南北存在着较大差异。抽样调查显示,余慈区域村庄一般有独立用地企业10多家,占地平均在5亩以上;南部区域村民也办有不少生产作坊,但独立用地企业不多。

从村民就业抽样调查情况看,家庭主要劳力从事农业生产的,北部区域为30%左右,南部区域为70%左右;从事工贸的,北部区域为20%左右,南部区域为5%左右;半工半农的,北部区域为20%,南部区域为10%左右。

村民收入情况抽样调查表明,2014年北部区域村民人均年纯收入2.2万元,收入主要来源于第二、第三产业和财产型收入;南部区域村民年均约为1.8万元,收入主要来源也是第二、第三产业。

二、宁波农村空间发展分类指导

(一)城镇郊区型农村

城镇郊区区位条件决定了它和城镇具有很强的邻近性。按照"规划科学、布局合理、设施配套、功能齐全、环境优美"的新农村建设要求,按照城乡一体化的要求把城市基础设施向农村适度延伸,同时加大农村基础设施建设投入,改善城镇郊区农村的基础设施条件,为城市化做准备。

城镇郊区型村庄农民生活水平较高,文化层次也接近城镇居民,可以较快地融入城镇生活。由于该区域位于经济发达地区,外来流动人口多,公厕等对外服务基础设施亟需加强。

教育方面由于大量外来人口的涌入,为更好地建设社会主义新农村,可以建立民工子弟学校,提升该地区的外来民工的服务水平。

村民迫切要求解决的问题是:污水处理、河道整治、改厕、村综合楼建设。

(二)平原型村庄

平原型村庄的基础设施相比较而言比较好,村内道路硬化率为 78.5%;但目前主要问题是污水未处理的自然村有 3175 个,涉及农户 560531 户,占该类型总户数的 77.1%;人畜、人禽分离率比较低,分别是 20%和 7%。主要是平原地区的人口比较多,人畜、人禽分离相对比较困难。

平原型村庄的关键是要进行中心村建设,带动基础设施建设。平原(水乡)型村庄由于是农业生产的主要地区,该类地区农业产业化基础比较好。道路网比较密集,基本上实现了村村通工程。目前在宁波的农村基本实现以自行车代步的情况下,大力进行中心村建设,运用中心村的规模经济来带动基础设施建设的提升。

村民迫切要求解决的问题是:河道整治、污水处理、村内道路、村综合楼。

(三)山区型村庄

山区型农村主要分布在南三区,南三区的山区农村占整个山区行政村的 77%。下山脱贫、水库移民、项目开发而迁移的自然村有 65 个,占迁移的村的 22.4%。村内道路硬化率为 67.8%,低于全市农村平均水平。

生态市建设不仅要开展重点区域和生态敏感区域的环境综合整治,还要在山区、海岛启动"生态村"建设计划。对于优先控制"生态功能区",要制订相应的生态补偿方案,推进生态移民工程和自然保护区管理工作,逐步提高生态功能区内群众生活水平,改善农村和山区的生态环境质量。同时利用山区、海岛环境优美的特点,大力发展生态旅游、农家乐旅游等,促进这类地区的发展。

村民迫切要求解决的问题是:污水处理、村内道路、村综合楼、通自来水。

(四)半山区型村庄

半山区型村庄是经济最落后的地域,迫切要求在通自来水、改厕、村内道路、村综合楼、污水处理得到改善。

在 5 种类型的村庄中,半山区型村庄的村外出人口比率最高,达到 16.3%(城镇郊区型村庄外出人口比率为 6%,平原地区为 8%,海岛是 12.1%,山区为 13.9%。事实上外出人口比例与经济相关)。农村人均纯收入最低,是经济水平最差的地区,村庄道路硬化率为 65.7%。159 个村饮用水存在安全问题,影响 35563 户,占总户数的 27.8%;污水未处理的自然村有 756 个,涉及农户 94490 户,占该类型总户数的 74%。有露天粪坑的村庄为 216 个,涉及农户 20488,占总数的 16.1%。

半山区型农村位于山区和平原的邻接地带,该区域的生态条件也比较脆弱,加强生态建设,减少水土流失,也是新农村建设的中心环节之一。另外该区域资源条件较差,经济发展水平比较低,因此大力发展经济,特别是利用具有山区和平原的多样型特征,开展多种经营。同时进行劳动力培训计划,开展"打工经济"、"劳务经济",来提高农民收入。加大对该区域的农业基础设施投入,开展财政对口支持,实行"村企结对"工程,多渠道地改善该区域发展的外部环境。

相对来说半山区情况比较复杂,村民要求较多。村民迫切要求解决的问题是:通自来水、改厕、村内道路、村综合楼、污水处理。

(五)海岛型村庄

海岛型村庄道路硬化率达到 44%。18 个村饮用水存在安全问题,影响 3208 户,占总户数的 11.7%;污水未处理的自然村有 161 个,涉及农户 27498 户,占该类型总户数的 100%。

重点是进行移民和生态建设。宁波生态市建设不仅要开展重点区域和生态敏感区域的环境综合整治,在山区、海岛启动"生态村"建设计划。对于优先控制"生态功能区",要制订相应的生态补偿方案,推进生态移民工程和自然保护区管理工作,逐步提高生态功能区内群众生活水平,改善农村和山区的生态环境质量。同时利用山区、海岛环境优美的特点,大力发展生态旅游、农家乐旅游等,促进这类地区的发展。

村民迫切要求解决的问题是:村内道路、垃圾收集、改厕、路灯亮华、污水处理。

三、农村旅游

宁波农家乐信息平台:http://www.njlnb.com/gcxl.asp

宁波农村发展形成:以古村、古居、新农村为特色带动农家乐发展,推动区域周末休闲产业发展。

宁波古村落:鄞州蜜岩村、鄞州李家坑村、宁海许家山、郑氏十七房、慈溪市河头村、余姚市石步村、余姚市皇封桥村、余姚市马家堰、余姚冠佩村、象山儒雅洋村、古渡书香半浦村、镇海秦夹岙村、宁海清潭村、江北半浦村、象山黄埠村、竹海绿岙金冠村、山乡水村集韩岭、剡源古地岩头村、双皎汇源蜜岩村、丹山赤水柿林村、中国进士第一村走马塘、天宫庄园西江古村。

第二章　人文地理学定性研究

第一节　野外实习资料收集

第一步，室内区域资料收集

1.宁波统计年鉴；(统计局、图书馆)

2.宁波市城市总体规划；(宁波规划局)

3.宁波市中心城区详细规划；(宁波规划局)

4.宁波市国民经济与社会发展中长期规划；(如：宁波市国民经济与社会发展"十三五"规划)(宁波发改局)

5.宁波经济普查数据；(图书馆)

6.宁波农业经济普查；(图书馆)

7.宁波市人口普查数据；(图书馆)

8.近五年的宁波市、各区县政府工作报告；(政府网站)

9.与研究相关的论文、书籍检索；(图书馆、期刊网)

10.过往实习基地资料、数据、工作地图。

第二步，对口政府管理资料收集

与野外研究相关的对口管理资料收集，采取市—县(区)—街道(镇)—社区(村)自上而下式方式。这种方式有利于沟通，提高资料收集效率。收集方法对于市、县(区)可以采用政府信息公开渠道获得研究数据。街道(镇)—社区层次，半年总结、年终总结为非公开数据，因此强调研究共享，可以提高资料获得方式。街道(镇)的统计报表，也是非公开数据。因此对管理部门的访谈，可以从管理者角度宏观把握调查区概况。

总体上，越是市一级数据越宏观，越是社区层次，数据越具体。在调查中要处理好宏观数据与微观数据之间的协调。

第三步，微观调查

在第一、第二步数据、资料对支撑研究具有困难的情况下，可采用问卷和访谈法。另外也可以进行实地采集数据，如社区规划中道路、住宅、厂房、公服设施、商服设施等通过拍照片、记录、画草图等方式获得。

第二节　定性研究方法

定性研究(qualitative research)是研究者还要以观察、实验的方法为手段，去搜集数据，并依据数据进行分析、总结、概括，建立假设，让假设接受严格检验。最后得出的结论要能合理地解释当初提出的问题。而定性研究对于研究对象的关注比较偏向于人的主观性引发出的意义。在资料来源方面，强调获取那些从被研究者的眼光去看世界所展现的内容。对研究成果的获得，强调以自然的观察为手段，注重对研究对象的过程和整体进行具有丰富性、生动性的描述。

定性研究方法主要有：专题座谈法、深度访谈、影射法(见图 2-1)。

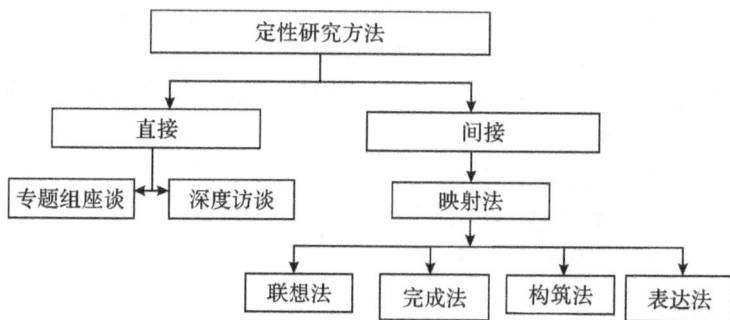

图 2-1　定性研究方法结构

一、专题座谈法

专题组座谈(focus group)是由训练有素的主持人以非结构化的自然方式对一小群调查对象进行的访谈。

专题座谈对主持人的要求较高。主持人态度和蔼而坚定；积极参与讨论；对难以理解的态度和内容要采取包容，鼓励与主持人不一致的意见和看法；主持人要求具有很强的灵活性，把控现场气氛，同时也要具有敏感性，让调查对象感到轻松愉悦，减少心理压力。

计划与执行专题组座谈的程序：研究项目的目的并定义问题→确定研究目的→陈述专题组座谈的目的和要回答的问题→编写讨论主体提纲→主持人提纲及安排→进行专题组座谈→重听录音或重看座谈记录并分析概括→总结成果和计划追踪研究或行动。

二、深度访谈法

深度访谈是一对一执行的非结构化、直接的人员访谈,访谈者要注重对单个的调查对象进行深入的面谈,从而挖掘关于某一主题的潜在的行为动机、信仰、态度以及感受。

深度访谈,需要访谈者具有明确的思路,须事先拟订提纲,对访谈进行适当控制,避免出现天马行空的讨论,但也不能控制太死,控制太死,形成问卷式的对答,那么访谈就成了调查问卷的填写,效果肯定不佳。深度访谈的技巧主要是追问。

追问方式有:(1)搭梯子提问。提问线索从访谈者自己的谈话中追问,追问的信息应该与课题相关。该方法具有步步紧逼的特点,一般不能一次不能太多,否则会引起被调查者的紧张。(2)控制性提问。对于访谈者自我表述过程中离题太远时候,需要控制性提问,使得访谈能够继续进行。

访谈过程中,调查员要避免权威感,尽量做到客观公正,以寻求信息的方式来提问,不接受简单的"是"或"否"的答案。

三、影射法

影射法(projective technique)是非结构化的,以间接方式进行提问,鼓励调查对象反映他们对于所关心的主题的潜在的动机、信仰、态度或者感受。在影射法中,调查对象要求解释别人的行为而不是描述自己的行为。影射法的基础是临床心理学。

在人文地理定性研究中,最主要的是专题座谈法和深度访谈法。

第三节　定性分析方法

定性分析方法,通常叫质性研究。质性研究是在自然的情景下从整体的高度对社会现象进行深度探究和诠释的过程。它要求研究者在研究过程中要融入被研究对象的经验世界中,深入体会他们的感受与看法,并从被研究者的立场来诠释这些经验和现象的意义。

一、质性研究的理论基础

质性分析的理论基础有:现象学、实证主义、批判主义、建构主义等。

现象学。以现象为研究对象,即"存在主义"。"回到事物本身","现象"的本意就是显现出来的东西。埃德蒙德·胡塞尔(Edmund Husserl)是现象学的奠基人。其他代表人物有马克思·舍勒(《伦理学中的形式主义与质料的价值伦理学》)、海德格尔(《存在与时间》)、萨特(《存在与虚无》)、梅洛-庞蒂(《知觉现象学》)。

实证主义。将哲学的任务归结为现象研究,以现象论观点为出发点,拒绝通过理性把握感觉材料,认为通过对现象的归纳就可以得到科学定律。它把处理哲学与科学的关系作为其理论的中心问题,并力图将哲学溶解于科学之中。实证主义是以孔德、斯宾塞等社会学创始者为代表,并经古典社会学的代表人物涂尔干发展后日趋成熟,他们认为社会现象和自然现象之间并无本质的区别,它们遵循着同样的方法论准则,都可以用普遍的因果律加以说明。

批判主义。狭义的批判理论指法兰克福的社会理论;广义的批判理论包括法兰克福的批判理论,后现代主义、多元文化主义、文化研究等当代具有批判取向的各种理论。马克思作为批判理论的创始人,其提出的核心术语是历史性。霍克海默在1937年《传统理论与批判理论》中提出批判主义理论是把社会理论当作一种批判,当作介入干预社会生活的一种力量,旨在改变社会。阿多诺1966年发表《否定辩证法》,他赋予"否定的辩证法"以否定任何肯定事物的普遍否定性的地位。马尔库塞被誉为"新左派之父",在对实证主义批判的基础上建立起自己的批判理论。哈贝马斯最著名的是对科学的批判。

建构主义。在本体论上持相对主义的态度。在建构主义者看来,所谓"事实"是多元的,是社会的建构。建构过程必然受到主体的影响,隐含着个体的价值观念。文化价值观、社会意识形态和生产方式等都会对建构过程产生影响。因此,用这种方式建构起来的"事实"不存在"真实"与否,而只存在"合适"与否的问题。建构主义首先是一种对社会现实、社会世界的建构观点;可以追溯到韦伯、齐美尔的相关观点,符号互动论的观点。其次是具体知识的社会建构。最具代表的是20世纪70年代末兴起的"科学知识社会学"。1924年,马克斯·舍勒首先创用知识社会学,经过卡尔·曼海姆的发展,伯格和勒克曼的完善,知识社会学着力于探究知识与其他社会或文化存在的关系,对知识的内容进行社会学分析。科学社会学始于20世纪30年代,在20世纪60年代,在罗伯特·默顿的努力下,成为一门得到普遍认同的学科。

二、质性研究流程

第一步:设定资料收集的焦点与范围。建立一个概念框架,形成问题研究,在此基础上拟定研究范围,在研究范围边界内搜集资料。

第二步:资料管理和研究设计。选择资料整理工具,把零散的资料连接起来,进行系统管理。

第三步:初步资料分析。包括资料编码、写备忘录、个案会议分析、初步概括、持续分析,重新概念化。

第四步:对个案材料进行探究和描述,并进行解释和说明。对不同个案之间的资料进行探究、解释与说明。

第五步:对主要概念进行结构化,形成研究概念框架和理论说明。

第四节　质性研究案例

通过对市中心、近郊、远郊的流动人口居住访谈,来获得宁波流动人口居住空间。

一、区位:市中心——孝闻街老小区

A. 张女士　35 岁　小学文化　已婚　江西人　现居白衣小区

"目前家里是 3 口人,我和丈夫、女儿。老家还有公公婆婆,平时一周打一到两次电话。我是家庭主妇,主要是负责带孩子。丈夫是从事电焊工作,月收入 8000 元左右,这个工作对眼睛损害大,做不了几年的,他的工作地点在江北洪塘,平时是骑电瓶车上班,路上需 20 分钟左右。我们来宁波后没有去过其他城市,中途也没有回去过,就是逢年过节回老家看看父母、亲戚。来宁波前,丈夫是自由职业,有什么生意就做什么生意。我们是 1998 年来的宁波,在宁波搬过四次家,第一次从镇海炼油厂搬到庄市,主要是环境问题;第二次是从镇海庄市搬到光明村,主因是要拆迁;第三次是从镇海光明村搬到永丰村,主要也是要拆迁;第四次是从镇海永丰村搬到这儿白衣小区,主要因为丈夫工作。每次搬家都通过房屋介绍所,一般交 200 元左右的介绍费,就图个方便。之前父母住在这里,现在他们回老家去了。现住的房子有十几个平方米,每月租金加水电费 300~400 元,价格还行。还有一个很小的空间当作厨房。没有单独的卫生间,厕所和浴室都是用公用的。小孩上学还好,不是很远(在翠柏路)。周围有超市(欧尚、三江)、菜市场、二院。我们对这里的环境还满意的。暂时不会搬家,因为觉得外面的租金比较贵。这里外来人口较多,本地人只有一两家。邻居比较和善,关系比较好。因为是租来的房子,没有所有权,不会去花钱装修。政府指望不上,没有期待。"(见表 2-1、2-2)

表 2-1　二级子维度

原始资料	初始概念	范畴化
目前家里是 3 口人,我和丈夫、女儿(a1,a2)老家还有公公婆婆,平时一周打一到两次电话(b1,b2)	三口人(a1)妻子、丈夫、女儿(a2)	一家三口迁移(A1)
	老家公婆(b1)一周打一到两次电话(b2)	与老家联系多(A2)

续表

原始资料	初始概念	范畴化
家庭主妇,主要是负责带孩子(c1,c2)丈夫从事电焊工作,月收入 8000 元左右,这个工作对眼睛损害大,做不了几年的(d1,d2,d3),他的工作地点在江北洪塘,平时是骑电瓶车上班,路上 20 分钟左右(e1,e2)	家庭主妇(c1)带孩子(c2)	妻子没收入(A3)
	电焊工作(d1)对眼睛损害大(d2)做不了几年的(d3)	丈夫工作性质差(A4)
	骑电瓶车(e1)20 分钟左右(e2)	通勤时间适中(A5)
我们来宁波后没有去过其他城市,中途也没有回去过,就是逢年过节回去看看父母、亲戚。来宁波前,丈夫是自由职业,有什么生意就做什么生意。我们是 1998 年来的宁波(f1,f2,f3)在宁波搬过四次家(g1)第一次从镇海炼油厂搬到庄市,主因是环境问题;第二次是从镇海庄市搬到光明村,主要是要拆迁;第三次是从镇海光明村搬到永丰村,主要也是要拆迁;第四次是从镇海永丰村搬到这儿白衣小区,主要因为丈夫工作(h1,h2,h3)每次搬家是通过房屋介绍所,交 200 元左右的介绍费,就图个方便(i1)	没有去过其他城市(f1)没有回去过(f2)1998 年来的宁波(f3)	居住时间长(A6)
	搬过四次家(g1)	搬家次数多(A7)
	环境问题(h1)拆迁(h2)丈夫工作(h3)	被动迁居为主(A8)
	通过房屋介绍所(i1)	房屋中介介绍住房(A9)
这里的房子是之前父母住在这里,现在他们回老家去了(j1)	之前父母住,现在回老家(j1)	家人介绍住房(A10)
现在居住的房子有十几个平方米(k1)每月租金加上水电费要 300～400 元,价格还行(l1,l2)	十几平方米(k1)	面积小(A11)
	300～400 元(l1)价格还行(l2)	租金适中(A12)
有一个很小的空间当作厨房,厕所和浴室没有,都是用公用的(m1,m2)	很小的空间当作厨房(m1)厕所和浴室没有,公用(m2)	内部条件差(A13)
小孩上学还好,不是很远(在翠柏路)。周围有超市(欧尚、三江)、菜市场、二院(n1,n2)对这里的环境还满意的(o1)暂时不会搬家,因为觉得外面的租金比较贵(p1,p2)	上学不是很远(n1)超市、菜市场、医院(n2)	周边商服设施较完善(A14)
	环境满意(o1)	周边环境好(A15)
	不会搬家(p1)外面的租金贵(p2)	被迫安于现状(A16)
这里外来人口较多,本地人只有一两家。邻居比较和善,关系也比较好(q1,q2)	外来人口多(q1)邻里和善(q2)	外地人邻里和善(A17)
因为是租来的房子,没有所用权,不会去花钱装修(r1)政府指望不上,没有期待(s1,s2)	不会去花钱装修(r1)	不改变内部环境(A18)
	政府指望不上(s1)没有期待(s2)	对政府无望(A19)

表 2-2　一级维度

各微观领域	范畴化
核心家庭迁移（A1）	核心家庭迁移（B1）
与老家联系多（A2）	
妻子没收入（A3）	就业方向低端化（B2）
丈夫工作性质差（A4）	
通勤时间适中（A5）	工作—居住匹配度一般（B3）
居住时间长（A6）	流而不动特征（B4）
搬家次数多（A7）	被动迁居（B5）
被动迁居为主（A8）	
房屋中介介绍住房（A9）	
家人介绍住房（A10）	
面积小（A11）	居住空间小（B6）
租金适中（A12）	租金限制（B7）
内部条件差（A13）	住房内部条件差（B8）
周边商服设施较完善（A14）	住房周边商服设施较完善且环境好（B9）
周边环境好（A15）	
被迫安于现状（A16）	老乡抱团（B10）
外地人邻里和善（A17）	
不改变住房内部环境（A18）	城市融入困难（B11）
对政府无望（A19）	

B. 王先生　48 岁　小学文化　已婚　安徽人　现居文昌街

"目前家里 4 口人,我和妻子、一儿一女。老家里还有爸爸妈妈,平时一周基本上通一次电话。我是从事道路修建工作。月收入不稳定,3000～10000 元,主要看有没有工作。工作地点不定,哪里有老板提供工作就过去,平时是骑电瓶车,上班时间也不确定。妻子就在家带孩子,没收入。我是 1993 年来的宁波,在宁波住了 20 年了,没有去过其他城市。来宁波后,也没有换过工作。在宁波搬过一次家,之前是住在南裕新村一期,后来因为房东要涨房租,就搬到了这里,这里的房子是通过老乡介绍的。这个房子大概有十五六个平方米,每月租金加水电费要 300～400 元,比之前的便宜。单独厨房、厕所和浴室都没有,都是合用的,我们是三户人家住在一起,一个房东。我家煮饭就一个电饭煲、一个电磁锅,都在房间里烧,洗澡就去浴室冲一下,厕所是公用的,所以不太卫生,有时候去外边的公共厕所。这里公交、医疗、购物、学校都有,挺方便的,房子老,环境不太好。对现在的居住环境挺满意的,暂时不会搬家。周围有很多的老乡,大家的关系比较好。觉得住的挺好的,暂时不会想要改善居住条件。希望政府能定期补贴一点,还有孩子上学的问题很麻烦,儿子由于户口问题将来只能在老家上高中,希望政府加以重视。"(见表 2-3、2-4)

表 2-3 二级子维度

原始资料	初始概念	范畴化
目前家里有 4 口人,我和妻子、一儿一女(a1,a2)老家里还有爸爸妈妈,平时一周基本上通一次电话(b1,b2)	4 口人(a1) 妻子、丈夫、一儿一女(a2)	一家四口迁移(A1)
	老家爸爸妈妈(b1)一周通一次电话(b2)	与老家联系多(A2)
我是从事道路修建工作,月收入不稳定,3000～10000 元,主要看有没有工作(c1,c2)工作地点不定,哪里有老板提供工作就过去,平时是骑电瓶车,上班时间也不确定(d1,d2,d3),妻子就在家带孩子,没收入(e1,e2)	道路修建工作(c1) 月收入不稳定(c2)	丈夫工作性质差(A3)
	工作地点不定(d1)骑电瓶车(d2)上班时间也不确定(d3)	丈夫通勤时间不定(A4)
	妻子在家带孩子(e1)没收入(e2)	妻子没收入(A5)
我是 1993 年来的宁波,在宁波住了 20 年了,没有去其他城市。来宁波后,也没有换过工作(f1,f2)在宁波搬过一次家(g1),之前是住在南裕新村一期,后来因为房东要涨房租,就搬到了这里(h1)	1993 年来的宁波(f1) 没有去其他城市(f2)	居住时间长(A6)
	搬过一次家(g1)	搬家次数少(A7)
	房东要涨房租(h1)	被动迁居为主(A8)
这里的房子是通过老乡介绍的(i1)	通过老乡介绍(i1)	老乡介绍住房(A9)
这个房子大概有十五六个平方米(j1)每月租金加水电费要 300～400 元,比之前的便宜(k1,k2)	十五六个平方米(j1)	面积小(A10)
	300～400 元(k1) 比之前的便宜(k2)	租金较便宜(A11)
单独厨房、厕所和浴室都没有,都是合用的,我们是三户人家住在一起,一个房东。我家煮饭就一个电饭煲、一个电磁锅,都在房间里烧,洗澡就去浴室冲一下,厕所是公用的,所以不太卫生,有时候去外边的公共厕所(l1,l2,l3,l4)	三户人家合租(l1)煮饭一个电饭煲、一个电磁锅,在房间里烧(l2)洗澡浴室冲一下(l3)厕所不卫生(l4)	内部条件差(A12)
这里公交、医疗、购物、学校都有,挺方便的(m1) 房子老,环境不太好(n1,n2)对现在的居住环境挺满意的,暂时不会搬家(o1,o2)	公交、医疗、购物、学校都有(m1)	周边商服设施较完善(A13)
	房子老(n1) 环境不太好(n2)	周边环境差(A14)
	挺满意(o1) 不会搬家(o2)	被迫安于现状(A15)
周围有很多的老乡,大家的关系比较好(p1,p2)	老乡多(p1) 关系比较好(p2)	外地人邻里和善(A16)
觉得住的挺好的,暂时不会想要改善居住条件(q1,q2)希望政府能定期补贴一点,还有孩子上学的问题很麻烦,儿子由于户口问题将来只能在老家上高中,希望政府加以重视(r1,r2)	住的挺好(q1) 不想改善居住条件(q2)	不改变内部环境(A17)
	希望政府能定期补贴一点(r1)孩子读书问题(r2)	指望政府帮助(A18)

表 2-4　一级维度

各微观领域	范畴化
一家四口迁移（A1）	核心家庭迁移（B1）
与老家联系多（A2）	
丈夫工作性质差（A3）	就业方向低端化（B2）
妻子没收入（A5）	
丈夫通勤时间不定（A4）	工作—居住匹配度低（B3）
居住时间长（A6）	流而不动特征（B4）
搬家次数少（A7）	
被动迁居为主（A8）	被动迁居（B5）
老乡介绍住房（A9）	
面积小（A10）	居住空间小（B6）
租金较便宜（A11）	租金限制（B7）
内部条件差（A12）	住房内部条件差（B8）
周边商服设施较完善（A13）	住房周边商服设施较完善但环境差（B9）
周边环境差（A14）	
被迫安于现状（A15）	老乡抱团（B10）
外地人邻里和善（A16）	
不改变内部环境（A17）	城市融入困难（B11）
指望政府帮助（A18）	

C. 王先生　32 岁　初中文化　已婚　江西人　现居白衣小区

"目前家里是 2 口人,我和妻子。老家里还有爸爸妈妈、儿子,儿子现在是由我妈妈带着。平时经常联系,一日一次电话。我从事装修工作。月收入有7000~8000 元。主要看有没有工作,工作地点不定,哪里有老板提供工作就过去。平时是骑电瓶车上班,一般上班时间 40~50 分钟。妻子是在马路上做大饼的,好的话一天有 200 元收入,但不稳定,有时候遇到刮风下雨的,就不去了,一个月也就两三千收入。我是 2008 年来宁波的,在宁波住了 5 年了。来宁波后,没有换过工作,有搬过一次家。之前是住在机场附近,后来因为房东要涨房租,就跟熟人打听,这里的房子就是通过老乡介绍的。现在居住的房子大概有十七八个平方米,每月租金 180 元,对租金挺满意的。厨房、厕所和浴室都没有,都是用公用的,我们是四户人家合住的,每户人家一个独立房间,其余公用,就是厨房、厕所、浴室都不是很干净,毕竟公用的,谁家都不愿意尽心打扫。这里公交、医疗、购物、学校都有,挺方便的。对现在的居住环境挺满意的,暂时没有想过搬家。周围有很多的老乡,大家的关系比较好。暂时不会想要改善居住条件。明年可能要拆迁,希望政府能定期补贴一点。"(见表 2-5、2-6)

表 2-5　二级子维度

原始资料	初始概念	范畴化
目前家里是 2 口人,我和妻子(a1,a2)老家里还有爸爸妈妈、儿子,儿子现在是由我妈妈带着。平时经常联系,一日一次电话(b1,b2)	2 口人(a1) 丈夫、妻子(a2)	夫妻迁移(A1)
	老家爸爸妈妈、儿子(b1) 一日通一次电话(b2)	与老家联系多(A2)
我从事装修工作。月收入有 7000～8000元,主要看有没有工作(c1,c2) 工作地点不定,哪里有老板提供工作就过去。平时是骑电瓶车上班,一般上班时间 40～50 分钟(d1,d2,d3) 妻子是在马路上做大饼的,好的话一天有 200 元收入,但不稳定,有时候遇到刮风下雨的,就不去了,一个月也就两三千收入(e1,e2,e3)	装修工作(c1) 主要看有没有工作(c2)	丈夫收入不稳定(A3)
	工作地点不定(d1)骑电瓶车(d2) 时间 40～50 分钟(d3)	丈夫通勤时间长(A4)
	妻子在马路上做大饼(e1) 不稳定(e2) 刮风下雨(e3)	妻子工作性质差(A5)
我是 2008 年来宁波的,在宁波住了 5 年了。来宁波后,没有换过工作(f1,f2)搬过一次家(g1)之前是住在机场附近,后来因为房东要涨房租,就跟熟人打听(h1)	2008 年来的宁波(f1)住了五年(f2)	居住时间长(A6)
	搬过一次家(g1)	搬家次数少(A7)
	房东要涨房租(h1)	被动迁居为主(A8)
这里的房子是通过老乡介绍的(i1)	通过老乡介绍(i1)	老乡介绍住房(A9)
现在居住的房子大概有十七八个平方米(j1) 每月租金 180 元,对租金挺满意的(k1,k2)	十七八个平方米(j1)	面积小(A10)
	每月租金 180 元(k1) 挺满意的(k2)	租金较便宜(A11)
厨房、厕所和浴室都没有,都是用公用的,我们是四户人家合住的,每户人家一个独立房间,其余公用,就是厨房、厕所、浴室都不是很干净,毕竟公用的,谁家都不愿意尽心打扫(l1,l2,l3,l4)	四户人家合租(l1) 厨房、厕所和浴室都是用公用的(l2) 都不是很干净(l3) 不愿意尽心打扫(l4)	内部条件差(A12)
这里公交、医疗、购物、学校都有,挺方便的(m1,m2) 对现在的居住环境挺满意的,暂时没有想过搬家(n1,n2)	公交、医疗、购物、学校都有(m1) 挺方便的(m2)	周边商服设施较完善(A13)
	挺满意(n1) 不会搬家(n2)	被迫安于现状(A14)
周围有很多的老乡,大家的关系比较好(o1,o2)	周围老乡多(o1) 关系比较好(o2)	外地人邻里和善(A15)
暂时不会想要改善居住条件(p1) 明年可能要拆迁,希望政府能定期补贴一点(q1,q2)	不会想要改善居住条件(p1)	不改变内部环境(A16)
	明年可能要拆迁(q1) 希望政府能定期补贴一点(q2)	指望政府帮助(A17)

表 2-6　一级维度

各微观领域	范畴化
夫妻迁移（A1）	非核心家庭迁移（B1）
与老家联系多（A2）	
丈夫收入不稳定（A3）	就业方向低端化（B2）
妻子工作性质差（A5）	
丈夫通勤时间长（A4）	工作—居住匹配度低（B3）
居住时间长（A6）	流而不动特征（B4）
搬家次数少（A7）	被动迁居（B5）
被动迁居为主（A8）	
老乡介绍住房（A9）	
面积小（A10）	居住空间小（B6）
租金较便宜（A11）	租金限制（B7）
内部条件差（A12）	住房内部条件差（B8）
周边商服设施较完善（A13）	住房周边商服设施较完善（B9）
被迫安于现状（A14）	老乡抱团（B10）
外地人邻里和善（A15）	
不改变内部环境（A16）	城市融入困难（B11）
指望政府帮助（A17）	

D. 徐女士　48 岁　小学文化　已婚　台州仙居人　现居孝闻街

"目前家里有 3 口人,我和老公、女儿。老家有五六十个亲戚呢,平时经常联系,毕竟台州离宁波挺近的。我和我老公是开包子铺的。每个月收入有七八千,但房租要 2500 元,其中住房 500 元,店面租金 2000 元,一个月除去吃喝和日用,能结余下来的只有 1000 元左右,有时候月光的。我来宁波有十多年了,我们住在鼓楼这边就五六个月,之前是住在姚江公寓那边,来宁波之后工作就是做包子,没换过。那边的店面老板不出租了,说要自己开店,所以我们只能寻找新的店铺做早餐,就找到了这里,这里的店铺是我老公看到店铺门前贴着出租信息,打电话给房东,定下来的,房东又介绍我们住的房子,住所到店铺就几百米距离。住的地方有 10 多个平方米,500 元一个月租金很贵,但是没办法,只能住在这里,离店铺近。房子因为水灾(注:2013 年 10 月 6 日至 13 日,市区大面积积水严重),房屋都漏雨,屋子里的电器都被淹掉了,冰箱等。厕所,厨房,浴室都没的,上的是公共厕所,吃饭是店里烧的饭菜,只有一个电饭煲、一个电磁锅。这边交通还是很方便的,公交车站就在门口,购物、医院都很方便。就是住的地方环境不好,简陋,而且租金又贵,不满意,但也没办法。我们整天基本上都在店铺里,而且搬来也没有多久,所以和周围邻居都不熟,没联系。自己老家房子好好的空着,但是没办法出来赚钱,还要租房子,别人的房子,也不打算怎么装修,凑合住着吧。政府啊,有指望也管不了我们啊。"(见表2-7、2-8)

表 2-7　二级子维度

原始资料	初始概念	范畴化
目前家里住有3口人,我和老公、女儿(a1. a2)老家有五六十个亲戚呢,平时经常联系,毕竟台州离宁波挺近的(b1. b2. b3)	3口人(a1)妻子、老公、女儿(a2)	一家三口迁移(A1)
	老家有五六十个亲戚(b1)经常联系(b2)台州离宁波近(b3)	与老家联系多(A2)
我和我老公是开包子铺的。每个月收入有七八千,但房租要2500元,其中住房500元,店面租金2000元,一个月除去吃喝和日用,能结余下来的只有一千元左右,有时候月光的(c1. c2. c3)	开包子铺(c1)房租贵(c2)月结余少或者月光(c3)	家庭收入低(A3)
我来宁波有十多年了(d1)我们住在鼓楼这边就五六个月,之前是住在姚江公寓那边,来宁波之后工作就是做包子,没换过(e1)那边的店面老板不出租了,说要自己开店,所以我们只能寻找新的店铺做早餐,就找到了这里(f1)	来宁波有十多年(d1)	居住时间长(A4)
	搬过一次家(e1)	搬家次数少(A5)
	房东要自己开店(f1)	被动迁居为主(A6)
这里的店铺是我老公看到店铺门前贴着出租信息,打电话给房东,定下来的,房东又介绍我们住的房子(g1)住所到店铺就几百米距离(h1)	房东介绍(g1)	房东介绍住房(A7)
	住所到店铺就几百米距离(h1)	通勤时间少(A8)
住的地方有10多个平方米(i1)500元一个月租金很贵(j1. j2)但是没办法,只能住在这里,离店铺近(k1. k2)	10多个平方米(i1)	面积小(A9)
	每月租金500元(j1)很贵(j2)	租金较贵(A10)
	没办法(k1)离店铺近(k2)	通勤时间少(A11)
因为水灾(注:2013年10月6日—13日,市区大面积积水严重),房屋都漏雨,屋子里的电器都被淹掉了,冰箱等。厕所,厨房,浴室都没的,上的是公共厕所,吃饭是店里烧的饭菜,一个电饭煲、一个电磁锅(l1. l2. l3. l4)	水灾(l1)厕所,厨房,浴室都没(l2)公共厕所(l3)店里煮饭(l4)	内部条件差(A12)

续表

原始资料	初始概念	范畴化
这边交通还是很方便的,公交车站就在门口,购物,医院都很方便(m1,m2)就是住的地方环境不好,简陋,而且租金又贵(n1,n2,n3)不满意,但也没办法(o1,o2)	公交车站就在门口(m1)购物,医院都很方便(m2)	周边商服设施较完善(A13)
	住的地方环境不好(n1)简陋(n2)租金又贵(n3)	周边环境差(A14)
	不满意(o1)没办法(o2)	被迫安于现状(A15)
我们整天基本上都在店铺里,而且搬来也没有多久,所以和周围邻居都不熟,没联系(p1,p2)	和周围邻居都不熟(p1)没联系(p2)	邻里生疏(A16)
自己老家房子好好的空着,但是没办法出来赚钱,还要租房子,别人的房子,也不打算怎么装修,凑合住着吧(q1,q2)对政府有指望,但也管不了我们(r1,r2)	不打算装修(q1)凑合住(q2)	不改变内部环境(A17)
	有指望(r1)管不了我们(r2)	指望政府帮助(A18)

表 2-8　一级维度

各微观领域	范畴化
一家三口迁移(A1)	核心家庭迁移(B1)
与老家联系多(A2)	
家庭收入低(A3)	就业方向低端化(B2)
居住时间长(A4)	流而不动特征(B3)
搬家次数少(A5)	被动迁居(B4)
被动迁居为主(A6)	
房东介绍住房(A7)	
通勤时间少(A8)、(A11)	工作—居住匹配度高(B5)
面积小(A9)	居住空间小(B6)
租金较贵(A10)	租金偏高(B7)
内部条件差(A12)	住房内部条件差(B8)
周边商服设施较完善(A13)	住房周边商服设施较完善但环境差(B9)
周边环境差(A14)	
被迫安于现状(A15)	与市民隔离严重(B10)
邻里生疏(A16)	
不改变内部环境(A17)	城市融入困难(B11)
指望政府帮助(A18)	

E. 郑女士　58 岁　文盲　已婚　江苏人　现居孝闻街

"我自己一个人住。老家还有老奶奶、老太太、老头、弟弟、一儿一女,一个孙子一个孙女。平时不经常联系,就算打电话回家家里人也不接,农村人文化程度太低,没这方面的想法。我来宁波一年多了,在公共厕所做保洁。月收入2000 左右。工作地点就是在这个公共厕所啊,晚上就住在这里,就这么大,你自己看吧(6m² 左右)。不用交通工具,走路就行了,我就住在这里。这里是本家的弟弟给介绍的。来宁波后就一直在这里工作,晚上就住在公共厕所,没有搬过家。做饭一个电饭煲,一个电磁锅,填饱肚子就行了。洗澡就晚上没人的时候在房间里擦擦,冬天冷,夏天还好。公交车站倒是有,医院前面走半小时也有一个,菜场走路 20 分钟吧就有一个。学校不知道,我孩子也大了不在这里。住什么也就这样,晚上一个人住有点怕的,有时候隔壁酒店有一个女服务员和我住在一起,也有个伴儿。以后也不会搬家啊,我上哪儿搬啊?暂时这边能住就住一下,我反正就是出来赚点钱的,最后还是要回家的。家里面老奶奶、老太太还要人照顾的。周围有很多的老乡,都在这边住着,只要是公共厕所,你随便走走就能碰到我老乡。大家的关系都比较好。等我老了,不得已要回家了,就回去。政府是不会提供打工人住的地方的,外面打工的人太多了,政府是顾不过来的。"(见表 2-9、2-10)

表 2-9　二级子维度

原始资料	初始概念	范畴化
我自己一个人住(a1) 老家还有老奶奶、老太太、老头、弟弟、一儿一女,一个孙子一个孙女。平时不经常联系,就算打电话回家家里人也不接,农村人文化程度太低,没这方面的想法(b1,b2)	1 个人(a1)	独自一人迁移(A1)
	老家亲人多(b1) 平时不经常联系(b2)	与老家联系少(A2)
宁波一年多了,来宁波后就一直在这里工作,晚上就住在公共厕所,没有搬过家(c1,c2) 在公共厕所做保洁。月收入 2000 左右。工作地点那就是在这个公共厕所啊(d1)	在宁波一年多(c1) 没有搬过家(c2)	居住稳定(A3)
	在公共厕所做保洁(d1)	工作性质差(A4)
晚上就住在这里(e1) 就这么大,你自己看吧(6m² 左右)(f1)	晚上就住在这里(e1)	通勤时间少 (A5)
	6m² 左右(f1)	面积小(A6)
这里是本家的弟弟给介绍的(g1)	本家弟弟给介绍的(g1)	亲戚介绍住房(A7)
做饭一个电饭煲,一个电磁锅,填饱肚子就行了。洗澡就晚上没人的时候在房间里擦擦,冬天冷,夏天还好(h1,h2,h3,h4)	做饭一个电饭煲,一个电磁锅(h1) 填饱肚子(h2) 洗澡擦擦(h3) 冬天冷,夏天还好(h4)	内部条件差(A8)

续表

原始资料	初始概念	范畴化
公交车站倒是有,医院前面走半小时也有一个,菜场走路20分钟吧就有一个(i1)以后也不会搬家,暂时这边能住就住一下,我反正就是出来赚点钱的,最后还是要回家的。家里面老奶奶、老太太还要人照顾的(j1,j2,j3)	有公交、医院、菜场(i1)	周边商服设施较完善(A9)
	不会搬家(j1) 出来赚点钱(j2) 最后要回家的(j3)	被迫安于现状(A10)
周围有很多的老乡,都在这边住着,只要是公共厕所,你随便走走就能碰到我老乡。大家的关系都比较好(k1,k2)	周围老乡多(k1) 关系比较好(k2)	外地人邻里和善(A11)
等我老了,不得已要回家了,就回去(l1)政府是不会提供打工人住的地方的,外面打工的人太多了,政府是顾不过来的(m1.m2)	老了就回去(l1)	不改变内部环境(A12)
	政府不会提供打工人住所(m1) 顾不过来(m2)	对政府无指望(A13)

表 2-10　一级维度

各微观领域	范畴化
独自一人迁移(A1)	非核心家庭迁移(B1)
与老家联系少(A2)	
居住稳定(A3)	流动性低(B2)
工作性质差(A4)	就业方向低端化(B3)
通勤时间少(A5)	工作—居住匹配度高(B4)
面积小(A6)	居住空间小(B5)
亲戚介绍住房(A7)	主动迁居(B6)
内部条件差(A8)	住房内部条件差(B7)
周边商服设施较完善(A9)	住房周边商服设施较完善(B8)
被迫安于现状(A10)	老乡抱团(B9)
外地人邻里和善(A11)	
不改变内部环境(A12)	城市融入困难(B10)
对政府无指望(A13)	

表 2-11   市中心区植根分析:共性与个性

市中心居住共性	就业方向低端化
	流而不动特征
	居住空间小
	租金限制
	住房内部条件差
	住房周边商服设施较完善
	老乡抱团、与市民隔离严重
	城市融入困难
市中心居住个性	家庭迁移类型
	工作—居住匹配度不等
	被动迁居与主动迁居
	住房周边环境差异

从表 2-11 中可以看出:流动人口在市中心的居住共性主要有就业方向低端化、流而不动特征、居住空间小、租金限制、住房内部条件差、住房周边商服设施较完善、城市融入困难等。流动人口普遍文化程度不高,导致就业方向低端化;流动人口居住在宁波市居住的时间越来越长,"流而不动"成为他们的特征;市中心房屋租金高,由于租金的限制,流动人口只能通过压缩居住空间来降低租金,因此居住空间小,居住地点都在老小区,因此住房内部条件差;市中心是大城市的核心区,因此流动人口住房周边商服设施较完善,生活便利;住房周围有老乡的,则"老乡抱团",无老乡的,则与本地人联系少,流动人口社会隔离严重,虽然居住在市中心但"市民化"认同度低,城市融入困难。

流动人口在市中心的居住个性主要有家庭迁移类型、工作—居住匹配度不等、被动迁居与主动迁居、住房周边环境差异。流动人口以核心家庭迁移为主,个别是夫妻迁移与独自一人迁移,家庭迁移类型决定了流动人口居住行为选择,对空间产生深远影响;部分流动人口工作—居住匹配度高,他们居住在市中心就是为了距离工作地点近,部分流动人口工作—居住匹配度低是因为他们工作地点不定,居住在市中心,能得到更多的工作机会;流动人口迁居以被动为主,主要是因为房东涨租金或拆迁;市中心环境优越,但部分流动人口居住地周围环境差,主要还是受租金限制,租住在即将要拆迁的房屋内。

二、区位:近郊——桑家社区

A. 何先生   58 岁   文盲   安徽阜阳人   现居桑家社区

"现在和太太一起在宁波,还带着一个孙子。老家还有 3 兄弟,4 个儿子,3 个女儿,3 个孙子,平时经常联系。我是 1996 年来的宁波,一直待在宁波。先前住在余隘,开了两年的小卖部,后来为了增加收入,我出来打工打了三年,太太在家看小卖铺。住了八年后,因为拆迁,就到处打听合适的租房,后来才找到这里,在寻找新的住所时,还要看地段,考虑能不能继续开小卖部,最后自己找到桑家,一住就住了九年。现在我们夫妻俩就开小卖部,住也住在小卖部里,这房屋面积大概 30 平方米,一半面积开店,一半面积居住。我啥都卖,油盐酱醋、烟酒、小孩零食、小百货,每个月的收入大概有 2000~3000 元,房租每月要 900 元,每天 30 元,有点贵,有时候还碰到一些熟顾客、老乡赊账,有些一年到头都不付,后来人都搬走了,钱没拿到,哎。住房里没有厨房、厕所和洗澡间,厨房是在外面另搭的。厕所和洗澡间是公用的。住房旁边有 1 间幼儿园,孙子可以上学。这边的居住环境还是挺满意的。因为这边又要拆迁了,接下来又要搬家。但是目前没有找到房子,继续住在这里。周围都是以前在老家是同一个村庄的,所以大家都十分熟悉,邻居间的关系挺融洽的。但是现在要拆迁,大部分都搬走了。人这么多,对政府的帮助指望不大,外出打工挣钱都是这样的,四处奔波。"(见表 2-12、2-13)

表 2-12 二级子维度

原始资料	初始概念	范畴化
现在和太太一起在宁波,还带着一个孙子(a1,a2)老家还有 3 兄弟,4 个儿子,3 个女儿,3 个孙子,平时经常联系(b1,b2)	3 口人(a1)丈夫、太太和孙子(a2)	祖孙迁移(A1)
	老家亲戚多(b1)经常联系(b2)	与老家联系多(A2)
我是 1996 年来的宁波,一直待在宁波(c1,c2)	1996 年来(c1)一直呆在宁波(c2)	居住时间长(A3)
先前住在余隘,住了八年后(d1,d2)因为拆迁(e1)就到处打听合适的租房,后来才找到这里,在寻找新的住所时,还要看地段,考虑到能不能继续开小卖部,最后自己找到桑家,一住就住了九年(f1,f2)因为这边又要拆迁了,接下来又要搬家(e2)	先前住在余隘(d1)住了八年(d2)	搬家次数少(A4)
	拆迁(e1,e2)	被动迁居为主(A5)
	最后自己找到桑家(f1)一住就住了九年(f2)	实地找寻住房(A6)
现在我们夫妻俩就开小卖部,住也住在小卖部里(g1,g2)这房屋面积大概 30 平方米,一半面积开店,一半面积居住(h1,h2,h3)	开小卖部(g1)住也住在小卖部里(g2)	通勤时间少(A7)
	30 平方米(h1)一半面积开店(h2)一半面积居住(h3)	面积小(A8)
我啥都卖,油盐酱醋、烟酒、小孩零食、小百货,每个月的收入大概有 2000~3000 元(i1,i2)房租每月要 900 元,每天 30 元,有点贵(j1,j2)有时候还碰到一些熟顾客、老乡赊账,有些一年到头都不付,后来人都搬走了,钱没拿到,哎(i3)	小卖部(i1)收入低(i2)赊账严重(i3)	工作性质差(A9)
	房租每月要 900 元(j1)贵(j2)	租金贵(A10)

续表

原始资料	初始概念	范畴化
住房里没有厨房、厕所和洗澡间,厨房是在外面另搭的。厕所和洗澡间是公用的(k1,k2,k3)	厕所,厨房,浴室都没(k1) 厨房另搭(k2) 厕所、洗澡间公用(k3)	内部条件差(A11)
住房旁边有1间幼儿园,孙子可以上学(l1,l2)这边的居住环境还是挺满意的(m1)但是目前没有找到房子,继续住在这里(n1)	有幼儿园(l1) 孙子上学(l2)	周边商服设施一般(A12)
	居住环境满意(m1)	周边环境一般(A13)
	继续住在这里(n1)	被迫安于现状(A14)
周围都是以前在老家是同一个村庄的,所以大家都十分熟悉,邻居间的关系挺融洽的(o1.o2)	老乡多(o1) 邻里关系融洽(o2)	邻里和善(A15)
人这么多,对政府的帮助指望不大,外出打工挣钱都是这样的,四处奔波(p1.p2)。	政府指望不大(p1) 管不了我们(p2)	指望政府帮助(A16)

表 2-13　一级维度

各微观领域	范畴化
祖孙迁移(A1)	非核心家庭迁移(B1)
与老家联系多(A2)	
居住时间长(A3)	流而不动特征(B2)
搬家次数少(A4)	被动迁居为主(B3)
被动迁居为主(A5)	
实地找寻住房(A6)	
通勤时间少(A7)	工作—居住匹配度高(B4)
面积小(A8)	居住空间小(B5)
工作性质差(A9)	就业方向低端化(B6)
租金贵(A10)	租金限制(B7)
内部条件差(A11)	住房内部条件差(B8)
周边商服设施一般(A12)	住房周边商服设施与环境一般(B9)
周边环境一般(A13)	
被迫安于现状(A14)	老乡抱团(B10)
邻里和善(A15)	
指望政府帮助(A16)	城市融入困难(B11)

B. 郑女士 28岁 初中文化 已婚 江西人 现居桑家社区

"目前家里有三口人,我、老公和孩子,小孩子还没上学。老家还有公公婆婆,平时也经常打电话。我在这里开了服装店,离住所一两百米路,收入很难说,每月1000多元吧,我老公就在外面工作,现在在附近的工厂里打工,刚去,骑电瓶车10分钟。两个人加起来大概一个月两三千吧。我们来宁波两年了,因为这边有老乡在,他介绍的房子,刚来宁波就住在这里了,没搬过家。现在居住的房子大概有20平方米,每个月租金是400元,有点贵。厨房是在房间里自己搭的,厕所去公共厕所,没有洗澡间,夏天在家拿个脸盆,装点水随便洗洗,冬天去外面的澡堂。小孩还没上学,所以对学校问题也不太关注。医院,我们大人没去过,小孩生病的话去的是江东区的医院,坐公交车二十分钟。居住环境一般,也不算特别满意。搬家的话,你们也看到了,这条路前面的房子都已经拆掉了,这边的话拆掉也只是时间问题了,大概过3个月到半年这边也肯定拆了,到时候就一定要搬了,搬到哪里去还不知道呢,现在房子这么难找。这边江西的老乡不是很多的,跟邻居的关系还好吧,但是毕竟我们是外地人,还是会有点不一样的。拆迁后政府会安排我们住所就好了,但好像不太可能。"(见表2-14、2-15)

表 2-14 二级子维度

原始资料	初始概念	范畴化
目前家里有三口人,我、老公和孩子(a1,a2)老家还有公公婆婆,平时也经常打电话(b1,b2)	三口人(a1)妻子、老公、孩子(a2)	一家三口迁移(A1)
	老家公公婆婆(b1)经常打电话(b2)	与老家联系多(A2)
我在这里开了服装店,离住所一两百米,收入很难说,每月1000多元吧(c1,c2)我老公就在外面工作,现在在附近的工厂里打工,刚去,骑电瓶车10分钟(d1,d2)两个人加起来大概一个月两三千元(c3)	妻子开服装店(c1)老公在附近工厂上班(c2)两个人加起来大概一个月两三千元(c3)	丈夫、妻子工作收入低(A3)
	妻子工作离住所一两百米(d1)丈夫骑电瓶车10分钟(d2)	通勤时间少(A4)
我们来宁波两年了(e1)因为这边有老乡在,他介绍的房子(f1)刚来宁波就住在这里了,没搬过家(e2)	来宁波两年(e1)没搬过家(e2)	居住时间短(A5)
	老乡介绍住房(f1)	老乡介绍住房(A6)
现在居住的房子大概有20平方米(g1)每个月租金是400元,有点贵(h1,h2)	20平方米(g1)	面积小(A7)
	租金400元(h1)贵(h2)	租金嫌高(A8)
厨房是在房间里自己搭的,厕所去公共厕所,没有洗澡间,夏天在家拿个脸盆,装点水随便洗洗,冬天去外面的澡堂(i1)	无厨房、厕所、洗澡间(i1)	内部条件差(A9)

续表

原始资料	初始概念	范畴化
小孩还没上学,所以对学校问题也不太关注。医院,我们大人没去过,小孩生病的话去的是江东区的医院,坐公交车二十分钟(j1)居住环境一般,也不算特别满意(k1,k2)	去医院坐公交 20 分钟(j1)	周边商服设施一般(A10)
	居住环境一般(k1)不算特别满意(k2)	周边环境一般(A11)
搬家的话,你们也看到了,这条路前面的房子都已经拆掉了,这边的话拆掉也只是时间问题了,大概过 3 个月到半年这边也肯定拆了,到时候就一定要搬了,搬到哪里去还不知道呢,现在房子这么难找(l1,l2,l3)	面临拆迁(l1) 搬到哪里还不知道(l2)房子难找(l3)	被动迁居(A12)
这边江西的老乡不是很多的,跟邻居的关系还好吧,但是毕竟我们是外地人,还是会有点不一样的(m1,m2)	老乡不多(m1) 关系一般(m2)	邻里隔阂(A13)
拆迁后政府会安排我们住所就好了(n1)	指望政府拆迁时给予帮助(n1)	指望政府(A14)

表 2-15　一级维度

各微观领域	范畴化
一家三口迁移(A1)	核心家庭迁移(B1)
与老家联系多(A2)	
妻子、丈夫工作收入低(A3)	就业方向低端化(B2)
通勤时间少(A4)	工作—居住匹配度高(B3)
居住时间短(A5)	无流而不动特征(B4)
老乡介绍住房(A6)	
面积小(A7)	居住空间小(B5)
租金嫌高(A8)	租金限制(B6)
内部条件差(A9)	住房内部条件差(B7)
周边商服设施一般(A10)	住房周边商服设施与环境一般(B8)
周边环境一般(A11)	
被动迁居(A12)	被动迁居(B9)
各微观领域	范畴化
邻里隔阂(A13)	与市民隔离严重(B10)
指望政府(A14)	城市融入困难(B11)

　　C.韩女士　33 岁　初中文化　已婚　安徽阜阳人　现居桑家社区

　　"目前家里 5 口人,老公、3 个孩子(一个 10 岁,两个 9 岁的双胞胎)。老家还有父母、公公婆婆,平时联系比较少。我现在主要是在家里带孩子,家里的主要收入靠丈夫。丈夫是做生意的,每月收入 5000 元左右。工作地点离家很近,骑电瓶车十分钟吧。我是 2003 年来的宁波,刚来宁波的时候,因为亲戚住在这边,房子是他帮我们找好的,住这里之前搬过 3 次家,都是在桑家内部,主要是因为房子不适合,房子都是自己找的。但是现在马上就要搬家,因为这边要拆迁了。现在找房子,主要看路边贴的小广告,会打电话问一下。现在租有 2 间,每间 20 多平方米。每月的租金 600 元,加上水电费 700 左右,有点贵。主要因为桑家要拆迁,前面的房子要拆,后面的房子不拆,找不到房子的不得已会搬到后面住,后面的房子随之涨价。房屋厨房、厕所、洗澡间都有。附近有卫生院,就是孩子上学挺远的。早上 5、6 点钟就叫孩子起床,坐公交车去上学。对现在住的房子不太满意,房子采光也不好。肯定要搬家,只要是有合适的房子。周围的邻居来自五湖四海,老乡还是挺多的,邻居间的关系一般。政府在调控房价的同时也应该调控一下租房的租金。"(见表 2-16、2-17)

表 2-16　二级子维度

原始资料	初始概念	范畴化
目前家里是 5 口人,我、丈夫、3 个孩子(a1,a2)老家还有父母、公公婆婆,平时联系比较少(b1,b2)	5 口人(a1)妻子、丈夫、三个孩子(a2)	一家五口迁移(A1)
	老家公公婆婆(b1)一周打一到两次电话(b2)	与老家联系少(A2)
我现在主要是在家里带孩子(c1,c2)家里的主要收入靠丈夫。丈夫是做生意的,每月收入 5000 元左右(d1,d2)工作地点离家很近,骑电瓶车十分钟(e1,e2)	家庭主妇(c1)带孩子(c2)	妻子没收入(A3)
	丈夫做生意(d1)每月收入 5000 元左右(d2)	丈夫收入适中(A4)
	工作骑电瓶车(e1)十分钟(e2)	通勤时间少(A5)
我是 2003 年来的宁波(f1)刚来宁波的时候,因为亲戚住在这边,房子是他帮我们找好的,住这里之前搬过 3 次家,都是在桑家内部(g1,g2)主要是因为房子不适合(h1)房子都是自己找的。但是现在马上就要搬家,因为这边要拆迁了。现在找房子,主要看路边贴的小广告,会打电话问一下(i1,i2)	2003 年来的宁波(f1)	居住时间长(A6)
	搬过 3 次家(g1)桑家内部(g2)	搬家次数多(A7)
	房子不适合(h1)	被动迁居为主(A8)
	房子都是自己找(i1)路边贴的小广告(i2)	实地找寻住房(A9)

续表

原始资料	初始概念	范畴化
现在租有2间,每间20多平方米(j1,j2)每月的租金600元,加上水电费700左右,有点贵。主要因为桑家要拆迁,前面的房子要拆,后面的房子不拆,找不到房子的不得已会搬到后面住,后面的房子随之涨价(k1,k2,k3)	2间(j1)每间20多平方米(j2)	面积适中(A10)
	租金600元(k1)有点贵(k2)涨价(k3)	租金高(A11)
房屋厨房、厕所、洗澡间都有(l1)	厨房、厕所、洗澡间都有(l1)	内部条件完善(A12)
附近有卫生院,就是孩子上学挺远的。早上5、6点钟就叫孩子起床,坐公交车去上学(m1,m2)对现在住的房子不太满意,房子采光也不好。肯定要搬家,只要是有合适的房子(n1,n2)	有卫生院(m1)孩子上学挺远(m2)	周边商服设施一般(A13)
	不太满意(n1)房子采光不好(n2)	周边环境不好(A14)
周围的邻居来自五湖四海,老乡还是挺多的,邻居间的关系挺好(o1,o2)	老乡多(o1)邻里关系挺好(o2)	外地人邻里和善(A15)
政府在调控房价的同时也调控一下租房的租金(p1)	希望政府调控租金(p1)	指望政府(A16)

表 2-17　一级维度

各微观领域	范畴化
一家五口迁移(A1)	核心家庭迁移(B1)
与老家联系少(A2)	
妻子没收入(A3)	家庭收入低(B2)
丈夫收入适中(A4)	
通勤时间少(A5)	工作—居住匹配度高(B3)
居住时间长(A6)	流而不动特征(B4)
搬家次数多(A7)	被动迁居(B5)
被动迁居为主(A8)	
实地找寻住房(A9)	
面积适中(A10)	居住空间适中(B6)
租金高(A11)	租金压力(B7)
内部条件完善(A12)	住房内部条件完善(B8)
周边商服设施一般(A13)	住房周边商服设施一般但环境差(B9)
周边环境不好(A14)	
外地人邻里和善(A15)	老乡抱团(B10)
指望政府(A16)	城市融入困难(B11)

D. 卢先生　45 岁　小学文化　已婚　安徽人　现居桑家社区

"现在家里有三口人,刚开始一个人来的,现在有老婆和儿子一起,女儿已经嫁出去了。老家父母都不在了,家里还有一个弟弟,但不怎么联系了。我平时在工地打工,没有固定的地点,有时坐公交,有时开电动车,老婆在附近餐馆里做服务员。我是 1989 年来的,20 多年了吧,以前搬过很多地方了,20 多年了,记不怎么清楚了,要不就是涨房租,要么就是拆迁,现在住的房子是亲戚朋友介绍的,住了有 1 年多一点吧。现在住的房屋大概有 30 平方米,每个月 500 多元,面积比其他的大,所以房租还可以,还算满意的。自己在房子里做了两个隔间,一间厨房,一间厕所和洗澡。条件还算好的,房子也比较高,所以看上去比较宽敞。周围公共服务设施还行,公交挺方便的,买东西去小卖部,医院我们平时不怎么去,小感冒吃药就好了,我们家没孩子,所以学校跟我们无关,环境还可以,比周边在楼房肯定差的,但我们外地来的,住住这样的也算好了。住得还比较满意,这里半年后要拆了,所以现在住得不安心。这一片有很多安徽老乡,所以很热闹,有时候像在自己老家一样,关系都很好。现在的生活是工资不涨,就涨房租,就希望政府控制一下房租,别再一直涨下去了。"(见表 2-18、2-19)

表 2-18　二级子维度

原始资料	初始概念	范畴化
现在家里有三口人,我、老婆和儿子(a1,a2)老家父母都不在了,家里还有一个弟弟,但不怎么联系了(b1,b2)	三口人(a1)丈夫、妻子、儿子(a2)	一家三口迁移(A1)
	老家弟弟(b1) 不怎么联系(b2)	与老家联系少(A2)
我平时在工地打工(c1) 没有固定的地点,有时坐公交,有时开电动车(d1,d2) 老婆在附近餐馆里做服务员(e1)	在工地打工(c1)	丈夫工作性质差(A3)
	无固定地点(d1)公交或电动车(d2)	通勤时间不定(A4)
	老婆在附近餐馆里做服务员(e1)	妻子工作性质差(A5)
我是 1989 年来的,20 多年了吧(f1,f2) 以前搬过很多地方了,20 多年了,记不怎么清楚了(g1,g2) 要不就是涨房租,要么就是拆迁(h1,h2) 现在住的房子是亲戚朋友介绍的,住了有 1 年多一点(i1)	1989 年来的(f1) 20 多年(f2)	居住时间长(A6)
	搬过很多地方(g1)记不清(g2)	搬家次数多(A7)
	涨房租(h1) 拆迁(h2)	被动迁居为主(A8)
	现在住的房子是亲戚朋友介绍(i1)	亲戚朋友介绍住房(A9)
现在住的房屋大概有 30 平方米吧(j1) 每个月 500 多元,面积比其他的大,所以房租还可以,还算满意的(k1,k2,k3)	30 平方米(j1)	面积适中(A10)
	500 元(k1) 房租还行(k2) 满意(k3)	租金适中(A11)

续表

原始资料	初始概念	范畴化
自己在房子里做了两个隔间,一间厨房,一间厕所和洗澡。条件还算好的,房子也比较高,所以看上去比较宽敞(l1,l2,l3,l4)	做了两个隔间(l1)一间厨房(l2)一间厕所和洗澡(l3)条件还算好(l4)	内部条件较好(A12)
周围公共服务设施还行,公交挺方便的,买东西去小卖部,医院我们平时不怎么去,小感冒吃药就好了,我们家没孩子,所以学校跟我们无关(m1,m2)环境还可以,比周边楼房肯定差的,但我们外地来的,住住这样的也算好了(n1)住得还比较满意,这里半年后要拆了,所以现在住得不安心(o1,o2,o3)	周围公共服务设施还行(m1)公交、小卖部(m2)	周边商服设施一般(A13)
	环境还可以(n1)	周边环境一般(A14)
	住得还比较满意(o1)半年后要拆了(o2)住得不安心(o3)	被动迁居(A15)
这一片有很多安徽老乡,所以很热闹,有时候像在自己老家一样,关系都很好(p1,p2)	老乡多(p1)关系好(p2)	老乡邻里和善(A16)
现在的生活是工资不涨,就涨房租,就希望政府控制一下房租,别再一直涨下去了(q1)	希望政府控制一下房租(q1)	指望政府(A17)

表 2-19　一级维度

各微观领域	范畴化
一家三口迁移(A1)	核心家庭迁移(B1)
与老家联系少(A2)	
丈夫工作性质差(A3)	就业方向低端化(B2)
妻子工作性质差(A5)	
通勤时间不定(A4)	工作—居住匹配度低(B3)
居住时间长(A6)	流而不动特征(B4)
搬家次数多(A7)	被动迁居(B5)
被动迁居为主(A8)、(A15)	
亲戚朋友介绍住房(A9)	
面积适中(A10)	居住空间适中(B6)
租金适中(A11)	租金限制(B7)
内部条件较好(A12)	住房内部条件较完善(B8)
周边商服设施一般(A13)	住房周边商服设施与环境一般(B9)
周边环境一般(A14)	
老乡邻里和善(A16)	老乡抱团(B10)
指望政府(A17)	城市融入困难(B11)

E.陈女士　26岁　小学文化　已婚　安徽亳州人　现居桑家社区

"现在家里有四口人,两个大人两个小孩,老家还有老人,平时的话联系还好,一周打一到两次电话。孩子还小,我必须在家带孩子,我老公一个人上班。老公一个月两三千块钱,就刚够我们四个人吃喝。他工作单位在江北翠柏路那里,离这边很远。那里的房租太高,住不起,住在这里便宜,但离上班很远,每天骑电动车要半个多小时。我是2008年和我老公来的宁波,刚来宁波的时候,住在马路对面的桑家,后来拆了。还住过江北的闻家路,天水家园,都是因为拆迁,来来回回搬了有四五次了,都住半年左右,就要拆迁,本地人倒是有钱了,我们这些外地打工的就没地方住了。之前也去鼓楼那边看过,也没有房子啊,贵的话我们是住不起的。现在房子很难找的,那时候也找了很久才找到这里,是之前隔壁邻居介绍的,到这里来看房子,现在住了有半年,这边也要拆了,人都搬光了,没人了。电视网络什么的我们又不懂,而且设施好的房子又贵,肯定住不起的。现在住的房子有20平方米,500块钱一个月,贵。像我们一家四口人住在一个房间,很挤的,放张床,放张桌子满了。500块钱30多个平方还差不多,那起码人能住得下。厨房、卫生间都是自己在里面搭起来的,就在一个房间里,很不合理,像我们还有小孩,很不方便。一个小孩在上幼儿园,上的是老庙的民工子弟幼儿园,离这里不远,幼儿园的话一个月也要500元,当地的幼儿园不收外地人的小孩的,看不起外地人的小孩子。村里有三间平房的幼儿园(条件很简陋),因为这里要拆了,所以小孩就没在这里上了。周围环境一般,我们也不图好地方,有的住就行了。周围安徽的老乡很多的,大家平时关系也不错,有事也会互相帮忙的。我真的希望政府造点房子专门可以给打工的外地人住,别拆来拆去的,房子造了这么多,就是没有给我们住的,希望政府在拆迁的时候能发点补助款,我们搬来搬去真的特别辛苦,比如临时房,不用多好,至少有个安家的地方就够了。"(见表2-20、2-21)

表 2-20　二级子维度

原始资料	初始概念	范畴化
现在家里有四口人,两个大人两个小孩(a1,a2)老家还有老人,平时联系还好,一周打一到两次电话(b1,b2)	四口人(a1)妻子、丈夫、两个小孩(a2)	一家四口迁移(A1)
	老家有老人(b1)一周打1~2次电话(b2)	与老家联系多(A2)
孩子还小,我必须在家带孩子(c1)我老公一个人上班。老公一个月两三千块钱,就刚够我们四个人吃喝(d1,d2)他工作单位在江北翠柏路那里,离这边很远(e1)那里的房租太高,住不起,住在这里便宜(f1,f2,f3)但离上班很远,每天骑电动车要半个多小时(e2)	妻子在家带孩子(c1)	妻子无收入(A3)
	老公每月两三千(d1)够温饱(d2)	丈夫收入低(A4)
	工作单位离这边很远(e1)骑电动车要半个多小时(e2)	通勤时间长(A5)
	那里的房租太高(f1)住不起(f2)这里便宜(f3)	租金限制(A6)

续表

原始资料	初始概念	范畴化
我是 2008 年和我老公来的宁波(g1) 刚来宁波的时候,住在马路对面的桑家,后来拆了。还住过江北的闻家路,天水家园,都是因为拆迁,来来回回搬了有四五次了,都住半年左右(h1,h2)就要拆迁(i1) 现在房子很难找的,那时候也找了很久才找到这里,是之前隔壁邻居介绍的(j1)	2008 年来的(g1)	居住时间长(A7)
	搬家四五次(h1)住半年左右(h2)	搬家次数多(A8)
	拆迁(i1)	被动迁居为主(A9)
	现在住的房子是亲戚朋友介绍(j1)	亲戚朋友介绍住房(A10)
现住的房子有 20 平方米(k1) 500 块钱一个月,贵(l1.l2)	20 平方米(k1)	面积小(A11)
	500 元(l1) 贵(l2)	租金贵(A12)
像我们一家四口人住在一个房间,很挤的,放张床,放张桌子满了。500 块钱 30 多个平方还差不多,那起码人能住得下。厨房、卫生间都是自己在里面搭起来的,就在一个房间里,很不合理,像我们还有小孩,很不方便(m1,m2,m3,m4,m5)	很挤(m1) 厨房,卫生间都自己搭(m2) 在一个房间里(m3) 不合理(m4) 有小孩不方便(m5)	内部条件差(A13)
一个小孩在上幼儿园,上的是老庙的民工子弟幼儿园,离这里不远,幼儿园的话一个月也要 500 元,当地的幼儿园不收外地人的小孩的,看不起外地人的小孩子。村里有三间平房的幼儿园(条件很简陋),因为这里要拆了,所以小孩就没在这里上了(n1,n2)公交,商店都有的,但我们不怎么关注的(o1)周围环境一般,我们也不图好地方,有的住就行了(p1)	幼儿园条件简陋(n1) 当地的幼儿园不收外地人的小孩(n2)	社会隔离严重(A14)
	公交,商店都有(o1)	周边商服设施一般(A15)
	周围环境一般(p1)	周边环境一般(A16)
周围安徽的老乡很多的,大家平时关系也不错,有事也会互相帮忙的(q1,q2)	老乡多(q1) 关系好(q2)	老乡邻里和善(A17)
我真的希望政府造点房子专门可以给打工的外地人住,别拆来拆去的,房子造了这么多,就是没有给我们住的,希望政府在拆迁的时候能发点补助款,我们搬来搬去真的特别辛苦,比如临时房,不用多好,至少有个安家的地方就够了(r1,r2)	希望政府造临时房给打工的外地人住(r1) 在拆迁的时候发点补助款(r2)	指望政府(A18)

表 2-21　一级维度

各微观领域	范畴化
一家四口迁移(A1)	核心家庭迁移(B1)
与老家联系多(A2)	
妻子无收入(A3)	就业方向低端化(B2)
丈夫收入低(A4)	
通勤时间长(A5)	工作—居住匹配度低(B3)
租金限制(A6)	收入、租金限制(B4)
居住时间长(A7)	流而不动特征(B5)
搬家次数多(A8)	被动迁居(B6)
被动迁居为主(A9)	
亲戚朋友介绍住房(A10)	
面积小(A11)	居住空间小(B7)
租金贵(A12)	租金压力(B8)
内部条件差(A13)	住房内部条件差(B9)
周边商服设施一般(A15)	住房周边商服设施与环境一般(B10)
周边环境一般(A16)	
老乡邻里和善(A17)	老乡抱团(B11)
社会隔离严重(A14)	城市融入困难(B11)
指望政府(A18)	

表 2-22　近郊植根分析:共性与个性

近郊居住共性	就业方向低端化
	被动迁居为主
	租金限制与压力
	住房周边商服设施一般
	老乡抱团、与市民隔离严重
	城市融入困难
近郊居住个性	家庭迁移类型
	工作—居住匹配度不等
	居住空间大小不等
	住房内部条件差异大

　　从表 2-22 中,可以看出:近郊流动人口的居住共性主要有就业方向低端化、被动迁居为主、租金限制与压力、住房周边商服设施一般、老乡抱团、与市民隔离严重、城市融入困难。流动人口普遍文化素质不高,只能从事劳动密集型工作,就业方向低端化;流动人口因房屋涨价或拆迁等因素搬家,以被动迁居为主;近郊比市中心租金降低,但现在面临拆迁,房屋供不应求,因此流动人口也表示租金高,压力大;住房周边商服设施一般,商店、菜场、公交都没有,学校、医疗设施不完善;流动人口扎堆聚居在近郊,"老乡抱团"普遍化,与市民隔离严重,加剧了社会隔离,城市融入困难。

　　近郊流动人口的居住个性主要有家庭迁移类型、工作—居住匹配度不等、居住空间大小不等、住房内部条件差异大。流动人口家庭迁移类型以核心家庭迁移为主,家里有小孩的,妻子在家照顾小孩,丈夫一人负责赚钱养家,个别是非核心家庭迁移;由于受到收入与租金限制,一部分流动人口工作在市中心,租房在近郊,他们选择增加通勤时间来减少住房开支,工作—居住匹配度低,一部分流动人口在附近的制造业打工,工作—居住匹配度高;流动人口居住空间大小不等,有些住房空间适中,也有些处于"蜗居"状态,但无人居住空间是宽敞的;流动人口住房内部条件差异大,厨房、厕所、洗澡间绝大部分住房都没有,但也有一部分条件简陋,生活配套设施不完善;周边商服设施与环境一般,商店、菜场、公交都有,学校、医疗不完善。

　　随着城市城中村的改造,近郊流动人口聚居地面临着拆迁与调整,让许多流动人口接下来面临"下一步住哪里"的困境。

三、区位:远郊——庄市勤勇村

　　A. 蒋女士　50 岁　高中文化　已婚　四川广元人　现居勤勇村

　　"家里 3 口人,我、丈夫和外孙,老母亲和娘家人都在老家,女儿女婿在陕西工作,工资还行。丈夫在庄市那边工地做小工,收入一般,路很近的。平时和家人联系挺多的,大概两三天打一电话。我之前在原配件工厂上班,现在退休了,每个月 1700 元退休工资,在家里带外孙。我来宁波 12 年了,这里的房子是通过亲戚介绍的,来宁波一直住在这里,没有搬过家,工作换过,之前在汉唐刘家那边工作。现在居住的房屋面积有 30 平方米,400 元一个月,水费 6 元一吨,电费 1 元一度。由于住得久了,房东房价没怎么涨,就是水电费偏高。房里厕所、洗澡间都有,厨房是另辟的。公交是挺近的,医疗、购物就要去庄市,居住环境是挺满意的,毕竟住了那么长时间,不打算回老家,如果拆迁,就搬家。周围邻居中没老乡,来自甘肃与江西的比较多,关系普通。我们原先买了饭桌、床、空调等家具电器,在房子里东西挺多的,如果拆迁的话,希望政府能安排一下住宿吧。"(见表 2-23、2-24)

表 2-23 二级子维度

原始资料	初始概念	范畴化
家里 3 口人,我、丈夫和外孙(a1、a2)老母亲和娘家人都在老家,女儿女婿在陕西工作,工资还行平时和家人联系挺多的,大概两三天打一电话(b1、b2)	3 口人(a1)妻子、丈夫、外孙(a2)	祖孙迁移(A1)
	老家有老人,女儿女婿在陕西(b1)两三天打一电话(b2)	与家人联系多(A2)
丈夫在庄市那边工地做小工,收入一般(c1、c2)路很近的(d1)我之前在原配件工厂上班,现在退休了,每个月 1700 元退休工资,在家里带外孙(e1、e2)	丈夫在工地做小工(c1)收入一般(c2)	丈夫工作性质差(A3)
	路很近(d1)	通勤时间少(A4)
	妻子有退休工资(e1)在家带外孙(e2)	妻子有退休金(A5)
我来宁波 12 年了(f1)这里的房子是通过亲戚介绍的(g1)来宁波一直住在这里,没有搬过家,工作换过,之前在汉唐刘家那边工作(h1、h2)	来宁波 12 年(f1)	居住时间长(A6)
	房子是通过亲戚介绍(g1)	通过亲戚介绍住房(A7)
	一直住在这里(h1)没有搬过家(h2)	居住稳定(A8)
现在居住的房屋面积有 30 平方米(i1) 400 元一个月,水费 6 元一吨,电费 1 元一度。由于住得久了,房东房价没怎么涨,就是水电费偏高(j1、j2、j3)	30 平方米(i1)	面积适中(A9)
	400 元(j1) 没怎么涨(j2) 水电费偏高(j3)	租金适中(A10)
房里厕所、洗澡间都有,厨房是另辟的(k1、k2)	有厕所与洗澡间(k1)厨房另辟(k2)	内部条件较完善(A11)
公交是挺近的,医疗、购物就要去庄市(l1、l2)居住环境是挺满意的,毕竟住了那么长时间,不打算回老家,如果拆迁,就搬家(m1、m2)	公交挺近(l1) 医疗、购物去庄市 (l2)	周边商服设施一般(A12)
	居住环境满意(m1)不打算回老家(m2)	对环境满意(A13)
周围邻居中没老乡,来自甘肃与江西的比较多,关系普通(n1、n2)	老乡少(n1) 关系普通(n2)	老乡少,邻里关系普通(A14)
我们原先买了饭桌、床、空调等家具电器,在房子里东西挺多的,如果拆迁的话,希望政府能安排一下住宿吧(o1)	希望政府在拆迁的时候安排下住宿(o1)	指望政府(A15)

表 2-24　一级维度

各微观领域	范畴化
祖孙迁移（A1）	非核心家庭迁移（B1）
与家人联系多（A2）	
丈夫工作性质差（A3）	一方就业方向低端化（B2）
妻子有退休金（A5）	
通勤时间少（A4）	工作—居住匹配度高（B3）
居住时间长（A6）	流而不动特征（B4）
通过亲戚介绍住房（A7）	
居住稳定（A8）	
面积适中（A9）	居住空间适中（B5）
租金适中（A10）	租金限制（B6）
内部条件较完善（A11）	住房内部条件较完善（B7）
周边商服设施一般（A12）	住房周边商服设施一般（B8）
对环境满意（A13）	安于现状（B9）
老乡少，邻里关系普通（A14）	老乡抱团（B10）
指望政府（A15）	城市融入困难（B11）

B. 王女士　33 岁　初中文化　已婚　河南人　现居勤勇村

"家里有 4 口人，我和丈夫加一双子女，父母在老家，平时两三天打一次电话。我在纺院科院的学生村步行街上做点小生意（卖早点），做了有 5 年，每个月收入 3000 元左右，地点在宁大北区步行街，每天骑三轮车工作，10 分钟就到了。之前在原厂里上班，工厂不太自由，也攒了点钱，就自己做点小买卖，丈夫就在村里的工厂上班，一个月 2000 元左右。我来宁波有 9 年了，之前在庄市街道租房住，因为拆迁，才与熟人打听找到这里，在这里住了有一年多了。现在居住的房屋面积有 30 平方米左右，每个月租金 260 元，贵了，之前住的只要 100 元，房屋面积也有 30 平方米。这房子有里外间，厨房在外间，睡在里间，但没有厕所，上的是公共厕所。也没有洗澡间，洗澡夏天比较好办，冲一下好了，冬天就比较难办了，要花钱去浴室洗。公交站是挺近的，上班也方便，但看病，买东西和孩子上学都要去庄市。特别是两个孩子上学，我们是找了很多门道才将大女儿送进本地学校的，小儿子还在读幼儿园，两个都是自己接送的。周围邻居有一些老乡的，他们不是在厂里上班，就是在建筑工地干活；大家都有商有量的。在外地嘛，老乡之间就会照顾一点的。不打算改善房子内部了，打算要搬了,主要是孩子上学问题,本地和外地人差距太大了,不管外地本地,政府总该让孩子上好学,希望外地人有固定住房。"(见表 2-25、2-26)

表 2-25　二级子维度

原始资料	初始概念	范畴化
家里有 4 口人,我和丈夫加一双子女(a1.a2) 父母在老家,平时两三天打一次电话(b1,b2)	4 口人(a1) 妻子、丈夫、儿女(a2)	一家四口迁移(A1)
	老家父母(b1) 两三天打次电话(b2)	与老家联系多(A2)
我在纺院科院的学生村步行街上做点小生意(卖早点),做了有 5 年,每个月收入 3000 元左右,地点在宁大北区步行街(c1) 每天骑三轮车工作,10 分钟就到了,丈夫就在村里的工厂上班,一个月 2000 元左右(d1,d2)	妻子步行街卖早点(c1)	工作性质差(A3)
	妻子骑三轮车 10 分钟(d1) 丈夫在村里的工厂上班(d2)	通勤时间少(A4)
我来宁波有 9 年了(e1) 之前在庄市街道租房住(f1) 因为拆迁(g1) 才与熟人打听找到这里,在这里住了有一年多了(h1)	来宁波 9 年(e1)	居住时间长(A5)
	搬过一次家(f1)	搬家次数少(A6)
	拆迁(g1)	被动迁居为主(A7)
	与熟人打听(h1)	熟人介绍住房(A8)
现在居住的房屋面积有 30 平方米左右(i1) 每个月租金 260 元,贵了,之前住的只要 100 元,房屋面积 30 平方米(j1,j2)	30 平方米(i1)	面积小(A9)
	租金 260 元(j1) 贵(j2)	租金嫌贵(A10)
这房子有里外间,厨房在外间,睡在里间,但没有厕所,上的是公共厕所。也没有洗澡间,洗澡夏天比较好办,冲一下好了,冬天就比较难办了,要花钱去浴室洗(k1.k2.k3)	有厨房(k1) 公共厕所公用(k2) 无洗澡间(k3)	内部条件差(A11)
公交站是挺近的,上班也方便,但看病,买东西和孩子上学都要去庄市(l1,l2) 特别是两个孩子上学,我们是找了很多门道才将大女儿,送进本地学校的,小儿子还在读幼儿园,两个都是自己接送的(m1) 房子环境就那样吧,谈不上满不满意的(n1)	公交站挺近(l1) 看病、买东西、上学有点远(l2)	周边商服设施一般(A12)
	找门道将女儿送进本地学校(m1)	社会隔离(A13)
	环境谈不上满不满意(n1)	周边环境一般(A14)
周围邻居有一些老乡的,他们不是在厂里上班,就是在建筑工地干活;大家都有商有量的。在外地嘛,老乡之间就会照顾一点的(o1,o2)	有老乡(o1) 互相照顾(o2)	邻里和善(A15)
不打算改善房子内部了,打算要搬了(p1,p2) 主要是孩子上学问题,本地和外地人差距太大了,不管外地本地,政府总该让孩子上好学,希望外地人有固定住房(q1,q2)	不打算改善房子内部(p1) 打算要搬(p2)	不改变内部环境(A16)
	指望政府解决孩子上学问题(q1) 外地人有固定住房(q2)	指望政府(A17)

表 2-26　一级维度

各微观领域	范畴化
一家四口迁移(A1)	核心家庭迁移(B1)
与老家联系多(A2)	
工作性质差(A3)	就业方向低端化(B2)
通勤时间少(A4)	工作—居住匹配度高(B3)
居住时间长(A5)	流而不动特征(B4)
搬家次数少(A6)	
被动迁居为主(A7)	被动迁居(B5)
熟人介绍住房(A8)	
面积小(A9)	居住空间小(B6)
租金嫌贵(A10)	租金压力(B7)
内部条件差(A11)	住房内部条件差(B8)
周边商服设施一般(A12)	住房周边商服设施与环境一般(B9)
周边环境一般(A14)	
社会隔离(A13)	老乡抱团(B10)
邻里和善(A15)	
不改变内部环境(A16)	城市融入困难(B11)
指望政府(A17)	

C. 张女士　47 岁　文盲或半文盲　已婚　四川人　现居勤勇村

"我和丈夫一起来的宁波,老家有儿子和父母,挺想儿子的,电话联系不多,一星期一次,长途电话很贵。我是在村里扫马路、做清洁的,年纪大了,没什么文化,也没什么技术,只能干干清洁工的活,别的活又不会干。清洁工工资少啊,只有 1800 块一月,每月还要扣掉 200 块的保险费,宁波这里东西又贵,挣的钱付了房租、再是吃的喝的,就没剩多少可带回老家过年了。我是走路去的,先去领了扫把簸箕,大概十几分钟吧。我眼睛不太好,走得比较慢。老公在建筑工地干活,就在附近,赚的都是辛苦钱,没什么能耐,在宁波只能干干苦力,但赚的钱比老家要多,年纪大了再干几年就打算回老家了。我来宁波有 4 年了,没搬过家,老公跟着老乡先来的宁波,这房子是和老乡一块儿找到,他们都住这一带,后来我来了。现在居住的房屋面积有 15 平方米,每个月的租金是 300 多元,贵。我们两夫妻住住还行,烧菜吃饭睡觉都在屋里,屋里没有自来水,我们洗衣洗菜都是打前面井里的水,水费倒是省了,不过打水挺累的,我关节又不好。厕所用的也是公共的。上班是挺方便的,公交站也近,买个东西也方便,门口小超市,宁波这边物价太高了,东西都买不起;这边看病要去庄市,像我,胃有问题,都不太敢去医院看病,胃药一小瓶又那么贵,都是省着吃的。我们外地人没得报销,不像本地人那样有医保卡,还可以便宜一点。环境不好,破旧,能住就行。隔壁本来住着两个老乡的,现在搬走了,大家出门在外关系都不错,过年的时候都一块回老家,火车上也有个照应。我们工资低,租的房子有个睡的床,吃饭的桌子就行了。这边水电费贵,回趟家的车费也要四五百块,就不在租房里添置东西了。现在看病很难又很贵,像我们外地人不光被本地人看不起,就连看病也贵得不行,就希望什么时候政府可以对我们外地人提供医疗保险。"(见表 2-27、2-28)

表 2-27 二级子维度

原始资料	初始概念	范畴化
我和丈夫一起来的宁波(a1,a2)老家有儿子和父母,挺想儿子的,电话联系不多,一星期一次,长途电话很贵(b1,b2)	2 口人(a1)妻子、丈夫(a2)	夫妻迁移(A1)
	老家儿子父母(b1)电话一周一次(b2)	与老家联系不多(A2)
我是在村里扫马路、做清洁的,年纪大了,没什么文化,也没什么技术,只能干干清洁工的活,别的活又不会干。清洁工工资少啊,只有1800块一月,每月还要扣掉200块的保险费,宁波这里东西又贵,挣的钱付了房租、再是吃的喝的,就没剩多少可带回老家过年了。我是走路去的,先去领了扫把簸箕,大概十几分钟吧。我眼睛不太好,走得比较慢。老公在建筑工地干活,就在附近,赚的都是辛苦钱,没什么能耐(c1,c2,c3,c4,d1,d2)在宁波只能干干苦力,但赚的钱比老家要多,年纪大了再干几年就打算回老家了(e1,e2)	妻子是环卫工人(c1)工资少(c2)丈夫在建筑工地干活(c3)辛苦钱(c4)	工作性质差(A3)
	在村里(d1)附近工地(d2)	通勤时间少(A4)
	赚的钱比老家多(e1)再干几年就打算回老家(e2)	首要目的是赚钱(A5)
我来宁波有 4 年了(f1)没搬过家(g1)老公跟着老乡先来的宁波,这房子是和老乡一块儿找到,他们都住这一带,后来我来了(h1)	来宁波 4 年(f1)	居住时间适中(A6)
	没搬过家(g1)	无搬家(A7)
	老公与老乡先来(h1)	追随爱人迁移(A8)
现在居住的房屋面积有 15 平方米(i1)每个月的租金是 300 多元(j1,j2)贵	15 平方米(i1)	面积小(A9)
	租金 300 多元(j1)贵(j2)	租金贵(A10)
我们两夫妻住住还行,烧菜吃饭睡觉都在屋里,屋里没有自来水,我们洗衣洗菜都是打前面井里的水,水费倒是省了,不过打水挺累的,我关节又不好。厕所用的也是公共的(k1,k2,k3,k4)	烧菜吃饭睡觉都在屋里(k1)没有自来水(k2)打井水(k3)公共厕所(k4)	内部条件差(A11)

续表

原始资料	初始概念	范畴化
上班是挺方便的,公交站也近,买个东西也方便,门口小超市,宁波这边物价太高了,东西都买不起;这边看病要去庄市,像我,胃有问题,都不太敢去医院看病,胃药一小瓶又那么贵,都是省着吃的。我们外地人没得报销,不像本地人那样有医保卡,还可以便宜一点(l1,l2,l3,l4)环境不好,破旧,能住就行(m1)	上班方便(l1) 公交近(l2) 门口小超市(l3) 看病有点远(l4)	周边商服设施一般(A12)
	环境破旧(m1)	周边环境差(A13)
隔壁本来住着两个老乡,现在搬走了,大家出门在外关系都不错,过年的时候都一块回老家,火车上也有个照应(n1,n2)	原有老乡(n1) 互相照顾(n2)	老乡邻里和善(A14)
我们工资低,租的房子有个睡的床,吃饭的桌子就行了。这边水电费贵,回趟家的车费也要四五百块,就不在租房里添置东西了(o1)现在看病很难又很贵,像我们外地人不光被本地人看不起,就连看病也贵得不行,就希望什么时候政府可以对我们外地人提供医疗保险(p1)	不打算改善房子内部(o1)	不改变内部环境(A15)
	指望政府提供医疗保险(p1)	指望政府(A16)

表 2-28   一级维度

各微观领域	范畴化
夫妻迁移(A1)	非核心家庭迁移(B1)
与老家联系不多(A2)	
工作性质差(A3)	就业方向低端化(B2)
通勤时间少(A4)	工作—居住匹配度高(B3)
首要目的是赚钱(A5)	生活所迫(B4)
居住时间适中(A6)	被动迁移(B5)
无搬家(A7)	
追随爱人迁移(A8)	
面积小(A9)	居住空间小(B6)
租金贵(A10)	租金压力(B7)
内部条件差(A11)	住房内部条件差(B8)
周边商服设施一般(A12)	住房周边商服设施一般但环境差(B9)
周边环境差(A13)	
老乡邻里和善(A14)	老乡抱团(B10)
不改变内部环境(A15)	城市融入困难(B11)
指望政府(A16)	

D. 陈先生　48 岁　初中文化　已婚　陕西安康人　现居勤勇村

　　"我是一个人来宁波的,老家有妻子、一儿一女,平时两三天联系一次。在附近的建筑工地干活,我学历低,出门在外,工资又想高点,只能在工地干体力活了。儿子要娶老婆,没办法的事。现在在勤勇的一工地上干活,前几年为了上班方便买了电瓶车,上班大概 13 分钟左右。我来宁波六年,跟老乡一块儿来的宁波,先在庄市找了一工地干活,住也是住在工地上的。后来工地完工了,就没得住了,就在附近的杨家找了房子租,后来拆迁了,就搬到了勤勇,都是自己找的。房子面积很小大概 7、8 平方米,不过就我一单身汉住,还行。但房租要200 元/月,虽然比市里要便宜,但也算是贵的。这房子里什么也没有,就一张床,一张桌,几把凳子;厕所就是屋外搭的小棚,一个人就比较随便了,吃都在外面吃的,有时候外卖打包带回家吃,洗澡就脸盆里放些水,冲冲。外面店很多的,该有的都有,生活很方便。一般骑电瓶车上班,挺方便的,就算去超市买东西也是骑电瓶车的。在外地住当然没家里舒服,环境差,但能住人。对面本来住着一老乡的,现在搬走了,其他邻居关系也都挺好的,不干活的时候一起打打牌,都一个地方的。有时候老婆一起从老家过来住几天,都是临时的,又一个人住,就凑合着过吧,住就这样了,有时候倒是会出去吃顿好的。对政府没啥希望,早晚要回家的。"(见表 2-29、2-30)

表 2-29　二级子维度

原始资料	初始概念	范畴化
我是一个人来宁波的(a1) 老家有妻子、一儿一女,平时两三天联系一次(b1,b2)	1 个人(a1)	独自一人迁移(A1)
	老家妻子儿女（b1）两三天联系一次(b2)	与老家联系多(A2)
在附近的建筑工地干活,我学历低,出门在外,工资又想高点,只能在工地干体力活了。儿子要娶老婆,没办法的事。现在在勤勇的一工地上干活(c1) 前几年为了上班方便买了电瓶车,上班大概 13 分钟左右(d1,d2)	工地干体力活(c1)	工作性质差(A3)
	电瓶车(d1) 13 分钟(d2)	通勤时间少(A4)
我来宁波六年(e1) 跟老乡一块儿来的宁波,先在庄市找了一工地干活,住也是住在工地上的。后来工地完工了,就没得住了,就在附近的杨家找了房子租,后来拆迁了,就搬到了勤勇(f1,g1,g2) 都是自己找的(h1)	来宁波六年(e1)	居住时间长(A5)
	搬家两次(f1)	搬家次数多(A6)
	工作原因(g1) 拆迁(g2)	被动迁居为主(A7)
	自己找房子(h1)	实地找寻住房(A8)
房子面积很小大概 7、8 平方米(i1) 不过就我一单身汉住,还行。但房租要 200 元/月,虽然比市里要便宜,但也算是贵的(j1,j2)	7、8 平方米(i1)	面积小(A9)
	租金 200 多元(j1) 贵(j2)	租金贵(A10)

续表

原始资料	初始概念	范畴化
这房子里什么也没有,就一张床,一张桌,几把凳子;厕所就是屋外搭的小棚,一个人就比较随便了,吃都在外面吃的,有时候外卖打包带回家吃,洗澡就脸盆里放些水,冲冲(k1)	无厨房、厕所与洗澡间(k1)	内部条件差(A11)
外面店很多的,该有的都有,生活很方便。一般骑电瓶车上班,挺方便的,就算去超市买东西也是骑电瓶车的(l1,l2)在外地住当然没家里舒服,环境差,但能住人(m1)	生活方便(l1)上班方便(l2)	周边商服设施一般(A12)
	环境差(m1)	周边环境差(A13)
对面本来住着一老乡的,现在搬走了,其他邻居关系也都挺好,不干活的时候一起打打牌,都一个地方的(n1,n2)	老乡多(n1)关系好(n2)	老乡邻里和善(A14)
有时候老婆一起从老家过来住几天,都是临时的,又一个人住,就凑合着过吧,住就这样了,有时候倒是会出去吃顿好的(o1)	凑合着过(o1)	不改变内部环境(A15)
对政府没啥希望,早晚要回家的(p1)	对政府无指望(p1)	不指望政府(A16)

表 2-30 一级维度

各微观领域	范畴化
独自一人迁移(A1)	非核心家庭迁移(B1)
与老家联系多(A2)	
工作性质差(A3)	就业方向低端化(B2)
通勤时间少(A4)	工作—居住匹配度高(B3)
居住时间长(A5)	被动迁移(B4)
搬家次数多(A6)	
被动迁居为主(A7)	
实地找寻住房(A8)	
面积小(A9)	居住空间小(B5)
租金贵(A10)	租金限制(B6)
内部条件差(A11)	住房内部条件差(B7)
周边商服设施一般(A12)	住房周边商服设施一般但环境差(B8)
周边环境差(A13)	
老乡邻里和善(A14)	老乡抱团(B9)
不改变内部环境(A15)	城市融入困难(B10)
不指望政府(A16)	

E. 江女士　33岁　中专文化　已婚　福建人　现居勤勇村

"家里有4口人,丈夫加一双儿女,就父母在老家,平时有事就联系,也挺多的。我和丈夫一块在学生二村做点小生意,卖饼,生意挺好的,大概3000～4000元一个月,遇到下雨就比较麻烦,学生就不愿意出来,生意比较差。我们是骑三轮车去的,炉子、碳、面粉、调料什么的都在三轮车上,大概十分钟左右。我来宁波大概2～3年,我原来是在庄市工厂上班,住的也是在工厂。老公7、8年前就来宁波了,他先是在工地打工,住的也是工地,工资不高,但非常辛苦。后来两个孩子也来了宁波,我就不在工厂干了。我们从老乡那里打听到勤勇有房子租就过来了,我们看同乡在学生村买早饭生意挺好的,我和丈夫就买了三轮车在学生二村那边卖饼。一家四口住十来平方米,要260元/月,房租挺贵的。厨房、厕所、洗澡间倒都是有的,不过都是房子外搭出来的棚,不牢靠,过年回老家,棚里的东西都要搬到屋里,放在外面不放心。要是出去玩或者买东西的话就坐公交车,公交站挺近的;这周边的环境太杂了,什么人都有,就担心孩子被拐走或是被欺负。我们要看生意情况搬家,生意要是不好,就打算换个地方,但不知道搬哪去。我们住的这一层还有一户人家,他们一家三口早就住在那儿了,是四川的,大家相处得挺好的,我有时忙的时候,会帮我看一下孩子。我们孩子还小,女儿7岁,儿子3岁,现在就是赚钱养他们,住的艰苦一点也没事。现在女儿7岁了,我们还不打算回老家,把女儿送回老家读书又不放心,老家父母事情也挺多的,我们就希望政府能让我们女儿可以在这边读书。"(见表2-31、2-32)

表 2-31　二级子维度

原始资料	初始概念	范畴化
家里有4口人,丈夫加一双儿女(a1,a2)就父母在老家,平时有事就联系,也挺多的(b1,b2)	4个人(a1)妻子、丈夫、儿女(a2)	一家四口迁移(A1)
	老家父母(b1)联系多(b2)	与老家联系多(A2)
我和丈夫一块在学生二村做点小生意,卖饼,生意挺好的,大概3000～4000元一个月,遇到下雨就比较麻烦,学生就不愿意出来,生意比较差(c1,c2,c3)我们是骑三轮车去的,炉子、炭、面粉、调料什么的都在三轮车上,大概十分钟左右(d1,d2)	夫妻在学生村卖饼(c1)3000～4000元一个月(c2)下雨天生意差(c3)	工作性质差(A3)
	三轮车(d1)10分钟(d2)	通勤时间少(A4)
我来宁波大概2～3年(e1)我原来是在庄市工厂上班,住的也是在工厂。老公7、8年前就来宁波了,他先是在工地打工,住的也是工地,工资不高,但非常辛苦(f1)后来两个孩子也来了宁波,我就不在工厂干了,我们从老乡那里打听到勤勇有房子租就过来了(g1,g2)	来宁波2～3年(e1)	居住时间短(A5)
	原先住工作地(f1)	搬家一次(A6)
	孩子来宁波(g1)向老乡打听住房(g2)	主动迁居(A7)

续表

原始资料	初始概念	范畴化
一家四口住十来平方米（h1）要 260 元/月，房租挺贵的（i1，i2）	十来平方米（h1）	面积小（A8）
	租金 260 多元（i1）贵（i2）	租金贵（A9）
厨房、厕所、洗澡间倒都是有的，不过都是房子外搭出来的棚，不牢靠，过年回老家，棚里的东西都要搬到屋里，放在外面不放心（j1）	厨房、厕所与洗澡间外面搭（j1）	内部条件差（A10）
要是出去玩或者买东西的话就坐公交车，公交站挺近的（k1）这周边的环境太杂了，什么人都有，就担心孩子被拐走或是被欺负，我们要看生意情况搬家，生意要是不好，就打算换个地方，但不知道搬哪去（l1，l2）	公交方便（k1）	周边商服设施一般（A11）
	环境杂（l1）打算搬家（l2）	周边环境差（A12）
我们住的这一层还有一户人家，他们一家三口早就住在那儿了，是四川的，大家相处得挺好的，我有时忙的时候，会帮我看一下孩子（m1）	邻居帮忙照看孩子（m1）	邻里和善（A13）
我们孩子还小，一个 7 岁的女儿一个 3 岁的儿子，现在就是赚钱养他们，住的艰苦一点也没事（n1，n2）现在女儿 7 岁了，我们还不打算回老家，把女儿送回老家读书又不放心，老家父母事情也挺多的，我们就希望政府能让我们女儿可以在这边读书（o1）	赚钱养孩子（n1）住得艰苦没事（n2）	不改变内部环境（A14）
	希望政府能让孩子可以在这边读书（o1）	指望政府（A15）

表 2-32　一级维度

各微观领域	范畴化
一家四口迁移（A1）	核心家庭迁移（B1）
与老家联系多（A2）	
工作性质差（A3）	就业方向低端化（B2）
通勤时间少（A4）	工作—居住匹配度高（B3）
居住时间短（A5）	
搬家一次（A6）	主动迁移（B4）
主动迁居（A7）	
面积小（A8）	居住空间小（B5）
租金贵（A9）	租金压力（B6）
内部条件差（A10）	住房内部条件差（B7）
周边商服设施一般（A11）	住房周边商服设施一般但环境差（B8）
周边环境差（A12）	
邻里和善（A13）	外地人抱团（B9）
不改变内部环境（A14）	城市融入困难（B10）
指望政府（A15）	

表 2-33　远郊植根分析：共性与个性

远郊居住共性	就业方向低端化
	工作—居住匹配度高
	租金限制与压力
	住房周边商服设施一般
	住房周边环境较差
	老乡抱团
	城市融入困难
远郊居住个性	家庭迁移类型
	居住城市时间较短
	被动迁居与主动迁居
	居住空间大小不等
	住房内部条件差异大

　　从表 2-33 中的植根分析，远郊流动人口居住共性主要有就业方向低端化、工作—居住匹配度高、租金限制与压力、住房周边商服设施一般、住房周边环境较差、老乡抱团、城市融入困难。流动人口在附近工厂上班、工地打工或者附近高校步行街摆摊，就业方向低端化；流动人口居住在远郊工作—居住匹配度高，通勤时间少，基本在 15 分钟以内；远郊住房租金比市中心、近郊低，但流动人口依旧觉得高，租金压力大，这与他们的工作收入有关，远郊单位工资比市中心、近郊要低；住房周边商服设施一般，除了医疗、学校缺少外，其他与生活密切相关的设施都有，但环境杂、脏乱差，基本处于无人管理状态，外迁带有适龄儿童入学的家庭，都为孩子读书问题而苦恼，都指望政府能解决难题；流动人口在远郊处于半聚居状态，"老乡抱团"聚居一起，来源地不同聚居区域不同，周边无市民居住，社会隔离严重，城市融入困难。

　　远郊流动人口居住个性主要有家庭迁移类型、居住城市时间较短、被动迁居与主动迁居、居住空间大小不等、住房内部条件差异大。流动人口不再是以核心家庭迁移为主，有独自一人迁居、夫妻迁居以及祖孙迁居，家庭迁移类型多样化；大部分流动人口刚来城市不久，居住时间较短；一部分流动人口被动迁居，主要是房租上涨与拆迁，也有一部分流动人口主动迁居，主要是不满意原居住地，或者是工作变迁；流动人口居住空间比市中心、近郊宽敞，但空间大小不等，受租金制约；这里都是农民自建房，因此住房内部条件差异大，绝大部分生活配套设施不完善，无厨房、厕所、洗浴间，个别收入高的家庭会租住内部条件完善的住房或者自行花钱装修。

四、流动人口居住行为空间结构化分析

流动人口初到大城市,主要有投亲靠友、自由寻找工作、已有工作单位三种类型。投亲靠友的流动人口先以聚居的形式借居在亲友家,接着找寻工作与住房;自由寻找工作的流动人口寻找住房与工作同步,优先考虑包住的工作单位;已有工作单位的流动人口,依靠公司统一租房或者由工作单位安排在工厂内居住,或者自己租房。见图2-2。

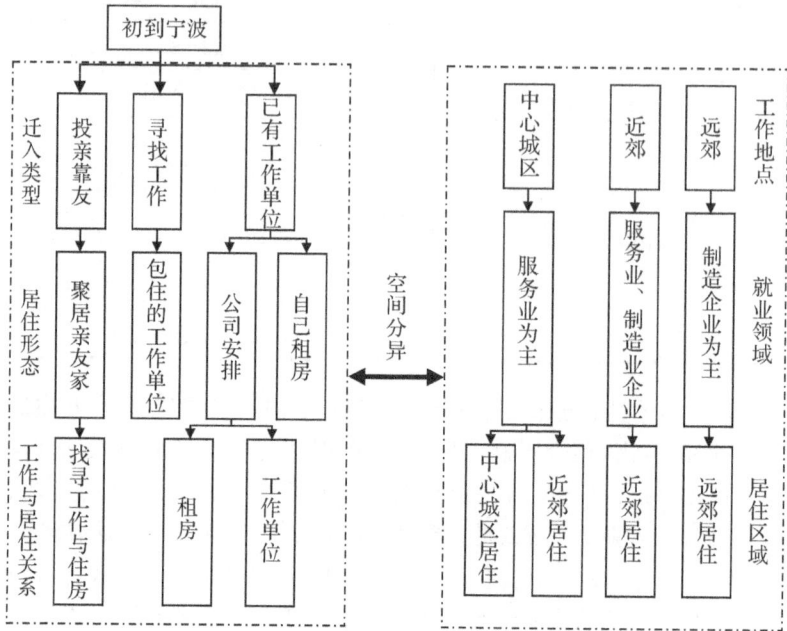

图 2-2   流动人口初来城市的居住空间行为

流动人口在市中心就业以服务业为主,住房选择在市中心或者近郊,近郊房屋租金相对市中心较低,因此部分流动人口愿意增加通勤时间来降低住房开支。流动人口在近郊就业分服务业与工厂上班两种,住房选择在近郊工厂里或者工厂附近租房聚居。流动人口在远郊就业以工厂上班为主,住房选择在远郊工厂里或者工厂附近租房,自行租房的居住形态没有近郊紧凑,呈散居形式。

迁居原因来自于内部需求和外部居住环境的刺激,当现有居住空间效用与居住需求差距较大时,就需要寻找新的居住(Brown&Moore,1970)。流动人口由于工作地点变化、结婚等内部需求和房屋拆迁、房租上涨、社区排斥等外部居住环境的刺激选择迁居,在迁居过程中优先考虑的因素有距离工作地点近、租金价格、通勤时间、商服设施完备度、亲缘、业缘、地缘聚居等,主要靠熟人或老乡介绍、街头小广告、实地找寻、电视网络、房产中介等来获得住房。

市中心房租价格高,流动人口只能选择租住在老小区,这类房屋空间小,内

部配套设施差,租金相对低些,房屋周边商服设施完善,多数环境较好,但在访谈过程中,流动人口对周边商服设施模糊,称"用不到,没去过",这说明流动人口对周边环境的好坏并不看重,没有把自己当成该城市中的一员,难以融入城市。

近郊房屋租金价格相对于市中心要低,且居住区附近有大量工厂,就业方便,流动人口扎堆聚居现象普遍,这类房屋面积比市中心大,房屋内部配套设施一般,厨房、洗浴、厕所卫生间有一样配套。房屋周边商服设施一般,只有菜市场、餐饮店、理发店等与基本生活密切相关的设施。区域建筑面积小但居住人口多,住房周边环境一般,部分区域环境脏乱差。

远郊房屋租金价格最低,但多数流动人口居住在工厂里,居住与工作高度匹配。工厂包吃包住,工厂公共食堂提供吃,房屋内部只有一张床供睡觉,夫妻共住一间或者同性工友共住一间,工厂离商服设施较远,一般一周出去采购一次。居住在工厂外的流动人口呈散居形态,租住在附近民房,住房面积适中,租

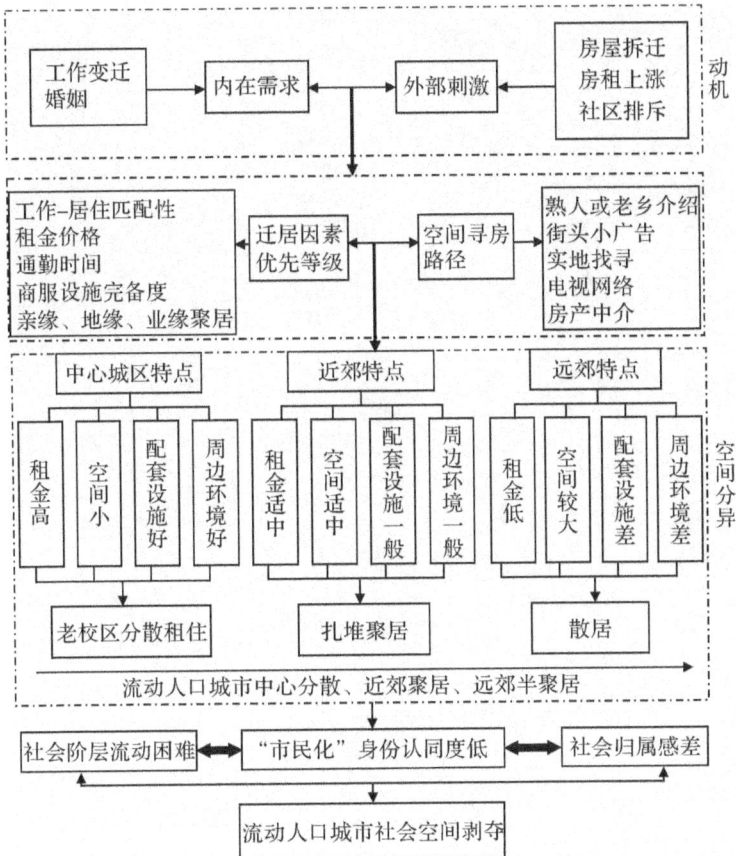

图 2-3　流动人口城市社会空间剥夺

金较市中心、近郊便宜,住房内部环境差,住房周边商服设施较完善,500 米内有菜市场、理发店、餐饮店、超市或百货店,但居住环境差,且安全系数低。500 米外环境脏乱差。

　　总体而言,流动人口在城市中心呈分散、近郊聚居、远郊半聚居的居住形态,从而导致社会阶层流动困难、"市民化"身份认同度低、社会归属感差,最终形成流动人口城市社会空间剥夺(见图 2-3)。

第三章　人文地理学定量分析

1950 年代,人文地理学开始从"区域差异"转向"空间分析(spatial analysis)",摆脱经验主义,转而追求空间法则。从 1970 年代开始,人文地理学进入了从空间分析到社会理论(social theory)的演化阶段。法国马克思主义哲学家亨利·列斐伏尔将历史性、社会性和空间性结合起来,形成存在。法国思想家福柯将空间乃至权力、知识等话语转化成实际权力关系的关键。人本主义地理学家在寻求福柯的知识导引的同时,也成了"空间的生产"。人文地理主要形成实证主义、结构主义和人本主义。实证主义代表学派有:区位论学派、社会物理学派、计量学派。人本主义代表学派有:历史景观学派(Prince)、时间地理学派(Hagerstrand)、行为地理学(Reginald G. Golledge);结构主义代表学派有:新区域地理学派(区域是资本的局部产物、区域文化的产生和创造、区域是社会关系的媒介)、女性地理学等。

人文地理学发展的倾向:(1)经济化。运用经济原理来解释空间的分异过程,特别是计量革命强调的空间分析方法、数据处理以及强调理论的重要性将人文地理学带入实证主义的轨道。(2)社会化。由于人类现象的多样性,仅仅以利润最大化来解释空间过程是不全面的或难以解释的,特别是对 1970 年代末 80 年代初,西方社会面对经济停滞、失业增加、种族隔离、贫富不均等一系列新的社会问题和政治问题,实证主义研究已显得力不从心,而结构主义思潮正是在这种背景下出现的。区域社会转型研究成为人文地理学研究的重要议题。具体形成了社会分层的空间分异研究、特殊群体(以弱势群体为主)的空间分异研究、空间行为研究、人口的空间过程与空间分异研究,文化对于区域发展作用研究等一系列人文地理学社会化的研究体系。

人文地理的这两种倾向,导致人文地理学研究内容"空心化"。所以 21 世纪初,西方悲观的人文地理学者发出感叹:"Rome is died."而乐观的西方人文地理学学者提出人文地理学一向被看成是社会科学,具有社会科学属性。二战后其研究对象已由单要素向多要素,由部门向综合发展。同时,面对西方社会、经济发展的种种困惑,人文地理学家开始更加关心哲学与方法论问题,更加注重与相邻学科的融合与交叉,表现出很强的综合趋向,从而丰富了人文地理学研究的内涵,促进了人文地理学科体系的不断丰富与完善,已形成了一个由经济、政治、文化、行为、聚落等均衡发展的多分支学科所构成的具有理论应用、技术多层次的比较完备的学科体系。

定量研究以实证主义为核心,通过归纳演绎形成空间活动、空间过程规律。

第一节 问卷设计

问卷调查是社会实践活动中的常用工具。

一、问卷的组成部分

问卷一般包括以下几个部分:问卷标题、前言、问卷主体部分、问卷附录。

问卷标题:问卷标题要求给被调查者明确调查主题。调查问卷的标题要求简明、扼要,主旨明确。标题要求专业性和通俗性兼备。如果标题非常专业,意味该调查内容是面向小众的调查,也就是面向专业人士的调查。一个大众调查,如果标题太专业,这意味着调查过程中被调查者难以理解调查目的,从而导致配合率较低,调查难度加大。

前言:要求明确调查目的、调查单位、感谢被调查者的合作,如果涉及隐私问题,还需要填写相关遵守保密法的规定。在引言部分也可以设置一些填写问卷的导引语,帮助被调查者完成调查任务。导引语也可以单独放在问卷主体部分的前面。

问卷主体部分一般又可以分为被调查者的个人情况和调查主题内容。在实际调查过程中,"被调查者的个人情况往往被忽略,这导致调查数据的针对性不强,分析缺乏层次。关于问卷主体部分被调查者个人情况放在主题部分前面或者后面是"仁者见仁,智者见智"。个人情况放前面,由于问题较简单,可以让被调查者很快进入调查角色,减少被调查者的畏难情绪。认为个人情况放前面不好,是因为被调查者个人情况属于隐私范畴,一开始就涉及隐私,被调查者拒绝的可能性较大,特别是在街头访问时,效果不好。

问卷附录:有问卷调查时间、调查员姓名,调查编号,目的是为问卷进行进一步统计服务。

二、问卷主体部分设计

问卷主体部分:被调查者的基本情况包括性别、年龄、学历、婚姻、收入、职业六大方面。

问卷设计是人文地理学野外调查的常用方法,问卷设计过程中需要贯彻AHP法,使问卷更具有针对性。

第一步:问卷设计目的(AHP:目标层);

第二步:对目标层进行解构(AHP:准则层);

第三步:针对准测层进行目标分解(AHP:措施层);

最后根据措施层来进行问卷的主体内容设计,使问卷设计具有逻辑性和针对性。

例如"宁波流动人口生活方式城市化调查研究"(见图3-1),该主题是生活方式城市化,其人群特定为流动人口,流动人口是相对户籍而言,是指户口非宁波而居住地在宁波的人群。所以在问卷设计之初,要有户籍在什么地方?防止调查问卷因宁波户籍人口而形成废卷。

目标层:宁波流动人口生活方式城市化。主题目标是生活方式城市化。流动人口在生活方式城市化比较,其实是与农民生活相比它有哪些特色,与城市居民生活相比它又有哪些不足。其调查主要目的包括了解流动人口在城市生活状况、流动人口在城市生活的相对剥夺以及如何推动流动人口生活方式城市化,使宁波流动人口变成"新宁波人",共建和谐社会。

准则层:工作、居住、休憩、通勤四大方面。应分别从工作、居住、通勤、休憩四个方面对城市生活进行测度,使城市生活方式从抽象变为具体。这也是目标解构的方法,即具体、具象,成为可工作的单元。

措施层:对于措施层要求对准则层准确定位,防止其随意性。城市化生活方式是针对农村传统生活方式而言的。

工作:城市的工作相较于农村工作而言体现在非农化、准时(punctual)、契约化以及稳定收入。

非农化是城市工作首要特点,导致城市工作职业多样化。其实到后工业化阶段,出现了农业工人,非农化并不是城市化工作与传统农村生活方式之间的界限。特别是当前强调的新农村建设,要求共享工业化、城市化成果。随着农业产业化、农业机械化、生物技术的农业工业化生产等农业现代化,非农化的界限越来越不准确。如果以非农化作为城市化生活方式制约,那么新农村建设中,让全社会共享城市化生活方式将成为难以逾越的鸿沟。因此,该内容应随着时代进步,逐步更换。

准时是城市生活方式基本特性。城市工作具有很强的时效性,为了提高劳动效率,采用时间控制的计件制、上下班制等。进一步延长工作的时间长度,得出相对剥夺。

契约化即劳动合同代替口头要约。实际操作中,进一步可以对劳动保障进行深层挖掘。

稳定收入：收入包括月工资水平，工资按时发放情况。

居住：城市居住与农村居住显著特点是基础设施不同，居住社区的异质性。流动人口居住与城市居民居住不同包括住房性质、居住面积、居住配套。这样形成完整的居住逻辑。

通勤：通勤方式、通勤距离。

休憩：休憩方式、日常购物、日常锻炼、社交活动与社交人群、公共活动参与（重点社区活动的社会参与）。

在整体基础上，对于自我身份认同进行提问。

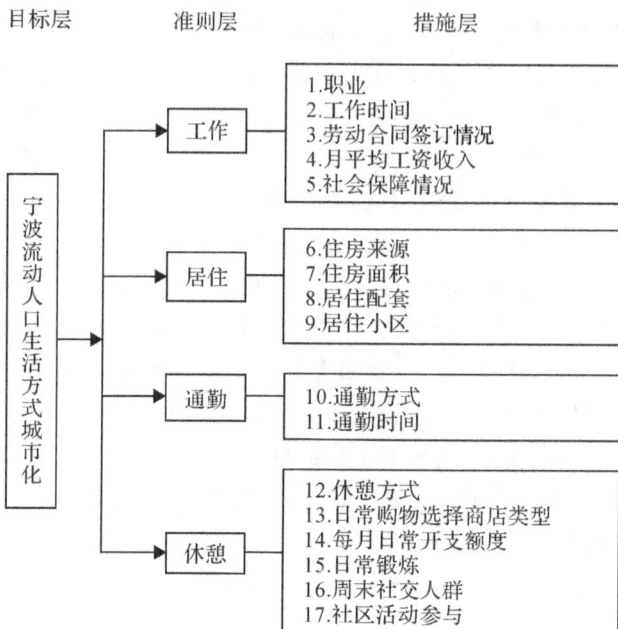

图 3-1   基于 AHP 法的宁波流动人口生活方式城市化问卷设计

三、问卷设计中的问题设计

问题类型、问题形式不同。

A. 问题的类型主要有三类：(1)有关行为方面的问题；(2)有关态度或者看法方面的问题；(3)有关个人背景的问题。

B. 问题的形式。

(1)开放式问题，不提供答案。

如"您对宁波公交发展的建议是_____"

(2)封闭式问题，提供答案以备被调查者选取。

如："您居住的房屋面积是(   )①25m² 以下，②25～40m²，③41～65m²，④66～90m²，⑤91～120m²，⑥120m² 以上"

封闭式问题又可以分为顺序式问题和等级式问题两大类。

顺序式问题：要求被调查者从备选答案中选出部分或全部答案，并按一定原则进行排序。

如：您认为解决当前宁波交通拥堵的关键因素重要程度的排序为第一重要_____,第二重要_____,第三重要_____。

①大力发展公交；②对拥挤路段自行车进行限制；③大力建设高架快速路；④对拥堵严重的交叉口进行渠化，多建人行天桥；⑤对私家车进行限号行驶；⑥加强道路基础设施建设，建立公交专用道、自行车专用道；⑦加强交通教育，"司机文明驾驶，行人遵守交通规则"

等级式问题：对两个以上分成等级的答案进行选择，只能从中选择出一项。常用于满意度问题调查。

如：您对夜间乘坐公交车的便捷性感到（　　　）。

①很满意；②满意；③一般；④较不满意；⑤很不满意

矩阵式/表格式问题：当询问若干个有相同答案形式的问题时，可以将这些问题集中在一起构成一个问题的表达方式（见表 3-1）。

表 3-1　社区总体满意度调查

	很满意	满意	一般	较不满意	很不满意
社区管理					
社区卫生					
社区医疗条件					
社区绿化环境					
社区购物环境					
社区乘坐公交的便捷性					
社区体育活动设施					
社区文化娱乐场所					

四、问卷设计常见错误与避免

问卷设计是问卷成功的一半。

（一）问卷问题先后次序问题

调查对象在问卷中没有体现，结果导致废卷，或者填写前后矛盾。如"流动人口在宁波居住空间调查"，该问卷要求调查的是流动人口，所以在问卷调查的第一步是确认调查对象的户籍所在地。这样可以避免本地人参与调查，否则问卷填写完了，才发现白白做了一个废卷。

还有相倚问题,如:

1.您对当前宁波公交运行速度满意吗? ①满意;②不满意;

2.如果不满意,您认为如何改善? _____

3.您经常乘坐的公交车是几路? (   )

出现了问题1选择满意,问题2也提出了改善措施。这样的问卷形成悖论。

正确的处理方法为:

1.您对当前宁波公交运行满意吗? ①满意(跳到问题3);②不满意

2.如果不满意,您认为如何改善? _____

3.您经常乘坐的公交车是几路? (   )

(二)选项答案存在问题

1.问题的答案设计不严谨

例如:您的月工资收入是(   )

①<1000元;②1000~3000元;③3000~5000元;④>5000元;⑤不知道

该问题答案设计有3大错误:第一,收入是隐私问题,有备选项目不知道,导致选"⑤不知道"的人占大多数。第二,答案不能互斥。如果调查者收入刚好3000元,是选择②,还是选择③? 导致就高不就低的心理。第三,不具有地域特色。其实工资分布具有地域特色。该问题最低端应该是当期的最低工资,中位数为当地上一年的职工平均工资,高位数应该是按照国家12万元/年个税起征点计算。当然如果对企业家进行调查,该分类就不具有参考价值。企业家调查,在设计者难以区分工资的情况下,一般不存在正态分布,可以让调查者自填。

该问题可以修改成:

您的月工资收入(   )

①<1860元;②1860~3000元;③3001~4077元;④4078~6000元;⑥6001~10000元;⑦>10000元

说明:当前宁波市区最低月工资为1860元;宁波市2014年职工月工资为4077元。

2.答案与问题不匹配

如:您经常体育锻炼的场所(   )

①经常去;②偶尔去;③从不去

这就是典型的答案与问题不匹配。该问题有两层意思:一是体育锻炼的频度;二是体育锻炼的场所。

因此可以改为两个相倚问题:

您参加体育锻炼频度为(   )

①经常参加;②偶尔参加(跳转);③从不参加(跳转)

如果您经常参加体育锻炼,你去体育场锻炼为(   )

①经常去;②偶尔去;③从不去

3.答案不完备

如:您的婚姻状况为( )

①未婚;②已婚

该问卷的问题答案是典型不完备状况。婚姻状况是四种:未婚、已婚、离婚、丧偶。

因此,问卷可以改为:

您的婚姻状况( )

①未婚;②已婚;③离婚;④丧偶

如:您的学历为( )

①小学;②初中;③高中;④大专;⑤本科;⑥硕士研究生;⑦博士研究生

该问题在大学生问卷设计过程中普遍存在。该问卷有两个特色:不完备,太具体。

可以改为:

您的学历( )

①小学及以下;②初中;③高中或中专;④大学;⑤研究生

小学及以下,又可以分为小学、文盲、半文盲;或者小学、文盲与半文盲。这需要与调查地域结合。如果在城市调查,小学及以下就可以了。如果调查是农村地区,小学、文盲、半文盲,具有很好的区分度。

如果对在校大学生学历调查,那么调查具有应该改为:

您的学历( )

①专科;②本科;③硕士研究生;④博士研究生

从这一点上看,问卷调查强调具体问题具体分析。因此,为提高问卷的设计效率,我们需要做试调查,根据试调查,修改问卷,使得问卷具体、有效率。

五、问卷统计

问卷可以使用 SPSS 进行统计。一般封闭问卷,可以采用 Value 赋值方式把字符串数据变成数值数据。

对于多选题,可以参与把问题拆解,运用 SELECT 功能进行频度计算,得出多选情况。

第二节　回归分析

回归分析就是处理变量之间的相关关系的一种数学方法,它是最常用的数理统计方法。

设随机变量 y 与 x 存在相关关系。回归分析中最简单的形式是：

$$y = \beta_0 + \beta_1 x + \varepsilon$$

其中：固定的未知参数 β_0、β_1 称为回归系数，自变量 x 称为回归变量，ε 是均值为零的随机变量，它是其他随机因素对 y 的影响，是不可观察的，我们称之为一元线性回归。

设随机变量 y 与一般变量 $x_1, x_2, x_3, \cdots, x_m$ 的线性回归模型为：

$$y = \beta_0 + \beta_1 x_1 + \cdots + \beta_m x_m + \varepsilon$$

当 $m \geq 2$，称为多元线性回归模型。

更有一般地，

$$y = \beta_0 + \beta_1 f_1(x) + \cdots + \beta_m f_m(x) + \varepsilon$$

其中：$x = (x_1, \cdots, x_m)$，$f_j(x)(j = 1, \cdots, m)$ 是已知函数，称为非线性回归（也叫曲线或曲面回归）。

因此，对自变量 x 作变量替换，一般能够将非线性回归转化为线性回归的形式进行求解分析，我们称之为换元法。

运用回归模型预测城市化率：

逻辑曲线：$y = 1/(1/u + b_0(b_1^t))$ 是预测城市化发展的一种常用手段，其中 y 为城市化率，t 为年份。

对于城市化率，一种是以户籍人口中的非农业人口占人口总数比率测度，第二种是以常住人口的非农业职业率测度。

（1）非农业人口的户籍城市化率预测

根据镇海区的 2000—2008 年数据，通过 SPSS 回归得到：

模型为：$y = 1/[1 + 1.2068(0.8846^t)]$　（$R^2 = 0.951$，$F = 136.78$）

Independent：　年份

Dependent	Mth	Rsq	d.f.	F	Sigf	Upper bound	b_0	b_1
城市化率	LIN	0.952	7	138.87	0.000		0.4578	0.0288
城市化率	LGS	0.951	7	136.78	0.000	1.000	1.2068	0.8846

表 3-2　2011—2015 年镇海区户籍人口城市化率预测值

年份	预测城市化率	实际值	误差率
2000	0.484	0.504	4.0%
2001	0.514	0.525	2.0%
2002	0.545	0.533	−2.2%
2003	0.575	0.535	−7.5%
2004	0.605	0.603	−0.3%

续表

年份	预测城市化率	实际值	误差率
2005	0.634	0.631	−0.4%
2006	0.662	0.681	2.9%
2007	0.688	0.695	0.9%
2008	0.714	0.711	−0.4%
2009	0.739		
2010	0.761		
2011	0.783		
2012	0.803		
2013	0.822		
2014	0.839		
2015	0.855		

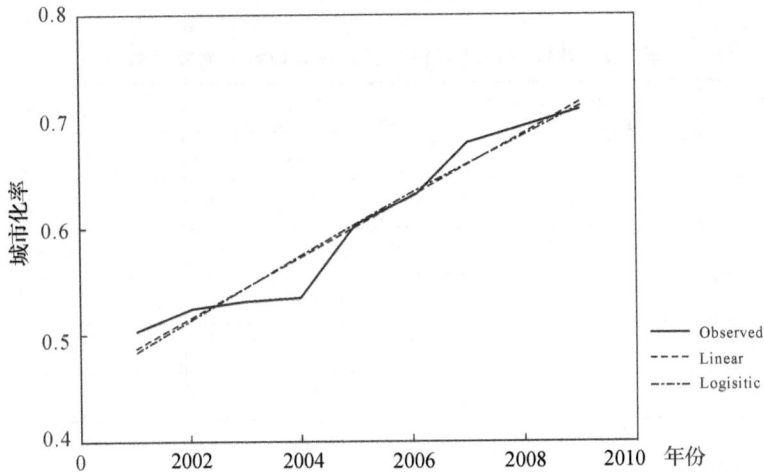

图 3-2　城市化率

总体上,Logistic 回归模型回归效果较好,回归的相关系数 R^2 达到 0.951。预测结果为:2015 年城市化率达到 85.5%。

(2)基于常住人口的城市化率预测

由于流动人口数据缺失,对于 2002 年和 2003 年的流动人口数量采用空间插值法,获得 2001 年流动人口数量为 83487 人,2002 年流动人口数量为 99728 人。

Independent: 　年份

Dependent	Mth	Rsq	d. f.	F	Sigf	Upper bound	b_0	b_1
城市化率	LIN	0.987	7	513.64	0.000		0.5986	0.0288
城市化率	LGS	0.982	7	389.46	0.000	1.000	0.7286	0.8548

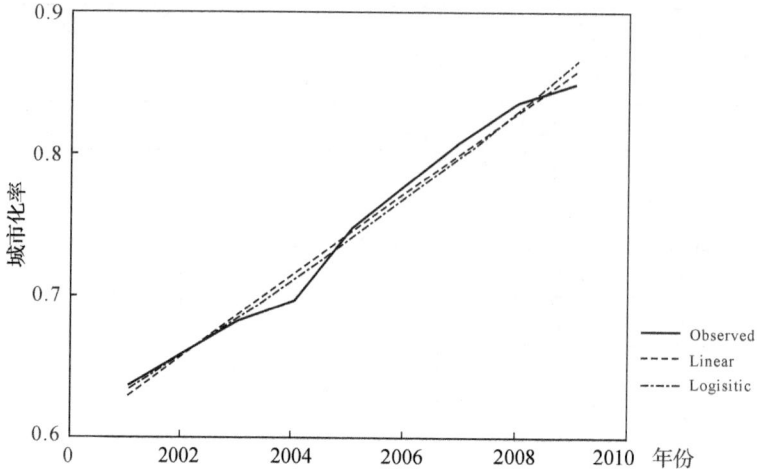

图 3-3 城市率模拟

表 3-3 2011—2015 年镇海区常住人口城市化率预测值

年份	预测城市化率	实际值	误差率
2000	0.616	0.634	−2.8%
2001	0.653	0.658	−0.8%
2002	0.687	0.681	0.9%
2003	0.720	0.695	3.6%
2004	0.750	0.746	0.6%
2005	0.779	0.777	0.2%
2006	0.805	0.809	−0.6%
2007	0.828	0.836	−0.9%
2008	0.849	0.848	0.1%
2009	0.868		
2010	0.885		
2011	0.900		

续表

年份	预测城市化率	实际值	误差率
2012	0.913		
2013	0.925		
2014	0.935		
2015	0.944		

预测的逻辑曲线为 $y=1/[1+0.7286\times(0.8548^t)]$ （$R^2=0.982,F=389.46$）

预测结果为 2011 年常住人口的城市化率为 90%，2015 年常住人口的城市化率为 94.4%。

第三节 主成分分析法

一、主成分分析法原理

主成分分析就是根据各指标的相互关系，利用降维的思想把多个指标转化成较少的几个不相关的综合指标，并且这些少量的综合指标能够反映原来多个指标所代表的绝大部分信息。

(一)主成分分析数学模型

根据各主成分的方差贡献率及累计贡献率，确定主成分值，主成分值的计算公式：

$$F_2=a_{12}ZX_1+a_{22}ZX_2+\cdots+a_{p2}ZX_p$$
$$F_p=a_{1m}ZX_1+a_{2m}ZX_2+\cdots+a_{pm}ZX_p$$

其中：a_{1i}, a_{2i}, $\cdots$, $a_{pi}(i=1,\cdots,m)$ 为 X 的协方差矩阵的特征值相对应的特征向量，$ZX_1,ZX_2,\cdots,ZXp$ 是原始变量经过标准化处理的值。$A=(a_{ij})_{p\times m}=(a_1,a_2,\cdots,a_m)$，$Ra_i=\lambda_ia_i$，$R$ 为相关系数矩阵，λ_i、a_i 是相应的特征值和单位特征向量，$\lambda_1\geqslant\lambda_2\geqslant\cdots\geqslant\lambda_p\geqslant0$。

(二)综合评价函数

根据各主成分的贡献率，确定各主成分的权重，计算综合主成分的得分。综合评价函数为：

$$F=P_1F_1+P_2F_2+\cdots+P_nF_n$$

其中：F_n 为第 n 个主成分得分，P_n 为各主成分的贡献率。

二、案例：宁波与同类城市的人口发展水平比较

同类城市比较，样本城市选择大连、青岛、南京、苏州、杭州、厦门、深圳作为主要比较对象，主要是因为该类城市都是副省级城市，同时城市规模与宁波市大体相当，经济发展水平处于同一水平。另外，在样本选择上有南方、北方和长三角城市，区位特征明显。

（一）人口发展水平的指标体系建立

对于人口发展水平的比较，各国学者都进行了深入的研究，采用定性分析和定量分析相结合的方法。要进行人口发展水平的比较研究，必须建立科学的评价体系。目前我国对于人口发展水平研究也主要集中在四类：第一类是 HDI 及拓展指标的 HDI，第二类是可持续发展指标，第三类是人口现代化的指标体系，第四类是人口均衡发展的人口指标体系。

1. HDI 及拓展指标 HDI

1990 年在美国人类发展报告中，提出了人类发展指数，并建立健康指数、教育指数、生活指数三个次级指标，包括预期寿命、受教育程度、入学率、收入等具体指标，建立了评价人口发展指数的指标体系。20 世纪 90 年代联合国公布的人类发展指数（HDI），也采用这种的评价体系。

此后，联合国又提出性别发展指数（GDI），关注性别发展程度，同时随着女性社会地位提高，人类更加关注女性的发展，GDI 采用和 HDI 相同的变量，不同之处在于是由分性别的出生时预期寿命、成人识字率、大中小学综合毛入学率、估计收入而计算出分值，分值越接近于 1，表明人类基本能力发展中的性别差异越小，男女能力平等发展的程度越高。它使用的指标主要有三个：第一个是分性别的预期寿命，第二个是分性别的受教育程度，第三个是调整男女两性的实际收入，主要用这三个指标来评价性别发展的程度。

同时，联合国关注发展中国家的人口发展现状，提出了人类贫困指数（HPI），人类贫困指数（HPI）评估人类发展指数三个基本方面的损失（而不是成就），即通过人类发展的反面描述那些生活在贫困指标以下的人群的发展状况，揭示人的发展水平。这个指数包括健康损失（采用出生时能否活到 40 岁的概率）、知识损失（采用成人文盲率）、生活水平损失（采用未改良水源的人口比重和体重不足儿童的比重），以反映人类健康水平、教育水平、生活质量的不足。

2. 可持续发展指标

人口可持续发展强调人口发展要充分考虑资源、环境的承载力，根据经济发展要求，使人口数量、质量、结构以及分布上更加合理。我国学者就建立人口可持续发展评价指标体系和指标的选取进行了广泛的研究。

目前,人口可持续发展理论选取的指标主要包括:人口数量、人口质量、人口结构、人口分布、人口资源等方面涉及人口发展的具体指标。人口持续发展从人口数量、质量、结构方面强调人口自身发展的持久性,并探讨人口发展与经济发展和自然资源的协调,提高资源利用能力,减少对自然环境的破坏。涉及人口发展的指标很多而且一些数据很难获得,很难制定标准化的指标,主观因素在指标的选定中起主要作用。

3. 人口现代化指标

人口现代化包括人口数量、人口结构、人口分布以及人口与经济现代化。我国学者根据人口现代化的不同方面,建立了不同的人口现代化指标体系。

(1)从人口再生产类型现代化、人口素质现代化、人口结构现代化出发,并初步建立人口现代化指标体系。

(2)鉴于人口现代化是一个相对的、历史的、动态的概念,人口现代化水平应随着时代的发展而有所变化,采用中国科学院可持续发展研究组界定中等发达国家水平的方法,即以当代发达国家人口发展的平均水平为人口现代化水平,将中国的人口发展水平与上述平均水平作比较,得出中国人口现代化的实现程度。

(3)人口现代化由生育现代化、人口素质现代化、人口结构现代化与经济现代化 4 个层面构成,对每个层次构建了一个指数,并赋予每个指数不同的权重,构建综合反映人口现代化发展状况及程度的度量指标——人口现代化指数。具体定义为:人口现代化指数 = $0.3 \times$ 生育现代化指数 + $0.3 \times$ 人口素质现代化指数 + $0.2 \times$ 人口结构现代化指数 + $0.2 \times$ 经济发展指数。

人口现代化理论是我国学者创新建立的,是我国现代化建设的对于人口发展的具体要求,人口现代化的指标体系主要包括人口转变类型、人口素质、人口结构等几个方面,采用相对的比较体系,即采用发达国家的人口平均水平作为参考的标准,来评价一个国家人口发展水平,人口现代化理论使人类更加关注人口作为一个系统,提高自身的发展水平,同时应与经济发展相协调。但人口现代化容易造成只要提高生活水平、人口素质就是人口现代化的错误理解。而随着我国城乡人口发展差距日益扩大,流动人口问题日益严重,严重制约了人口的发展。改善城乡人口均衡发展和流动人口的发展水平,是关系到我国人口发展水平的重要因素。人口现代化理论还强调人自身的发展能力,并没有涉及人口与资源环境协调发展的指标。

4. 选取指标的依据

本研究综合先前学者建立的指标体系,从人口规模、人口质量、人口结构、人口与社会经济、人口与资源环境 5 个方面选取相应的指标,同时根据我国人口发展的特点,增加了关于流动人口、城乡均衡和人口与创新的相应指标,反映人口均衡发展的水平。

(1)反映人口均衡发展

人口均衡发展是指人口的发展与经济社会发展水平相协调、与资源环境承载能力相适应,并且人口总量适度、人口素质全面提升、人口结构优化、人口分布合理及人口系统内部各个要素之间协调平衡发展。人口发展要与经济、社会、资源、环境相协调,人口内部各要素也要协调发展。针对目前我国城乡一体化发展和改善流动人口发展状况的背景,同时根据统筹解决人口问题和构建和谐社会的要求,体系要反映人口均衡发展的内涵,体现人口在城市发展中的基础性地位和人口与经济的重要关系。

人口均衡发展包括总体均衡、城乡均衡、户籍人口与流动人口均衡。总体均衡是指人口增长、生育率、计划生育率、老龄化、性别比、人口分布、人口素质等指标与经济社会发展、人口与资源环境协调发展。城乡均衡是将城乡人口产业分布、收入等因素作比较分析。户籍人口与流动人口均衡是指流动人口与户籍人口公共服务均衡化分析。

(2)反映社会经济转型

人口与经济的发展存在着重要的关系,人是经济发展的最终推动力,改变经济发展方式和推进城乡一体化是我国社会经济转型的重点。指标体系要从中国社会经济转型这个大的背景下去反映人口问题。具体集中在农村人口城市化问题,纯农业劳动力占农业劳动力比例、流动人口子女在公办学校占所在地就学比例、流动人口就业人员养老保险参保率等。

(3)反映城市创新水平

创新是人类发展的强大动力,人与创新具有密不可分的关系。从创新的定义和创新及扩散过程来看,创新对人口基本要求可以概括为:一是社会要具有一定数量的创新型人才;二是要拥有足够的技能型人才;三是整个社会人口具有一定程度的开放性和包容性特征。因此人口支持创新的基本指标:①研发人才或者技能人才比例;②科技人员人均 R&D 经费;③科技进步奖数目/科技人员数;④人口平均受教育水平;⑤科技人员人均授权专利数;⑥科教文卫、金融等服务业从业人员比重。

(4)反映指标可获取性

指标选取过程中强调指标的可获得性,主要指标依据人口统计年鉴、各省市统计年鉴、城市统计年鉴,一些流动人口的关键性指标需要相关部门的协调。

（5）人口发展水平指标体系构建

根据相应的指标选取原则，建立了人口规模、人口素质、人口结构、人口均衡、人口分布、人口与社会经济、人口与创新、人口与资源环境等八个一级指标，37 个二级指标，建立了人口发展水平指标体系，如表 3-4 所示。

表 3-4　人口发展水平指标体系

一级指标	二级指标
1.人口规模	户籍人口
	外来人口
	人口自然增长率
	总和生育率
2.人口素质	出生性别比
	出生幼儿缺陷率
	围产期婴儿死亡率
	平均预期寿命
	平均受教育年限
	计划生育率
	医疗卫生财政支出占 GDP 比重
	千人拥有医生数
3.人口结构	劳动适龄人口比例
	社会抚育比
	65 岁及以上人口比重
	非农产业人口比例
	第三产业就业人口比重
4.人口均衡	城乡居民人均收入比
	农村自来水受益村数比例
	纯农业劳动力占农业劳动力比例
5.人口分布	城镇化率
	中心城区人口占总人口比例
	人口密度

续表

一级指标	二级指标
6.人口与社会经济	人均 GDP
	城镇失业率
	犯罪率
	社会救助人员占总人口比例
	社会保险覆盖率
	中产阶层比重(私家车数量/100 户)
7.人口与创新	专业技术人员占总人口比例
	科技活动人员人均 R&D 经费
	科技进步奖数目/科技活动人员数
	科技活动人员人均授权专利数
8.人口与资源环境	人均耕地面积/安全面积
	城镇人均公园绿地面积
	人均 COD 排放量
	人均 SO_2 排放量

(二)基于主成分分析的宁波与同类城市发展水平比较

表 3-5　Communalities(因子提取)

	初始值	提取值
户籍人口/流动人口	1.000	0.979
人口自然增长率(‰)	1.000	0.983
平均受教育年限	1.000	0.965
每 10 万人大学生比例	1.000	0.938
户籍人口计划生育率	1.000	1.000
劳动适龄人口比例	1.000	0.963
社会抚育比	1.000	0.987
65 岁及以上人口比重	1.000	0.993
非农产业人口比例(%)	1.000	0.968
第三产业就业人口比重(%)	1.000	0.996

续表

	初始值	提取值
城乡居民人均收入比	1.000	0.941
纯农业劳动力占农业劳动力比例	1.000	0.978
人口密度(人/平方千米)	1.000	0.996
人均GDP(元)	1.000	0.943
离婚率(‰)	1.000	1.000
科技活动人员人均授权专利数	1.000	1.000
人均公园绿地面积	1.000	0.915
人均COD排放量(t/人)	1.000	0.994
人均SO_2排放量(kg/人)	1.000	0.997
城镇化率(%)	1.000	0.978
中产阶层比重(私家车数量/100户数)	1.000	1.000

Extraction Method：Principal Component Analysis.

表 3-6 Total Variance Explained 方差解释

成分	初始特征根			提取平方和加载量			旋转平方和加载量		
	Total	% of Variance	Cumulative %	Total	% of Variance	Cumulative %	Total	% of Variance	Cumulative %
1	9.474	45.116	45.116	9.474	45.116	45.116	4.411	21.007	21.007
2	3.548	16.895	62.011	3.548	16.895	62.011	4.168	19.849	40.856
3	2.551	12.150	74.161	2.551	12.150	74.161	3.361	16.006	56.861
4	2.149	10.232	84.393	2.149	10.232	84.393	2.937	13.988	70.849
5	1.614	7.687	92.080	1.614	7.687	92.080	2.837	13.510	84.360
6	1.177	5.604	97.685	1.177	5.604	97.685	2.798	13.325	97.685
7	0.486	2.315	100.000						
8	4.110E−16	1.957E−15	100.000						
9	3.649E−16	1.738E−15	100.000						
10	3.146E−16	1.498E−15	100.000						
11	1.440E−16	6.856E−16	100.000						
12	8.566E−17	4.079E−16	100.000						

续表

成分	初始特征根			提取平方和加载量			旋转平方和加载量		
	Total	% of Variance	Cumulative %	Total	% of Variance	Cumulative %	Total	% of Variance	Cumulative %
13	3.202E−17	1.525E−16	100.000						
14	5.248E−19	2.499E−18	100.000						
15	−6.482E−17	−3.087E−16	100.000						
16	−1.434E−16	−6.830E−16	100.000						
17	−1.964E−16	−9.352E−16	100.000						
18	−3.438E−16	−1.637E−15	100.000						
19	−4.125E−16	−1.965E−15	100.000						
20	−7.069E−16	−3.366E−15	100.000						
21	−2.328E−15	−1.109E−14	100.000						

Extraction Method: Principal Component Analysis.

表 3-7 Component Matrix(a) 因子载荷矩阵

	成 分					
	1	2	3	4	5	6
户籍人口/流动人口	−0.585	0.492	0.083	−0.088	0.504	0.355
人口自然增长率(‰)	0.883	0.073	−0.275	0.072	−0.341	−0.025
平均受教育年限	0.713	0.518	0.379	−0.190	0.053	−0.074
每10万人大学生比例	0.143	0.692	0.576	−0.131	−0.294	−0.068
户籍人口计划生育率	0.470	0.315	0.289	0.036	−0.362	0.681
劳动适龄人口比例	0.864	−0.142	0.346	0.087	−0.125	−0.233
社会抚育比	0.944	−0.134	0.234	0.073	0.031	−0.129
65岁及以上人口比重	−0.895	−0.013	0.287	−0.127	0.180	0.247
非农产业人口比例(%)	0.444	0.775	−0.273	−0.274	0.118	−0.086
第三产业就业人口比重(%)	0.233	0.503	−0.537	0.530	0.228	−0.260
城乡居民人均收入比	−0.645	0.271	−0.030	−0.074	−0.654	−0.133
纯农业劳动力占农业劳动力比例	−0.733	0.547	−0.108	0.168	0.273	−0.167
人口密度(人/平方千米)	0.976	0.031	−0.036	0.001	0.201	0.012

续表

	成　分					
	1	2	3	4	5	6
人均GDP(元)	0.121	−0.491	−0.562	−0.601	−0.048	−0.092
离婚率(‰)	0.859	−0.056	0.229	−0.197	0.407	0.031
科技活动人员人均授权专利数(件)	0.880	−0.394	0.060	0.127	0.222	−0.027
人均公园绿地面积(m²)	0.083	0.036	−0.118	0.902	−0.274	0.064
人均COD排放量(t/人)	−0.336	−0.326	0.774	−0.172	−0.045	−0.379
人均SO₂排放量(kg/人)	−0.267	−0.534	0.443	0.616	0.237	0.091
城镇化率(%)	0.816	0.513	0.167	0.106	0.098	−0.022
中产阶层比重(私家车数量/100户数)	0.789	−0.367	−0.261	−0.110	−0.078	0.396

Extraction Method：Principal Component Analysis.

a　6 components extracted.

表 3-8　Rotated Component Matrix(a)(旋转因子载荷矩阵)

	成　分					
	1	2	3	4	5	6
户籍人口/流动人口	−0.041	−0.963	0.141	0.018	−0.167	0.040
人口自然增长率(‰)	0.190	0.663	0.133	0.406	0.490	0.291
平均受教育年限	0.424	0.194	0.751	0.055	0.187	0.381
每10万人大学生比例	−0.178	−0.008	0.922	−0.121	0.037	0.200
户籍人口计划生育率	−0.018	−0.032	0.514	0.014	0.857	−0.005
劳动适龄人口比例	0.497	0.722	0.383	−0.026	0.217	−0.026
社会抚育比	0.642	0.628	0.300	0.067	0.291	0.034
65岁及以上人口比重	−0.328	−0.732	−0.088	−0.454	−0.259	−0.263
非农产业人口比例(%)	0.151	−0.075	0.413	0.460	0.057	0.745
第三产业就业人口比重(%)	0.094	0.022	0.084	0.963	−0.212	0.088
城乡居民人均收入比	−0.935	−0.055	0.111	−0.120	−0.183	0.058
纯农业劳动力占农业劳动力比例	−0.357	−0.641	0.121	0.283	−0.587	−0.017
人口密度(人/平方千米)	0.711	0.420	0.196	0.279	0.369	0.246
人均GDP(元)	0.057	0.274	−0.726	−0.213	0.072	0.536

续表

	成　分					
	1	2	3	4	5	6
离婚率(‰)	0.872	0.248	0.235	−0.045	0.261	0.229
科技活动人员人均授权专利数(件)	0.771	0.543	−0.038	0.093	0.306	−0.078
人均公园绿地面积(m^2)	−0.220	0.225	0.092	0.620	0.158	−0.631
人均 COD 排放量(t/人)	−0.022	0.131	0.236	−0.779	−0.460	−0.319
人均 SO_2 排放量(kg/人)	0.192	−0.072	−0.110	−0.170	−0.131	−0.947
城镇化率(%)	0.472	0.233	0.650	0.387	0.262	0.246
中产阶层比重(私家车数量/100户数)	0.435	0.395	−0.273	0.078	0.740	0.164

Extraction Method: Principal Component Analysis.　Rotation Method: Equamax with Kaiser Normalization.

a　Rotation converged in 21 iterations.

第一主成分主要和社会抚育比、城乡居民人均收入比、人口密度、离婚率、科技活动人员人均授权专利数相关性较高,反映社会转型和科技发展方面。

第二主成分主要与户籍人口/流动人口之比、人口自然增长率、劳动适龄人口比例、65 岁及以上人口比重、纯农业劳动力占农业劳动力比例,反映人口结构因子。

第三主成分与平均受教育年限、每万人大学生在校人数、城镇化率、人均GDP 相关,表示人口素质与经济社会发展水平。

与第四主成分相关性强的因子是第三产业就业人口比重、人均 COD 排放量,表示产业结构与环境因子。

第五主成分与户籍人口计划生育率、中产阶层比重(私家车数量/100 户数)相关,表示管理水平与社会结构因子。

第六主成分与非农产业人口比例、人均公园绿地面积、人均 SO_2 排放量相关,反映产业发展与环境因子。

六个因子的方差贡献率达到 97.685%。

表 3-9　因子得分矩阵

	第一主成分得分	第二主成分得分	第三主成分得分	第四主成分得分	第五主成分得分	第六主成分得分	综合得分	排名
宁波	−0.08	0.05	−1.99	−0.75	−0.27	1.23	−0.30	8
大连	0.80	−1.34	0.21	0.67	−1.59	−0.24	−0.22	5
青岛	−0.19	−1.42	−0.03	0.09	0.86	−0.39	−0.25	7

续表

	第一主成分得分	第二主成分得分	第三主成分得分	第四主成分得分	第五主成分得分	第六主成分得分	综合得分	排名
苏州	0.26	1.05	−0.30	−0.97	−0.47	−1.91	−0.24	6
南京	−0.39	0.03	1.65	−1.51	−0.19	0.96	0.08	3
杭州	−1.01	−0.35	−0.11	0.31	1.35	−0.54	−0.15	4
厦门	−1.25	1.12	0.26	1.49	−0.72	0.35	0.16	2
深圳	1.87	0.85	0.32	0.68	1.03	0.53	0.92	1

总体上,宁波市人口发展水平在八城市中排名为最后一位。宁波市在社会转型与科技发展方面综合排名为第四位;在人口结构方面列第四位,在人口素质与经济社会发展水平方面为最后一位,在产业结构与环境因子排名第六位,在管理水平与社会结构因子排名第五位,在产业发展与环境因子方面排名六位。从短板效应上看,目前提升宁波人口发展水平最有效的方法是加快人才引进步伐,加快户籍制度改革,推进人口城镇化进程。

第四节　空间自相关分析

一、空间自相关

空间自相关的概念来自于时间序列的自相关,所描述的是在空间域中位置 S 上的变量与其邻近位置 S_j 上同一变量的相关性。对于任何空间变量(属性) Z,空间自相关测度的是 Z 的近邻值对于 Z 相似或不相似的程度。如果紧邻位置上相互间的数值接近,我们说空间模式表现出的是正空间自相关;如果相互间的数值不接近,我们说空间模式表现出的是负空间自相关。

二、Moran's I 统计

Moran's I 指数的变化范围为 $(-1,1)$。如果空间过程是不相关的,则 I 的期望接近于 0,当 I 取负值时,一般表示负自相关,I 取正值,则表示正的自相关。用 I 指数推断空间模式还必须与随机模式中的 I 指数作比较。通过 Moran's I 工具,会返回 Moran's I Index 值以及 Z_{Score} 值。如果 Z_{score} 值小于 -1.96 或大于 1.96,那么返回的统计结果就是可采信值。如果 Z_{score} 为正且大于 1.96,则分布为聚集的;如果 Z_{score} 为负且小于 -1.96,则分布为离散的;其他情况可以看作随机分布。

Morans I 指数计算公式:

$$I_v = \frac{n \sum W_{ij}(x_i - x)(x_j - x)}{\sum W_{ij} \sum (x_i - x)}$$

其中: W_{ij} 为权重。

当空间一点 i 和 j 为邻接关系时, $W_{ij} = 1$; 否则 $W_{ij} = 0$。

x_i、x_j 分别为在空间点 i 和 j 的数值, x 为所有点的均值, n 为样点数。Moran's的期望值为:

$$E(I) = -\frac{1}{n-1} \quad I \begin{cases} > E(I), \text{正空间自相关} \\ = E(I), \text{无空间自相关} \\ < E(I), \text{负空间自相关} \end{cases}$$

表 3-10   2007 年宁波市各地区人均 GDP

地　　区	人均 GDP(元)
江北区	58790.49676
江东区	84998.12944
镇海区	108070.9534
海曙区	95090.01637
北仑区	104170.1188
鄞州区	65924.05063
慈溪市	51684.19003
余姚市	51138.29014
奉化市	35290.44347
宁海县	32644.48925
象山县	36310.6431

如图 3-4 所示,浅灰色区域表示高值聚集分布区,两边颜色黑色和深灰色区域是低值聚集区。

p 值是标准差的倍数,在 $0.5-p$ 的概率下接受随机分布的接受域。以零假设为起点,假设要素与要素相关的值均表现随机分布。然后计算 p 值,说明这种分布属于随机分布的概率。在应用中,返回 Z 得分和 p 值判断是否可以接受或拒绝零假设,同时在不同的工具中,还表示分布是聚集或分散。最邻近分析(average nearest neighbor)是根据每个要素预期最近要素的平均距离来计算最邻近指数,当指数大于 1,要素有聚集分布的趋势,对于趋势如何,还要依据 Z-value和 p-value 来判断;小于 1 时,趋向分散分布,最近邻指数为:平均观测距

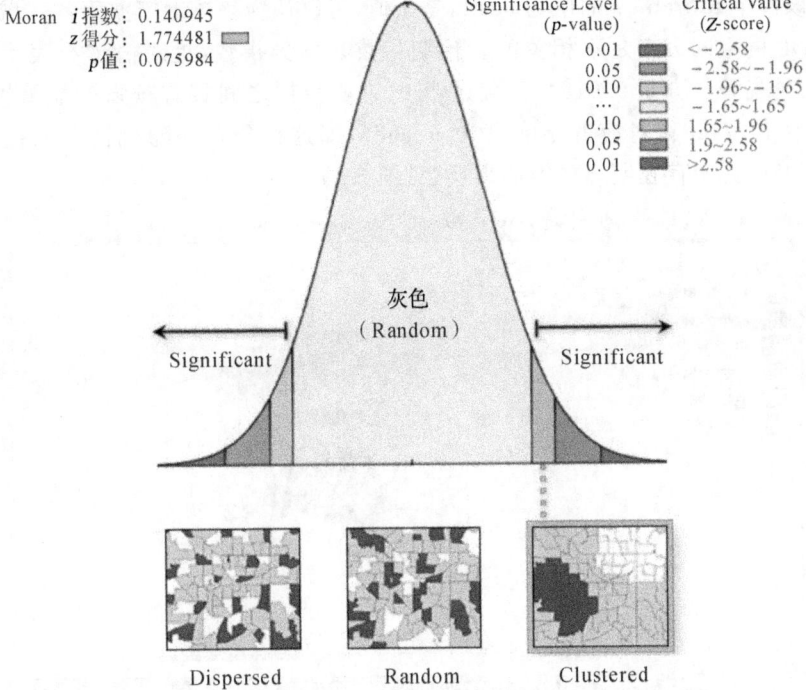

图 3-4 Moran' I 分析图

离与预期平均距离的比率,预期平均距离是假设随机分布中领域间的平均距离这种方法对面积指值非常敏感(期望平均距离计算中需要面积参与运算),如果未指定面积参数,则使用输入要素周围最小外接矩形的面积(不一定和坐标轴垂直)。

Moran's I 法是计算所评估属性的均值和方差,然后将每个要素减去均值,得到与均值的偏差,将所有相邻要素的偏差相乘,得到叉积。如果

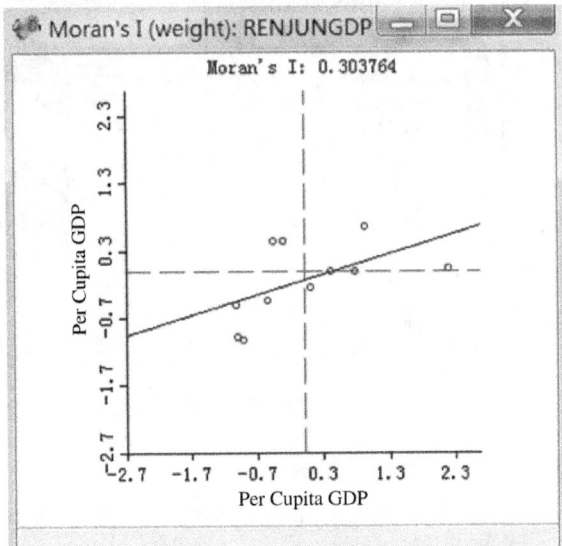

图 3-5 Geoda 软件分析

Z 得分低并为负数且 p 值小,则表示有一个低值的空间聚类。Z 得分越高(或越低),聚类程度就越大。如果 Z 得分接近于零,则表示不存在明显的空间聚类(见图 3-5)。

　　该例中 Moran' I 的值为 0.14,是正值,可以认为整体上宁波市各区域的人均 GDP 的空间分布是不相关的。预期指数是聚集指数,绝对值越小表示距离越短,越集聚。方差 0.018437,接近于 0,说明数据之间具有较强的显著性。Z 得分为 1.774481,对应的 p 值为 0.075984,即这种分布是随机情况的概率为 0.075984,说明存在明显的空间聚类(见图 3-6)。

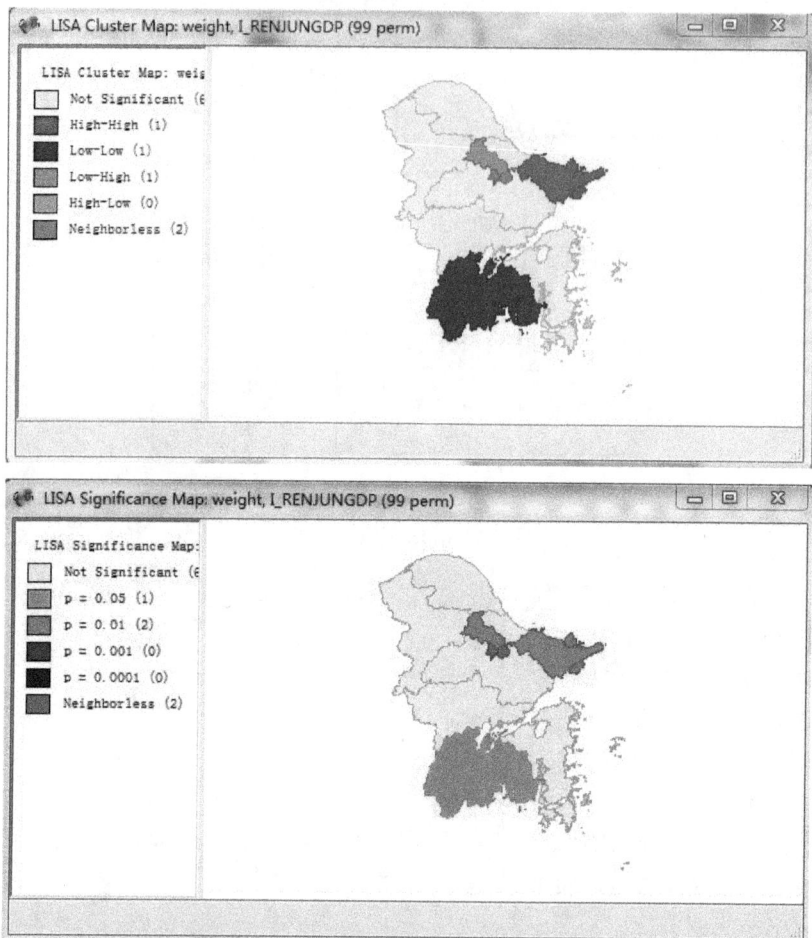

图 3-6　宁波市人均 GDP 莫兰相关分析

(一)Moran's I 指数

　　Moran's I 指数的变化范围为 $(-1, 1)$。如果空间过程是不相关的,则 I 的期望接近于 0。当 I 取负值时,一般表示负自相关,I 取正值,则表示正的自相关。用 I 指数推断空间模式还必须与随机模式中的 I 指数作比较。

　　图 3-5 显示 Moran's I 的值为 0.303,说明宁波市各地区间人均 GDP 呈现正相关。

（二）Z_{Score}值

如果 Z_{score} 值小于－1.96 或大于 1.96，那么返回的统计结果就是可采信值。如果 Z_{score} 为正且大于 1.96，则分布为聚集的；如果 Z_{score} 为负且小于－1.96，则分布为离散的；其他情况可以看作随机分布。

从图 3.6 可知本次试验 Z_{score} 值为 1.77 即可说明返回的统计结果随机性。

（三）Anselin Local Moran's I 结果

根据聚集及分析特例工具的原理，Z_{score} 为正且越大，则要素越与相邻要素值相近；相反，如果 Z_{score} 值为负且越小，则与相邻要素值差异越大（也就是相关性不强）。

黑色 LmiScore 值大于 2.58Std. Dev，灰色 LmiScore 值为－1.65Std. Dev。北仑区、鄞州区、江北区、慈溪市、余姚市、象山县、奉化市、宁海县显示为灰色。即 2007 年宁波市的这 8 个区的人均 GDP 关联性不强。

镇海区、江东区和海曙区颜色为黑色。即 2007 年宁波市的这三个区的人均 GDP 关联性很强，联系这三个地区的人均 GDP 的统计数值，发现其数值在 11 个地区中属于较高的三个，且都位于宁波市区，其社会经济发展水平都较高。

第五节　社会网络分析方法

社会网络是指社会行动者（social actor）及其间的关系的集合。也可以说，一个社会网络是由多个点（社会行动者）和各点之间的连线（行动者之间的关系）组成的集合。用点和线来表达网络，这个是社会网络的形式化界定。

一、关联图与成分

对于一个图来说，如果其中的任何两点之间都存在一个途径（path），则称这两点是相互可达的，称该图是关联图（connected graph）。也就是说，关联图中的任何两点之间都是可达的。如果一个图不是关联的，就称之为"不关联图"。一个"不关联图"，可以分为两个或者多个子图，我们称之为关联子图。一个图中的各个关联子图都叫作"成分"（components），它是最大的关联子图。也就是说，"成分"内部的任何点之间都存在途径。但是，成分内部的一点与任何外在于该成分的点之间都不存在任何途径。

二、点的度数

与某点相邻的那些点称为该点的"邻点"（neighborhood），一个点邻点的个数称为该点的"度数"（nodaldegree），记作 d(ni)，也叫关联度（degree of connection）。

一个点的度数就是对其"邻点"多少的测量。实际上,一个点的度数也是与该点相连的线的条数。如果一个点的度数为0,称之为"孤立点"(isolate)。在一个有向图中,必须考察线的方向。因此,一点的"度数"包括两类,分别称为"点入度"(in-degree)和"点出度"(out-degree)。一个点的点入度指的是由直接指向该点的点的总数;点出度指的是该点所直接指向的点的总数。

三、测地线、距离和直径

在给定的两点之间可能存在长短不一的多条途径。两点之间的长度最短的途径叫做测地线。如果两点之间存在多条最短途径,则这两个点之间存在多条测地线。

两点之间的测地线的长度叫做测地线距离,简称为"距离"(distance)。也就是说,两点之间的距离指的是连接这两点的最短途径的长度。

一个图一般有多条测地线,其长度也不一样。我们把图中最长测地线的长度叫做图的直径。如果一个图是关联图,那么其直径可以测定。如果图不是关联的,那么有的点对之间的距离就没有界定,或者说距离无穷大。在这种情况下,图的直径也是无定义的。

四、密度

密度指的是一个图中各个点之间联络的紧密程度。固定规模的点之间的连线越多,该图的密度就越大。

密度的测量:在无向图中,密度用图中实际拥有的连线数 l 与最多可能存在的连线总数之比来表示,即:

$$密度 = 2l/n(n-1)$$

在有向图中,有向图所能包含的最大连线数恰恰等于它所包含的总对数,即 $n(n-1)$,

$$密度 = l/n(n-1) \quad (n \text{ 表示图的规模,即该图一共有 } n \text{ 个点。})$$

五、中心性

点度中心度:与该点有直接关系的点的数目(在无向图中是点的度数,在有向图中是点入度和点出度),这就是点度中心度(point centrality)。

点度中心势:中心度是来描述图中任何一点在网络中占据的核心性,中心势是来刻画网络图的整体中心性。

对于一个网络来说,它的中心势指数由如下思想给出:首先找到图中的最大中心度数值;然后计算该值与任何其他点的中心度的差,从而得到多个"差值";再计算这些"差值"的总和;最后用这个总和除以各个差值总和的最大可能值。

$$C = \frac{\sum_{i=1}^{n}(C_{\max} - C_i)}{\max[\sum_{i=1}^{n}(C_{\max} - C_i)]}$$

中间中心性：中间中心度测量的是行动者对资源控制的程度。如果一个点处于许多其他点所对的测地线（最短的途径）上，我们就说该点具有较高的中间中心度。它起到沟通其他各点的桥梁作用。

中间中心度的测量：具体地说，假设点 j 和 k 之间存在的测地线数目用 gjk 来表示。第三个点 i 能够控制此两点的交往的能力用 $bjk(i)$ 来表示，即 i 处于点 j 和 k 之间的测地线上的概率。点 j 和 k 之间存在的经过点 i 的测地线数目用 $gjk(i)$ 来表示。那么，

$$bjk(i) = gjk(i)/gjk$$

计算点 i 的中心度，需要把其相应于图中所有的点所对的中间度加在一起。

点 i 的绝对中间中心度 $= \sum_{j}^{n}\sum_{k}^{n}b_{jk}(i)$, $j \neq k \neq i$ 并且 $j < k$

中间中心势：网络中中间中心性最高的节点的中间中心性与其他节点的中间中心性的差距。该节点与别的节点的差距越大，则网络的中间中心势越高，表示该网络中的节点可能分为多个小团体而且过于依赖某一个节点传递关系，该节点在网络中处于极其重要的地位。

$$C_B = \frac{\sum_{i=1}^{n}(C_{AB_{\max}} - C_{AB_i})}{n^3 - 4n^2 + 5n - 2} = \frac{\sum_{i=1}^{n}(C_{BB_{\max}} - C_{RB_i})}{n-1}$$

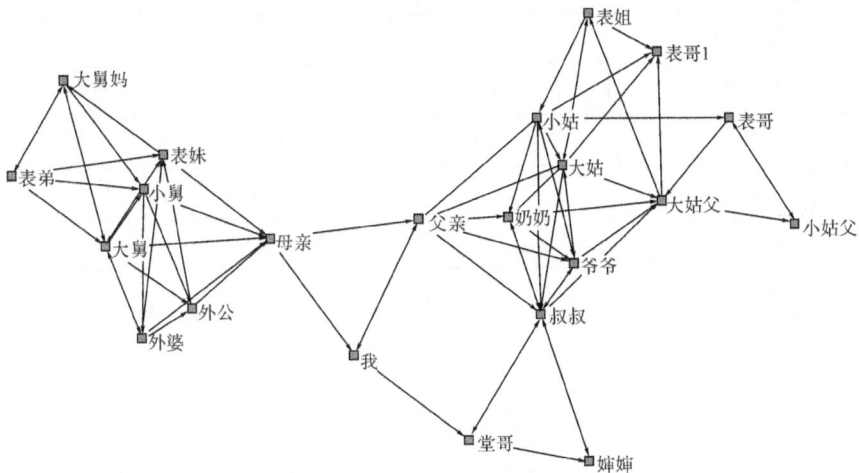

图 3-7　家庭社会网络图

运用 Ucinet 进行分析，点度中心数最高的是大姑父、叔叔、小姑、大姑。相对点度中心度也是他们四人。

表 3-11　各点中的度

Diagonal valid?	NO		
Model:	SYMMETRIC		
Input dataset:	jiating (C:/Users/nbu/Desktop/jiating)		

	1 点度数	2 相对中心度	3 占有率
11 大姑父	8.000	38.095	0.069
15 叔叔	8.000	38.095	0.069
10 小姑	8.000	38.095	0.069
9 大姑	8.000	38.095	0.069
2 母亲	7.000	33.333	0.060
3 父亲	7.000	33.333	0.060
18 大舅	7.000	33.333	0.060
6 奶奶	6.000	28.571	0.052
5 爷爷	6.000	28.571	0.052
21 小舅	6.000	28.571	0.052
20 表妹	6.000	28.571	0.052
8 外婆	5.000	23.810	0.043
7 外公	5.000	23.810	0.043
22 表姐	4.000	19.048	0.034
19 大舅妈	4.000	19.048	0.034
1 表弟	4.000	19.048	0.034
13 表哥1	4.000	19.048	0.034
17 堂哥	3.000	14.286	0.026
14 表哥	3.000	14.286	0.026
4 我	3.000	14.286	0.026
16 婶婶	2.000	9.524	0.017
12 小姑父	2.000	9.524	0.017

表 3-12　描述性统计

	1 点度数	2 相对中心度	3 占有率
1 Mean	5.273	25.108	0.045
2 Std Dev	1.958	9.325	0.017
3 Sum	116.000	552.381	1.000
4 Variance	3.835	86.955	0.000
5 SSQ	696.000	15782.313	0.052
6 MCSSQ	84.364	1913.008	0.006
7 Euc Norm	26.382	125.628	0.227
8 Minimum	2.000	9.524	0.017
9 Maximum	8.000	38.095	0.069

Network Centralization = 14.29%
Heterogeneity = 5.17%.　Normalized = 0.66%
Actor-by-centrality matrix saved as dataset FreemanDegree
FREEMAN BETWEENNESS CENTRALITY

Input dataset：　　　　　　jiating（C：/Users/nbu/Desktop/jiating）
Important note：this routine binarizes but does NOT symmetrize.
Un-normalized centralization：3489.000

表 3-13　中间中心度

	1 中间中心度	2 相对中间中心度
3 父亲	201.500	47.976
2 母亲	197.333	46.984
9 大姑	125.867	29.968
18 大舅	71.333	16.984
15 叔叔	61.700	14.690
11 大姑父	53.000	12.619
10 小姑	53.000	12.619
6 奶奶	50.200	11.952
5 爷爷	50.200	11.952
14 表哥	20.200	4.810
20 表妹	18.000	4.286

续表

	1 中间中心度	2 相对中间中心度
21 小舅	17.000	4.048
4 我	12.500	2.976
17 堂哥	5.500	1.310
22 表姐	1.667	0.397
13 表哥 1	1.667	0.397
8 外婆	1.333	0.317
7 外公	1.333	0.317
19 大舅妈	0.333	0.079
1 表弟	0.333	0.079
16 姊姊	0.000	0.000
12 小姑父	0.000	0.000

表 3-14　中间中心度指过性统计

	1 中间中心度	2 相对中间中心度
1 Mean	42.909	10.216
2 Std Dev	58.640	13.962
3 Sum	944.000	224.762
4 Variance	3438.601	194.932
5 SSQ	116155.398	6584.773
6 MCSSQ	75649.219	4288.504
7 Euc Norm	340.816	81.147
8 Minimum	0.000	0.000
9 Maximum	201.500	47.976

Network Centralization Index = 39.56%
Output actor-by-centrality measure matrix saved as dataset FreemanBetweenness

从中间中心度可以看出,爸爸、妈妈才是连接整个家庭社会网络核心力量。

第四章 3S技术在人文地理野外实习中的应用

第一节 遥感图像处理

一、遥感传感器及其成像原理

自1957年苏联发射第一颗人造卫星以来,世界各国已向太空发射了5000多颗卫星或空间飞行器,其中相当一部分用于对地观测;1960年美国发射的第一颗气象卫星掀开了人类对地观测的新时代。从太空观测地球并获取其影像,是20世纪人类的重大技术进步,卫星遥感已成为人类观察、分析、描述所居住地球环境的行之有效的手段。经过50多年的发展,航天与航空、探空火箭与气球等遥感技术体系,构成了多维、立体、动态的全球综合观测系统,为人类认识地球系统、开发资源、保护环境、检测灾害、分析全球气候及环境变化等找到了新途径[①]。

遥感传感器是获取遥感数据的关键设备。由于设计和获取数据的特点不同,传感器的种类也就繁多,就其基本结构原理而言,目前遥感中使用的传感器大体上可分为如下一些类型:摄影类型的传感器;扫描成像类型的传感器;雷达成像类型的传感器;非图像类型的传感器。无论哪种类型遥感传感器,它们都由如图4-1所示的基本组成。

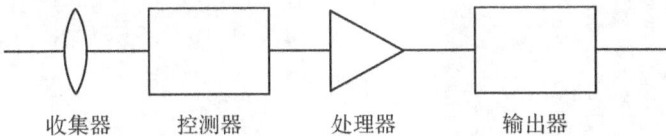

收集器　　　控测器　　　处理器　　　输出器

图4-1　遥感传感器基本组成

遥感传感器一般由以下几个部分组成。

收集器:收集地物辐射来的能量。具体的元器件如透镜组、反射镜组、天

---

① 梅安新,彭望　,秦其明,等.遥感导论[M].北京:高等教育出版社,2001

线等。

探测器:将收集的辐射能转变成化学能或电能。具体的元器件如感光胶片、光电管、光敏和热敏探测元件、共振腔谐振器等。

处理器:对收集的信号进行处理。如显影、定影、信号放大、变换、校正和编码等。具体的处理器类型有摄影处理装置和电子处理装置。

输出器:输出获取的数据。输出器类型有扫描晒像仪、阴极射线管、电视显像管、磁带记录仪、彩色喷墨仪等。

光谱分辨率是指遥感传感器能感受到的电磁频谱中特定的波长间隔(称作波段或通道)的数量和大小。如图 4-2 所示。

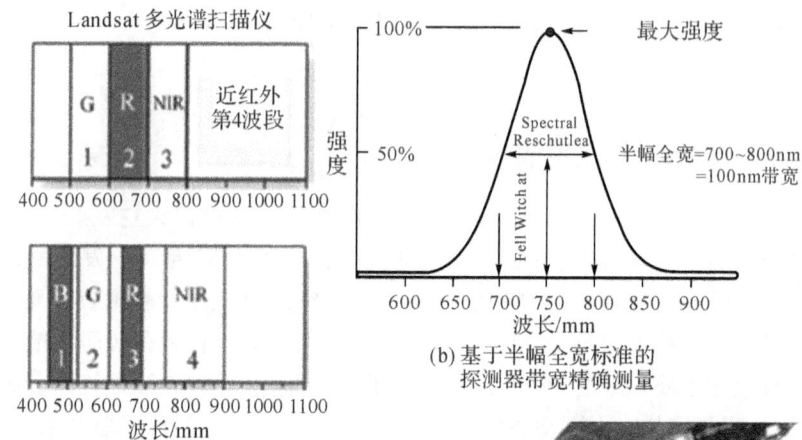

(a) Landsat MSS和Positive Systerns
公司的ADAR5500框幅工数码相
机的标称光谱分辨率

(b) 基于半幅全宽标准的
探测器带宽精确测量

(c) ADAR 5500的单波段数据

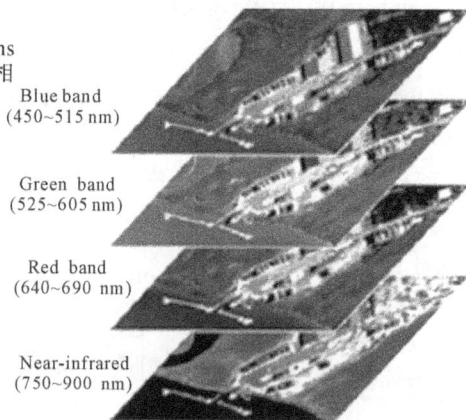

(d) 多光谱遥感

图 4-2　电磁频谱

二、遥感图像数字处理的基础知识

用于地球资源研究的遥感数据的采集和分析过程是通过遥感处理系统来实现的。遥感处理的过程主要包括:陈述问题、数据采集、数据到信息的转换、信息表达。如图 4-3 所示,简单表达了遥感图像处理的整个过程,图 4-4 详细说明了遥感图像处理的每一个环节,从数据的采集和处理到最后的成品输出都是遥感处理的步骤,主要讲解遥感图像的处理和信息提取[①]。

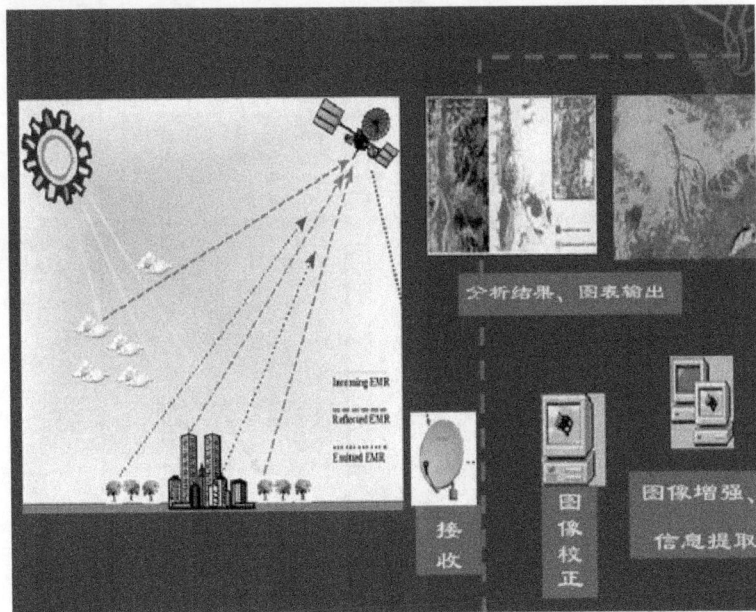

图 4-3　遥感图像处理的内容

遥感图像处理(processing of remote sensing image data)是对遥感图像进行辐射校正和几何纠正、图像整饰、投影变换、镶嵌、特征提取、分类以及各种专题处理等一系列操作,以求达到预期目的的技术(见图 4-4)。遥感图像处理可分为两类:一是利用光学、照相和电子学的方法对遥感模拟图像(照片、底片)进行处理,简称为光学处理;二是利用计算机对遥感数字图像进行一系列操作,从而获得某种预期结果的技术,称为遥感数字图像处理[②]。

计算机出现以前,均采用模拟处理方法,利用光学、照相和电子学方法对模拟图像的处理称为模拟图像处理。光学图像处理方法已经有很长的历史,典型的例子有天文学、摄影测量学、粒子物理学。光学图像处理的特点是处理速度快,信息容量大,分辨率高,且非常经济,但精度不够高,稳定性差,操作不方便。数字图像处理就是利用计算机或其他数字硬件,对数字图像进行一系列操作,从而获得某种预期结果的技术。数字图像处理的特点是处理精度高,而且可以通过改进处理软件来优化处理效果,操作方便。现在所指的"图像处理"主要指

---

①　杨凯.遥感图像处理原理与方法[M].北京:测绘出版社,1988

②　章孝灿等编著.遥感数字图像处理[M].杭州:浙江大学出版社,1997

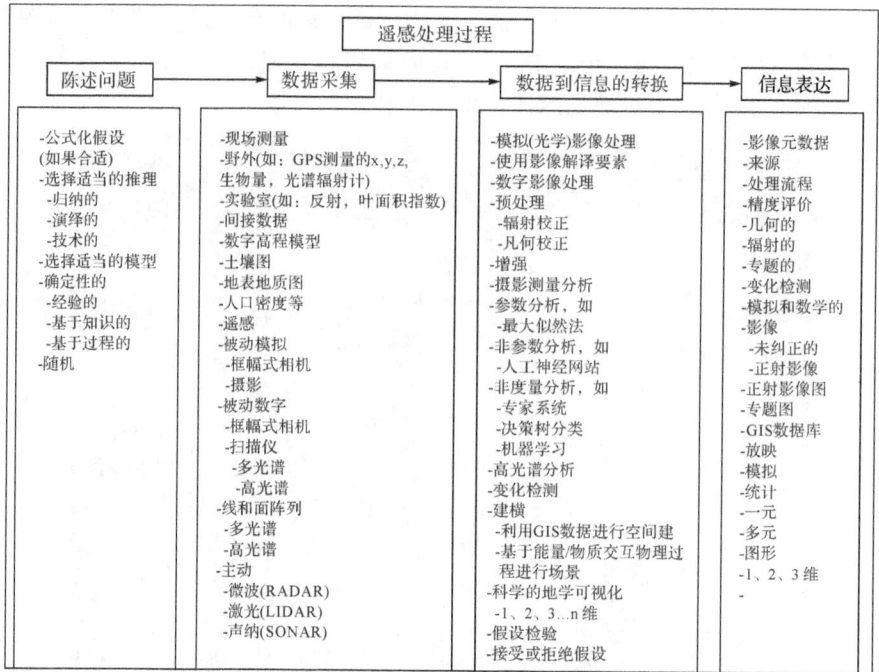

图 4-4 遥感图像处理的过程

"数字图像处理",但不排除其他可能的发展,如"光学—数字"处理方式。遥感影像数字图像处理的内容主要有以下几个方面:

图像恢复:即校正在成像、记录、传输或回放过程中引入的数据错误、噪声与畸变,包括辐射校正、几何校正等。

数据压缩:以改进传输、存储和处理数据效率。

影像增强:突出数据的某些特征,以提高影像目视质量,包括彩色增强、反差增强、边缘增强、密度分割、比值运算、去模糊等。

信息提取:从经过增强处理的影像中提取有用的遥感信息,包括采用各种统计分析、集群分析、频谱分析等自动识别与分类的方法。通常利用专用数字图像处理系统来实现,且依据不同目的采用不同算法和技术。

三、电磁辐射原理与辐射矫正

由于地球大气、陆地、水体非常复杂,用空间、时间、光谱和辐射分辨率均有限的传感器并不能很好地记录它们。因此,获取数据时产生的误差会降低遥感数据的质量。遥感数据的两种常见误差为辐射误差和几何误差。辐射校正可以提高遥感系统获取的地物表面光谱反射率、辐射率或者后向散射测量值的精度。几何校正使反射、散射和后向散射的测量值及其产品具有正确的平面(地图)位置,使之能与地理信息系统(GIS)和空间决策支持系统(SDSS)中的其他空间数据信息联合使用。

因为遥感数据的辐射校正和几何校正是在信息提取之前进行的操作,所以通常称为预处理。无论是辐射校正还是几何校正,都期望预处理得到的影像与数据采集时研究区域的空间属性真值尽可能接近。在进行遥感数据校正时,需要确定内部误差和外部误差。

(一)内部误差

由传感器系统本身引起。这种误差通常是系统性(可预测)的,可通过传感器发射前或在轨飞行时的定标测量确定并改正。例如,影像中的线状条带就可能由未经定标的某探测器引起。在很多情况下,辐射校正能调整探测器的误校准。

(二)外部误差

通常由空间和时间特性引起。引起遥感数据辐射和几何误差的最重要的外部因素有大气、地面高程、坡度和坡向。有些遥感系统的外部误差可以通过相关的地面(即辐射和几何地面控制点)观测来校正。

要正确进行预处理并解译遥感数据,应该先理解遥感系统记录的能量的基本交互作用。例如,如果遥感系统接收的能量来源于太阳,则能量源(太阳)的原子辐射,以光速穿过真空,和地球大气发生交互作用,和地表发生交互作用,再次和地球大气发生交互作用,最后到达传感器,与各种光学器件、滤光器、胶片感光剂或探测器发生交互作用。

理想情况下,传感器系统记录的各个波段,能精确表达离开目标地物(如:土壤、植被、水和城市地面覆盖)的辐射。然而,进入数据采集系统的噪声(误差)种类繁多。例如,若各个探测器工作不正常或定标不准,传感器系统本身就会引入辐射误差。比较常见的由遥感系统引入的辐射误差有:随机破坏像元(散粒噪声);行起始/终止问题;行或列缺失;行或列部分缺失;行或列条纹。

有时必须进行大气校正。例如,从水体或植被中提取生物物理变量时,就必须对遥感数据进行大气校正。如果数据未经校正,就可能会丢失这些重要成分的反射率的微小差别信息。此外,如果将某景影像中提取的生物物理量与另一景不同时影像中提取的同一生物物理量相比较,就必须对遥感数据进行大气校正。

遥感数据的大气校正有多种方式,有些相对简单,而有些是基于物理理论的,较为复杂,需要大量信息才能正确完成。这里集中讨论两种主要的大气校正:绝对大气校正和相对大气校正。

四、遥感图像的几何校正

本节将集中讨论两种常用的几何校正方法：从影像到地图的校正；从影像到影像的校正。

(一)从影像到地图的校正

从影像到地图的校正指的是对遥感影像几何进行平面化处理的过程。无论何时想精确测量面积、方向和距离，都必须进行从影像到地图的几何校正。但是，这种几何校正并不能完全消除地图投影误差引起的畸变。校正过程包括：选取地面控制点的像元坐标以及相应的地图坐标，从影像到地图的校正是平移与旋转过程的结合，通过两幅影像中同名点进行匹配，使同名地物出现在匹配后影像的相同位置[①]。

(二)从影像到影像的配准

从影像到影像的配准也是平移和旋转过程的结合，通过对两幅影像中的同名点进行匹配，使同名地物出现在配准后影像的相同位置。若不需要使每个像元都具有特定的地图投影坐标(x,y)，就可以使用这种校正方法。

影像校正和配准所用的基本原理是相同的。所不同的是：从影像到地图的校正中，参考的是有标准地图投影的地图；而从影像到影像的配准中，参考的是另一景影像。如果采用已校正过的影像（而不是传统地图）为参考，那么得到的所有配准影像都会带有原参考影像中包含的几何误差。因此，高精度地球科学遥感研究中，应采用从影像到地图的校正。然而，对两个或多个遥感数据进行精确的变化检测时，选择从影像到地图的校正和从影像到影像的配准相结合的混合校正法就显得十分有用。

1. 空间插值和亮度采样

将遥感影像校正到地图坐标系统必须执行两个基本操作：空间插值和亮度采样。

空间插值：确定输入像元坐标(列,行)$=(x\text{Ç},y\text{Ç})$和该点对应的地图坐标(X,Y)之间的几何关系。通过控制点建立几何转换关系，然后，将待校正输入影像的像元坐标$(x\text{Ç},y\text{Ç})$，校正或填充到输出影像(x,y)中。这个过程叫作空间插值。

亮度采样：确定像元亮度值。然而，输入像元值和输出像元坐标之间没有直接的一一对应关系。校正后的输出影像像元需要填入一定的亮度值，但该像元栅格并非刚好落在规则行列坐标上，因此必须采用某种方法来确定校正后输出像元的亮度值(BV)，这一过程称为亮度采样。

---

① 傅肃性.遥感专题分析与地学图谱[M].北京:科学出版社,2002

2.几种插值方法

亮度插值需要提取原始(变形的)输入影像的亮度值(x',y),然后确定该点在校正后的输出影像(x,y)中的坐标位置。采用这种像元填充逻辑逐行逐列生成输出影像。大多数情况下,输入影像中采样的(x',y')坐标值为浮点数(即非整型)。一般有以下几种插值方法:最临近插值法,双线性插值法,三次卷积插值法。

最临近插值法:与待定的坐标最近的像元亮度值(x',y')分配给输出像元(x,y)。

双线性插值法:对输入影像中两个相互垂直方向的亮度值进行内插计算,并将计算结果赋给输出像元。通常,在输入影像平面内找出离待求点(x',y')最近的4个像元值,然后根据这些点的距离权重计算出一个新的亮度值。例如,图4-5中,输入影像(x',y')坐标为(2.4,2.7)像元的最近4个点的坐标分别为(2,2),(3,2),(2,3)和(3,3),像元离待求点(x',y')越近,均值计算中的权值就越大。

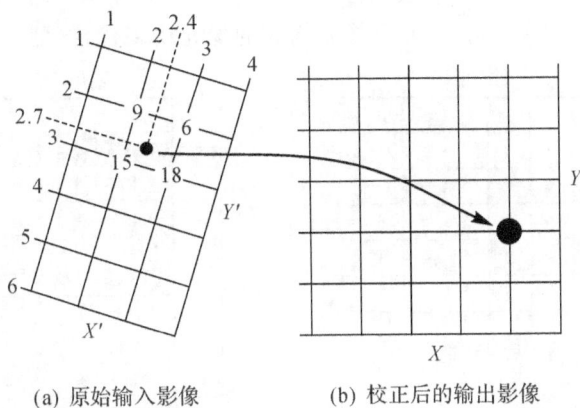

(a) 原始输入影像　　　　(b) 校正后的输出影像

图 4-5　双线性插值法

采用如下公式计算新亮度值的加权平均:

$$BV_{ut} = \frac{\sum_{k=1}^{4} \dfrac{Z_k}{D_k^2}}{\sum_{k=1}^{4} \dfrac{1}{D_k^2}}$$

其中:Z_k为周围四个数据点的值,D_k^2为待求点(x',y')到这些点的距离的平方。

三次卷积插值法:三次卷积重采样除了用带球点(x',y')邻域的16个输入像元的加权值来确定输出像元值外,其他都与双线性插值法类似。

$$BV_{ut} = \frac{\sum\limits_{k=1}^{16} \dfrac{Z_k}{D_k^2}}{\sum\limits_{k=1}^{16} \dfrac{1}{D_k^2}}$$

其中：Z_k 为相邻 16 个数据点的值，D_k^2 为待求点(x', y')到这些点的距离的平方。

五、遥感影像增强

(一)影像缩小

在遥感研究的初始阶段，往往需要查看整景图像，因此采用一种简单的方法减小原始影像数据集，就显得非常有用。为了将数字影像缩小到原始影像的数倍，系统性选择影像中的第 m 行和第 m 列进行显示(见图 4-6)。

(二)影像放大

数字影像放大通常用于增大影像目视解译的尺度，有时也是用来与其他影像的尺度相匹配。m 用来放大图像，原始影像中的每个像元常用与原始输入影像中像元亮度值相同的 $m \times m$ 个像元构成的像元块来代替(见图 4-6)。

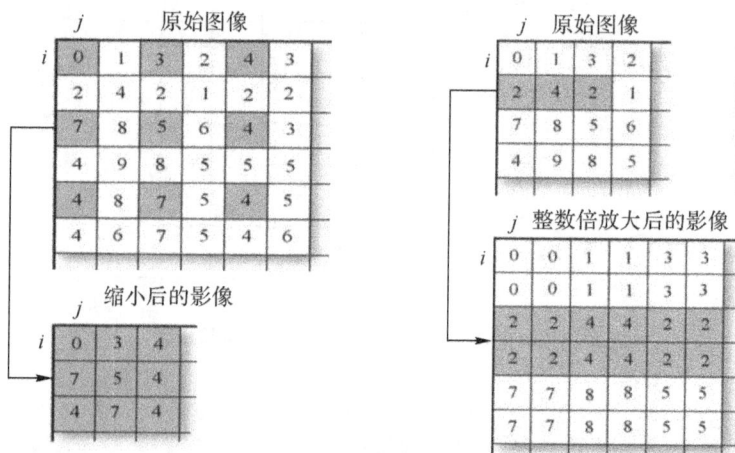

图 4-6　遥感影像的增强

(三)影像空间剖面

在许多遥感影像解译中，提取单波段或多波段合成彩色影像上两点的横断面(也称空间剖面)亮度值是非常重要的。如我们为了研究热废水进入河流后的冷却速度，需要得到一个穿过热废水流中心的横断面，该怎么做呢？在这种情况下，有必要考虑横断面的阶梯状特性，并且采用前述的勾股定理得出距离信息。若要获取精确的横断面结果，也可以旋转影像，直至所需的横断面与数据集中的某行或某列平行。

(四)光谱剖面

除了沿选定的空间剖面提取像元的亮度值或反射率以外,提取某个像元在 N 个波段上的全光谱亮度值也是很有用的,这就是光谱剖面(图 4-7)。光谱剖面的有效性取决于光谱数据的信息质量。分析人员通常设想,实现高质量的遥感研究需要大量的波段。有时候这种观点是正确的,然而在某些情况下,仅仅两三个位于电磁光谱最佳区域的波段就能很好地提取所需的信息并解决问题。因此目标在于选择最佳区域的波段数,不出现冗余波段。光谱剖面通过提供所研究现象光谱特征独特的可视化定量信息,辅助分析人员判断数据集的光谱特征是否存在严重问题。

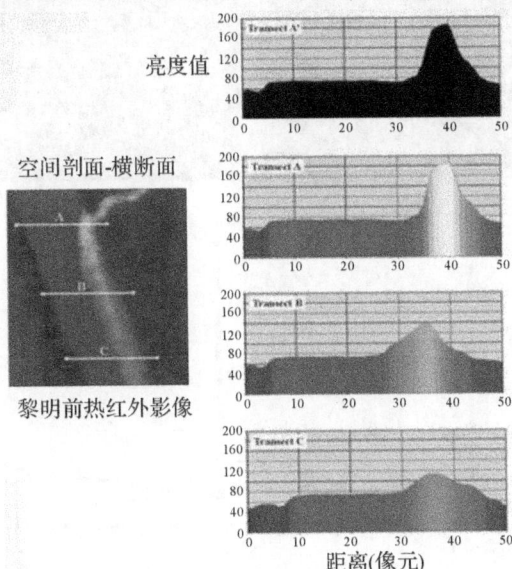

图 4-7 影像空间剖面和亮度值

(五)对比度增强

在理想情况下,某种物质在特定波长反射了大量的能量,而另一种物质在同样的波长下反射的能量可能要小得多,这使得遥感系统记录的两种地物之间存在对比度。然而,不同地物经常在可见光、近红外、中红外反射相似的辐射通量,使获取的对比度较低。另一个导致遥感影像对比度低的原因是传感器的灵敏度。对比度增强包括线性和非线性方法。

1. 线性对比度增强

图像的线性增强就是将图像中所有的点的灰度按照线性灰度变换函数进行变换。线性对比度增强适用于直方图呈正态分布或者接近于正态分布的遥感影像。对于多光谱图像,对各个波段进行线性或非线性拉伸处理,从而综合增强图像中的地物信息(图 4-8)。

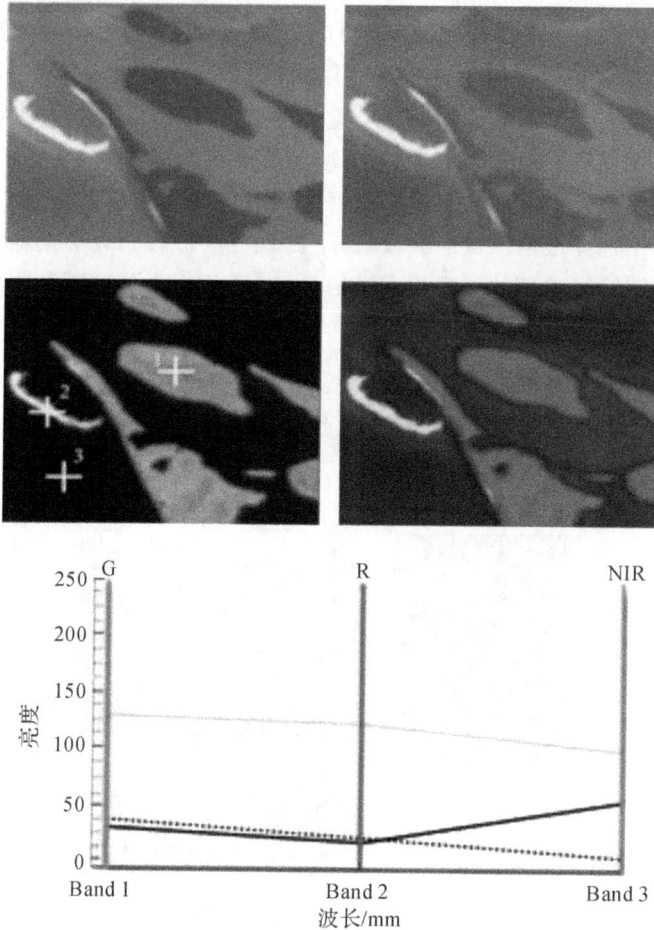

图 4-8　光谱剖面

　　然而这种情况很少发生,尤其是当影像中同时包含水体和陆地的时候。为了对其进行线性增强,分析人员查看影像的统计信息,以确定第 K 波段的最小和最大亮度值,即 $\min_k$ 和 $\max_k$。输出亮度值由下式计算得出:

$$BV_{out} = \left(\frac{BV_{in} - \min_k}{\max_k - \min_k}\right) \mathrm{quant}_k$$

　　其中:BV_{in} 为原始输入图像的亮度值;quant_k 能显示的最大亮度值范围(例如 255);$\min_k$ 为影像最小值;$\max_k$ 为影像最大值;BV_{out} 为输出亮度值。

　　2. 非线性对比度增强

　　最有用的非线性对比度增强方法之一是直方图均衡。另一种类型的非线性对比度拉伸是将输入数据进行对数化调整,这种增强对直方图中较暗区域的亮度值影响最大(图 4-9)。将输入数据进行指数化函数处理则可以增强较量区域的亮度值。

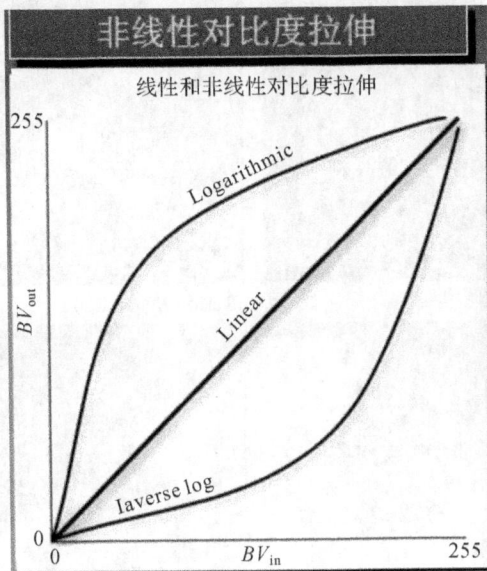

图 4-9　非线性对比度拉伸

(六)波段比

有时,由于受到地形的坡度坡向、阴影或由于季节变化引起的太阳高度角和强度变化的影像,相同的地物会出现亮度值差异,这会影响解译人员或分类算法分辨遥感影像中的地物或土地利用类型的能力。值得庆幸的是,遥感影像的比值变换在某些情况下可以用来降低这些环境效应。如图 4-10 所示,比值变换不但可以使环境因子的效应最小化,还可以提供一些可用于区分土壤和植被,无法从任何单波段中得到的独特信息。

$$BV_{i,j,ratio} = \frac{BV_{i,j,k}}{BV_{i,j,l}}$$

其中:$BV_{i,j,k}$ 是原始输入图像第 i 行第 j 列第 K 波段的像元的亮度值;$BV_{i,j,l}$ 是原始输入图像第 i 行第 j 列第 L 波段的像元的亮度值;$BV_{i,j,ratio}$ 是第 i 行第 j 列像元的输出比值。

(七)空间滤波

遥感影像的一个特征就是称为空间频率的参数,其定义为影像中任何特定部分的特定距离内亮度值的变化数量。如果一幅影像中某给定区域的亮度值变化很少,则该区域称为低频细节区域。相反,如果在很短的距离内,亮度值变化剧烈,则该区域称为高频细节区域。遥感影像的空间频率可以通过两种不同的方法来增强或减弱,一种是空间卷积滤波,可以增强影响的低频细节和边缘;

Ratio TM bands 3/4　　　　　　　　Ratio TM bands 4/5

Ratio TM bands 4/7　　　　　　　　Ratio TM bands 3/6

图 4-10　南卡罗来纳州查尔斯顿地区的 Landsat TM 几种不同的波段比值影像

另一种是傅立叶变换,用数字的方法将影像分离成空间频率组分,然后可以交互地强调某个与其他频率组相关的频率组(波段),并将不同空间频率影像重新组合生成一幅增强影像。

对于线性空间滤波来说,其输出影像中位置(i,j)处像元的亮度值($BV_{i,j,out}$)是输入影像位置(i,j)周围呈特定空间分布的像元亮度值的加权平均值。求加权平均值的过程为二维卷积滤波。常用的邻域卷积模板或核的大小是 $3\times3,5\times5$,7×7,或 9×9(见图 4-11)。我们将主要讨论具有 9 个系数 c_i 的 3×3 卷积,定义如下式:

$$\text{模板}=\begin{matrix} c_1 & c_2 & c_3 \\ c_4 & c_5 & c_6 \\ c_7 & c_8 & c_9 \end{matrix}$$

(八)空间卷积滤波

包括两种处理方式:最大值和最小值滤波。

这种滤波每次处理一个像元,然后在用户定义的区(例如 3×3 pixels)内检查邻近像元的亮度值,并分别用检查到的最大值或最小值来代替当前像元的亮度值。这种滤波器只适用于目视解译分析,最好不要在提取生物物理信息之前使用。

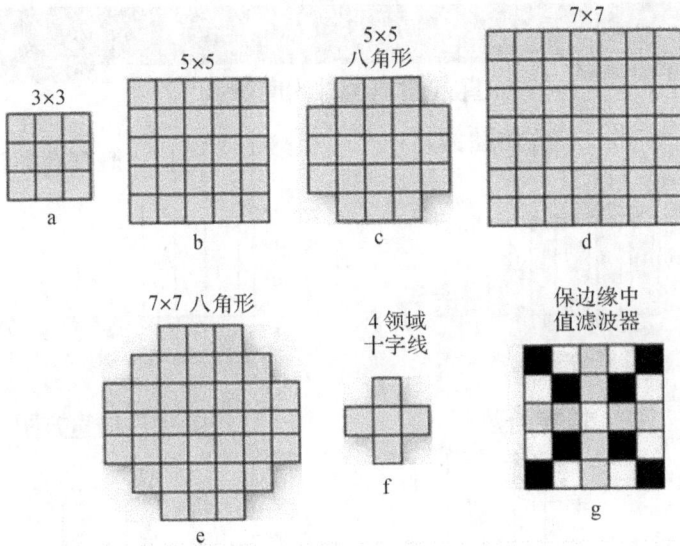

图 4-11　各种大小和形状的卷积模板

(九)直方图均衡

该算法针对数据集中的每个波段,将大约相等数量的像元分配到每个用户定义的输出灰度级(例如 32,64,256)。对影像中最密集的区域施以最大程度的对比度增强。自动降低了与正态分布的直方图尾部相对应的影像中非常亮或都暗部分的对比度(如图 4-12)。

(十)主成分分析

主成分分析(PCA 或 K—L 变换)是将原始的遥感数据集变换成非常小且易于解译的不相关变量,这些变量包含有原始数据的大部分信息,以用来压缩波段中的信息(例如,可以把 7 波段影像压缩成 4 或 3 波段)。PCA 也可以降低高光谱数据集的维数,将 n 维降到 2 波段或 3 波段是很好的经济性考虑。尤其是转换后的数据可以恢复到的潜在住处与原始遥感信息一样多时,如图 4-13,多光谱特征空间中初始的坐标轴(x_1 和 x_2)对于分析这两波段的遥感数据或许不是最佳的。用主成分分析的目的就是平移和旋转初始坐标轴,使 X_1 和 X_2 轴上的原始亮度值重新投影到一组新的坐标轴 x'_1 和 x'_2 上。例如,将原始数据点从 x_1 和 x_2 平移到 x'_1 和 x'_2 坐标系,最好的方法也许是此采用如下简单的关系:

$$x'_1 = x_1 - \mu_1$$
$$x'_2 = x_2 - \mu_2$$

所以新坐标原点(x'_1, x'_2)位于原始散点各自的均值位置。

围绕新坐标系的原点(μ_1, μ_2),将 x' 坐标系旋转 Φ 度,使第一个坐标轴 x'_1 对应散点的最大方差。这个新轴称为第一主成分($PC_1 = \lambda_1$),第二主成分(PC_2

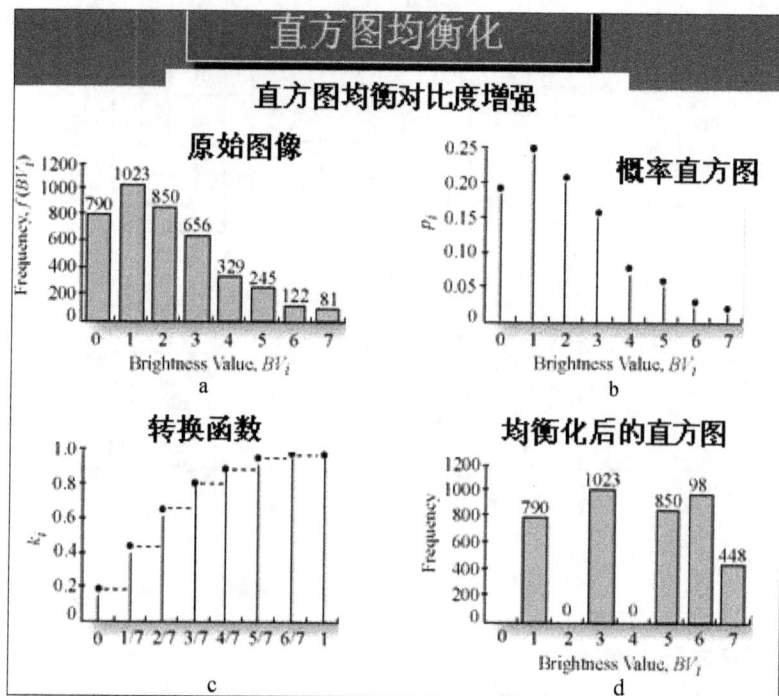

图 4-12　直方图均衡化

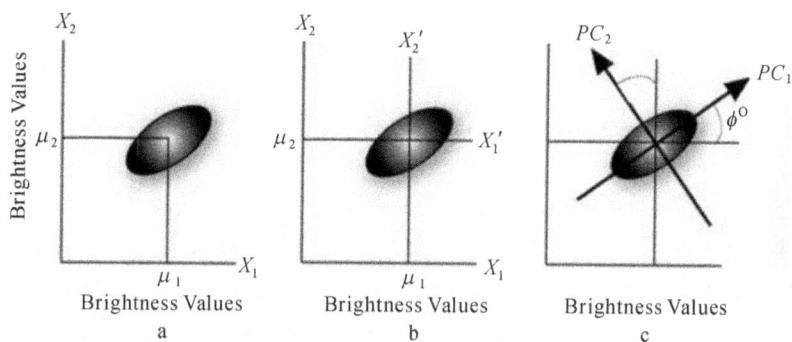

图 4-13　主成分分析

＝λ_2），和 PC_1 垂直。由波段 X_1 和 X_2 中的点组成的椭圆的长轴和短轴便称为主成分。第 3、4、5 和其他主成分的方差一次递减。如图 4-14 所示为主成分分析的效果：

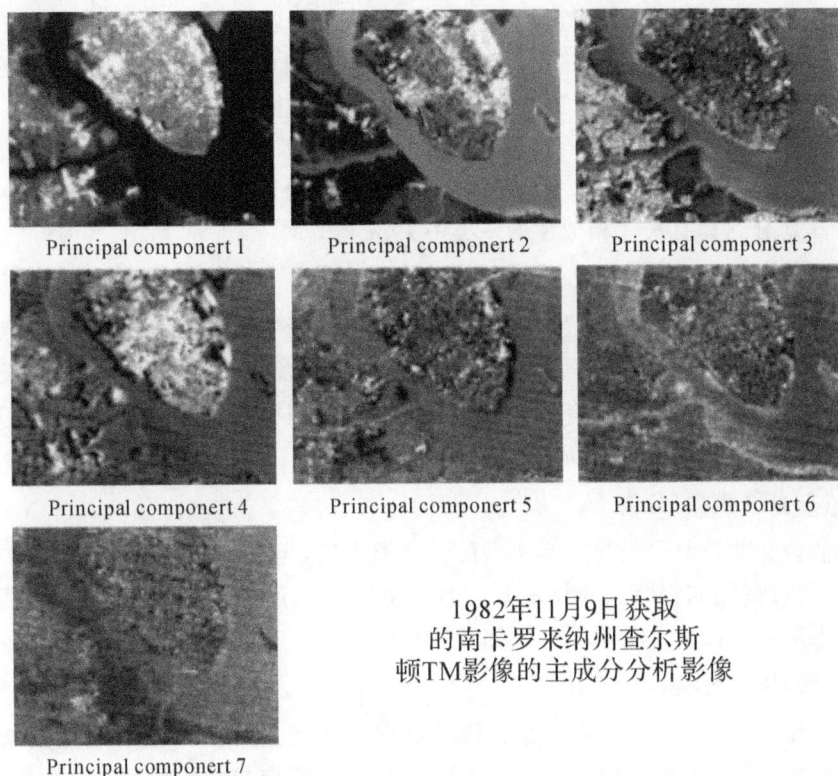

Principal componert 1　　Principal componert 2　　Principal componert 3

Principal componert 4　　Principal componert 5　　Principal componert 6

1982年11月9日获取
的南卡罗来纳州查尔斯
顿TM影像的主成分分析影像

Principal componert 7

图 4-14　TM 影像的主成分分析影响

第二节　遥感影像专题信息提取

一、多光谱分类方法

可用的多光谱分类方法很多,包括:

· 基于比例数据和区间标度数据的参数和非参数统计算法,以及可以整合名义尺度数据的非计量方法;

· 采用监督分类或非监督分类方法;

· 采用硬分类或软(模糊)分类方法,生成明确的或模糊的专题输出产品;

· 采用逐像元或面向对象的分类方法;

· 混合方法。

(一)监督分类

即在一个监督分类中,将实地观测、航片解译、地图分析以及个人经验相结合来识别和定位某些地面覆盖类型(如:城市用地、农用地或湿地)。分析人员试图从遥感数据中找到能够代表已知地面覆盖类型的均质样本区域,这样的区域通常称为训练样区,因为这些已知区域的光谱特征可用于训练分类算法,完成影像剩余部分的地面覆盖制图。首先计算每个训练样区的多变量统计参数(均值、标准差、协方差矩阵、相关阵等等),然后评价训练样区内外的每个像元,并将其划分到具有最大相似性的一类中去。

(二)非监督分类

在非监督分类中,由于缺少地面参考信息或对场景中的地表特征没有很好的定义,通常预先不知道影像中归为某类的地面覆盖类型特征。计算机需要依据一些统计判别准则将具有相似光谱特征的像元组分为特定的光谱类。然后,分析人员对这些光谱类重新标示并合并为信息类。

(三)硬(模糊)分类

监督和非监督分类算法是典型的硬分类方法,生成的分类图也有明确的各个类别组成(例如:林地、农用地)。相反,也可以采用模糊集分类方法,它将现实世界的异质性和不精确的特性都考虑在内。

(四)模糊分类

模糊分类基于以下事实:遥感传感器记录的反射或发射辐射通量是来自IFOV内不同的生物物理混合物如土壤、水、植被所构成的异质区[①]。在IFOV内,不同地面覆盖类型之间通常没有明显而确定的边界,因此现实边界实际上是不确定的,即模糊的。模糊分类并不是将像元划分到 m 种可能类别中某一确定的类,而是采用 m 个隶属度值表示 m 种地面覆盖类型在像元中各自所占比例。采用这类信息可以更精确地提取地面覆盖信息,尤其更适合混合像元。

二、监督分类

(一)训练样区选择与统计特征提取

在分类系统确定之后,就可以从影像中选取能代表感兴趣的地面覆盖或土地利用的训练样区。如果它们的获取环境相对一致,那么这些训练数据就是有价值的。例如,若草地中所有的土壤都是由透水性很好的沙壤土组成,那么从这个区域所采集的训练数据就具有代表性。但是,如果土壤状况存在很大差异(例如,一般区域具有上层滞水,近地表土壤潮湿),那么从研究区的干土部分获取的训练数据就可能不能代表潮湿土壤部分草地的光谱特征。这里被称作地理特征扩展的问题,也就是说,沿着 x、y 空间来扩展草地遥感训练数据是不大可能的。

----

① 赵振宇,徐用懋. 模糊理论和神经网络的基础与应用[M].北京:清华大学出版社,1996

处理这种问题最简单的方式是在项目的初期阶段进行地理分层。这是需要确定所有影响地理特征扩展问题的重要环境要素,例如,土壤类型差异、水体混浊度、农作物种类(如:两个不同品种的小麦),降水不均造成的土壤湿度异常、大气中散布的霾等。应该在影像中详细标出这种环境状况,并且在对数据进行地理分层的基础上选取训练样区。在这种情况下,可能有必要在相对较小的地理范围内训练分类,可能要对每个层进行单独分类,然后将所有单个层进行合成,从而得到最终的分类结果图。但是如果环境条件相同或保持不变(如:经过波段比和大气校正),就可以在较大的空间范围上进行特征扩展,从而大大节省样区训练的人力和物力。在完全掌握这种时空特征扩展的概念前,还需要作进一步的研究工作。

一旦考虑到这种时空特征扩展因素,分析人员便要为每一种类型选择有代表性的训练样区,并计算训练样区中每个像元的光谱统计量。

每个训练样区通常由许多像元组成。一般情况下,如果从 n 个波段中提取训练数据,那么每一类的训练数据中应包含 $10n$ 个以上像元,这样就有足够的数据来保证计算某些分类算法中需要的方差—协方差矩阵。

采集训练样区数据的方法,包括:

(1)收集现场信息,如树木类型、高度、林冠郁闭百分比及胸径(DBH)。

(2)多边形训练数据的屏幕选择。

(3)训练数据种子的屏幕选择。

分析人员也可以在彩色 CRT 屏幕上查看影像,并选择多边形感兴趣区域(AOI)(如:橡树林)。大多数影像处理系统都有"橡皮条"工具,可以用来确定具体的感兴趣区域。相反地,分析人员也可以用光标在影像上指定种子,然后种子增长程序便从这个点的 x、y 坐标开始,评价所有感兴趣波段的临域像元值。采用分析者自定义的规则时,只要种子算法找到了具有与原始种子像元相似光谱特征的像元,它就会像变形虫一样向外扩展,这是一种非常有效的提取同质训练信息的方法。

手工选取多边形训练数据有时会使一个训练类直方图中出现多个峰值。这表明所选的训练样区中至少有两种地面覆盖类型,这种情况不利于区分各个不同的地面覆盖类型。因此实际操作中最好舍弃存在多峰的训练样本,而对特定感兴趣区域重新选取训练数据,直到每类直方图都是单峰为止。

(二)选择影像分类最佳波段:特征选取

一旦系统地得到了每个感兴趣类在各个波段上的训练统计量后,就必须确定能够最有效地区分各个种类的波段,这个过程称为特征选择。特征选取的目的是删除分析中含有冗余光谱信息的波段。这样就可以减少数据集的维数(如:处理中的波段数),可以最小化影像分类处理中的开销(但是不影响精度)。

在特征选择中,可以使用统计分析和图表分析来决定遥感训练数据中两类之间的可分程度。在统计方法中,同时采用 n 个波段进行组合,然后根据波段组合区分各类的能力进行排序。

(三)选择合适的分类算法

可以采用各种监督分类算法将未知的像元分到 m 种可能类的一类。选取某种特定的分类器或判别规则取决于输入数据的特点和所期望的输出结果。参数分类算法假定在监督分类的训练阶段,每个波段上每类的观测测度向量 Xc 服从高斯分布(也就是正态分布)。非参数分类算法则没有这样的假设要求。

几种广泛采用的非参数分类算法包括:一维密度分割、平行六面体方法、最小距离、最近邻域分类法和人工神经网络专家系统分析法。最广泛使用的方法是最小距离分类法。

1. 最小距离分类法(minimum distance classifier)

最小距离分类法是用特征空间中的距离作为像元分类依据的。最小距离分类包括最小距离判别法和最近邻域分类法。最小距离判别法要求对遥感图像中每一个类别选一个具有代表意义的统计特征量(均值),首先计算待分像元与已知类别之间的距离,然后将其归属于距离最小的一类。最近邻域分类法是上述方法在多波段遥感图像分类的推广。在多波段遥感图像分类中,每一类别具有多个统计特征量。最近邻域分类法首先计算待分像元到每一类中每一个统计特征量间的距离,这样,该像元到每一类都有几个距离值,取其中最小的一个距离作为该像元到该类别的距离,最后比较该待分像元到所有类别间的距离,将其归属于距离最小的一类。最小距离分类法原理简单,分类精度不高,但计算速度快,它可以在快速浏览分类概况中使用。

2. 多级切割分类法(multi-level slice classifier)

多级切割分类法是根据设定在各轴上值域分割多维特征空间的分类方法。通过分割得到的多维长方体对应各分类类别。经过反复对定义的这些长方体的值域进行内外判断而完成各像元的分类。这种方法要求通过选取训练区详细了解分类类别(总体)的特征,并以较高的精度设定每个分类类别的光谱特征上限值和下限值,以便构成特征子空间。多级切割分类法要求训练区样本选择必须覆盖所有的类型,在分类过程中,需要利用待分类像元光谱特征值与各个类别特征子空间在每一维上的值域进行内外判断,检查其落入哪个类别特征子空间中,直到完成各像元的分类。

多级分割法分类便于直观理解如何分割特征空间,以及待分类像元如何与分类类别相对应。由于分类中不需要复杂的计算,与其他监督分类方法比较,具有速度快的特点。但多级分割法要求分割面总是与各特征轴正交,如果各类别在特征空间中呈现倾斜分布,就会产生分类误差。因此运用多级分割法分类前,需要先进行主成分分析,或采用其他方法对各轴进行相互独立的正交变换,然后进行多级分割。

3. 最大似然分类法(maximum likelihood classifier)

最大似然分类法是经常使用的监督分类方法之一,它是通过求出每个像元对于各类别归属概率(似然度)(likelihood),把该像元分到归属概率(似然度)最大的类别中去的方法。最大似然法假定训练区地物的光谱特征和自然界大部分随机现象一样,近似服从正态分布,利用训练区可求出均值、方差以及协方差等特征参数,从而可求出总体的先验概率密度函数。当总体分布不符合正态分布时,其分类可靠性将下降,这种情况下不宜采用最大似然分类法。

最大似然分类法在多类别分类时,常采用统计学方法建立起一个判别函数集,然后根据这个判别函数集计算各待分像元的归属概率(似然度)。这里,归属概率(似然度)是指:对于待分像元 x,它从属于分类类别 k 的(后验)概率。

设从类别 k 中观测到 x 的条件概率为 $P(x|k)$,则归属概率 L_k 可表示为如下形式的判别函数:

$$L_k = P(k \mid x) = P(k) \times P(x \mid k) / \sum P(i) \times (x \mid i)$$

其中:$P(k)$ 为类别 k 的先验概率,它可以通过训练区来决定。

此外,由于上式中分母和类别无关,在类别间比较的时候可以忽略。最大似然分类必须知道总体的概率密度函数 $P(x|k)$。由于假定训练区地物的光谱特征和自然界大部分随机现象一样,近似服从正态分布(对一些非正态分布可以通过数学方法化为正态问题来处理),因此通常可以假设总体的概率密率函数为多维正态分布,通过训练区,按最大似然度测定其平均值及方差、协方差。此时,像元 X 归为类别 k 的归属概率 L_k 表示如下(这里省略了和类别无关的数据项)。

$$L_k(x) = \left[2\pi^{n/2} \times (\det \sum_k)^{1/2} \right]^{-1} \exp\left[(-1/2) \times (X - \mu_k)^t \sum_k^{-1} (X - \mu_k) \right]$$

式中为 n:特征空间的维数;

$P(k)$ 为类别 k 的先验概率;

$L_k(x)$ 为像元 X 归并到类别 k 的归属概率;

det:矩阵 A 的行列式;

$\sum_k$ 为类别 k 的方差、协方差矩($n \times n$ 矩阵)。

这里注意:各个类别的训练数据至少要为特征维数的 2 到 3 倍以上,这样才能测定具有较高精度的均值及方差、协方差;如果 2 个以上的波段相关性强,那么方差协方差矩阵的逆矩阵可能不存在,或非常不稳定,在训练样本几乎都取相同值的均质性数据组时这种情况也会出现。此时,最好采用主成分变换,把维数压缩成仅剩下相互独立的波段,然后再求方差协方差矩阵;当总体分布不符合正态分布时,不适于采用正态分布的假设为基础的最大似然分类法。当各类别的方差、协方差矩阵相等时,归属概率变成线性判别函数,如果类别的先验概率也相同,此时是根据欧氏距离建立的线性判别函数,特别当协方差矩阵取为单位矩阵时,最大似然判别函数退化为采用欧氏距离建立的最小距离判别法。

三、非监督分类

(一)非监督分类(通常称为聚类)

非监督分类是在多光谱特征空间中分割遥感影像数据并提取地面覆盖信息的一种有效方式。相对于监督分类来说,非监督分类通常只需要分析人员输入极少量的初始输入,因此它一般不需要训练数据。

非监督分类是在多光谱特征空间中通过数字操作搜索像元光盘属性的自然群组的过程,这种聚类过程生成一副 m 个光谱类。然后,分析人员根据后验知识(根据事实获取)将光谱类划分成感兴趣的信息类(如:树林、农用地)。这可能不容易做到。因为有些光谱类是代表地物的混合类,所以它有可能没有实际意义,这就需要分析人员慎重考虑如何分开这些不明混合分类,了解光谱特征,才能将特定的光谱类标定为具体的信息类。

目前已经提出了几百种聚类算法。为了说明遥感数据非监督分类的基本方法,下面将介绍两种概念简单但效率不高的聚类算法。

(1)分级集群法

当同类物体聚集分布在一定的空间位置上,它们在同样条件下应具有相同的光谱信息特征,其他类别的物体应聚集分布在不同的空间位置上。由于不同地物的辐射特性不同,反映在直方图上会出现很多峰值及其对应的一些灰度值,它们在图像上对应的像元分别倾向于聚集在各自不同灰度空间形成的很多点群,这些点群就叫做集群。

分级集群法采用"距离"评价每个像元在空间分布的相似程度,把它们的分布分割或者合并成不同的集群。每个集群的地理意义需要根据地面调查或者已知类型的数据比较后方可确定。

分级集群方法的特点是这种归并的过程是分级进行的,在迭代过程中没有调整类别总数的措施,如果一个像元被归入到某一类后,就排除了它再被归入到其他分支类别中的可能性,这样可能导致对一个像元的操作次序不同,会得到不同的分类结果,这是该方法的缺点。

(2)动态聚类法

在初始状态给出图像粗糙的分类,然后基于一定原则在类别间重新组合样本,直到分类比较合理为止,这种聚类方法就是动态聚类。ISODATA(Iterative Orgnizing Data Analysize Technique 迭代自组织数据分析技术)方法在动态聚类法中具有代表性。

ISODATA 算法是循环过程,算法过程框如图 4-15 所示。

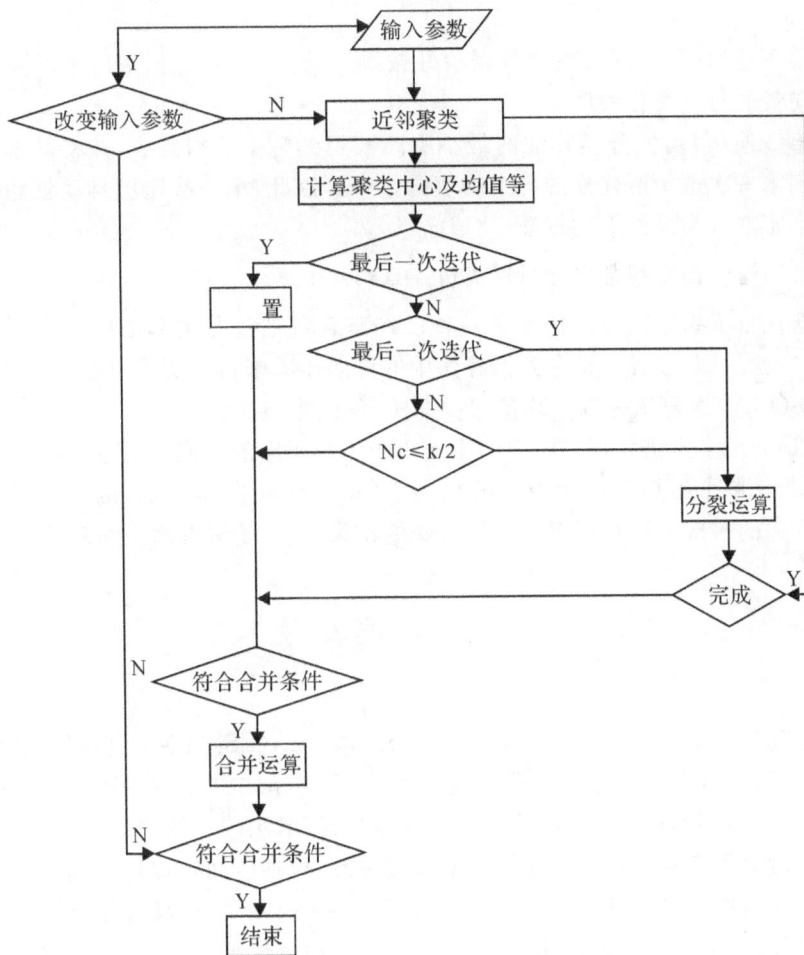

图 4-15　ISODATA 算法流程图

其初始的集群组是随机地在整幅图像的特征空间选择 Cmax,基本的步骤为:

①初始随机的选择 Cmax 中心;

②计算其他像元离这些中心的距离,按照最小距离规则划分到其对应的集群中;

③重新计算每个集群的均值,按照前面定义的参数合并或分开集群组;

④重复②和③,直到达到最大不变像元百分比,或者最长运转时间。

(二)链式聚类

链式聚类聚类算法通常采用两次遍历模式来操作(即它遍历多光谱数据集两次)。

第1遍历:程序读入整个数据集并按顺序建立分类(光谱空间中的点群)。均值向量和每个类相关联。

第2遍历:均值分类算法的最小距离被用到整个数据集中,并将其逐像元划分到第一次遍历所建立的各个均值向量中。因此,第一次遍历自动创建了用于最小距离分类器的聚类特征(均值向量)。

(三)迭代自组织数据分析聚类(ISODATA)

迭代自组织数据分析技术是一种已经整合到迭代分类算法中的全面的启发式(经验法则)过程。整合到该算法中的许多步骤来自于实验中得到的经验。

ISODATA 算法是"k-均值聚类算法"的改进,包括:

(1)如果多光谱特征空间中的距离小于用户指定的阈值,就合并类。

(2)将单个类划分成两个类的规则。ISODATA 是迭代的,因为它是对遥感数据源的多次循环直到形成一个特殊的结果,而不是只有两次的循环。

第三节　GIS 数据采集与处理

地理信息系统(geographic information system,GIS)是在计算机硬、软件系统支持下,对整个或部分地球表层(包括大气层)空间中的有关地理分布数据进行采集、储存、管理、运算、分析、显示和描述的技术系统。地理信息系统处理、管理的对象是多种地理空间实体数据及其关系,包括空间定位数据、图形数据、遥感图像数据、属性数据等,用于分析和处理在一定地理区域内分布的各种现象和过程,解决复杂的规划、决策和管理问题。地理信息系统技术与遥感、全球定位系统技术相结合,不仅能进行测绘与地图制图,而且广泛应用于资源管理、城乡规划、灾害监测、环境保护、交通运输、人口管理、医疗卫生和公众服务等领域。在城市与区域规划中要处理许多不同性质和不同特点的问题,它涉及资源、环境、人口、交通、经济、教育、文化和金融等多个地理变量和大量数据。GIS的数据库管理有利于将这些数据信息归并到统一系统中,可进行可持续发展空间分析、综合经济区划分、工业布局调整、工程移民、乡村聚落空间分布、人口增长空间变化等内容,广泛用于城市规划信息管理、城市三维可视化、城市供水智能管理、城市管线信息管理、城市房产信息管理、区域资源信息管理等。

地理信息系统的数据源是指建立地理信息系统数据库所需要的各种类型数据的来源,主要有地图、遥感影像、统计数据、实测数据、数字数据等。

一、属性数据采集

属性数据即空间实体的特征数据,一般包括名称、等级、数量、代码等多种形式,属性数据的内容有时直接记录在栅格或矢量数据文件中,有时则单独输入数据库存储为属性文件,通过关键码与图形数据相联系。对于要输入属性库的属性数据,通过键盘可直接键入。对于要直接记录到栅格或矢量数据文件中的属性数据,则必须先对其进行编码,将各种属性数据变为计算机可以接受的数字或字符形式,便于 GIS 存储管理。

二、图形数据采集

(1)野外数据采集。野外数据采集是 GIS 数据采集的一个基础手段。对于大比例尺的城市地理信息系统而言,野外数据采集更是主要手段。包括平板测量、全野外数字测图、空间定位测量。

(2)地图数字化。地图数字化是指根据现有纸质地图,通过手扶跟踪或扫描矢量化的方法,生产出可在计算机上进行存储、处理和分析的数字化数据。目前一般采用扫描矢量化的方法。根据地图幅面大小,选择合适规格的扫描仪,对纸质地图扫描生成栅格图像。然后在经过几何纠正之后,即可进行矢量化。

(3)摄影测量方法。摄影测量技术曾经在我国基本比例尺地形图生产过程中扮演了重要角色,我国绝大部分 1∶10000 和 1∶50000 基本比例尺地形图使用了摄影测量方法。随着数字摄影测量技术的推广,在 GIS 空间数据采集的过程中,摄影测量也起着越来越重要的作用。

(4)遥感图像处理。遥感图像的处理流程包括观测数据的输入、校正处理、变换处理、分类处理和结果输出。

第四节　GIS 空间分析

一、栅格数据分析

栅格数据由于其自身数据结构的特点,在数据处理与分析中通常使用线性代数的二维数字矩阵分析法作为数据分析的数学基础。因此,具有自动分析处理较为简单、分析处理模式化很强的特征。一般来说,栅格数据的分析处理方法可以概括为聚类聚合分析、叠置分析、追踪分析及窗口分析等几种基本的分析模型类型。

(一)聚类聚合分析

栅格数据的聚类、聚合分析均是指将一个单一层面的栅格数据系统经某种变换而得到一个具有新含义的栅格数据系统的数据处理过程。聚类分析是根据设定的聚类条件对原有数据系统进行有选择的信息提取而建立新的栅格数据系统的方法。聚合分析是指根据空间分辨力和分类表,进行数据类型的合并或转换以实现空间地域的兼并。空间聚合的结果往往将较复杂的类别转换为较简单的类别,并且常以较小比例尺的图形输出。从地点、地区到大区域的制图综合变换时常需要使用这种分析处理方法。

(二)叠置分析

叠置分析是将有关主题层组成的各个数据层面进行叠置产生一个新的数据层面,其结果综合了原来两个或多个层面要素所具有的属性。叠置分析不仅生成了新的空间关系,而且将输入的多个数据层的属性联系起来产生新的属性关系。其中,被叠加的要素层面必须是基于相同坐标系统的、基准面相同的、同一区域的数据。栅格数据一个最为突出的优点是能够极为便利地进行同地区多层面空间信息的自动复合叠置分析。正因为如此,栅格数据常被用来进行区域适应性评价、资源开发利用、规划等多因素分析研究工作。

栅格数据的叠置分析包括简单的视觉信息复合和较为复杂的叠加分类模型。视觉信息复合是将不同专题的内容叠加显示在结果图件上以便系统使用者判断不同专题地理实体的相互空间关系,获得更为丰富的信息。视觉信息复合之后,参加复合的平面之间没发生任何逻辑关系,仍保留原来的数据结构。叠加分类模型则根据参加复合的数据平面各类别的空间关系重新划分空间区域,使每个空间区域内各空间点的属性组合一致。叠加结果生成新的数据平面,该平面图形数据记录了重新划分的区域,而属性数据库结构中则包含原来的几个参加复合的数据平面的属性数据库中所有的数据项。叠加分类模型用于多要素综合分类以划分最小地理景观单元,进一步可进行综合评价以确定各景观单元的等级序列。

(三)追踪分析

栅格数据的追踪分析是指对于特定的栅格数据系统由某一个或多个起点,按照一定的追踪线索进行追踪目标或者追踪轨迹信息提取的空间分析方法。例如,某栅格数据所记录的是地面点的海拔高程值,根据地面水流必然向最大坡度方向流动的基本追踪线索,可以得出在两个点位地面水流的基本轨迹。此外,追踪分析法在扫描图件的矢量化、利用数字高程模型自动提取等高线、污染源的追踪以及汇水流域分析等方面都发挥着十分重要的作用。

(四)窗口分析

地学信息除了在不同层面的因素之间存在着一定的制约关系之外,还在空间上存在着一定的关联性。窗口分析是指对于栅格数据系统中的一个、多个栅格点或全部数据,开辟一个有固定分析半径的分析窗口,并在该窗口内进行诸如极值、均值等一系列统计计算,或与其他层面的信息进行必要的复合分析,从而实现栅格数据有效的水平方向扩展分析。

二、矢量数据分析

与栅格数据分析处理方法相比,矢量数据一般不存在模式化的分析处理方法,而表现为处理方法的多样性与复杂性。常见的几何分析法有包含分析、缓冲区分析、叠置分析、网络分析等。

(一)包含分析

确定要素之间是否存在着直接的联系,即矢量点、线、面之间是否存在空间位置上的联系,这是地理信息分析处理中常要提出的问题,也是在地理信息系统中实现图形—属性对位检索的前提条件与基本的分析方法。如确定点状居民地与线状河流或面状地类之间的空间关系(如是否相邻或包含),确定某个井位属于哪个行政区,测定某条断裂线经过哪些城市建筑,都需要通过 GIS 信息分析方法中对已有矢量数据的包含分析来实现。

在包含分析的具体算法中,点与点、点与线的包含分析一般均可以分别通过先计算点到点、点到线之间的距离,然后利用最小距离阈值判断包含的结果。点与面之间的包含分析,或称为 point-polygon 分析,具有较为典型的意义,可以通过著名的铅垂线算法来解决。其基本算法的思路是,如果该铅垂线与某一图斑有奇数交点,则该点必位于该图斑内(某些特殊条件除外)。

利用这种包含分析方法,还可以解决地图的自动分色,地图内容从面向点的制图综合,面状数据从矢量向栅格格式的转换,以及区域内容的自动计数(如某个设定的森林砍伐区内,某一树种的棵数)等。例如,确定某区域内矿井的个数,这是点与面之间的包含分析,确定某一县境内公路的类型以及不同级别道路的里程,是线与面之间的包含分析。分析的方法是:首先对这些矿井、公路点、线要素数字化,经处理后形成具有拓扑关系的相应图层;其次将已经存放在系统中的多边形进行点与面、线与面的叠加;最后对这个多边形或区域进行这些点或线段的自动计数或归属判断。

(二)缓冲区分析

缓冲区分析是研究根据数据库的点、线、面实体,自动建立其周围一定宽度范围内的缓冲区多边形实体,从而实现空间数据在水平方向得以扩展的信息分析方法。它是地理信息系统重要的和基本的空间操作功能之一。例如,城市的噪声污染源所影响的一定空间范围、交通线两侧所划定的绿化带,即可分别描述为点的缓冲区与线的缓冲带。多边形面域的缓冲带有正缓冲区与负缓冲区之分。

(三)叠置分析

1.多边形叠置分析

多边形叠置分析也称为 polygon-on-polygon 叠置,它是指同一地区、同一比例尺的两组或两组以上的多边形要素的数据文件进行叠置。参加叠置分析的两个图层应都是矢量数据结构。若需进行多层叠置,也是两两叠置后再与第三层叠置,依此类推。其中被叠置的多边形为本底多边形,用来叠置的多边形为上覆多边形,叠置后产生具有多重属性的新多边形。

其基本的处理方法是,根据两组多边形边界的交点来建立具有多重属性的多边形或进行多边形范围内的属性特性的统计分析。其中,前者称为地图内容的合成叠置,后者称为地图内容的统计叠置。合成叠置的目的,是通过区域多重属性的模拟,寻找和确定同时具有几种地理属性的分布区域。或者按照确定的地理指标,对叠置后产生的具有不同属性的多边形进行重新分类或分级,因此叠置的结果为新的多边形数据文件。统计叠置的目的,是准确地计算一种要素(如土地利用)在另一种要素(如行政区域)的某个区域多边形范围内的分布状况和数量特征(包括拥有的类型数、各类型的面积及所占总面积的百分比等),或提取某个区域范围内某种专题内容的数据。多边形叠置方法应用广泛,如用于土地适宜性评价等。

2.矢量数据与栅格数据间的叠置分析

在实际操作中,常常会遇到需要使用栅格数据与矢量数据同时参与叠置分析的情况。例如,当获得了一个省的 DEM 数据以及该省内县级行政区划数据之后,想快速地通过叠置分析的方法获得各县辖区内平均高程值。具体的操作是通过使用区域统计分析(zonal statistics)的方法,以矢量数据提供的辖区边界信息为准,统计各辖区内栅格高程值的平均值。矢量—栅格数据间的叠置分析方法可以快速地获取区域内部散点的综合空间信息,产生报表以及统计表单。

(四)网络分析

网络分析的主要用途是:选择最佳路径;选择最佳布局中心的位置。所谓最佳路径是指从始点到终点的最短距离或花费最少的路线;最佳布局中心位置是指各中心所覆盖范围内任一点到中心的距离最近或花费最小;网流量是指网络上从起点到终点的某个函数,如运输价格、运输时间等。网络上任意点都可以是起点或终点。其基本思想则在于人类活动总是趋向于按一定目标选择达到最佳效果的空间位置。

1. 网络中的基本组成部分和属性

(1)链,网络中流动的管线,如街道、河流、水管等,其状态属性包括阻力和需求。

(2)障碍,禁止网络中链上流动的点。

(3)拐角点,出现在网络链中所有的分割结点上状态属性的阻力,如拐弯的时间和限制(如不允许左拐)。

(4)中心,接受或分配资源的位置,如水库、商业中心、电站等。其状态属性包括资源容量,如总的资源量;阻力限额,如中心与链之间的最大距离或时间限制。

(5)站点,在路径选择中资源增减的站点,如库房、汽车站等。其状态属性有要被运输的资源需求,如产品数。

网络中的状态属性有阻力和需求两项,实际的状态属性可通过空间属性和状态属性的转换,根据实际情况到网络属性表中。

2. 网络分析的基本方法

(1)路径分析:①静态求最佳路径。由用户确定权值关系后,即给定每条弧段的属性,当需求最佳路径时,读出路径的相关属性,求最佳路径。②动态分段技术。给定一条路径由多段联系组成,要求标注出这条路上的公里点或要求定位某一公路上的某一点,标注出某条路上从某一公里数到另一公里数的路段。③N 条最佳路径分析。确定起点、终点,求代价较小的几条路径。因为在实践中往往仅求出最佳路径并不能满足要求,可能因为某种因素不走最佳路径,而走近似最佳路径。④最短路径。确定起点、终点和所要经过的中间点、中间连线,求最短路径。⑤动态最佳路径分析。实际网络分析中权值是随着权值关系式变化的,而且可能会临时出现一些障碍点,所以往往需要动态地计算最佳路径。

(2)地址匹配:实质是对地理位置的查询,它涉及地址的编码。地址匹配与其他网络分析功能结合起来,可以满足实际工作中非常复杂的分析要求。所需输入的数据包括地址表和含地址范围的街道网络及待查询地址的属性值。

(3)资源分配:网络模型由中心点(分配中心)及其状态属性和网络组成。分配有两种方式:一种是由分配中心向四周输出;另一种是由四周向中心集中。这种分配功能可以解决资源的有效流动和合理分配。其在地理网络中的应用与区位论中的中心地理论类似。在资源分配模型中,研究区可以是机能区,根据网络流的阻力等来研究中心的吸引区,为网络中的每一连接寻找最近的中心,以实现最佳的服务。还可以用来指定可能的区域。资源分配模型可用来计算中心地的等时区、等交通距离区、等费用距离区等。可用来进行城镇中心、商业中心或港口等地的吸引范围分析,以用来寻找区域中最近的商业中心,进行各种区划和港口腹地的模拟等。

三、空间数据查询

在地理信息系统中,为进行深层次分析,往往需要查询定位空间对象,并用一些简单的量测值对地理分布或现象进行描述,实际上,空间分析首先始于空间数据查询和度量,它是空间分析的定量基础。空间数据查询属于空间数据库的范畴,一般定义为从空间数据库中找出所有满足属性约束条件和空间约束条件的地理对象。空间数据查询的过程大致可分为三类:①直接复原数据库中的数据及所含信息,来回答人们提出的一些比较"简单"的问题;②通过一些逻辑运算完成一定约束条件下的查询;③根据数据库中现有的数据模型,进行有机地组合,构造出复合模型,模拟现实世界的一些系统和现象的结构、功能,来回答一些"复杂"的问题,预测一些事务的发生、发展的动态趋势。空间数据查询的内容很多,可以查询空间对象的属性、空间位置、空间分布、几何特征以及和其他空间对象的空间关系。查询的结果可以通过多种方式显示给用户,如高亮度显示、属性列表和统计图标等。

空间数据查询的方式有属性查图形、图形查属性、空间关系查询。

(一)属性查图形

主要是用 SQL 来进行简单和复杂的条件查询。例如,在中国经济区划图上查找人均年收入大于 5000 元的城市,将符合条件的城市的属性与图形关联,然后在经济区划图上高亮度显示给用户。

(二)图形查属性

可以通过点、矩形、圆和多边形等图形来查询所选空间对象的属性。也可以查找空间对象的几何参数,如两点间的距离、线状地物的长度、面状地物的面积等。

(三)空间关系查询

包括拓扑关系查询和缓冲区查询。

1. 拓扑关系查询

具有网状结构特征的地理要素,例如,交通网和各种资源的空间分布等,存在结点、弧段和多边形之间的拓扑结构。空间数据的拓扑关系,对地理信息系统的数据处理和空间分析,都具有非常重要的意义。拓扑数据与几何数据相比具有很大的稳定性,有利于空间要素的查询,如重建地理实体等。

(1)邻接关系查询。邻接查询可以是点与点的邻接查询,线与线的邻接查询,或者是面与面的邻接查询。邻接关系查询还可以涉及与某个结点邻接的线状地物和面状地物信息的查询,例如,查找与公园邻接的闲置空地,或者与洪水泛滥区域相邻的居民区等。

（2）包含关系查询。包含关系查询可以查询某一面状地物所包含的某一类地物，或者查询包含某一地物的面状地物。被包含的地物可以是点状地物、线状地物或面状地物，例如某一区域内商业网点的分布等。

（3）关联关系查询。关联关系查询是空间不同元素之间拓扑关系的查询。可以查询与某点状地物相关联的线状地物的相关信息，也可以查询与线状地物相关联的面状地物的相关信息，例如，查询某一给定的排水网络所经过的土地的利用类型，先得到与排水网络相关联的土地图斑，然后可以利用图形查询得到各个土地图斑的属性。

2. 缓冲区查询

缓冲区是根据数据库中点、线、面地理实体，自动建立其周围一定宽度范围的多边形，来表征特定地理实体对邻域的影响范围。缓冲区查询不破坏原有空间目标的关系，只检索缓冲区范围内涉及的空间目标。根据用户给定点缓冲、线缓冲或面缓冲的距离，形成一个缓冲区的多边形，再根据多边形检索的原理，从该缓冲区内检索出所要的空间对象。

四、空间数据量算

空间信息的自动化量算是地理信息系统所具有的重要功能，也是进行空间分析的定量化基础。主要量算包括质心量算、几何量算和形状量算。

描述地理目标空间分布的最有用的单一量算量是目标的质心位置。地理目标的质心是目标的半径位置。质心的量算可以跟踪某些地理分布的变化，例如人口的变迁、土地类型的变化，也可以简化某些复杂目标，在某些情况下可以方便地导出某些预测模型。几何量算对点、线、面、体四类目标物而言，其含义是不同的：①点状目标为坐标；②线状目标为长度、曲率、方向；③面状目标为面积、周长等；④体状目标为表面积、体积等。

五、空间数据内插

空间数据往往是根据自己要求所获取的采样观测值，如土地类型、地面高程等。这些点的分布往往是不规则的，在用户感兴趣或模型复杂区域可能采样点多，反之则少。因此而导致所形成的多边形的内部变化不可能表达得更精确、更具体，而只能达到一般的平均水平或"象征水平"。但用户在某些时候却欲获知未观测点的某种感兴趣特征的更精确值，这就促使空间内插技术的诞生。一般来讲，在已存在观测点的区域范围之内估计未观测点的特征值的过程称内插；在已存在观测点的区域范围之外估计未观测点的特征值的过程称推估。

现实空间可以分为具有渐变特征的连续空间和具有跳跃特征的离散空间。如土地类型分布属离散空间,而地形表面分布则是连续空间。对于离散空间,假定任何重要变化发生在边界上,其边界内的变化则是均匀的、向质的,即在各个方面都是相同的。对于这种空间的最佳内插方法是邻近元法,即以最邻近图元的特征值表征未知图元的特征值。这种方法在边界会产生一定的误差,但在处理大面积多边形时则十分方便。但是,对于连续空间表面,上述处理方法则不合适。连续表面的内插技术必须采用连续的空间渐变模型实现这些连续变化,可用一种平滑的数学表面加以描述。这类技术可分为整体拟合和局部拟合技术两大类。整体拟合技术即拟合模型是由研究区域内所有采样点上的全部特征观测值建立的。通常采用的技术是整体趋势面拟合。这种内插技术的特点是不能提供内插区域的局部特性,因此,该模型一般用于模拟大范围内的变化。而局部拟合技术则是仅仅用邻近的数据点来估计未知点的值,因此可以提供局部区域的内插值,而不致受局部范围外其他点的影响。这类技术包括双线性多项式内插、移动拟合法、最小二乘配置法等。

六、空间数据分类

空间信息分类方法是地理信息系统功能组成的重要组成部分。与地图相比较,地图上所载负的数据是经过专门分类和处理的,而地理信息系统存储的数据则具有原始数据的性质,这样用户就可以根据不同的使用目的对数据进行任意提取和分析。对于数据分析来说,随着采用的分类方法和内插方法的不同,得到的结果会有很大的差异,因此,在大多数情况下,首先是将大量未经分类的数据输入地理信息系统的数据库,然后根据用户建立的具体分类算法来获得所需要的信息。常用的数学方法有:主成分分析法、层次分析法(AHP)、系统聚类分析、判别分析、种子增长算法等。

(一)主成分分析法

地理问题往往涉及大量相互关联的自然和社会要素,众多的要素常常给分析带来很大困难,同时也增加了运算的复杂性。主成分分析法通过数理统计分析,将众多要素的信息压缩表达为若干具有代表性的合成变量,这就克服了变量选择时的冗余和相关,然后选择信息最丰富的少数因子进行各种聚类分析。

(二)层次分析法(AHP)

在分析涉及大量相互关联、相互制约的复杂因素时,各因素对问题的分析有着不同程度的重要性,决定它们对目标的重要性的序列对问题的分析十分重要。AHP方法把相互关联的要素按隶属关系划分为若干层次,请有经验的专家们对各层次各因素的相对重要性给出定量指标,利用数学方法,综合众人意见给出各层次各要素的相对重要性权值,作为综合分析的基础。

(三)系统聚类分析法

系统聚类分析法是根据多种地学要素对地理实体划分类别的方法。对不同的要素划分类别往往反映不同目标的等级序列,如土地分等定级、水土流失强度分级等。系统聚类根据实体间的相似程度,逐步合并为若干类别,其相似程度由距离或相似系数定义,主要有绝对值距离、欧氏距离、切比雪夫距离、马氏距离等。

(四)判别分析法

判别分析与聚类分析同属分类问题。所不同的是,判别分析法是根据理论与实践预先确定出等级序列的因子标准,再将分析的地理实体安排到序列的合理位置上。对于诸如水土流失评价、土地适宜性评价等有一定理论根据的分类系统的定级问题比较适用。常规的判别分析主要有距离判别法和 Bayes 最小风险判别法等。

(五)种子增长算法

种子增长算法所使用的对象一般为栅格数据。其基本思想是模糊判断理论,依据一定的判断法则,获得原始格网矩阵栅格间的相似度矩阵,然后在区域格网内选取种子格网,由种子格网向附近格网根据相似度阈值进行蔓延,直到相似度超过阈值为止。结果形成以种子为中心的子区域。再根据子区域间的相似程度进行聚合分析,从而达到区域分类的目的。

七、空间统计分析

(一)常规统计分析

常规统计分析主要完成对数据集合的均值、总和、方差、频数、峰度系数等参数的统计分析。

(二)空间自相关分析

空间自相关分析是认识空间分布特征、选择适宜的空间尺度来完成空间分析的最常用的方法。目前普遍使用空间自相关系——Moran's I 指数。

(三)回归分析

回归分析用于分析两组或多组变量之间的相关关系。常见回归分析方程有线性回归、指数回归、对数回归、多元回归等。

(四)趋势分析

通过数学模型模拟地理特征的空间分布与时间过程,把地理要素时空分布的实测数据点之间的不足部分内插或预测出来。

(五)专家打分模型

专家打分模型将相关的影响因素按其相对重要性排队,给出各因素所占的权重值;对每一要素内部进行进一步分析,按其内部的分类进行排队,按各类对结果的影响给分,从而得到该要素内各类别对结果的影响量,最后系统进行复合,得出排序结果,以表示对结果影响的优劣程度,作为决策的依据。

八、数字高程模型及其分析

(一)数字高程模型

数字高程模型(digital elevation model,DEM)是通过有限的地形高程数据实现对地形曲面的数字化模拟(即地形表面形态的数字化表示),它是对二维地理空间上具有连续变化特征地理现象的模型化表达和过程模拟。由于高程数据常常采用绝对高程(即从大地水准面起算的高度),DEM常常称为DTM(digital terrain model)。DEM是在二维空间上对三维地形表面的描述。构建DEM的整体思路是:在一维平面上进行格网划分、形成覆盖整个区域的格网空间结构,然后利用分布在格网点周围的地形采样点内插计算格网点的高程值,最后按一定的格式输出,形成格网DEM。DEM建立过程中的关键环节是根据采样点的值内插计算格网点上的高程值。内插是指根据分布在内插点周围的已知参考点的高程值求出来已知点的高程值,它是DEM的核心问题。高程内插方法按数据分布规律分类,包括基于规则分布的内插方法、基于不规则分布的内插方法和适合于等高线数据的内插方法等;按内标点的分布范围,内插方法分为整体内插、局部内插和逐点内插;按内插函数与参考点的关系,可分为曲面通过所有采样点的纯二维插值方法和曲面不通过参考点的曲面拟合插值方法;按内插曲面的数学性质,分为多项式内插、样条内插、有限元内插、最小二乘配置内插等内插函数;按对地形曲面理解的角度,分为克里金内插、多层曲面叠加内插、加权平均值内插、分形内插、傅里叶级数内插等。以下简要介绍整体内插法、局部内插法和逐点内插法。

整体内插是指在整个区域用一个数学函数来表达地形曲面。整体内插函数通常是高次多项式,要求地形采样点的个数大于或等于多项式的系数数目。整体内插法具有整个区域上函数的唯一性、能得到全局光滑连续的DEM、充分反映宏观地形特征等优点。但由于整体内插函数往往是高次多项式,它也有保凸性较差、不容易得到稳定的数值解、多项式系数的物理意义不明显、解算速度慢且对计算机容量要求较高、不能提供内插区域的局部地形特征等缺点。在DEM内插中,一般是与局部内插方法配合使用,例如,在使用局部内插方法前,利用整体内插去掉不符合总体趋势的宏观地物特征。另外,也可用来进行地形采样数据中的粗差检测。

　　局部内插是将地形区域按一定的方法进行分块,对每一分块,根据其地形曲面特征单独进行曲面拟合和高程内插。一般按地形结构线或规则区域进行分块,分块的大小取决于地形的复杂程度、地形采样点的密度和分布。为保证相邻分块之间的曲面平滑连接,相邻分块之间要有一定宽度的重叠,或者对内插曲面补充一定的连续件条件。这种方法简化了地形的曲面形态,使得每一分块可用不同的曲面表达,同时得到光滑连续的空间曲面。不同的分块单元可以使用不同的内插函数。常用的内插函数有线性内插、双线性内插、多项式内插、样条函数、多层曲面叠加法等。

　　逐点内插是以内循点为中心,确定一个邻域范围,用落在邻域范围内的采样点计算内插点的高程值。逐点内插本质上是局部内插,但与局部分块内插不同的是,局部内插中的分块范围一经确定,在整个内插过程中其大小、形状和位置是不变的,凡是落在该块中的内插点,都用该块中的内插函数进行计算,而逐点内插法的邻域范围大小、形状、位置乃至采样点个数随内插点的位置而变动,一套数据只用来进行一个内插点的计算。逐点内插方法计算简单,内插效率较高,应用比较灵活,是目前较为常用的一类 DEM 内插方法。

(二)数字地形分析

　　数字地形分析(digital terrain analysis,DTA),是指在数字高程模型上进行地形属性计算和特征提取的数字信息处理技术。DTA 技术是各种与地形因素相关空间模拟技术的基础。地形属性根据地形要素的关系特征和计算特征,可以归纳为地形曲面参数(parameters)、地形形态特征(features)、地形统计特征(statistics)和复合地形属性(compound attributes)。地形曲面参数具有明确的数学表达式和物理定义,并可在 DEM 上直接量算,如坡度、坡向、曲率等。地形形态特征是地表形态和特征的定性表达,可以在 DEM 上直接提取,其特点是定义明确,但边界条件有一定的模糊性,难以用数学表达式表达,例如,在实际的流域单元的划分中,往往难以确定流域的边界。地形统计特征是指该地表区域的统计学上的特征。复合地形属性是在地形曲面参数和地形形态特征的基础上,利用应用学科(如:水文学、地貌学和土壤学)的应用模型而建立的环境变量,通常以指数形式表达。数字地形分析的主要内容有两个方面:一是在复杂的现实世界地理过程中各影响因子和简单、高效、精确、易于理解的抽象与计算机实现中找到平衡。简单地说,就是提取描述地形属性和特征的因子,并利用各种相关技术分析解释地貌形态、划分地貌形态等。二是 DTM 的可视化分析。数字地形分析中可视化分析的重点在于地形特征的可视化表达和信息增强,以帮助传达地形曲面参数、地表形态特征和复合地形属性的信息。

第五节　地理信息可视化

一、地图

　　地图是空间实体的符号化模型,它是地理信息系统产品的主要表现形式。根据地理实体的空间形态,常用的地图种类有点位符号图、线状符号图、面状符号图、等值线图、三维立体图、晕渲图等。点位符号图在点状实体或面状实体的中心以制图符号表示实体质量特征;线状符号图采用线状符号表示线状实体的特征;面状符号图在面状区域内用填充模式表示区域的类别及数量差异;等值线图将曲面上等值的点以线段连接起来表示曲面的形态;三维立体图采用透视变换产生透视投影使读者对地物产生深度感并表示三维曲面的起伏;晕渲图以地物对光线的反射产生的明暗使读者对三维表面产生起伏感,从而达到表示立体形态的目的。

二、地理信息可视化

　　地理信息可视化是以地理信息科学、计算机科学、地图学、认知科学、信息传输学与地理信息系统为基础,并通过计算机技术、数字技术、多媒体技术,动态、直观、形象地表现、解释、传输地理空间信息并揭示其规律。

(一)可视化的一般原则

　1. 符号运用

　　空间对象以其位置和属性为特征。当用图形图像表达空间对象时,一般用符号位置来表示该要素的空间位置,用该符号与视觉变量组合来显示该要素的属性数据。例如,道路在地图上一般用线状符号表达,线宽来区分不同的道路级别,粗实线表示高等级公路,而细实线表示低等级公路。

　　地图符号系统中的视觉变量包括形状、大小、纹理、图案、色相、色值和彩度。形状表征了图上要素类别。大小和纹理(符号斑纹的间距)表征了图上数据之间的数量差异。例如,一幅地图可用大小不同的圆圈表代表不同规模等级的城市。色相、色值、彩度以及图案则更适合于表征标称(nominal)或定性(qualitative)数据,例如,在同一幅地图上可用不同的面状图案代表不同的土地利用类型。

　2. 颜色运用

　　色彩的配置方案主要是通过色相、色值(亮度)和彩度(饱和度)的综合运用来表达不同制图对象的属性信息。

3.注记运用

标注的基本要求是清晰、可读、协调和符合习惯。

4.图面配置

图面配置是指对图面内容的安排。在一幅完整的地图上,图面内容包括图廓、图名、图例、比例尺、指北针、制图时间、坐标系统、主图、副图、符号、注记、颜色和背景等。一般情况下,图面配置应该主题突出、图面均衡、层次清晰、易于阅读,以求美观和逻辑的协调统一而又不失人性化。

(二)可视化表现形式

1.等值线显示

等值线又称等量线,表示在相当范围内连续分布而且数量逐渐变化的现象的数量特征。用连接各等值点的平滑曲线来表示制图对象的数量差异。等高线是表示地面起伏形态的一种等值线。它是把地面上高程相等的各相邻点所连成的闭合曲线垂直投影在平面上的图形。一组等高线可以显示地面的高低起伏形态和实际高度。根据等高线的疏密和图形,可以判断地形特征和斜坡坡度。

2.分层设色显示

分层设色法是在等高线的基础上根据地图的用途、比例尺和区域特征,将等高线划分一些层级,并在每一层级的面积内绘上不同颜色,以色相、色调的差异表示地势高低的方法。这种方法加强了高程分布的直观印象,更容易判读地势状况,特别是有了色彩的正确配合,使地图具有一定的立体感。

3.地形晕渲显示

晕渲法也称为阴影法,是用深浅不同的色调表示地形起伏形态。按光源的位置分直照晕渲、斜照晕渲和综合光照晕渲;按色调分墨渲和彩色晕渲。晕渲法的基本思想是:一切物体只有在光的作用户才能产生阴影,才显现得更清楚,才有立体感。由于光源位置不同,照射到物体上所产生的阴影也不同,其立体效果也就不同。晕渲法通常假定把光源固定在两个方向上:一为西北方向俯角45°;二为正上方与地面垂直。前者称为斜照晕渲,后者称为直照晕渲。当山脉走向恰与光源照射方向一致时,或在其他不利显示山形立体效果时,则适当地调整光源位置,这种称为综合光照晕渲。

4.剖面显示

剖面是指地面沿某一方向的垂直截面(或断面),它包含地形剖面图和地质剖面图等。地形剖面图是为了直观地表示地面上沿某一方向地势的起伏和坡度的陡缓,以等高线地形图为基础转绘而成的。

5.专题地图显示

专题地图是在地理底图上,按照地图主题的要求,突出、完善地表示与主题相关的一种或几种要素,使地图内容专题化、形式各异、用途专门化的地图。

专题地图具有下列三个特点。

(1)专题地图只将一种或几种与主题相关联的要素特别完备而详细地显示,而其他要素的显示则较为概略,甚至不予显示。

(2)专题地图的内容广泛,主题多样,在自然界与人类社会中,除了在地表上能见到的和能进行测量的自然现象或人文现象外,还有一些往往不能见到的或不能直接测量的自然现象或人文现象,所有这些均可以作为专题地图的内容。

(3)专题地图不仅可以表示现象的现状及其分布,而且能表示现象的动态变化和发展规律。

6. 立体透视显示

GIS 的立体透视显示可以实现多种地形的三维表达,常用的包括立体等高线图、线框透视图、立体透视图以及各种地形模型与图像数据叠加而形成的地形景观等。

第二篇

宁波大学人文地理野外综合实习案例

第五章　土地规划与调查

第一节　土地利用现状调查

一、土地利用现状调查的目的

土地利用现状调查就是以县或乡镇为单位，以图斑为基本单元，全面清查各种土地利用类型的面积分布、土地权属状况和利用现状。土地利用现状调查可分为基础调查和变更调查。

土地利用现状更新调查指在土地利用现状调查成果的基础上，依据土地利用现状调查的有关技术规程和规定，参考土地利用现状调查和土地变更调查的图件、数据等有关资料，并借助于正射影像、地形图等现实性较强的数据图件资料，启用最新的国家勘界成果，采用新的土地分类体系，按照不小于土地利用现状调查的比例尺，对调查区的土地利用现状进行一次全新的实地调查，查清土地利用现状、村级以上土地权属和各级行政界线，在此基础上建设或更新土地利用数据库，是对土地详查和土地变更调查成果进行全面更新的调查。

其主要目的有：

1.查清用地类型的数量、质量、分布状况，为国家和地区的农业区划、土地利用规划、土地保护与开发提供基础数据；

2.查清各类土地权属状况，为土地登记、土地统计、土地分等定级和建立土地档案服务；

3.了解当前土地利用的经验教训及存在的问题，为国家和区域制定土地资源管理对策提供依据。

二、土地利用现状调查的内容

(一)区域土地资源概况的调查

1.地理位置及行政区划。包括区域形成的历史沿革及行政区划变化情况。

2.自然条件。包括气候、地貌、土壤、植被、水文地质等自然概况。

3.社会经济条件。包括辖区内乡(镇)村集体经济组织,国有农场,林、牧、渔场,工矿交通等用地单位的分布,各类用地及所占比例,人口劳力、户数、人均耕地、各业生产水平、人均收入水平等社会经济概况。

(二)土地利用现状调查

1.查清土地的权属、界线及其土地总面积。

2.按土地利用分类查清各权属单位和行政单位的土地类型、数量、分布及其面积(本调查的重点),故又称土地资源数量调查。

(三)土地资源自然属性调查

1.气候:气温(年和月平均气温,最低月平均气温、积温)、降水(多年平均降水里、全年各月或旬降水量、降水季节、降水强度)。

2.地形地貌:地貌类型、海拔、坡度、坡向。

3.水资源:地表水、地下水、水利设施、水旱灾害状况。

4.植被:自然植被、人工植被。

5.土壤:土壤质地、理化性质、土壤侵蚀,障碍因素。

(四)土地资源社会经济属性调查

1.社会经济条件:交通状况及区位、人口和劳动力、基础设施、公共设施(如:能源、供水、供电、电信等)。

2.土地生产力和收益:农用地生产力(农林牧渔用地结构、作物布局、垦殖率、单位面积产量或产值,总产值或总收入、产投比)、城市土地收益(区位面积、营业额、利润、税金)。

三、调查的程序

土地利用现状调查工作是一项庞杂的系统工程,为确保成果资料符合技术规程的要求,必须遵照相关技术规程,按照土地利用现状调查工作的特点和规律,有条不紊地开展工作,其工作程序见图 5-1。

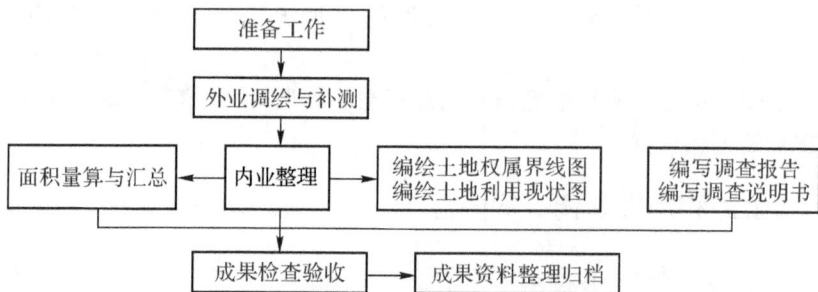

图 5-1　土地利用现状调查工作程序

（一）准备工作

准备工作是任何一项工作的前奏，充分的准备工作，是工作圆满完成的保证。根据我们实习的要求，准备工作包括：组织准备、仪器设备准备、资料准备、经费准备、其他生活用品准备等。

1.组织准备

实习是专业教学必需的理论联系实际的实践教学环节，它将课堂的知识应用在实践中，加深学生对专业知识的理解和掌握。为了达到预期的目的，根据实习的内容和土地调查的特点，特做如下安排：

（1）老师安排。每班配 2～3 位专业老师或研究生和已经做过这项工作的同志，具体负责学生野外调查的技术要求、进度安排、质量把关以及学生思想、生活等一切事宜。

（2）学生安排。为了能尽快掌握调查的技术方法，使每个同学充分发挥自己的主动性，将每个班分成若干个小组，具体安排是：每三至四人一个小组，学习成绩，工作能力，身体状况是分组时必须要考虑的问题。即将以上各种因素综合考虑，相互搭配、尽量使每个组的情况基本相同。

（3）总负责。每批实习学生要有一个专业知识、工作能力、责任心都较强的专业老师担任实习班长，负责整个实习的具体安排和要求。

（4）技术培训。在正式开展调查实习之前，要进行技术培训，以使全体实习师生熟悉技术规程、外业调查工作底图、遥感解译变更图、遥感影像图或航片判读，明确调查方法，掌握操作要领，提高调查实习的技术精度。

2.仪器设备准备

调查前要准备好调查必备的仪器、工具和设备。包括配备必要的测绘仪器、转绘仪器、面积量算仪器、绘图工具、计算工具、聚酯薄膜等；印制各种调查手簿、表格；准备必要的生活、交通和劳动用品等。

3.资料准备

包括收集、整理、分析各种图件资料、权属证明文件以及社会经济统计资料。权属证明文件的收集包括征用土地文件、清理违法占地的处理文件、用地单位的权源证明等。

为了便于划分土地类型和分析土地利用状况，应向各有关部门收集专业调查资料，如行政区划图、地貌、地质、土壤、水资源、森林资源、气象、交通、人口、劳力、耕地、产量、产值、收益、分配等方面的统计资料和土地利用经验、教训等。

土地利用现状调查，从准备工作到外业调绘、内业转绘，都是为了获得真实反映土地利用现状的工作底图，即基础测绘图件。常见的基础测绘图件有以下几种类型：

（1）航片：应收集最新的航片及其相关信息，如航摄日期、航片比例尺、航高、航摄倾角、航摄仪焦距等数据资料。利用最新航片进行外业调绘,其优点是能充分利用航片信息量丰富且现势性强的特点,技术较易掌握,外业基本不需仪器,所需调查经费较少,又能保证精度。

(2)地形图:需购置两套近期地形图,一套用于外业调查,另一套留室内用于编制工作底图。如果地形图成图时间长,地物地貌会发生变化,必须进行外业补测工作。

(3)影像平面图:影像平面图是以航片平面图为基础,在图面上配合以必要的符号、划线和注记的一种新型地图。它既具有航片信息丰富的优点,又可使图廓大小与图幅理论值基本保持一致。直接利用它可进行外业调查、补测,从而减少大量转绘工作。

(4)其他图件:如彩红外片和大像幅多光谱航片,其特点是信息量丰富、分辨率高,大量室外判读可转到室内进行,既可减少外业工作量,又能保证精度。

(二)遥感影像的室内预判

室内预判阶段,参照土地详查资料,通过遥感影像解译的方法,分析提取土地利用地类界及地类属性、行政和权属界线及线状地物等要素,按规定进行矢量化和属性输入,为开展外业调绘制作土地利用更新调查外业底图和外业调查记录表。

目前影像解译有两种方式,即目视判读和计算机解译。目视判读操作简单、灵活,判读精度高,但判读效率低且判读结果人为差异显著,判读的准确度较大程度上取决于判读人员的专业知识水平和判读经验。计算机解译以计算机系统为基础,运用人工智能和模式识别技术,大大地提高了判读的效率,但是由于高分辨率遥感影像上"同物异谱,异物同谱"现象严重以及阴影等因素的影响,计算机解译的结果还不能满足土地利用更新调查的需求。目视判读和人机交互解译的最大优点是灵活,并由于加入了解译者的思维和判断,信息提取精度相对较高。考虑到土地利用调查精度要求较高,土地利用调查采用的人机交互、目视判读的方式进行室内预判。

为减少外业调绘工作量,应先邀请熟悉当地情况的人一起进行室内预判。在山区、丘陵地区,一般对照地形图,在立体镜下进行预判。在预判的基础上,制定外业调绘路线。一般结合土地权属界线调查,外圈走"花瓣"形路线,土地所有权宗地内地类界线的调绘取"S"形路线。

(三)外业调绘

1.确定调查路线

在读片之后,可按照地貌—植被—土壤—土地利用现状类型的解译顺序,划分调查区的"地理景观-土地利用类型"大区和亚区,选择野外调查路线。此路线要求穿越所有的"地理景观-土地利用类型"大区和亚区。其路线长度不得小于调查区长、宽尺寸最大幅度的 2 倍。如该区域自然条件复杂,景观分区较多,其路线调查长度还要增加,并根据地貌的复杂程度增加若干路线,以保证调查路线的代表性。

2.野外调绘

(1)土地权属界的调绘

①工作底图上的权属界线类型。工作底图上的权属界线包括行政区划界线和土地权属界线。土地权属界包括村,农、林、牧、渔场界,居民地外的厂矿、机关、部队、学校等企事业单位的土地所有权界和使用权界。

②权属调查范围的规定。本次调查只对发生变化的权属界线进行变更调查,不涉及对初始详查双方签署了土地权属界线协议书后又反悔的所谓土地争议。

③权属调查的方法。发生变化的权属界线依据《地籍调查规程》进行变更调查,更新权属协议书。调查人员应会同调查区的相邻双方法人代表同时到现场指界。若双方同指一界,为无争议界线,并标绘在 1∶10000 分幅工作图上。若双方所指界线不同,则两界之间的土地为争议。对争议的权属界线应将各方自认的界线同时在图上标清。在指界过程中,如果法人代表不能亲自出席的,应委托代理人指界,并出具授权委托书和身份证明。

境界线、权属界线的表示类型及其意义:

直线型——不依附线状地物,表示以境界线、权属界线为地类界;

单侧型(上下及左右)——依附线状地物,表示该线状地物归另一侧单位所有;

跳绘型(线状地物两侧)——依附线状地物,表示以线状地物中心线为界,两单位各占一半。

④土地权属界线协议书的填写。在外业调绘中,对于界址明确,界线分明,没有争议的,要按规定格式填写"土地权属协议书"。

(2)地类调绘

①按照《全国土地分类》进行调查。

②地类界线是用实线划出来的,各地类线按图例标出它的符号。

③当地类界与线状地物或境界线重合时,地类界线可省略不绘。

④如果地类界线变化了(有的有红线,有的没有),一定要以实地的界线在图上表示出来。

⑤上图的最小图斑面积:耕地、园地为大于 6mm^2;林地、草地为大于 15mm^2;居民点为大于 4mm^2。

⑥各地类要以调绘时的实际地类面为主。

（3）线状地物调绘

①线状地物的概念。

a. 线状地物包括：河流、铁路、林带，固定的沟、渠、路等。

b. 我国北方宽度大于等于 2m 且小于 50m 的路和宽度小于 40m 的河渠、林带，要进行调绘，并到实地丈量宽度，丈量读数精确到 0.1m。

c. 宽度变化较大的线状地物，要分段丈量。

d. 对于较大的河流，不用到外业调绘，可以直接从图上量取出来。

②线状地物的丈量要求。用钢尺或皮尺对所有的线状地物，一个图斑一个图斑地选择有代表性的位置进行宽度丈量。

a. 对于河渠的量法：它要包括河（渠）堤的两侧宽度小于 2m 的护河（渠）林带，见图 5-2。

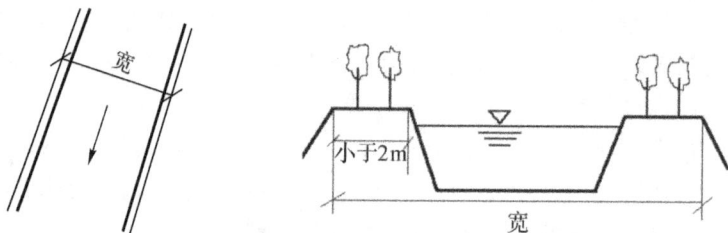

图 5-2　河深调绘

b. 道路要包括两侧的道沟、宽度小于 2m 的护路林，见图 5-3。

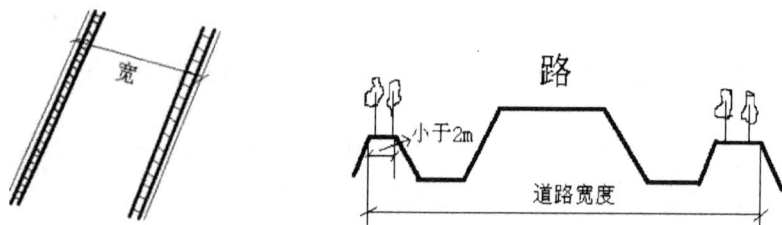

图 5-3　道路调绘

c. 大于 2m 的护路（河、渠）林要单独调绘，并移位 1.5mm 表示，见图 5-4。

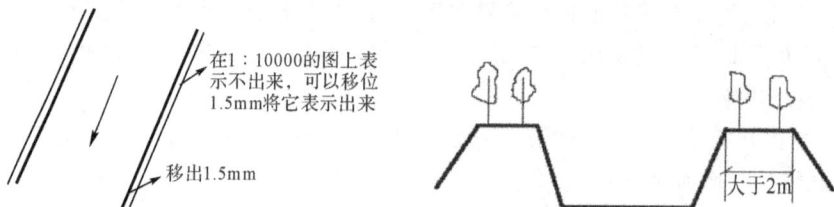

图 5-4　护路（河、深）林调绘

d.线状地物宽度丈量时,读数读到分米,记录三位有效数字,如果宽度是整米数的,如:16m,那么记录时后面要加"0",即 16.0m。

e.线状地物的宽度要随图斑进行标注,见图5-5。

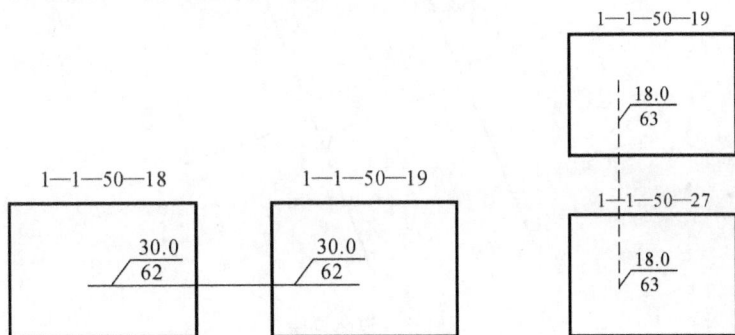

图 5-5　线状地物宽度的标准

f.铁路、公路通过城镇、居民点时不能间断,见图5-6。

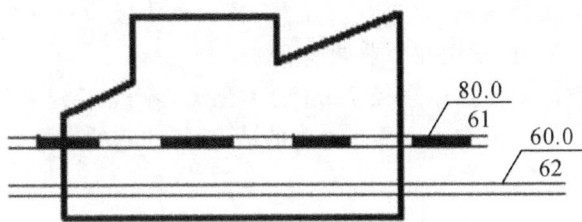

图 5-6　铁路、公路调绘

g.农村道路调绘不进村,见图5-7。

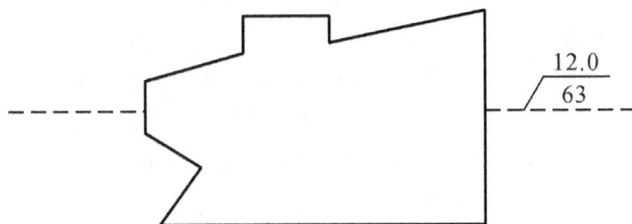

图 5-7　农村道路调绘

h.道路与双线河流、沟渠相交时,道路要断开,以桥梁符号表示,见图5-8。

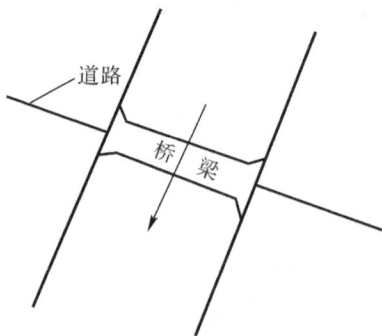

图5-8　道路调绘

(4)零星地类的调绘

小于最小上图面积的图斑叫零星地类。

①具体要求是:在1:10000的图幅上,耕地、园地面积小于$6.0mm^2$;林地、草地小于$15mm^2$;居民点面积小于$4.0mm^2$;其他地类面积小于$1.0mm^2$。

②零星地类丈量与图示:用皮尺丈量,精确到小数位后一位,单位用m表示,将地类的长、宽、面积记在外业调查手簿上。

将零星地类的中心点用直径2mm的黑色实心圆点标绘在调查底上,位置要正确。如果一幅图内有多个零星地类的话,要标注它的序号。见图5-9。

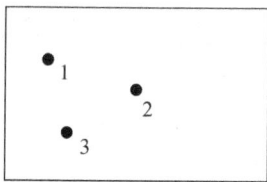

图5-9　零星地物标准

(5)飞地的调绘

"飞地",指属相邻行政区划并脱离其辖区范围而孤独"飞入"本方辖区内的土地。飞地的调绘属于境界调绘的重要内容之一。一是调绘每块飞地的周边权属界线,用界线符号准确标绘其走向和各个拐点的位置;二是注明每块飞地的权属单位,如果是同一个乡的两个村之间的,只注"××村";不同乡的两个村之间的,注"××乡××村";不同县的两个村则注"××县××乡××村"……其余类推;三是调绘每块飞地中的各种地类图斑和线状地物。本县"飞出"邻县(区)的飞地由对方在外业中调绘,并进行量算统计。

对于小块飞地,注不下名称者,于航片调绘面积线外注记权属单位名称和权属关系,并在野外手簿中记载清楚;对于面积不够上图标准的飞地,和零星地类一样作打点登记处理,并在野外手簿中注明其地类、面积、利用现状,所在位置以及权属关系,同时要绘制大比例尺草图,附于"权属界线认可书"中。

(6)补测

补测是指新增加的地物,要将它的长、宽表示出来,并以邻近的显地物为标准点,将它定在图上,并填入调查手簿,标出它的面积。

(7)填写外业手簿

①外业调查内容应记入调查手簿,并辅以必要的附图。

a.图斑所在图幅号填写 1∶10000 土地利用图号,图斑跨图幅时填写全部图号。

b.土地坐落填写在××区(县)××镇××村;页次应连续编号填写。

c.地类代码和地类名称按照土地利用类型据实调查填写。

d.临时图斑号(序号)为外业调查使用的图、表临时标记。

e.正式图斑号(序号)是外业结束后,以村为单位从左到右从上到下依次排序编排代码;临时与正式图斑号可以相同页也可以不同页。

f.土地所有权按国有、乡镇集体、村集体三种形式,根据调查结果,分别填写"G"、"X"、"J"。

g.土地使用权单位填写土地所有者、使用者名称,如××村;国有单位名称字数较多,字格内可填简称,全名可以写在备注栏内。

h.线状地物、地类名称根据调查结果填写,宽度记录到小数点后一位;土地使用权单位填写在土地所有者、使用者名称,权属归两个单位的要把两个单位的名称全填上;图斑依附有多条线状地物的要依次列出,同类现状地物,还应编写顺序号。

i.零星地类的地类代码和地类名称、长、宽及面积根据调查结果填写,其权属性质一般与图斑权属相同。

j.补测栏专门填写新增图斑几何数据和图形。

k.飞地单位栏填写该图斑的所有权者单位名称。

l.附图栏用于绘制图斑示意图(如图 5-10),要反映出其形状、相邻地物、权属特征,相邻图斑号,属于补测的还应标注图斑的边长;

m.备注栏用于图、表内容未尽事宜的详细说明。

②记载小于最小调绘图斑的地类实际面积。

③记载线状地物实测数据及归属说明。

④记载土地利用状况。

上述内容记载必须字体正规、字迹清晰,不准涂改、就字改字、擦刮和重抄。记载格式如表 5-1。

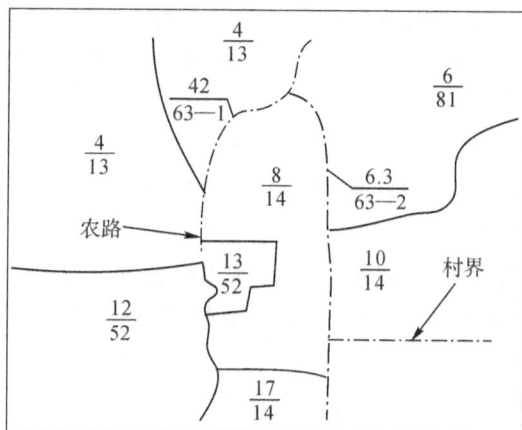

图 5-10　附图栏示意图

表 5-1　土地利用现状外业调查记载表

地类编号	地类名称	地类符号	权属	临时图斑号	土地利用状况	线状地物				零星地类				备　注
						名称	实宽（米）	长度（米）	面积（亩）	名称	符号	权属	面积（亩）	
														1.线状地物的宽度变化大时应分段实地丈量;其长度在地形图或影像平面图上量取。 2.零星地类记载小于地形图上最小图斑面积的各种地类。 3.土地利用现状各地可根据实际需要填写。如作物种植状况、耕作制度、灌溉方式、植被、地貌等。

(四)内业整理

内业整饰是调查成果质量的保证,它包括外业调查表格的整饰,外业调查底图的整饰,编绘土地利用现状图、权属界限图和面积量算等内容。(可参照"地籍管理"内业工作阶段的内容。)

1.外业调查表格的检查与整饰

外业调查表格是我们在野外进行实地调查的原始资料,对表内的地类名称、图斑号、土地权属性质、土地使用单位以及本宗地号和周围的图斑号等都要一一进行对照检查,有不清或疑问的要到实地进行核实。确定无疑才可进行下一图斑的检查核对工作。

2.外业底图的整饰

主要是根据外业调查的实际情况将各地类的准确代码、地类界线、线状地物的长、宽等进行核实和确认。

3.编绘土地利用现状膜图

将聚酯薄膜蒙在检查、清绘好的土地利用现状图底图上进行透绘。图上必须的内容有:行政区域界线,地类界线,地类代码,图斑的编号等内容。

4.清绘权属界线图

将聚酯薄膜蒙在土地利用现状图上透绘出行政区的界线图,图上有各行政区域的界限(按规程规定的标准)、地理名称和界址点等内容。

5.利用外业调查结果进行矢量数据的修正

利用外业调查的成果,对前期计算机预处理的矢量数据进行地类界线、线状地物、属性等的修正。最终,数据结果都以实地调查为准。

6.绘制土地利用现状成果图

在进行矢量数据修改之后,参照具体的要求规定,在 ArcGIS 中分别对地类图斑和线状地物赋予正确的颜色、符号,在图上标注地类号、图斑号、线状地物的宽度等,并加公里网格、经纬度等。利用 Photoshop 软件进行图件的后期处理,包括图幅名、比例尺等。

土地利用成果图绘制结束后,按 1∶10000 的比例尺输出。土地利用现状图主要表现各种地类分布状况,对其他内容进行适当综合。图中应包括境界线、地类界及符号、现状地物等。等高线的表示,丘陵山区用同比例尺地形图上的计曲线,平原区适当注记高程点。此外还应有图廓线、图名、比例尺、指北针等内容。

四、土地利用现状调查报告的编写

土地利用现状调查报告是现状调查的真实文字记录,是极重要的成果资料之一,要求对整个调查工作进行系统的工作总结和技术性的总结探讨。编写的报告不仅对全面、系统、科学地管理土地具有重要意义,而且对编制国民经济计划、充实和发展土地科学、培养土地科学人才都有重要影响。

(一)编写要求

乡级要编写土地利用现状调查说明书,县级要编写调查报告。县级调查报告应着重归纳土地利用现状调查成果,分析土地利用的特点,并从宏观上提出开发、利用、整治、保护土地的意见。调查报告的内容应充实,文句要通顺,尽量做到文、表、图并用。

(二)乡级调查说明书的内容

主要叙述全乡概况、各类土地面积及分布状况、利用特征及问题、土地权属问题等。文后附调查人员名单及在调查中承担的任务。

(三)县级土地利用现状调查报告的内容

(1)自然与社会经济概况。包括调查区的地理位置及行政区划,本县行政区域形成的历史沿革及行政区划变化情况。进行外业调绘时,还包括本县所辖区、乡(镇)、场、村的自然条件与社会经济条件等。

(2)调查工作情况。包括调查工作的组织领导、调查队伍的组建与培训,工作计划与方法,执行规程的情况,技术资料的收集与应用,经费的筹集与使用,调查工作经验与存在问题等。

(3)调查成果及质量分析。主要包括各项调查成果名称并简介其内容,对土地利用调查及土地权属调查结果的分析,如各类土地的比重与分布,地界的调绘与补测等,对各项调查成果质量的评价,即精度分析,存在的问题及产生的原因等。

(4)土地合理开发利用、整治保护的途径及建议。包括土地利用结构、利用程度、利用水平,土地利用中存在的问题,合理开发、利用、整治、保护土地的途径及建议。

第二节　土地利用现状分析

一、实习目的

土地利用现状分析是土地利用规划的基础和起点,是制定土地利用方针和编制土地利用规划的重要依据,是理论联系实际、提高学生观察和分析能力的重要手段。通过实习,学生应熟悉土地利用分析的基本内容和方法。

二、实习内容及实习要求

熟悉模拟规划设计对象的基本情况,对规划对象现状进行分析,要求掌握土地利用现状分析的内容和方法。具体要求如下。

(一)影响土地利用的自然与社会经济条件分析

通过对气候、地貌、土壤、水文、植被、矿藏、景观、灾害等自然条件,自然资源和人口、城镇化、经济发展水平、产业结构、主要农产品产量与商品化程度、基础设施建设等社会经济条件进行分析、比较,明确规划区土地利用的有利条件和不利因素。

(二)土地资源数量、质量及动态变化分析

根据土地详查、变更调查、土壤监测和人口、土地、农业、城乡建设统计年

报,分析、比较全县各类土地的面积、人均占有量和质量,以及主要用地近十年的变化情况,研究引起土地数量、质量变化的原因,评价土地数量、质量变化对经济、社会、环境的影响。

(三)土地利用结构与布局分析

结合土地资源条件,分析各类土地比例关系及各类土地在规划范围内的分布是否合理,总结土地利用的特点和规律。

(四)土地利用程度与效益分析

计算土地开发利用率、各类用地实际利用率、集约利用水平和土地产出率,并与平均先进水平或在现有技术经济条件下可以实现的最大利用率、生产率相比较,评价土地利用程度和效益的高低。

(五)土地利用现状分析结果

最后归纳土地利用分析中反映出来的土地利用特点和各种土地利用问题,分析规划期间可能出现的各种影响因素,分清轻重缓急,提出规划所要重点解决的土地利用问题。

(六)规划目标的确定

根据上一级土地利用总体规划的要求,或上级下达的规划区的土地利用控制指标;本区国民经济与社会发展五年计划和十年计划;土地利用现状、利用潜力及各部门对土地的需求,规划需要解决的土地利用问题等,提出为了保障经济、社会的持续、协调、健康发展,规划期土地利用所要达到的目标。这里主要包括:耕地及其他主要农用地保有量;非农业建设用地控制规模及占用耕地控制量;土地开发、复垦与整理规模;土地利用布局要求;提高土地利用率和产出率的主要目标等。

三、实习资料及仪器设备准备

收集实习县域或乡(镇)域的基础材料、规划底图,包括气候、地貌、土壤、水文、植被、矿藏、景观、灾害等土地自然条件、人口,城镇化、经济发展水平、产业结构、主要农产品产量等社会经济条件及工作底图等。

第三节　土地利用总体规划编制

一、实习目的

土地利用总体规划编制的实习目的是使学生掌握土地利用总体规划报告

书编制的基本内容和框架,以及熟悉土地利用总体规划图件的制作。

二、实习内容及实习要求

(一)规划范围

土地规划的范围为某乡镇行政管辖区内的全部土地。

(二)规划期限

乡镇级土地规划的期限应与国民经济和社会发展长期规划期限相适应,一般为 15~20 年。同时应当展望长远的土地利用,展望期为 20~30 年。在规划期限内,应当作出近期土地利用安排,期限一般为 5 年。

(三)编制原则

编制乡镇级规划应贯彻"十分珍惜和合理利用每寸土地,切实保护耕地"的基本国策,体现用途管制的要求,并遵循下列原则。

1.依法编制

乡镇级土地规划的编制应遵循《中华人民共和国土地管理法》及相关法律、法规的规定。

2.统筹兼顾

乡镇级规划要统筹兼顾耕地保护、社会经济发展和生态环境建设用地需求,为社会经济的可持续发展提供全面的土地利用保障。

3.因地制宜

乡镇级土地规划编制应正确判断地方社会经济发展所处的发展阶段,从本地实际出发,量力而行,制订切合实际的土地利用规划目标、规划方案、实施措施,突出解决规划期内本县土地利用的主要问题。

(四)规划方法

1.规划目标

乡镇级土地规划在规划目标、主要规划指标、重要土地用途分区等方面应当符合上级规划的要求。总体目标根据乡(镇、街道)新的发展形势,在新政策的指导下,落实县级规划对乡(镇、街道)的功能定位,规划的经济社会发展目标。

2.控制指标

(1)落实上级规划下达的各项指标,包括约束性指标和预期性指标。

约束性指标包括:耕地保有量、基本农田保护面积和城乡建设用地规模。

预期性指标包括:示范区基本农田保护面积、标准农田保护面积、补充耕地面积、建设用地总规模、新增建设用地规模、新增建设占用耕地面积、新增建设占用耕地系数、人均城镇工矿用地、人均农居点用地、万元二三产业增加值用量、城市分批次土地供应率和存量土地供应占比,其中规划实施期内的城市分批次土地供应率和存量土地利用占比不得低于规划制订的下限目标。

(2)根据实际需要规划新增建设用地预留指标与基本农田保护区中预留建设占用耕地的数量。预留指标使用条文表述须符合国家和省的相关文件规定。新增建设用地预留指标原则上不得超过规划期新增建设用地总量的5%,基本农田保护区中预留建设占用耕地的数量需与新增建设用地预留指标相协调。

3.土地利用结构调整

根据新的控制指标与规划布局,在统筹协调各业各类用地的基础上,拟订土地利用结构调整方案。

4.耕地和基本农田保护规划

(1)将上级规划下达的耕地保有量、基本农田保护任务、示范区基本农田保护任务、标准农田保护任务分解落实到村和地块,补充耕地任务分解落实到村。乡(镇、街道)落实的耕地保有量、基本农田保护面积、示范区基本农田保护面积不得低于上级规划下达的任务。

(2)根据已落实的基本农田保护地块,整合划定基本农田保护红线。

永久基本农田划定要求:

——结合乡镇土地资源禀赋,细化落实上级规划的永久基本农田红线范围。

——粮食生产功能区、现代农业园区、标准农田、高标准基本农田范围内优质耕地原则上划入红线范围。

——经过土地开发复垦整理的集中连片、稳产优质耕地可划入红线范围。

——永久基本农田红线的划定原则上以耕地集中连片区外围为边界,不打破集中连片耕地区域。

(3)结合国家、省有关划定要求,按照县级规划制定的划定标准,划定永久基本农田示范区,并落实到地块。

(4)根据耕地后备资源潜力调查,确定农用地整理、建设用地整理、宜耕后备资源开发与土地复垦补充耕地重点项目,将新增优质耕地优先划为基本农田整备区地块。

(5)按照基本农田划定要求,优化基本农田布局。

(6)对比分析规划前后基本农田的面积、布局和质量变化。

5.生态用地保护规划

(1)落实县级规划确定的重点生态保护用地、生态整治重点项目到具体地块。

(2)根据乡(镇、街道)的生态保护要求,明确乡(镇、街道)生态保护用地和生态整治重点项目的名称、类型、位置与规模，划定保护区域范围并落实到具体地块。

（3）根据县级规划制定的乡级生态保护红线划定标准和要求，衔接生态保护相关规划，划定生态保护红线。

生态红线划定要求：

——具有水源涵养、土壤保持、防风固沙、生物多样性保护和洪水调蓄功能。或者已划入省级以上水产种质资源保护区、海洋特别保护区和海洋公园等具有重要生态功能区域核心区应划入。

——水土流失敏感区、河湖滨岸敏感区和海岸带灾害敏感区、红壤丘陵区、海洋生物多样性敏感区、海平面上升影响区和风暴潮增水影响区等生态环境敏感脆弱区应划入。

——省级以上自然保护区、风景名胜区、森林公园、地质公园、世界文化自然遗产等禁止开发区应划入。

——生态红线的划定要衔接生态保护相关规划的保护范围。

（4）分析生态保护用地的类型、面积和范围。

6. 建设用地规划

（1）城镇建设用地

①落实县级规划对乡（镇、街道）的功能定位，与城乡规划充分衔接，规划乡（镇、街道）的发展目标和发展方向。

②落实上级下达的城镇建设用地规模、人均城镇工矿用地、万元二三产业增加值用地量、城市分批次土地供应率和存量土地供应占比等指标，规划城镇用地的规模与布局。

③明确城乡建设用地增减挂钩的面积与分布。

④根据"三线"（指生态红线、永久基本农田红线、城乡建设用地扩展边界）划定要求和县级建设用地扩展边界划定专题研究成果，规划城镇扩展边界和空间布局。

城乡建设用地扩展边界划定要求：

——城乡建设用地扩展边界在建设用地适宜性评价、新增建设用地需求分析以及与其他相关规划协调的基础上，根据各类建设用地规模控制指标，经多方案比较划定。

——现状与新增城镇村建设用地，在达到城乡建设用地管制分区最小面积要求后，原则上应划入。

——城乡建设用地扩展边界划定时应充分考虑耕地保护和生态用地，尽量避让永久基本农田、标准农田、地质灾害危险区、泄洪滞洪区和重要的生态保护区，尽量利用低丘缓坡、非耕地、荒地和滩涂等未利用地。

——城镇扩展边界在城镇建设用地集聚区发展片区外,以行政界线、路、河流、山体、绿化带等具有明显隔离作用的标志物为边界划定;村镇扩展边界依托现状与新增农村居民点用地划定,新增农村居民点用地主要安排在中心村,保留村原则上不再扩大。

——按照点轴发展规律,形成城镇集中紧凑发展,农村居民点集聚发展的土地利用格局。

⑤对比分析规划前后城镇建设用地规模、新增城镇建设用地规模、城镇扩展边界范围、城镇新增建设使用存量用地的比例。

(2)农村居民点用地

①根据县级规划确定的农村居民点等级结构,与城乡规划、农村土地综合整治规划等相关规划充分衔接,根据新农村建设要求,确定乡(镇、街道)农村居民点的空间结构。

②落实县级规划中农村居民点空间结构安排和人均农居点用地标准,充分衔接城乡规划,列表明确村改居型、中心村型、基层村型和撤并村型农居点的数量、规模与分布。

③用于保障农村居民点建设的新增建设用地面积不得低于上级下达指标,要确保解决农村无房户、危房户与困难户的住房问题。

④根据县级规划提出的村庄扩展边界划定标准和要求,划定村庄扩展边界。

⑤在实地调查的基础上,摸清自然村的名称、面积和分布,查清无房户、危房户、困难户的户数与人数,提出规划的保障方案;列表明确不符合上图要求的农村宅基地用地规模及分布,提出撤并或保留的规划引导。

⑥对比分析规划前后农村居民点用地规模、新增农村居民点用地规模、村庄扩展边界范围。

(3)基础设施用地

①落实县级规划确定的重点基础设施项目。

②确定乡(镇、街道)重点基础设施项目。

③对比分析规划前后基础设施项目名称与规模的变化情况。

7.其他用地规划

根据县级规划中的其他用地规划,结合乡(镇、街道)发展实际与土地利用特色,落实旅游用地规划、园地规划、林地规划、文物保护用地规划、防灾救灾用地规划等其他用地规划内容,规划各类用地规模与布局。

8.土地利用空间优化

(1)土地用途分区

①依据上级下达的控制指标和县级规划中划定的土地用途区,规划每个地块的规划用途,规划用途分类要求见表5-2。

表 5-2　土地利用总体规划用途分类表

一级类		二级类			备注
代码	名称	代码	编码	名称	
G11	基本农田	G111	A1-00×	示范区基本农田	
		G112	A2-00×	一般基本农田	
N11	一般农田	N111	B1-00×	一般农田	
		N112	B2-00×	新增一般农田	
12	园地	X12		园地	
		G12		新增园地	
13	林地	X13		林地	
		G13		新增林地	
14	牧草地	X14		牧草地	
		G14		新增牧草地	
15	其他农用地	X151		设施农用地	
		X152		农村道路	
		X153		坑塘水面	
		X154		农田水利用地	
		X155		田坎	
		G151		新增设施农用地	
		G152		新增农村道路	
		G153		新增坑塘水面	
		G154		新增农田水利用地	
		G155		新增田坎	
21	城乡建设用地	X211		城镇用地	
		X212		农村居民点用地	
		X213		采矿用地	
		X214		其他独立建设用地	
		G211	D1-00×	新增城镇用地	
		G212	D2-00×	新增农村居民点用地	
		G213	D3-00×	新增采矿用地	
		G214	D4-00×	新增其他独立建设用地	

续表

一级类		二级类			备注
代码	名称	代码	编码	名称	
22	交通水利用地	X221		铁路用地	
		X222		公路用地	
		X223		民用机场用地	
		X224		港口码头用地	
		X225		管道运输用地	
		X226		水库水面	
		X227		水工建筑用地	
		G221	D5-00×	新增铁路用地	
		G222	D6-00×	新增公路用地	
		G223	D7-00×	新增民用机场用地	
		G224	D8-00×	新增港口码头用地	
		G225	D9-00×	新增管道运输用地	
		G226	D10-00×	新增水库水面	
		G227	D11-00×	新增水工建筑用地	
23	其他建设用地	X231		风景名胜设施用地	
		X232		特殊用地	
		X233		盐田	
		G231	D12-00×	新增风景名胜设施用地	
		G232	D13-00×	新增特殊用地	
		G233	D14-00×	新增盐田	
31	水域	X311		河流水面	
		X312		湖泊水面	
		X313		滩涂	
		G311		新增河流水面	
		G312		新增湖泊水面	
		G313		新增滩涂	
32	自然保留地	X32		自然保留地	

②根据乡(镇、街道)规划用途和县级规划制定的乡级土地用途区与"三线"划定标准与要求,规划划定土地用途区。土地用途区划定方法详见国土资源部《乡(镇)土地利用总体规划编制规程》(TD/T 1025—2010)。

③在国土资源部《乡(镇)土地利用总体规划编制规程》中土地用途区的基础上,细分土地用途二级区。土地用途区类型见表5-3。

表 5-3   土地用途区类型表

一级区	二级区
基本农田保护区	
	永久基本农田示范区
一般农地区	
	园地区
林业用地区	
	生态林区
	自然保护区核心区
	列入省级以上保护名录的野生动植物自然栖息地
生态环境安全控制区	水源保护区核心区
	主要河湖蓄滞洪区
	地质灾害高危险地区
	地质公园
自然与文化遗产保护区	森林公园
	自然与文化遗产保护核心区
风景旅游用地区	
	风景旅游用地核心区
城镇建设用地区	
	保留城镇建设用地区
村镇建设用地区	
	保留村镇建设用地区
独立工矿区	
	保留独立工矿区

④根据国家、省有关规定,结合县级规划制定的土地用途区管制规则与乡

(镇、街道)发展实际,制定规划后的土地用途区的管制规则。

⑤对比分析规划前后土地用途区的面积和范围。

(2)建设用地空间管制分区

①根据县级规划制定的建设用地空间管制区划定标准与要求,合理规划规模边界、扩展边界、禁建边界"三界"与允许建设区、有条件建设区、限制建设区、禁止建设区"四区",建设用地空间管制区划定要求与技术路线如下。

允许建设区划定要求:

——按照县级规划制定的划定标准与要求,划定乡(镇、街道)允许建设区。

——在乡(镇、街道)规划用途基础上,将建设用地扩展边界范围内的现状保留建设用地划入允许建设区,编制规划的同时将规划调整基期年后已批农转用地块划入允许建设区。规划实施过程中按照有利发展、保护资源、保护环境的要求,在建设用地扩展边界范围内依据年度计划指标下达量动态落实允许建设区。

有条件建设区划定要求:

——按照县级规划制定划定标准与要求,划定乡(镇、街道)有条件建设区。

——在划定允许建设区后,将建设用地扩展边界范围内剩余用地划为有条件建设区。

——有条件建设区内扣除林地、河流水面、湖泊水面等不宜建设土地后,剩余部分面积不得超过新增城乡建设用地规模预测量(需扣除规划编制时划入允许建设区的已批农转用地块面积)。

禁止建设区划定要求:

——按照县级规划制定的划定标准与要求,划定乡(镇、街道)禁止建设区。

——在"三线"与用途区划定的基础上,将生态保护红线、永久基本农田示范区范围内用地与重要生态保护用地划入禁止建设区。

建设用地空间管制区划定技术路线如图 5-11 所示。

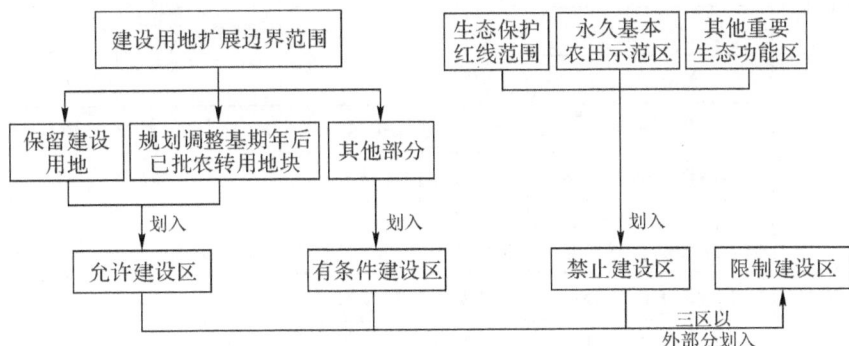

图 5-11　建设用地空间管制区划定技术路线

②"四区"根据具体管控内容细分二级区,二级区类型详见表 5-4。

表 5-4　建设用地空间管制区类型

建设用地空间管制区	建设用地空间管制二级区
允许建设区	
有条件建设区	
限制建设区	
禁止建设区	自然保护区核心区
	森林公园
	地质公园
	列入省级以上保护名录的野生动植物自然栖息地
	水源保护区核心区
	主要河湖蓄滞洪区
	地质灾害高危险地区
	永久基本农田示范区
	其他保护区

③根据国家、省有关规定,结合县级规划制定的建设用地空间管制区管制规则与乡(镇、街道)发展实际,制定规划后的建设用地空间管制区的管制规则。

④"三线"、土地用途区与建设用地空间管制区的对应关系详见表 5-5。

表 5-5　"三线"、土地用途区与建设用地空间管制区对应

土地用途区		建设用地空间管制区		"三线"范围
一级区	二级区	管制二级区	管制区	
基本农田保护区		限制建设区		基本农田保护红线
	永久基本农田示范区	永久基本农田示范区	禁止建设区	
一般农地区			限制建设区	—
	园地区			
林业用地区				
	生态林区	其他保护区		
生态环境安全控制区	自然保护区核心区	自然保护区核心区	禁止建设区	生态保护红线
	列入省级以上保护名录的野生动植物自然栖息地	列入省级以上保护名录的野生动植物自然栖息地		
	水源保护区核心区	水源保护区核心区		
	主要河湖蓄滞洪区	主要河湖蓄滞洪区		
	地质灾害高危险地区	地质灾害高危险地区		

续表

土地用途区		建设用地空间管制区		"三线"范围
一级区	二级区	管制二级区	管制	
自然与文化遗产保护区			限制建设区	—
	地质公园	地质公园	禁止建设区	生态保护红线
	森林公园	森林公园		
	自然与文化遗产保护核心区	其他保护区		
风景旅游用地区			限制建设区	—
	风景旅游用地核心区	其他保护区	禁止建设区	生态保护红线
城镇建设用地区			有条件建设区	建设用地扩展边界
			允许建设区	
	保留城镇建设用地			
村镇建设用地区			有条件建设区	
			允许建设区	
	保留村镇建设用地			
独立工矿区			有条件建设区	
			允许建设区	
	保留独立工矿区			

⑤对比分析规划前后建设用地空间管制区的面积和范围。

(五)总体规划文本编制要求

编制土地利用总体规划文本,应包括以下方面内容:

(1)规划总则(规划指导思想、依据、原则、期限、范围等)。

(2)规划目标与控制指标[包括乡(镇、街道)发展总体目标和土地利用控制指标等]。

(3)土地利用结构调整。

(4)主要用地布局与规划(包括生态保护用地规划、耕地和基本农田保护规划、城镇用地规划、农村居民点用地规划、基础设施用地规划等,"三线"划定内容在各用地规划中体现)。

(5)主要专项规划(包括节约集约用地规划、土地整治规划等专项规划的规划内容)。

(6)土地利用空间优化(包括划分土地用途区、建设用地空间管制区、制定管制规则的内容）。

（7）规划实施与管理措施。

（8）附则。

（六）规划图绘制要求

（1）规划图应以现状图为工作底图进行编制，保留土地利用现状要素。图件包括规划基期年现状图、土地利用总体规划图、土地用途分区图、建设用地空间管制区图、建设用地空间管制区图、基本农田保护规划图、土地整治规划图和重点建设项目规划图。

（2）图件应标明以下内容：

①土地用途分区范围界线；

②建设用地区近期建设用地范围界线；

③重点建设项目用地位置和范围；

④土地整理、复垦、开发项目（区）范围等。

三、实习资料及设备准备

收集某乡（镇）规划底图、土地利用总体规划前期专题研究成果、乡镇级土地利用规划编制规程、Arcgis 或 Mapgis 等绘图软件等。

第四节　土地开发整理项目规划设计

一、实习目的

土地开发整理项目规划设计实习目的是使学生掌握土地开发整理项目规划设计基本原理和方法。

二、实习内容及实习要求

实地踏勘土地开发整理项目规划设计区域，分析土地平整工程、田间道路工程、灌溉渠道和排水规划与布局，并在室内绘制土地开发整理项目规划设计图，编写规划设计说明书。

（一）土地平整工程

土地平整工程内容包括以平田整地为重点的耕作田块修筑工程和以保持或提高地力为目标的地力保持工程。

1.耕作田块布置

（1）根据项目区地形、地貌和土地利用现状，因地制宜地确定耕作田块类型。平原地区宜修建条田,山地丘陵地区宜修建梯田(地)。

(2)耕作田块布局必须与灌溉水源、排水承泄区、沟渠、道路、农田林网、村庄的布局相协调。

(3)耕作田块应考虑当前和长远的需要,还应满足规模经营的要求,有利于促进土地规模化、集约化经营,尽可能作出具有弹性的规划,以减少将来重新调整规划所需的成本。

(4)耕作田块建设应尽量保持行政乡(镇)、村、村民小组农田原有土地所有权的完整性,减少不必要的土地权属争议;同时还应尽量满足稳定农村土地家庭联产承包责任制的要求,方便土地经营管理和作业。

(5)耕作田块设计要确定田块方向、田块长度、田块宽度、田面高程和田块高差。田块设计应有利于作物的生长发育,有利于田间机械作业,尽量减少机械作业中所产生的漏耕与重耕,有利于水土保持,满足项目区防洪排涝、田间灌溉排水要求和防风要求,便于经营管理。田块的形状要力求规整,长边与短边交角宜为直角或接近直角。

(6)耕作田块高程要依沟渠的走势从高到低变化,相邻田块之间的高差应满足沟渠的水位衔接要求。

(7)耕作田块土壤的质量,主要取决于土壤结构、土壤质地、土壤理化性质等。土地平整要保持土壤剖面完整土层厚度不低于 60cm,以利作物生长。

2.耕作层地力保持工程

土地平整应尽量避免或减少对表土层的破坏,要视情况采取一定的措施以保证有效土层厚度,改善表土结构,提高新增耕地质量。地力保持和改善的工程措施一般包括表土处理、表土回填、土地翻耕等。土地平整后形成的耕地耕作层应满足以下标准:

(1)土地整理过程中,应尽量保留原生态系统,耕作层土壤回填率应达或超过 90%,确保农业综合生产能力。

(2)开发复垦项目,新增耕地必须保证一定厚度的有效土层,耕作层中的碎石必须清除完毕。在设计和施工过程中,保证旱地土层厚度在 60cm 以上;水田有 20cm以上的耕作层或熟土层,15cm 以上的犁底层。同时,要求熟土利用率达 100%。

(3)耕作层土壤质地较好,以砂壤至壤土为佳,基本无大的砾石,表土疏松,土壤通气性好,心土紧实,保墒保肥。

(4)耕作层或表土层土壤无污染,有机质含量不低于 15g/kg,pH 值在5.5～8.5 之间,含盐量不高于 3g/kg。

(二)田间道路工程

1.田间道路分级与功能

(1)田间道路按主要功能和使用特点,分为田间道和生产路,田间道又分为田间一级道路和田间二级道路。

(2)田间一级道路是项目区连接村庄、村庄连接乡村公路的主要通道,其功能是确保农业机械、农用物资和农产品运输通行。

(3)田间二级道路是项目区内连接田块、生产路与田间一级道的通道,其功能是衔接贯通。

(4)生产路直接面向田间生产,其功能是为田间作业服务。

2. 田间道路布置

(1)应根据地形地貌及生产方式,因地制宜进行布置,做到少占耕地,少拆农房、不损坏环境和重要建筑及文物。

(2)应方便农业生产与生活,有利于机械化耕作,改善项目区内的交通条件。

(3)各级道路应相互衔接,功能协调,形成路网。田间道宜沿斗渠一侧布置;生产路应根据田块布置情况,沿农渠一侧布置。

(三)灌溉渠道和排水规划与布局

土地开发整理项目的灌溉与排水工程指田间配套的水利工程,包括水源工程、输水工程、喷微灌工程、排水工程、渠系建筑物、泵站及输配电工程等,属于小型水利工程等级。渠道规划与布局是灌溉与排水工程重要组成部分。

1. 渠道布置

(1)渠道应布置在其控制范围内地势较高地带,尽量满足自流灌溉要求。根据地形条件,采用灌排相邻布置或相间布置。

(2)根据土地开发整理工程的建设规模,项目区内宜布置 2～3 级固定渠道。各级渠道宜相互垂直。

(3)渠线布置要经济合理,宜短而直,做到交叉建筑物少、占地少和土方量少。

(4)渠道工程要安全可靠,应尽量避免深挖、高填或穿越村庄。山丘区渠线应选择好的地质条件,避免通过风化破碎的岩层、节理发育破碎和透水性强的地带。

(5)灌排渠系协调布置,做到引有渠、排有沟,灌排分开,防止重灌轻排,以灌夺排。

2. 渠道长度与间距

(1)各级渠道的长度宜与相应级别排水沟的长度对应一致。丘陵盆地工程类型区末级固定渠道长度宜在 200～500m,平原、圩区平原区末级固定渠道长度宜在 200～600m。斗渠长度宜为 800～2000m。山地丘岗梯田(地)区因地制宜确定渠道长度。

(2)斗渠的间距应与农渠的长度相对应,宜为 200～600m;农渠间距应与农沟间距一致。

3. 排水工程布置

(1)排水沟的布置必须与渠道布置相协调。地形平坦的地区宜采用与灌排相间的双向排水形式;在倾斜平原地区宜采用灌排相邻的单向排水形式。

(2)根据土地开发整理工程的建设规模,项目区内宜布置2~3级固定排水明沟,各级排水明沟宜相互垂直布置,排水线路宜短而直。

(3)应根据地形条件,按照高水高排、低水低排、就近排泄、力争自流的原则选择排水线路。应选取在有利沟坡稳定的土质地带筑沟。

(4)排水沟宜在低洼积水线布设,并尽量利用天然河沟和原有排水沟。当地形坡度大于0.5°时,末级固定沟宜大体上沿地形等高线布设。

(5)排水沟出口应尽量采用自排方式。受承泄区或下一级排水沟水位顶托时,应设涵、闸相机抢排或设泵站提排。项目区内高差较大,部分地块具备自流条件时,应考虑分片排水。

(6)排水明沟可与其他形式的田间排水设施结合布置。梯田(地)排水沟宜结合坡面排洪沟、截水沟布置。

(7)平原水网地区,斗沟及其以上沟道可灌排兼用,但末级固定沟渠必须灌排分开。水旱间作地区,水田与旱田之间宜布置截渗排水沟。盐化平原区内,淡咸交界处要布置隔离沟,防止咸水倒渗。

(8)在水资源不足地区的农田排水工程,原则上应为排水再利用创造条件。

(9)有蓄排要求的圩垸区内,一般要求蓄涝水面率为排涝面积的5%~10%,调蓄水深1~2m,蓄涝水位应低于地面0.2~0.3m。

4. 排水沟间距与深度

排水沟的间距与深度应满足排涝、排渍和防盐的要求。间距取决于降雨条件(雨强、降雨历时等)、土壤的入渗能力及蓄水能力、田间径流的形成过程、作物的耐淹水深及耐淹时间等因素,其中的部分因素还相互作用、相互影响,因此,排水沟间距的准确确定往往需要通过实验或数值模拟等手段来完成。对于没有排渍要求的浅丘冲陇工程类型区、低山丘陵工程类型区、丘陵盆地工程类型区的丘陵区、山地丘岗工程类型区,排水农沟主要用于涝水排除,深度一般在0.8~1.2m,其他种植玉米、小麦、油菜的地区,排水农沟一般在1.2~1.4m;有防盐要求的盐化平原区、脱盐平原区和沿海滩涂,深度在1.5m左右,棉花种植区在1.8m左右。土壤含盐量较高,需要排盐、洗盐的地区,排水农沟深度可适当加深。

三、实习资料及设备准备

收集土地开发整理规划设计区域地形图、土地开发整理项目规划设计规范TD-T1012-2000以及CAD绘图软件。

四、规划设计案例——某农村宅基地复垦工程规划设计

(一)工程总体布置

根据项目区内自然和社会经济条件,确定项目区土地利用布局为:将现有的农村宅基地复垦为耕地。根据土地适宜性分析结果,项目区耕地主要用于种植经济作物,此外,为了方便农业生产与管理,有利于机械化耕作,项目区布置一定数量的田间道。田间道主要沿项目区原有道路进行布置,并与区外公路、连接居民点的现有道路等保持良好的衔接。为了防风固沙、保护沟堤、降低风害对农业生产的影响,改善农田生态系统,田间道两侧或一侧布置农田防护林。项目区开发土地总面积 0.7332hm²(约 11 亩),复垦后主要有两种土地利用类型:耕地 0.7332hm²,新增耕地 0.7332hm²(约 11 亩)(见表 5-6)。

表 5-6 某农村宅基地复垦工程复垦前后对照表

地　类	名　称		规模(hm²)		
			开发前	开发后	增减
农用地	耕地	灌溉水田	/	/	/
		旱地	/	0.7332	+0.7332
		小计	/	0.7332	+0.7332
	园地	茶园	/	/	/
		果园	/	/	/
		小计	/	/	/
	林地	有林地	/	/	/
		其他林地	/	/	/
		小计	/	/	/
	其他农用地	道路设施用地	/	/	/
		农田水利用地	/	/	/
		小计	/	/	/
建设用地	住宅用地	农村宅基地	0.7332	/	-0.7332
未利用地	未利用土地	其他利用地	/	/	/
合　计			0.7332	0.7332	0

(二)土地整治工程设计

1.耕作地块设计

设计人员深入项目区,进行勘查和项目区调研工作,并与项目区所在镇、村

以及相关部门等工作人员进行交谈,对项目区土地开发复垦规划的初步方案与地方进行了交流。通过项目区调查研究,依据《灌溉与排水工程设计规范》(GB 50288—99)、《土地开发复垦标准》、《宁波市鄞州区土地利用总体规划(2006—2020 年)》,结合有关土地开发复垦项目建设管理规定和当地社会经济发展状况实际情况,提出该项目规划建设标准。项目规划建设标准包括以下几个方面:

(1)耕作地块方向。尽量保证耕地地块长边受光照时间最长,受光热量最大,耕作地块方向尽量选用南—北向。

(2)耕作地块形状。项目区开发后的地块应有利于作物的生长发育、耕地水土保持,并满足排水要求。根据项目区各宅基地布置特点,规划格地多为长方形,格地之间以田坎为界,如有些地块一侧靠弯曲的河流,则其形状将依地形会有略微的改变,地块之间按标准农田建设标准以田埂划分。

(3)格田布置标准。结合项目区实际状况,耕作地块土地平整同一地块内平整,表层有 35cm 以上的耕作层或熟土层。耕作地块长度控制在 60～120m,耕作地块宽度为 20～40m。局部特殊地段的耕作地块宽度、长度根据实际地形可以做适当的调整。

(4)项目区格地平整后,必须保证耕作层 30cm 以上,土层总厚度 60cm 以上,对于耕作层,考虑到项目区宅基地表层土大部分不能利用,因此平整时,应先将表土剥离并弃渣外运集中堆放,从附近可取土的地点运进适合耕种的耕作土进行回填,保证耕作层厚度为 30cm。对于总土层厚度,应基本能满足土层总厚度要求,若施工时局部出现土层单薄甚至岩石裸露现象,则应调整地块高程以满足土层厚度。格地平整后,高程定为 2.23m。

2. 土地整治工程量

土块平整后,平均高程为 2.23m,土地平整工程量分为三部分,一是开挖土方量,二是回填土方量,三是耕作土层的开挖回填。对于耕作土层的工程量,因设计统一按 30cm 作为耕作土层厚度,因此耕作土层的工程量为各片平整面积乘以耕作层厚度。对于一般开挖及回填的工程量,由于各片地形地势的差别,甚至同一片中不同部位的地形均有差别,要精确计算一般土方的开挖回填量,计算量较大,原则上应以格地中心法对每一块格地按实际地面线及开挖线进行计算。对于宅基地,开挖须先剥离表面硬化层,并将不适合耕作的地基层全部开挖并进行弃渣外运。田坎工程量主要为田坎修筑,见图 5-12。

(三)排水沟设计

排水沟的作用是在暴雨时能及时宜泄排涝设计流量,能降低地下水位要求,满足防渍防碱等要求。排水沟设计主要是设计排水沟的断面形状、结构及空间位置。本次排水沟采灌排两用的形式,纵向断面根据地面坡降、汇水面积、设计流量等进行水力要素设计计算。

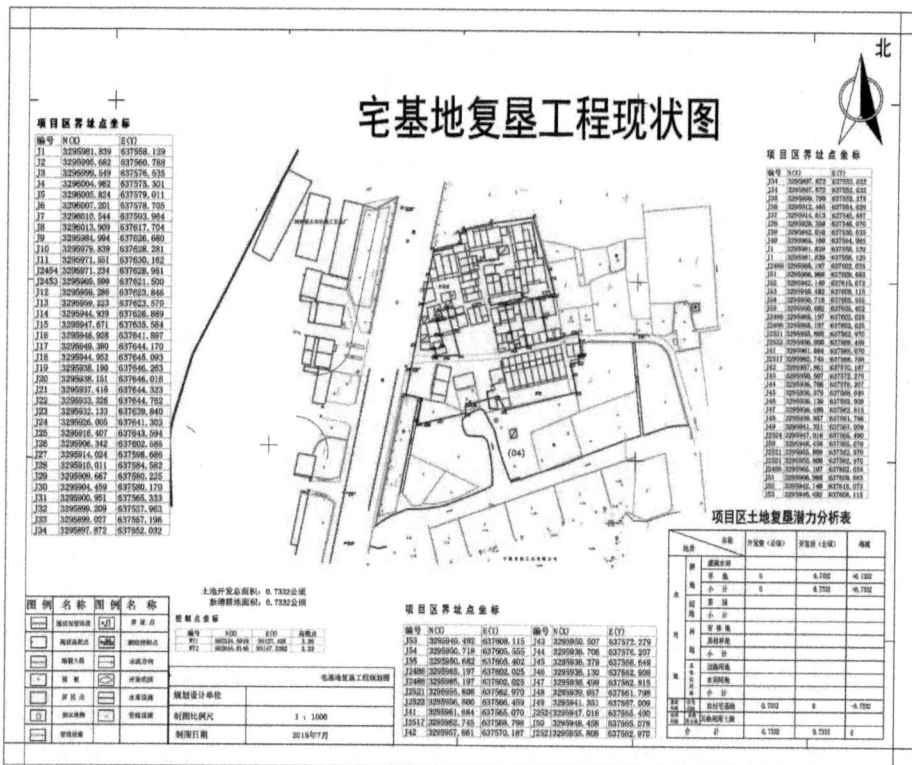

图 5-12　某宅基地复垦工程现状图

1.设计洪水

本次设计防洪标准:采用 10 年一遇的洪水设计,20 年一遇洪水校核;洪水由《浙江省短历时暴雨图集》(2003 版)直接查算。结果如表 5-7 所示。

表 5-7　设计暴雨量表

历时	不同频率降雨量(mm)	
	10%	5%
1h	75.29	90.41
6h	135.68	164.00
24h	228.02	280.80

根据《灌溉与排水工程设计规范》GB 50288—99,旱作区一般采用 1~3 天暴雨,从作物受淹起 1~3 天排至地面无积水。

2.设计径流量

计算公式:$R = p - E - I_0 - h$

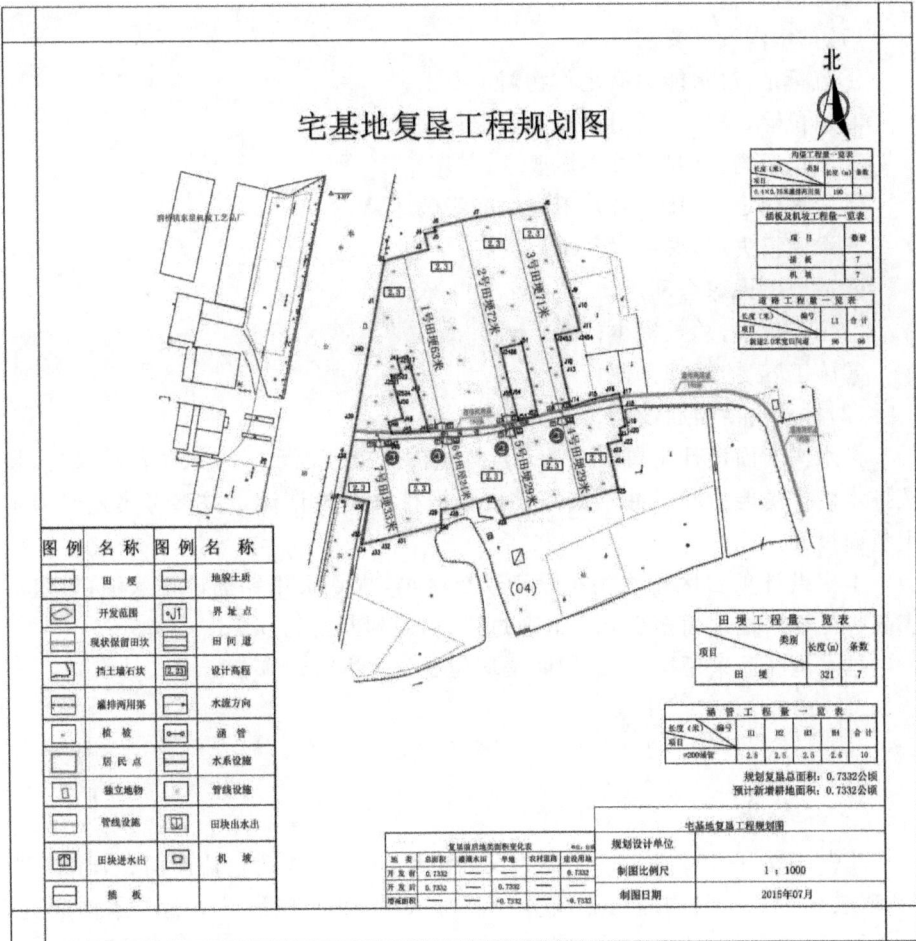

图 5-13　某宅基地复垦工程规划图

其中: p 为十年一遇设计暴雨量,采用 282.4mm; E 为历时一天的田间腾发量,采用 4.5mm; I_0 为初损水量,采用 20mm; h 为历时一天的田间渗漏量,采用 12mm。$q_设 = R/3.6Tt[\mathrm{m^3/(s \times km^2)}]$

其中: R 为设计径流深,mm; T 为排涝历时, $T = 1\mathrm{d}$; t 为每日排水时数, $t = 24\mathrm{h}$。

求得设计计算排涝模数为 $q_设 = 2.85\mathrm{m^3/(s \times km^2)}$

排涝流量计算式: $Q_排 = q_设 A$

其中: $Q_排$ 为排涝流量, $\mathrm{m^3/s}$; $q_设$ 为排涝模数, $[\mathrm{m^3/(s \times m^2)}]$; A 为排涝面积, $\mathrm{km^2}$。

3.排水沟断面设计

(1)排水沟设计要求

①流量足,过水能力满足作物需水要求;

②水位够,满足灌溉对水位的要求;

③流速适当,满足不冲不淤要求;

④边坡稳定,不塌、不滑、不发生冻胀破坏;

⑤渗漏损失小,渠系水利用系数高;

⑥适当考虑综合利用;

⑦工程量小,总投资少;

⑧施工容易,管理方便。

(2)排水沟横断面设计

排水沟断面设计主要任务是确定排水沟纵横断面尺寸和水位衔接条件,校核排水沟排涝能力和不冲不淤条件。根据排水沟设计流量并参考当地经验拟定断面尺寸。

本次设计项目区排水沟布设于项目区内,规划采用钢筋砼排水沟,排水沟底高程低于格地地面至少 0.7m;通过计算,规划断面为 0.4m×0.75m。

排水沟断面采用矩形,采用明渠均匀流公式进行计算:

$$v = \frac{Q}{A} = \frac{1}{n} R^{\frac{2}{3}} i^{\frac{1}{2}}$$

$$R = \frac{(b+mh)h}{b+2h\sqrt{1+m^2}}$$

其中:v 为平均流速,m/s;Q 为设计流量,m³/s;A 为过流断面积,m²;n 为糙率,取 0.025;i 为沟底比降,取 0.2679;R 为水力半径,m;b 为排水沟底宽,m;m 为边坡系数;h 为过流水深,m。

结合地块地形,选取一定的排水沟底坡 i、边坡系数 m 和糙率 n,用排涝设计流量设计排水沟断面(见表 5-8、图 5-14)。

表 5-8　排水沟断面特性表

排水沟流量 （m³/s）	断面尺寸($b \times h$) （cm）	结构形式
0~0.052	40×75	C25 钢筋混凝土

根据规划及当地实际情况,排水沟采用矩形断面,由上式计算得出本项目排水沟设计横断面有 0.4m×0.75m 一种尺寸,满足各地块排水要求(见图5-14)。

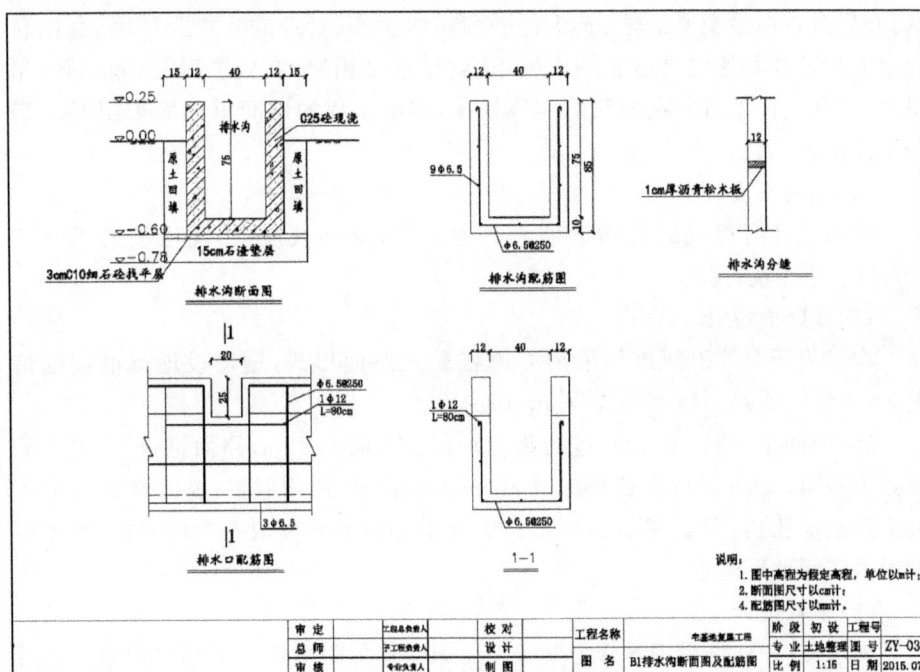

图 5-14　排水沟断面图

4.排水沟防冲刷

本次设计排水沟三边均为混凝土结构,根据《灌溉与排水工程设计规范》50288－99 规定,砼排水沟允许不冲流速范围小于 8m/s,根据明渠均匀流公式进行计算,流速均未超过此范围。

(四)道路工程设计

1.设计标准

田间道路工程建设标准。根据地形地貌、原有道路及当地生产方式,因地制宜进行布置,做到少占耕地、少拆农房、不损坏环境和重要建筑及文物,方便农业生产与生活,有利于机械化耕作,改善项目区内的交通条件。

本项目规划主要道路标准如下。

田间道:路面宽 2m(包括路肩),路面铺设 15cm C30 混凝土路面,5cm 碎石找平层及 20(10)cm 石渣路基。另外,在道路中段应考虑设置回车道,具体路基高度随沟渠堤顶高程确定。

2.路涵设计

田间道在本项目区开发建设中占有重要地位,对于方便农民耕作,提高项目建设内在质量和外在形象发挥着很大的作用。本工程设计的田间道,以项目区块分片设计,实行路、渠结合布置原则。田间道设置的目的是方便生产和生活,布置时以满足交通运输、农机行驶和田间生产、管理的要求为原则,并同村庄原有村道及其他村村道联结成网,达到条条路相通,农机进得去,兜得转,出得来,根据建设项目所在地区的实际情况,本次工程的田间道路面采用 C30 混凝土路面形式。

(1)纵断面设计

路面设计高程视原有地面实测高程而定,纵向坡度:田间道坡度不大于 10°,以利于车辆行驶。

(2)横断面设计

本工程所有的田间道均采用 C30 混凝土路面形式,据建设地点的实际情况,本次设计道路的断面形式为 3m 田间道。

3m 田间道:路面宽 3m(包括路肩),高出田面 0.40m,路面铺设 15cm C30 混凝土路面,5cm 厚碎石找平层及 20cm 石渣路基,路面起拱,横向坡度 1.5%,素土路基应压实,压实度不小于 0.93。路两侧设计干砌块石挡墙防护,挡墙高度根据实际地形确定。

(3)涵管设计

当水渠过路时,采用涵管方案布置。即涵管主要是在渠道穿越道路时设置的,本设计采用预制混凝土涵管,设计渠道选用直径为 D200。

第六章　城市化与城市发展调查

　　城市是一种特殊的地域,是地理的、经济的、社会的、文化的区域实体,是各种人文要素和自然要素的综合体,周干峙院士指出"城市及其区域是一个典型的开放复杂巨系统","城市发展可以充分说明复杂科学的发展,体现复杂科学的规律,以及认识复杂科学的规律,以及认识复杂科学对城市发展的意义",研究城市发展,是一门复杂科学。有许多学科以城市作为研究对象。比较成熟的学科有城市经济学、城市社会学、城市地理学、城市生态学、城市建筑工程学等,它们各从一个侧面研究城市的某种矛盾和运动过程。城市现象的复杂性,使这些研究领域互有重叠交错,保持紧密的联系。一系列以城市为研究对象的学科的组合即城市科学。据统计,城市科学包含30多个独立学科,既有自然科学学科也有社会科学学科(王国平,2013)。城市科学是人类建设城市、改造城市和管理城市的实践经验在理论与方法学层面上的系统总结,日前还没有形成独立的学科体系。

　　近年来,国外城市科学研究形成了一系列由学者们在研究过程中所达成共识的核心概念。英国学者哥特迪纳尔和巴德(M. Gottdiener & Leslie Budd)在《城市研究的核心概念》(*Key Concepts in Urban Studies*)一书中,将城市科学研究中涉及的核心概念进行了系统归纳,具体包括:全球城市、城市与社区、多中心大都会地区、环境意识、郊区与郊区化、空间蔓延、新城市主义、女性空间、绅士化、贫民窟和种族隔离、移民和迁徙、不平等与贫困、城市暴力与犯罪、邻里、住房、房地产、步行与机动车、城市的增长模型、可持续城市化、城市-郊区-大都会区规划、历史文化环境保护、城市化与城市主义等。

　　国内学者顾朝林等(2005)、任致远(2005)对国内城市科学的研究领域和主要内容等进行了详细论述,总体而言,城市科学研究从主题研究到分支专题,涉及城镇化、城市现代化、生态城市建设、宜居城市建设、历史文化保护、城市环境保护、城市经济发展、城市文化发展、城市群及其城镇体系发展、城市综合交通、城市社会研究、城市安全、城乡一体化、绿色建筑、城市形象,以及城市规划、建设、管理等,城市科学是一门综合科学,归纳起来,有两种学说,一种是包罗万象

（城市自然、社会、经济、政治、文化等各个方面）的广义城市科学；另一种是既与研究城市的各项学科有千丝万缕联系而又对独立、具有非常重要地位的新兴学科，它在于揭示城市的生命本质、城市发展客观规律及其外部表征，是关于城镇化发展、城市现代化建设、城市发展问题等的研究，是关于城市发展客观规律和内在联系的，属于当前城市科学学科的范畴（任致远，2005）。顾朝林等（2005）指出有关城市科学的研究由来已久，其研究重点始终是城市化的研究，因此我们主要关注当前城市科学学科的主要研究范畴：城市化与城市发展（问题）研究。

第一节　城市科学中城市化与城市发展的研究内容与方法体系

城市化（城镇化）是当今人类社会发生的最为显著的变化之一，也是人类发展的必然趋势。由于城市化内容的广泛性和过程的复杂性，不同学科对城市化认识的侧重点有所不同。但是城市化具有综合性特点，得到了较为普遍的认可，城市化进程与经济基础、产业结构、社会转型、资源环境等密切相关，正如弗雷德曼（J. Friedmann）所指出的"城市化是多维的包含社会空间的复杂过程"，城市化是陆地表层最重要的综合地理过程，人文和自然交互作用机理复杂。因此，城市化领域自然成为人文与经济地理学研究的核心领域之一。

一、城市化与城市发展领域的研究内容

（一）城市化领域的研究内容

随着经济全球化的不断加速，全球城市化与城市体系正发生着重要转型与重构，发达国家城市化基本进入了成熟阶段，城市化重点转移到了发展中国家，尤其是中国独特的城市化道路引起了广泛关注。弗雷德曼在 2006 年发表《中国城市化研究的四个论点》（*Four Theories in the Study of China's Urbanization*）强调中国城市化研究必须认识到中国是一个拥有古老城市文明的国度，但同时今天所见的城市化过程又是史无前例的，中国城市化过程具有二元性特征；其次，中国城市化是一个多维度的社会—空间发展过程，其至少包括历史、经济、社会、文化等七个方面；第三，中国城市化过程虽与全球化过程相互交织，但涉及城乡关系，应理解为一种内生过程，这一过程将引导特殊的中国式的现代化。近年来，国家关于城市化战略方针逐步实行了重大调整，提出要走中国特色新型城镇化道路、全面提高城镇化质量。结合中国新型城市化发展的现实需求，需要明确国内外城市化领域研究主要的内容和进展。

　　陈明星（2015）对国内外城市化研究的主要领域进行了总结，现阶段，国际上城市化研究领域主要集中在：(1)全球化、信息化背景下世界城市发展与全球城市体系空间重构；(2)城市化发展水平的评估体系与动态监测；(3)城市化发展的类型划分与国家（区域）模式选择；(4)城市化与资源环境交互影响以及典型城市群可持续发展等几个方面，与国外研究相比，中国城市化研究起步较晚，但由于中国城市化的独特性，不同于欧美国家的同步城市化，也不同于许多发展中国家的过度城市化，现实问题非常复杂，形成于特定的发展阶段和制度背景之下，承载着特定的历史文化传统，由此孕育出研究的丰富土壤。因此我国城市化领域研究发展很快，研究实用性导向明显，政策指引性较强。具体而言，国内城市化研究领域主要集中在：(1)中国特色城市化合理进程的科学认知与思辨；(2)城市化与经济增长的经典理论与实证研究；(3)城市化空间形态、格局与区域模式的研究；(4)城市化与资源环境承载力的关系研究；(5)城镇规模结构与城乡发展一体化的讨论；(6)城市化的其他问题，每个领域主要的研究内容见表6-1。

表 6-1　国内城市化研究的主要领域

研究领域	主要研究内容
中国特色城市化合理进程的科学认知与思辨	1.城市化速度是否合理；2.提出中国特色城市化的战略选择
城市化空间形态、格局与区域模式的研究	1.不同尺度上的城市化布局形态：城市群、空间差异及其变化趋势；2.不同区域的城市化模式
城市化与资源环境承载力的关系研究	1.快速城市化对资源环境的影响：城市化对资源环境的破坏、资源环境对城市发展的制约；2.城市化与资源环境相互作用的机理
城镇规模结构与城乡发展一体化的讨论	1.城市发展规模论；2.城乡一体化方面的讨论，研究内容主要包括公共服务以及基础设施均等化、人口市民化问题、社会问题、土地利用变化、城乡产业一体化等，城乡结合部、城中村等成为研究的重点
城市化的其他问题	1.城市化与行政区域调整；2.城市化率的统计口径和计算方法；3.中国城市化的政策演变，城市化过程中的政府作用；4.城市体系；5.城市规划；6.城市管理：户籍制度和土地管理制度等；7.城市空间重构，居民行为研究等；8.城市的国际化战略等
城市化与经济增长的经典理论与实证研究	1.城市化与经济发展水平之间的关系；2.城市化阶段划分

　　资料来源：参照陈明星（2015）整理而来。

(二)城市发展中的典型问题

　　从理论发展脉络看，城市问题最早起源于工业革命后期的英国，当时一些大城市的超常规发展已超出了城市资源环境的承载能力，加上政府的无作为，从而导致交通拥堵、环境污染、卫生状况恶化、经济衰退、政治腐败、社会骚乱、失业贫困、各种犯罪等情况,著名政治家托马斯·卡莱尔(华飞,2008)、英国经济史学家哈孟德夫妇用"迈达斯灾祸"来形容这段历史,也就是我们今天热切关注的"城市病"。美国学者乔尔·科特金将工业革命引发的城市环境恶化及一系列相关问题称之为"齿轮暴虐"。一些学者、机构就城市问题的范畴发表了不同观点:如日本社会学家矶村英一在《城市问题百科全书》中提出,城市问题是"有关个人、社会和集团的生活功能的失调情况"(闫彦明,2012)。社会科学文献出版社发布的《国际城市蓝皮书:国际城市发展报告(2012)》认为城市问题是城市发展过程中的必然现象,在城市化中期阶段尤其严重,其背后隐藏着城市规模膨胀、经济社会发展的深层次矛盾。城市问题的根源在于城市资源与社会需求在一定阶段产生巨大矛盾,致使城市承载力"过载"及城市各要素之间关系失调而表现出各种负面效应。归根结底,城市问题的出现就是快速膨胀的人口与城市资源环境不协调的问题(屠启宇,2012)。

在快速城镇化和社会经济制度转型的背景下,中国城市出现了各种各样的矛盾和问题,且城市问题日益突出,如:特大城市地区人口和产业过度集聚导致的大城市病、环境污染、水资源、能源和矿产资源枯竭,城市内部的社会极化与社区分异,等等。与西方国家相比,这些城市问题既有共性又具有许多的特殊性。在中国特定的资源禀赋、社会经济和政治制度背景下,许多问题的存在具有必然性。本节对中国城市中最突出、最迫切需要解决的问题进行了梳理(见表 6-2)。

表 6-2   当前一些城市典型问题

城市典型问题	具体内容
城市流动人口问题	社会公共服务的矛盾(子女教育、医疗保障等),社会隔离,流动人口犯罪问题,新食利阶层的出现
城市资源能源短缺问题	土地资源、水资源、能源和矿产资源消耗问题等
城市住房问题	城市住房的供需失衡,城市房价和过度投机,住房不平等
城市社会问题	老龄化、城市贫困、城市乡民、居住分化、社会关系、城市拆迁、城市犯罪等
城市交通问题	交通拥堵、交通与环境问题等
城市环境问题	城市人居环境问题,环境污染问题等
城市安全问题	自然灾害与公共安全问题、城市环境安全、交通安全、生产安全事故、社会安全事故等
城市文化问题	城市文化的衰落、城市记忆的消失(文化遗产保护问题)

资料来源:根据已有相关研究整理而来。

二、城市化与城市发展研究的方法体系

科学研究的方法包括量性研究（quantitative research）和质性研究（qualitative research），吴智慧（2012）对科学研究方法，包括思维科学方法、系统科学方法、数学方法、观察方法、实（试）验方法、调查研究方法、文献检索方法、经济学方法、优化与决策方法、预测与评价方法进行了较为详细的介绍。城市科学是个交叉学科，因此上述多种方法在城市科学研究中都有应用，一些学者认为城市学研究必须坚持以下两点。

（一）城市学研究需要运用复杂性科学和方法论

我国对城市研究缺乏整体性和系统性，缺乏多学科的合作，城市科学研究进展缓慢，难以适应快速城市化进程，城市科学缺乏基础理论支撑，出现了用城市规划理论取代城市化理论的倾向。"在中国，用城市规划理论取代城市化理论十分普遍且更为彻底，在有些人看来，城市化是规划出来的，甚至直接由区域空间规划、产业集聚规划设计出来的。"（张鸿雁，2012）

推进城市科学的发展对 21 世纪中国城市发展研究来说，系统科学是一种不可缺少的方法论工具。城市大发展，城市问题丛生，城市规划学的贫困，呼唤城市科学革命。科学革命是以一种新范式取代一个旧范式，今天科学的发展需要"大科学"（mega science），有人称之为"大科学时代"。钱学森指出城市学要研究的不光是一个城市，而是一个国家的城市体系，城市体系的研究要运用整体论的观点，城市学要研究整个国家的城市问题，整个国家的体系，有体系就有结构，这就是系统科学的观点，系统不能割裂开来研究，因为系统组成的部分相互都是有密切关系的。城市是一个由经济系统、社会系统、生态系统以及空间系统等子系统组成的"复杂巨系统"，在其发展过程中，面对错综复杂的自然与社会问题，需要借助复杂性科学的方法论，对新世纪城市科学的多项发展，城市研究需要融合多学科研究成果，寄托于多学科的交叉，从整体上予以探索和解决。（吴良镛，2004；王国平，2013）。

（二）坚持定性、定量相结合的城市研究方法

不仅城市是一个巨系统，城市内部的各个组成部分，如城市交通等也是巨系统，还没有一个学者能设计出一个数学模型解决城市的交通问题，城市是一个复杂的巨系统，其变量高达数百万级甚至数千万级，不确定的因素太多又变化无常，要对其进行定量研究极其困难，钱学森提出了一个处理这种"开放的复杂巨系统"的方法论，即从定性到定量的综合集成方法，他说："当人们寻求用定量方法处理复杂行为系统时，容易注重数学模型的逻辑处理，这样的数学模型看起来'理论性'很强，其实不免牵强附会，脱离实际。与其如此，倒不如从建模一开始就老老实实承认理论的不足，而求助于经验判断，让定性的方法与定量

的方法结合起来,最后定量。"比如杭州相关单位组织开展了针对杭州城市问题("城市病")的近2万人次的问卷调查,在调查数据的基础上,由统计学家和系统科学家进行分析,建立统计分析和数据研究模型,在模型体系的基础上,借助计算机仿真系统,对系统的动态特性和未来行为进行预测,从而在定量研究基础上探寻"城市病"的解决之道。对城市学研究方法的创新,也是一个巨大的挑战(王国平,2014)。

三、城市化与城市发展研究中存在的问题

学者们对中国城市化研究的批评包括:连基本概念与数据都不准确或说不清;过于偏重描述性,缺乏理论建构,更别说原创性理论;过于注重现象,缺乏足够深入的机制研究;定量不足、科学性不足;多学科、跨学科研究不足;研究大多是局部的,片面的,综合性不足,不能反映中国城市化的全貌;规范性(normative)观点不少,严谨的论证欠缺;对市场机制下的城市化问题研究不足;对城市化的环境问题、资源效应、社会问题等的研究不够深入;最终,不能令人信服地概括、构建出真正属于中国的城市化特征与过程,等等(王红杨,2010)。南京大学的王红杨教授(2010)高度简洁地概括了城市化与城市发展研究中存在的问题。早期,姜爱林(2003)指出了中国城化理论研究明显存在的不足:一是深层次理论提炼不够。除一些专题性或知识性、包容性论著以外,尚未出版一部系统研究城市化理论的具有高水平的专著。二是定量分析与实证分析不够。绝大多数论著都是定性分析,缺乏定量分析,更少见专门实证分析的论著。何念如(2006)、汤茂林(2007)指出国外城市化理论与中国国情的不相容性,不能生搬硬套。方亮(2013)也对城镇化研究中存在的一些问题进行了总结。

第二节　城市化与城市发展研究中的科学问题和数据支撑

一、城市化与城市发展研究中的科学问题

城市研究中的科学问题广泛存在于城市学基础理论、城市化、城市系统、城市空间结构、城市区域、城市规划、城市生态、城市环境、城市人口(流动人口)、城市土地、城市住房、城市基础设施、城市经济、城市社会、城市社区、城市生活、城市文化、城市景观、城市管理等众多大的研究主题中,很难一一罗列出来,少数学者对城市化以及城市研究中比较突出的科学问题进行了总结,如:陈明星(2015)指出城市化研究的科学问题主要有:(1)城市化的跨学科特性与成立城市

化学科(或子学科);(2)城市化概念、原理、方法等基础理论体系的构建;(3)城市化的区域特性以及与城乡统筹相互关系;(4)可持续城市化的发展模式与空间格局研究;(5)大数据支持下城市化和智慧城市的系统集成与模拟平台研究。

周一星(2006)指出城市研究中的第一科学问题是基本概念的正确性,没有正确和统一的城市基本概念,就谈不上城市研究,就没有城市科学,就弄不清城市和乡村的基本国情,就不会有正确的决策,而我国存在"城市"、"城市化"、"城乡结合部"等各种概念的混乱,城市等各种地域没有科学界定标准,我国城镇人口概念和统计口径等也存在极为多变和混乱等现象。

二、城市化与城市发展研究中的数据支撑

在我国城市规划逐渐由过去二三十年的"大拆大建"向精细化编制与管理转型的背景下,精细化的城市模型(动态的、基于离散动力学的、微观的、"自下而上"的城市空间模型)正成为当前研究热点。"精细化"是城市模型发展的主要方向,通过建立精细尺度的大数据模型,应用微观模拟等方法,可得出宏观决策需要的分析结果;另外,将相关领域开展类似研究的基础数据进行了同等空间范围的粒度细化,在更细的尺度内会发现新的问题。

随着研究尺度的需要和微观数据可获得性的增强,近年来国际上微观模型(精细化的城市模拟)发展迅速,在发展中国家如中国的需求也日益增多。目前,一方面我国的大城市正逐渐由空间扩张向内部改造(城市再开发、城市更新等)转变,小尺度的城市空间再开发将越来越多,为分析并预测城市空间的变化,更需要精细化的模型作支持;另一方面,城市作为复杂的自适应系统,是由作为城市空间的地块、作为城市活动主体的居民、企业等构成的,自下而上的模拟思路在以人、地和房作为基本研究对象预测城市空间变化的同时,与规划的公众参与、社会公平等理念的需求不谋而合。此外,目前我国各种精细化的城市空间数据和社会经济微观数据的可获得性正逐渐增强,因此开展精细化城市模型的探索,是具有理论价值和实践意义的(龙瀛,2014)。

随着信息和网络技术的不断提高,城市研究的大数据时代已经悄然到来,大数据已成为重要的发展方向和研究领域,并在多个领域发挥着积极作用,影响着人们的生活方式。利用城市中不断产生的海量数据如传感器网络(sensor networks)、社会化网络(social networks)、射频识别(RFID)和通话记录(call detail records)等,城市研究者们可以更加直接地从现实数据中挖掘个体行为特征。大数据的应用与智慧城市理念促进了城市规划的科学化与城镇治理的高效化,使得各部门在数据及时获取与有效整合的基础上,能够及时发现问题,实时进行科学决策与响应;同时为公众参与提供了基础与平台,为以人为本、面向存量、自下而上的新型城市规划构建提供了基础。这些数据为建立城市模型提

供了较好的机遇,同时也在建模思路和方法等方面提出新的要求。目前,城市大数据研究已在新型交通模型(new models of movement and location)、城市发展路径风险分析(risk analysis of development path)、新型出行行为模型(new models and systems for mobility behavior discovery)、新型交通需求管理工具(new tools for governance of mobility demand)等方面获得开展(Batty,2012)。龙瀛总结了大数据和开放数据时代定量城市研究的四大变革:(1)空间尺度的扩展——跨越区域分析和城市研究的大模型;(2)时间尺度的扩展——理解不同时间尺度的城市发展动态;(3)研究粒度的扩展——研究以人为本的城镇化;(4)研究方法的变革——利用众包开展和验证研究(公众关注城市研究)。

大数据时代对数据的挖掘、处理和分析的方式,对于传统的官方统计,无疑是一次较大的革新,使传统统计工作面临前所未有的挑战,但不可忽视传统数据和开放数据的作用。大数据应该与传统数据相结合,协同推进城市研究与方法创新,而不能过分夸大大数据对城市研究、规划等的影响,只有各取所长才能将大数据和传统数据转变为对城市功能品质和市民生活需求的切实提升。吕欣和李鹏(2015)对大数据时代传统统计模式变革进行了探析,提出在现有传统统计系统的基础上,通过建立统计数据仓库,整合大量业务产生的大数据,建立面向大众的官方数据发布和分析系统等措施。

大数据在科学研究和产业领域的应用价值是不容小觑的,同时大数据也会有消极的一面。要认识其中的风险,以便规范、规避问题,使其有序发展。大数据从本质上要求信息开放,而信息开放是一个复杂问题。有些涉及行业内部竞争,受到商业因素影响,企业不愿意开放;有些涉及个人或者行业本身的隐私或机密,无法开放。在大数据应用的过程中,对互联网用户隐私权和数据的保护,是开放信息时的重要考虑因素。

第三节 城市研究中的科学问题调查与分析案例

根据学者对城市化以及城市学比较突出的科学问题的总结,结合当下研究的一些热点问题和方法,本节将重点介绍城乡结合部界定以及失地农民市民化程度调查;城市商业区识别与商业区环境评价调查;老年人生活、养老意愿以及养老满意度调查等主题的实习。

一、城乡结合部界定以及失地农民市民化程度调查

(一)城乡结合部调查的意义

城市经济发展和人口增长加大了对土地的需求,使城市扩张逐步超越建成

区而延伸到农村地区。这一城市蔓延的过程,使过去那种单纯对城市或农村的研究已不足以解释城市边界处经济发展、人类社会活动和土地利用的变化规律。这其中,具有城市与乡村两重性以及城市向乡村过渡性的城乡结合部,作为城市蔓延中一种特殊的地域实体,其形成和发展得到了研究者的普遍关注。农民市民化推动城市化进程是解决"三农"问题的重要途径。失地农民融入城市,不仅是身份上的转变,更关键的是在心理上的认同和生活方式上的融入,对失地农民市民化现状程度和影响因素的调查对促进其市民化程度提升具有重要的指导意义。

1. 实习目的

本专题实习目的主要有三个方面:(1)了解什么是城乡结合部;(2)掌握城乡结合部、城市边界的界定方法,地域实体的基本要素;(3)能够界定某一城乡结合部,并对城乡结合部内失地农民市民化程度进行调查分析。

2. 实习内容

(1)查阅城乡结合部界定理论和方法的相关研究和资料,了解城乡结合部的相关概念,界定原则、不同界定方法;查阅失地农民市民化的相关研究,了解最新研究进展。

(2)通过对城乡结合部界定相关理论和方法的分析总结,了解地域实体内部的社会结构、经济发展、土地利用、区位特征、人口属性等各个要素。

(3)掌握城乡结合部界定所需要的数据来源以及数据的采集手段,尤其是一些大数据的采集和应用;实地考察验证数据的可靠性。

(4)调查了解城乡结合部失地农民的生活状况、满意度,以及失地农民市民化程度及其影响因素。

3. 实习重点

本专题的重点是掌握城乡结合部界定的理论和方法,熟悉相关地域实体的构成,调查分析城乡结合部的热点问题:失地农民市民化程度及其影响因素。

4. 理论与方法

不少学者提出了城乡结合部的界定方法(陆海英等,2004;孙世民、李世峰,2005;钱建平等,2007;任荣荣、张红,2008),除了传统方法,大数据时代,Long 和 Liu(2014)提出了利用全国路网测绘数据和 POI 自动识别来描述地块的方法(模型英文简写 AICP),路网数据用来划定地块边界,POI 用来识别生成地块的开发密度、功能、混合使用程度以及人类活动。

(二)城乡结合部的界定原则和界定方法

此处我们选用任荣荣、张红(2008)提出的城乡结合部的界定原则和界定方法。(也可参看案例,选择其他方法)

1.界定原则

(1)区域差异性原则。城乡结合部处于城市与乡村的交界过渡地带,其在空间特征、人口属性、土地利用和区域经济方面应体现出明显区别于城市和农村的独特性和过渡性。

(2)普遍适用性原则。为使对不同地域的城乡结合部的相关研究具有横向可比性,其界定方法的设计要综合、全方位地考虑其所属区域的特征差异,以保证设计的方法具有普遍适用性。

(3)可借鉴性原则。城乡结合部的研究最终是要服务于城市的理性发展,推动社会、经济、环境等各方面的协调,因此,其界定要结合城市形成发展的历史,并与规划相衔接。

(4)可操作性原则。按照空间分异规律,城乡结合部是一个跨越行政区划的地理单元,为了保证统计数据的可得性和准确性,城乡结合部范围的界定应尽可能保持行政单位边界的完整。

2.界定方法

表面上看,国内外研究者对城乡结合部的表述莫衷一是,形式混杂,但归纳起来,主要包括城市规划、人口特征、社会形态、景观特征、生态系统、土地利用和城市功能等角度(见表 6-3)。

表 6-3　城乡结合部界定的定性表述

定义角度	具体描述
城市规划	位于连片的城市建城区与纯农腹地之间,与中心城的行政边界相邻,受城市规划管制
人口特征	城镇人口与农业人口混居,居住人口增长较快,人口流动性较强,居住者大多从事非农职业
社会形态	在经济、政治、文化等方面与城区关系密不可分共同发展
景观特征	空间景观混杂、城乡景观随机融合,农田和建筑并存,既有旧的村庄、又有新的居民点
生态系统	介于城市生态系统与农村生态系统之间,城乡协调稳定发展的脆弱生态交错过渡地带,呈现出动态的复杂性及显著变异性
土地利用	具有混合的、持续改变的土地利用模式,土地开发密度小于城市,住宅用地扩张迅速,有普遍的投机性开发现象,农用地规模较小,土地权属复杂,用地行为不规范,土地市场秩序混乱,交易活跃
城市功能	城乡功能的过渡和混杂区,有城市服务功能的渗透,但公共服务设施不完善,商业、工业、城市服务设施的分布较为随机

资料来源:(任荣荣、张红,2008)

与定性表述相比,对城乡结合部的定量表述较少。国内外相关研究从区位空间特征、人口社会属性、经济发展水平和土地利用模式等角度对其进行归纳,具体指标及判断标准如表 6-4 所示。由于城市规模、发展水平和发展阶段的差异,城乡结合部的界定标准可能不是一个固定的值,而更多情况下是一个相对数。因此,从统一的视角、按照相同的原则对城乡结合部进行界定显得尤为重要。城乡结合部的界定要采取定性与定量相结合的方法,从以下角度进行界定:

(1)空间特征。从定性角度看,城乡结合部范围内农田和建筑并存,具有城乡随机融合的景观特征,在城市规划图中应体现为连片建成区与农村之间的过渡区域;从定量的角度看,可选用城市的辐射半径对其外边界进行划定。

(2)人口属性。从定性角度看,城乡结合部范围内城镇人口与农业人口混居,居住者大多从事非农职业;从定量角度看,城乡结合部应是居住人口密度、居住人口增长速度、人口流动性、非农人口与农业人口比例等要素指标与市区相比发生突变值的地方。

(3)土地利用。从定性角度看,城乡结合部具有混合的、持续改变的土地利用模式,土地权属复杂,用地行为不规范,土地市场秩序混乱,交易活跃,有普遍的投机性开发现象;从定量角度看,城乡结合部范围内住宅用地扩张迅速,农用地规模、城市用地比例、建设用地比重和建筑密度应明显区别于城市和农村。

(4)区域经济。从定性角度看,城乡结合部受城市服务功能的渗透,但公共服务设施不完善,商业、工业、城市服务设施的分布较为随机;从定量的角度看,可基于区域经济学理论,选取多种代表区域经济发展水平的指标,采用多指标综合评价的方法对城乡结合部的范围进行界定。

表 6-4　城乡结合部界定的定量表述

定义角度	选取指标	判断标准
区位空间特征	到城市中心的距离	10～50 英里
	到居住人口超过 5 万的城市的距离	5～30 英里
	城市辐射半径	作为城乡结合部的外边界
人口社会属性	非农人口与农业人口的比例	半农区 0.3～1.0,半城区 1.1～5.0
	人口密度	介于城市与农村之间
		人口密度的增长低于中心城而高于周边农村地区
经济发展水平	郊区化指数(S1)	大于 50%
	非农产业的发达程度	介于城市与农村之间
土地利用模式	城市用地比例	12.9%～76.3%
	建设用地比重	介于城市与农村之间
	建筑密度	介于城市与农村之间

资料来源:(任荣荣、张红,2008)

(三)社会调查的一般程序

社会调查有着一种比较固定的程序。从大的方面看,我们可以将社会调查的程序分为五个阶段,即选题阶段、准备阶段、实施阶段、分析阶段和总结阶段(见图 6-1)。

1. 选题阶段

选题阶段的主要任务包括两个方面:一是从现实社会中存在的大量的现象、问题和焦点中,恰当地选择出一个有价值的、有创新的和可行的调查问题;二是将比较含糊、比较笼统、比较宽泛的调查问题具体化和精确化,明确调查问题的范围,理清调查工作的思路。

2. 准备阶段

准备工作主要是为实现调查目标而进行的道路选择和工具准备。所谓道路选择,指的是为达到调查的目标而进行的调查设计工作,它包括从思路、策略到方式、方法和具体技术的各个方面。工具准备则主要指的是调查所依赖的测量工具或信息收集工具——问卷的准备,当然,同时还包括调查信息的来源——调查对象的选取工作。

3. 实施阶段

实施阶段也称作收集资料阶段或调查方案的执行阶段。这个阶段的主要任务,就是具体贯彻调查设计中所确定的思路和策略,按照调查设计中所确定的方式、方法和技术进行资料的收集工作。在这个阶段,调查者往往要深入实地,接触被调查者,调查工作中所投入的人力也最多,遇到的实际问题也最多,因此,需要很好地组织和管理。另外需要注意的是,由于社会现象的复杂性,或者由于现实条件的变化,我们事先所考虑的调查设计往往会在某些方面与现实之间存在一定的距离或偏差,这就需要我们根据实际情况进行修正或弥补,发挥研究者的灵活性和主动性。在自填问卷、邮寄问卷、结构访问、电话访问等多种调查资料收集工作中的具体做法、技巧和问题都各有差异。

4. 分析阶段

分析阶段也称为研究阶段。这一阶段的主要任务是:对实地调查所收集到的原始资料进行系统的审核、整理、统计、分析。这里既有对原始资料的清理、转换和录入到计算机中等工作,也有用各种统计方法对资料进行分析的工作。需要特别指出的是,由现代社会调查的特定方式、方法以及所收集资料的性质所决定,这种加工和处理的方式及手段主要是定量的统计分析。

5. 总结阶段

总结阶段的任务主要是:撰写调查报告,评估调查质量,应用调查成果。调查报告是一种以文字和图表将整个调查工作所得到的结果系统地、集中地、规范地反映出来的形式,它是社会调查成果的集中体现。而撰写调查报告也可以说是对整个社会调查工作进行全面的总结,从调查的目的、方式,到资料的收集、分析方法,再到调查得出的结论、调查成果的质量,都要在调查报告中进行总结和反映。同时,还要将社会调查的成果以不同的形式应用到社会实践中去,真正发挥社会调查在认识社会现象、探索社会规律中的巨大作用。

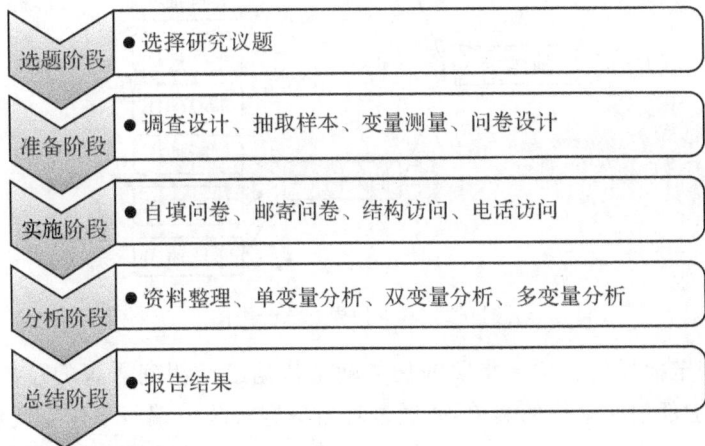

图 6-1　社会调查的基本过程和主要阶段

资料来源:风笑天(2005)

(四)调查工具——抽样调查

根据抽取对象的具体方式,我们把抽样分为各种不同的类型。从大的方面看,各种抽样都可以归为概率抽样与非概率抽样两大类。这是两种有着本质区别的抽样类型。概率抽样是依据概率论的基本原理,按照等概率原则进行的抽样,因而它能够避免抽样过程中的人为误差,保证样本的代表性;而非概率抽样则主要是依据研究者的主观意愿、判断或是否方便等因素来抽取对象,它不考虑抽样中的等概率原则,因而往往产生较大的误差,难以保证样本的代表性。在概率抽样与非概率抽样这两大类中,还可细分出若干不同的形式,如图 6-2 所示。

虽然不同的抽样方法具有不同的操作要求,但从大的程序看,它们通常都要经历以下几个步骤。

(1)界定总体。界定总体就是在具体抽样前,首先对从中抽取样本的总体范围与界限作明确的界定。这一方面是由抽样调查的目的所决定的,因为抽样调查虽然只对总体中的一部分个体实施调查,但其目的却是描述和认识总体的状况与特征,是为了发现总体中存在的规律性,所以必须事先明确总体的范围;另一方面,界定总体也是达到良好的抽样效果的前提条件。如果不清楚明确地界定总体的范围与界限,那么,即使采用严格的抽样方法,也可能抽出对总体严重缺乏代表性的样本来。

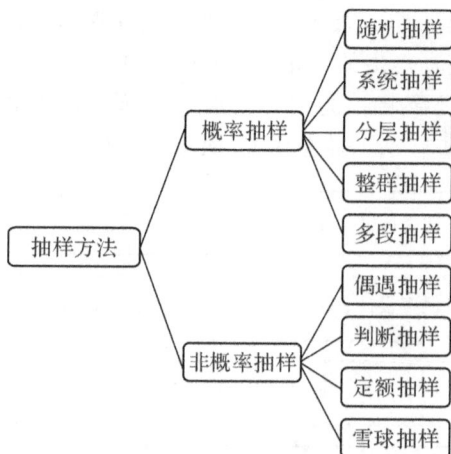

图 6-2　基本抽样方法分类图

　　(2)制定抽样框。这一步骤的任务就是依据已经明确界定的总体范围,收集总体中全部抽样单位的名单,并通过对名单进行统一编号来建立起供抽样使用的抽样框。当抽样是分几个阶段、在几个不同的抽样层次上进行时,则要分别建立起几个不同的抽样框。

　　(3)决定抽样方案。从前面有关抽样类型的介绍中,我们已经了解到具体的抽样方法有好几种,而从后面几节对这些方法的介绍中我们将会看到,各种不同的抽样方法都有自身的特点和适用范围。因此,对于具有不同研究目的、不同调查范围、不同调查对象和不同客观条件的社会调查来说,所适用的抽样方法也不一样。这就需要我们在具体实施抽样之前,依据研究的目的和要求,依据各种抽样方法的特点和其他有关因素来决定具体采用哪种抽样方法。除了抽样方法的确定以外,还要根据调查的要求确定样本的规模和主要目标量的精确程度。

　　(4)实际抽取样本。实际抽取样本的工作就是在上述几个步骤的基础上,严格按照所选定的抽样法,从抽样框中抽取一个个的抽样单位,构成调查样本。依据抽样方法的不同,以及依据抽样框是否可以事先得到等因素,实际的抽样工作既可能在实地调查前就完成,也可能需要到实地后才能完成,即既可能先抽好样本,再下去直接对预先抽好的调查对象进行调查;也可能一边抽取样本,一边就开始调查。

　　(5)评估样本质量。在一般情况下,样本的抽出并不是抽样过程的结束,完整的抽样过程还应包括样本抽出后对样本进行评估的工作。所谓样本评估,就是对样本的质量、代表性、偏差等等进行初步的检验和衡量,其目的是防止由于样本的偏差过大而导致调查的失误。评估样本的基本方法是:将可得到的反映总体中某些重要特征及其分布的资料与样本中的同类指标的资料进行对比。

（五）失地农民市民化程度问卷调查

失地农民市民化程度问卷调查

一、基本信息调查

1. 性别：

☐男　　　　　　　　☐女

2. 您的年龄：

☐20 岁以下　　　　☐20～30 岁　　　　☐31～40 岁

☐41～50 岁　　　　☐51～60 岁　　　　☐60 岁以上

3. 您的文化水平：

☐小学　　　　　　　☐初中　　　　　　　☐高中或中专

☐大学及以上学历

4. 失地前您的工作性质是：

☐农业　　　　　　　☐非农

5. 现在住房居住面积：_____ m²

6. 征地用途：＊［多选题］

☐基础设施建设　　　☐经济开发区　　　　☐房地产开发

☐其他

7. 现有户籍：

☐农村户口　　　　　☐城市户口

二、市民化程度调查

8. 您现在已经适应了城市的居住生活方式吗？

☐非常适应　　　　　☐比较适应　　　　　☐一般

☐不适应　　　　　　☐非常不适应

9. 您是否已经适应了现在的消费方式（比如：以前是自己种菜吃，或者赶集；现在是菜市场、超市、商场购物等）

☐非常适应　　　　　☐比较适应　　　　　☐一般

☐不适应　　　　　　☐非常不适应

10. 您现在的外出社交（比如：与人一起看电影、唱歌、吃饭等）频率高吗？

☐非常高　　　　　　☐比较高　　　　　　☐一般

☐比较少　　　　　　☐非常少

11. 您参与社区活动（唱歌、跳舞、下棋等）、使用社区资源（健身器材、广场等）频率高吗？

☐非常高　　　　　　☐比较高　　　　　　☐一般

☐比较低　　　　　　☐非常低

12. 和以前外出乘坐的交通工具相比,现在是否有改变?

　　□有　　　　　　　　　　□没有

13. 您现在能熟练使用城市公共交通资源(如:出租车、地铁等)了吗?

　　□非常熟练　　　　　　　□比较熟练　　　　　　□一般

　　□不熟练　　　　　　　　□非常不熟练

14. 您是否满意现在享受的养老保险?

　　□非常不满意　　　　　　□不太满意　　　　　　□一般

　　□比较满意　　　　　　　□非常满意

15. 您是否满意现在享受的医疗保障?

　　□非常不满意　　　　　　□不太满意　　　　　　□一般

　　□比较满意　　　　　　　□非常满意

16. 您现在已经适应了现在的工作环境了吗?

　　□非常适应　　　　　　　□比较适应　　　　　　□一般

　　□不适应　　　　　　　　□非常不适应

17. 您现在已经适应了现在的工作方式(如:按点上班、节假日才能休息等)

　　了吗?

　　□非常适应　　　　　　　□比较适应　　　　　　□一般

　　□不适应　　　　　　　　□非常不适应

18. 您现在已经适应了现在的工作强度了吗?

　　□非常适应　　　　　　　□比较适应　　　　　　□一般

　　□不适应　　　　　　　　□非常不适应

19. 您觉得您现在拥有了市民身份好不好?

　　□非常好　　　　　　　　□比较好　　　　　　　□一般

　　□不好　　　　　　　　　□非常不好

20. 您现在是否愿意做回农村人?

　　□非常愿意　　　　　　　□比较愿意　　　　　　□一般

　　□不愿意　　　　　　　　□非常不愿意

21. 您现在适应与周边人的交往吗?

　　□非常适应　　　　　　　□比较适应　　　　　　□一般

　　□不适应　　　　　　　　□非常不适应

三、市民化程度影响因素调查

(一)个人因素

22. 您的月收入是:

23. 您每个月的食物消费支出是:

24. 您从事(非农业劳作)工作的时间是:

　　□从未　　　　　　　□1～3年　　　　　　　□3～8年

　　□8年以上

25. 您的家庭(长期居住一起)人口数是:

26. 搬迁前家庭中务农人数是:

27. 搬迁前家庭中常年在外打工人数是:

(二)制度因素

28. 征地意愿:失地前是否愿意征地?

　　□愿意　　　　　　　□不愿意　　　　　　　□无所谓

29. 征地前是否了解有关信息?

　　□不知道　　　　　　□部分知道　　　　　　□知道

30. 征地程度,累计征地面积占征地前所拥有土地面积的比例是:

　　□≤50%　　　　　　□51%～90%　　　　　□≥90%

31. 补偿形式: * [多选题]

　　□货币补偿　　　　　□社保补偿　　　　　　□就业补偿

　　□房产补偿　　　　　□其他

32. 失地后培训经历:

　　□无　　　　　　　　□有

33. 投资能力:

　　□没有能力　　　　　□没有足够能力　　　　□一般

　　□有一定能力　　　　□完全有能力

34. 失地后收入保障(如:政府支持做保障。自主工作能力做保障等)程度:

　　□没有保障　　　　　□保障程度较低　　　　□保障程度一般

35. 政府对拆迁居民创业的帮扶程度是:

　　□没有帮助　　　　　□基本没帮助　　　　　□有一点帮助

　　□帮助较多　　　　　□有很大帮助

36. 失地后创业意愿:

　　□不愿意　　　　　　□不太愿意　　　　　　□无所谓

　　□有点愿意　　　　　□非常愿意

(三)市民因素

37. 在日常交往中(如:接送孩子上下学、日常工作、逛街购物等)您与当地市民
　　的交流程度是?

　　□非常多　　　　　　□比较多　　　　　　　□一般

　　□比较少　　　　　　□基本没有

38. 您与当地市民一起参加文娱活动(打麻将、跳舞等)的次数多吗?

☐非常多　　　　　☐比较多　　　　　☐一般

☐比较少　　　　　☐基本没有

39. 您觉得您与当地市民的关系融洽吗?

☐非常融洽　　　　☐比较融洽　　　　☐一般

☐不融洽　　　　　☐非常不融洽

40. 您希望和当地市民继续生活在一起吗?

☐非常希望　　　　☐比较希望　　　　☐一般

☐不希望　　　　　☐非常不希望

问卷来源:问卷星调查问卷

(六)实习步骤

(1)掌握城乡结合部界定的相关理论和方法,如上文中提及的基本原则,界定的定性和定量指标。

(2)收集界定城乡结合部所需的相关数据,包括公开的统计数据、一手调查数据、开源数据等。

(3)利用数据和相关方法界定某城市某一城乡结合部。

(4)根据社会调查的一般程序,进行某城乡结合部失地农民市民化程度的调查,重点是根据抽样的一般程序和方法,进行抽样调查。

(5)选用合适的方法对调查结果进行处理和分析,撰写失地农民市民化程度现状分析及其影响因素报告。

(七)练习

根据本节所述专题调查实践指导,完成浙江省某城市的某个城乡结合部界定以及失地农民市民化程度调查

(八)案例

以下文献中有详细调查说明可作为案例:

钱建平,周勇,杨信廷.基于遥感和信息熵的城乡结合部范围界定——以荆州市为例[J].长江流域资源与环境,2007,16(4):451—455.

陆海英,杨山,张婷等.基于遥感的城乡结合部地域范围界定研究——以无锡市为例[J].南京师大学报:自然科学版,2004,27(2):98—102.

尹根.失地农民市民化程度现状分析及其对策——基于扬州冯庄,文昌社区失地农民的调查数据[J].中外企业家,2012(3):147—149.

二、城市商业区识别与商业区环境调查

(一)城市商业区调查的意义

商业区作为城市中商业活动集中的地段,担负着居民购物、休闲、商务等职能,它不仅是满足人们物质需要和精神生活的场所,而且也是促成人们社会交往、文化娱乐与获取社会信息的综合性社会活动中心,是城市经济、社会活动的核心地带。随着城市化进程不断加快,城市空间的增长出现较为混乱的局面,许多城市(商业区)碰到了诸如交通大拥堵、环境恶化、宜人慢行生活丧失等诸多问题,目前许多城市都开始反思其城市发展方向,意识到生态环境保护的重要性,城市商业区空间的定量识别及分类、城市商业区的环境评价对城市商业发展、城市规划和建设具有重要的价值。

1. 实习目的

本专题实习目的主要有:

(1)掌握城市商业区的概念、种类、地域结构等基本理论;

(2)掌握城市各类商业区的识别方法;

(3)对开源数据、大数据在城市研究中的重要作用有所了解;

(4)能够识别城市商业区,并对城市商业区的环境进行调查分析。

2. 实习内容

(1)查阅城市商业区识别理论和方法的相关研究和资料,了解城市商业区的概念、类型等相关概念、识别方法;阅读商业区环境评价相关文献资料;了解相关研究的最近进展。

(2)通过对城市商业区识别理论和方法的分析总结,了解城市商业区的结构、功能以及景观等各个要素。

(3)掌握城市商业区识别所需要的数据来源以及数据的采集手段,尤其是一些大数据的采集和应用。

(4)调查了解城市商业区环境,存在的问题以及改进的方向。

3. 实习重点

本专题的重点是掌握城市商业区识别的理论和方法,熟悉各类型商业区的功能、结构和景观等要素,调查了解城市商业区环境、存在的问题以及改进的方向。

4. 理论和方法

不少学者研究了商业的服务级别、等级体系和空间结构,采用较多的方法是 GIS 空间方法(仵宗卿、戴学珍,2001;张珣等,2013),也有学者利用大数据来识别城市功能区(Long et al.,2012)。但总体来看,由于数据的原因,以往的研究对城市内部商业区空间范围界定和分类研究的空间尺度太大,或与实际情况

相差较大(王芳等,2015),她们指出了以往研究在数据的实时性、可获得性、数据精度获取成本等方面的一些不足,利用近些年飞速发展的电子地图、导航地图的开源背景数据——兴趣点(point of interest,POI),尝试提出了一种简单、快速的方法识别城市商业区及其分类,提高商业地理研究的实时性、准确性和简便性,并以北京为例,识别北京市各类型商业区。此节,我们介绍她们使用的方法。

POI数据泛指一切可以被抽象为点的地理实体,描述了实体的空间和属性信息,如实体的名称、类别、坐标等,是百度等商业地图的背景数据。由于兴趣点能大幅度提高对实体位置的描述能力,提高地理定位的精度和速度,近些年来一些学者开始尝试利用POI数据进行城市空间的研究,开源数据也存在一些问题,POI数据使用须先经过纠偏和地址匹配,通过抽样调查、电话询问、实地走访等方法确定数据真实可用。

(二)基于街区尺度的城市商业区识别方法

1.划分基本空间单元

商业区在功能上具有特定的服务范围和消费群落,在结构上是由多个商业服务业设施组合而成的地域空间,在空间景观上具有集中连片的形态特征。而街区是由城市道路划分的建筑地块,也是构成居民生活和城市环境、城市形态结构、城市功能、城市管理及城市认知的基本单元,进行街区尺度研究具有重要意义。鉴于此,选择街区作为城市商业区识别的基本空间单元比较合理,街区由路网自然分割而成。

2.计算街区商业活动量,确定商业街区

基本空间单元上商业网点的密度可以直接反映商业服务设施的空间分布,但商业网点的数量并不能完全代表商业活动量,还必须考虑商业网点的规模,更加客观地反映商业活动的空间结构。考虑到数据的可得性,可采用容易获取、不涉及商业机密、信息比较真实,同时又能够基本刻画商业活动量空间分布的指标,即以在基本空间单元上的商业网点数和经验网点的平均营业面积(按照业态分类)为分析研究的基础数据指标,综合确定商业网点营业面积的取值(表6-4)。基于此,构建城市街区商业活动量的计算模型,公式如下:

$$C_i = a_i / a_{mean}$$

$$CQ_j = \sum_i^n C_i / S_i$$

其中:C_i是经无量纲化处理后的商业网点i的营业面积;a_i是该类商业网点的平均营业面积;a_{mean}是各种类型商业网点的加权平均面积,即不同类型商业网点的数量与相应营业面积乘积的总和除以商业网点总数的结果;CQ_j为街区j的商业活动量;n为街区j上的商业网点数量的总和;S_j为街区j的面积。

按照此模型,首先将研究区内商业活动强度为零的街区首先排除,然后计算其余街区的商业活动平均值,大于平均值的街区确定为商业街区。

3.合并商业街区,完成商业区识别

城市商业区既需要良好的交通条件保证便利性,也需要相对完整和闭合的购物活动空间以提供舒适、便捷、安全的购物环境。因此,客观考虑了城市交通路网对商业区范围界线的影响,其中城市主干路和快速路主要考虑其对商业区购物环境的破坏和空间上的隔离作用,而次干路和支路则主要考虑其对商业区氛围的形成和购物环境的重要作用。所以,城市商业区的识别需要进一步将确定出来的商业街区中以次干路和支路分割的进行合并,而保留以主干路和快速路分割的商业街区。

(三)商业区类型划分方法

1.K-Means 聚类

K-Means 聚类法属非系统聚类,运算速度较快,又被称为"快速聚类法",是聚类分析中使用最为广泛的算法之一。K-Means 聚类将数据看成 K 维空间上的点,以距离作为测度个体"亲属程度"的指标,首先根据给定的聚类数目 K,随机创建一个初始划分,然后采用迭代方法通过聚类中心的不断移动来改进划分。K-Means 聚类法对大型数据的处理效率较高,特别是当模式分布呈现类内团聚状时,可以达到很好的聚类结果。

2.聚类指标

从不同的角度出发,商业区的分类也有不同。着重研究城市商业区的功能类型,主要考虑商业服务类型的不同,最终选取各商业区内不同职能的商业网点的商业活动量所占整个商业区商业活动量的比例,具体包括六个变量:(1)大型商场、商业街商业活动量占比;(2)大型专营商场商业活动量占比;(3)综合市场商业活动量占比;(4)各类专业店和花鸟鱼虫市场商业活动量占比;(5)便利店、超市商业活动量占比;(6)餐饮网点商业活动量占比。

3.自然断裂点(natural breaks)分类法

对每种类型商业区服务等级进行划分,为避免主观分类,在各商业区总商业活动量数值的基础上依据主导性原则、顺序性原则、唯一性原则、相似性原则,运用基于数据分布的统计特征自然断裂点分类法,在统计软件 SPSS 中生成总分频率直方图,选择频率由线分布突变处为级间分界,划分商业区等级体系。商业网点营业面积的选取值可见表 6-5。

表 6-5　商业网点营业面积选取值

行业	业态	经营类别	营业面积(m²)
零售业	大型商场	购物中心、商业综合体	50000
	商业街	步行街、特色商业街	30000
	大型专营商场	家居建材市场，家电子商场	3000
	超市	家乐福等××大型超市	3000
	综合市场	农副产品市场、小商品市场、旧货市场、果品市场、水产海鲜市场、蔬菜市场	2000
	花鸟鱼虫市场	宠物市场、花卉市场、花鸟鱼虫综合市场	1000
	各类专业店	化妆品店、体育用品店、文化用品店、服装鞋帽皮具店、各类专卖店、特殊买卖场所(典当行、拍卖行)	300
	便利店	××(名称)	100
餐饮业	正餐厅	各式中餐厅、外国餐厅	800
	快餐厅	麦当劳、肯德基、吉野家、必胜客等	400
	休闲餐饮场所	咖啡厅、茶艺馆、冷饮店、酒吧、其他休闲餐饮场所	300
	饮食外卖店	甜品店、糕饼店、熟食店等	100

（四）城市商业区环境评价问卷调查

城市商业区环境评价问卷调查

一、消费者基本信息与购物基本情况：

1. 性别：
   □男　　　　　　　　　□女

2. 您的年龄：
   □20 岁以下　　　　　□20～30 岁　　　　　□31～40 岁
   □41～50 岁　　　　　□51～60 岁　　　　　□60 岁以上

3. 您家庭的月收入：
   □小于 4000 元　　　　□4000～8000 元　　　□8001～15000 元
   □15001～30000 元　　□30000 元以上

4. 您居住地是：
   □外市　　　　　　　　□本市_____区

5. 您来这个商业区的主要目的是（可多选）：
   □购物　　　　　　　　□休闲娱乐　　　　　□饮食
   □观光旅游　　　　　　□聚友　　　　　　　□商务
   □其他

6.您是到这里的交通工具是(可多选):

□步行　　　　　　　□自行车　　　　　　　□公交车

□地铁　　　　　　　□出租车　　　　　　　□自驾车

7.您经常来这个商业区吗?

□第一次来　　　　　□一两年一次　　　　　□半年一次

□一两个月一次　　　□一个月多次

二、商业区环境调查

8.您对该商业区的温度、湿度、通风效果等微气候是否感到舒适?

□非常舒适　　　　　□比较舒适　　　　　　□一般

□不舒适　　　　　　□非常不舒适

9.您觉得该商业区是否环境优美,让您购物愉悦?

□优美　　　　　　　□比较优美　　　　　　□一般

□较差　　　　　　　□很差

10.您认为该商业区能否代表附近地区的形象?

□名气很大,全国知名　　　　　□名气较大,全市知名

□名气一般,基本可以代表这一带的形象

□名气较小　　　　　　　　　　□名气很小

11.您认为该商业区车流量大吗(车多吗),是否影响到购物休闲(如交通安
全难以保障、交通环境混乱影响购物休闲便利性和心情)?

□车很少,不影响购物休闲,停车方便

□车不多,交通有序,不影响购物休闲,停车较方便

□一般,交通较为有序,轻微影响购物休闲,停车较方便

□车较多,交通较繁杂,对购物休闲造成一定的影响,停车较困难

□车很多,交通混乱,严重影响购物休闲,停车十分困难

12.您认为该商业区商品和服务的档次如何?

□很高　　　　　　　□较高　　　　　　　　□一般

□较差　　　　　　　□很差

6.您对该商业区购物条件的满意程度如何:

	非常满意	比较满意	一般	不满意	非常不满意
交通管理情况					
治安情况					
配套设施(街椅、垃圾箱、公共厕所等)					
服务管理					
卫生条件(街道清洁度)					

7.您对该商业区的污染情况如何评价?

	没有	基本没有	一般	严重	非常严重
噪声污染					
光污染					
污水污染					
粉尘污染					
气味污染					
垃圾污染					

三、选择游戏:下面每组商业区,除了以下列出的方面可能有差别外,其他方面完全相同,那么您会选择哪个(每组分别选择一个)?请在商业区栏里直接打钩

第1组:环境品质(自然)A:

商业区	绿地覆盖率	绿地景观质量(绿地景观规划是否美观)	水体面积占比	水体景观质量(水体景观如喷泉设计是否美观)	人体舒适度(对温度、湿度、风速等的体感舒适度)
商业区3	绿地较少	绿地景观设计较差	水体面积较小	水体景观设计比较美观	舒适
商业区4	绿地较多	绿地景观设计比较美观	水体面积较小	水体景观设计比较美观	不舒适

第2组:环境品质(人文、交通)A:

商业区	公交便利性	地铁便利性(周围是否有地铁站)	停车场车位情况	路面宽度	交通控制管理情况
商业区1	不方便	没有	车位宽松	路面宽阔	较好
商业区2	不方便	有	车位紧张	路面宽阔	较差

第3组:环境负荷(污染)F:

商业区	噪声污染情况	光污染情况(灯光对视觉和身体产生的不良影视)	污水污染情况	粉尘污染情况	气味污染情况	垃圾污染情况
商业区2	严重	不严重	不严重	不严重	不严重	不严重
商业区4	不严重	严重	严重	不严重	不严重	严重

第4组:综合A:							
商业区	绿地覆盖率	公交便利性	便民设施便利性(街椅、垃圾箱、公共厕所、信息指示牌等)	街道清扫维护质量(街道清洁度)	商店规模和数量	车流量情况	噪声污染情况
商业区1	绿地较多	不方便	比较便利	较好	规模大、数量多	少	严重
商业区2	绿地较少	不方便	不太便利	较好	规模小、数量少	少	不严重

问卷来源:中科院地理所城市环境研究课题组

(五)实习步骤

(1)掌握城市商业区识别的相关理论和方法,如上文中提及的城市商业区空间识别与分类方法。

(2)收集识别城市商业区所需的相关数据,包括开源数据、公开的统计数据、一手调查数据等,实地考察验证开源数据的可靠性。

(3)利用数据和相关方法识别某城市的商业区。

(4)根据社会调查的一般程序,进行城市商业区环境性能的调查,重点是根据抽样的一般程序和方法,进行抽样调查。

(5)选用合适的方法对调查结果进行处理和分析,撰写某城市商业区环境评价报告。

(六)练习

根据本节所述专题调查实践指导,完成某城市商业区的识别以及商业区环境评价。

(七)案例

以下文献中有详细调查说明可作为案例:

王芳,高晓路,许泽宁.基于街区尺度的城市商业区识别与分类及其空间分布格局——以北京为例[J].地理研究,2015,34(6):1125−1134.

张珣,钟耳顺,张小虎,等.2004—2008年北京城区商业网点空间分布与集聚特征.地理科学进展,2013,32(8):1207−1215.

张文忠.城市内部居住环境评价的指标体系和方法[J].地理科学,2007,27(1):17−23.

三、老年人(社区居家)养老状况、养老意愿以及满意度调查

(一)老年人养老状况、意愿调查意义

中国是世界上唯一的老年人口超过1亿的国家,当前正处于应对人口老龄化的关键时期,老年人口数量巨大,随着计划生育政策的推进和人口结构的转变,家庭小型化使传统的家庭赡养模式难以为继,养老正演变为严重的社会化问题。为此,《中国老龄事业"十二五"发展规划》中提出要尽快构建"以居家为基础、社区为依托、机构为支撑"的社会养老服务体系。其中,社区居家养老成为未来中国式养老的主要形式。当下,存在的普遍问题之一是面对不同地区、不同老年人群体的多元化服务需求,为老年人服务的供给却在数量、质量或结构上较为趋同,存在一定的供需错位。要想解决这些问题,就需要准确把握老年人对社区养老服务的真实内在需求,因此对老年人生活现状、养老意愿以及养老服务设施满意度的深入研究非常必要。

1. 实习目的

本专题实习目的主要有:

(1)了解我国人口老龄化的形势、日趋严重的养老问题,我国公共服务设施配置上存在的问题;

(2)对机构、社区养老等不同养老模式,社区功能、社区类型等有所了解;

(3)了解老年人的生活现状,社区居家养老服务供给以及养老公共服务设施的满意度;

(4)掌握城市老年人社区居家养老及养老公共服务设施满意度的影响因子与社区差异。

2. 实习内容

(1)查阅人口老龄化、老年人养老状况、养老模式、养老服务设施等相关研究和资料,了解我国的日益严重的老龄化趋势、养老问题的现状和成因、养老服务设施上存在的问题,对社区功能、类型等有了解,掌握相关研究的最新研究进展;

(2)通过文献阅读,掌握满意度相关评价方法和不同社区类型划分,根据不同的研究目的,知道如何选择合适的评价方法和研究区域;

(3)掌握老年人生活现状、养老意愿、养老公共服务设施满意度评价的数据来源以及数据的采集手段,尤其注重第一手的数据来源以及社区尺度资料数据的获取;

(4)通过问卷调查、访谈等手段调查了解老年人生活现状、养老意愿、养老公共服务设施满意度,分析满意度的影响因素以及社区差异,提出相应的改进措施。

3. 实习重点

本专题的重点是掌握养老模式、养老服务设施满意度评价相关的理论和方

法,在不同类型社区(或者选择典型社区)调查了解老年人生活现状、养老意愿、养老公共服务设施满意度,分析满意度的影响因素以及社区差异,提出相应的改进措施。

(二)调查对象:典型社区的选取

社会学、区位理论、城市规划等不同领域的学者从等不同角度对社区类型进行了多种划分(王娟、杨贵庆,2015),如:吴启焰和崔功豪(1999)将城市社区划分为城郊与城内高档别墅区、内城区 CBD 毗邻区的高档高层公寓区、城郊中高档多层居住区、城郊中档多层住宅区、较偏的郊区廉价层住宅区、临时住宅聚集区;于文波(2005)根据社区形成的机制和年代,分为传统型社区、单位制(住房分配型)社区、商品型社区和边缘社区;杨张乔(2007)将社区分为 5 种类型:小康居住型、旧有居住型、高级商住型、排屋别墅型、撤村建居型;王颖、杨贵庆(2009)根据形成年代、社区空间布局、设施状况、住区管理方式、居民特征等多个方面,将社区分为传统街坊街区、单位公房社区、高价格商品房社区、中低价格商品房社区和社会边缘社区 5 种类型;颜秉秋、高晓路(2013)指出相关研究表明依据城市地理学的理论,在空间区位、地理环境、服务设施、居住密度、社会及制度等因素影响下,城市内部形成了不同的居住空间类型,不同居住空间类型的居民在社会经济属性和行为心理特征方面具有显著差异,她们借鉴相关研究成果,综合考虑样区空间分布的均衡性、社区规模、各地区老年人口抚养比等因素,划分了代表北京市 6 种居住空间类型的 6 个典型社区:普通混合社区、廉租房社区、新建商品房社区、经济适用房社区、单位大院、旧城四合院街坊。

(三)模型假设以及模型选取

1. 模型假设

居家养老满意度是涉及众多因素的复杂问题,且因素之间并非独立,而是密切关联。因此,应首先确立评价的结构,然后探索各个因素之间的层次关系和因果关系。借鉴已有研究,以相关理论为基础,构建"城市老年人居家养老满意度模型"(见图 6-3,箭头方向表示因子之间的作用关系)。

2. 满意度评价以及影响因素分析的模型选取

养老满意度影响因素的有多种分析方法,如:有序 Logistic 模型、最优尺度回归模型等各种回归模型(李放等,2010;胡仕勇、李洋,2012;黎瑞、苏保忠,2014),结构方程模型(SEM)(颜秉秋、高晓路,2013;胡芳肖等,2014)。

本节中,我们采用结构方程模型(structural equation model,SEM)来分析老年人社区居家养老满意度,因为 SEM 融合了回归分析、路径分析和因子分析功能,是一种多变量复杂关系的建模工具。其优势是辨析众多变量之间的内在逻辑关系,较之传统的多元回归方法、主成分分析等方法更为有效(颜秉秋、高晓路,2013)。具体方法可参见吴明隆(2010)所著的结构方程模型的操作与应

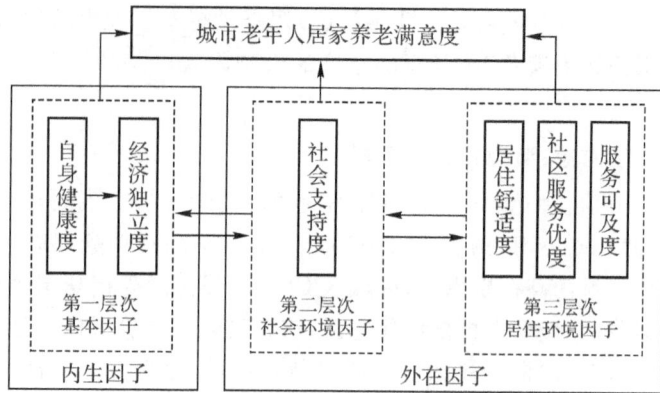

图 6-3　城市老年人居家养老满意度模型

资料来源：颜秉秋等(2015)

用相关书籍。

(四)数据处理和分析

采用结构方程模型(SEM) 分析老年人居家养老满意度,主要利用 SPSS 的 AMOS 建模工具,根据问卷调查数据,对图 6-3 理论模型中各个因子之间的结构假设进行调整,以验证所假设的结构方程模型的合理性,测评数据的拟合程度。

(五)问卷设计与测量指标

基于上文模型假设,设计编制了调查问卷。其中,老年人居家养老的主观满意程度一题,选项以五级递减评分,包括非常满意、比较满意、一般、不太满意、不满意。此外,依照上文有关三个层次因子的划分,调查还包括其他三部分内容:(1) 老年人健康、经济条件,包括健康状况、家庭月收入、健康方面的月花销(自费)、健康及护理负担;(2) 老年人的社会支持网络状况,包括社区及周边的医疗与日常护理支持情况、家庭支持、邻里交往、社区参与等;(3) 居住及周边生活环境,包括住房面积、居住时间、住房权属、散步空间评价、养老设施评价、医疗设施评价、无障碍设施评价、社区服务质量评价、出行评价等。

(六)城市老年人生活、养老状况调查(问卷是本选项内容、价格等可调整)

城市老年人生活、养老状况问卷调查

您好! 本次调查是××一项养老调查研究。这是一次匿名调查,您的参与将为我们提供宝贵的资料,衷心感谢您的支持和参与!

调查时间:2×××年　　月　　日　　调查员:

调查地点:＿＿＿＿＿

一、基本情况

1. 您的年龄：

☐＜60 岁　　　　　☐60～65 岁　　　　　☐66～70 岁

☐71～80 岁　　　　☐＞80 岁

★ 性别：　　　　　☐男　　　　　　　　☐女

2. 现在和谁一起住？（可单选或多选）

☐自己住　　　　　☐配偶　　　　　　　☐子女

☐父母　　　　　　☐其他

3. 您的房子有＿＿＿＿＿＿＿平方米？在这儿住＿＿＿＿＿＿＿年了？

★ 住房属于哪种类型？

☐租的　　　　　　☐自己的房子　　　　☐亲属的房子

☐单位房　　　　　☐其他

4. 您从前的工作单位：

☐国企　　　　　　☐私企　　　　　　　☐机关事业单位

☐个体　　　　　　☐其他

5. 您家庭(不含子女)每月收入情况？

☐＜1000 元　　　　☐1000～3000 元　　　☐3001～5000 元

☐5001～10000 元　☐＞1 万元

★ 收入来源(多选)：

☐退休金　　　　　☐子女供给　　　　　☐保险或补贴

☐额外工作收入　　☐其他

6. 您的文化程度？

☐初中以下　　　　☐高中或中专　　　　☐专科

☐大学以上

★ 会上网么？

☐很熟练　　　　　☐会一些　　　　　　☐不会

☐不感兴趣

二、健康和护理现状

7. 您目前的身体状况：

☐很健康,完全自理　　　　　☐有些小病,能独立生活

☐需要一定照顾　　　　　　　☐离不开人照顾

★ 精神状况：

☐思维敏捷　　　　　　　　　☐记忆不好,经常忘事儿

☐轻度失智　　　　　　　　　☐重度失智

8. 您目前的生活由谁来照料?

□不需要　　　　　　□配偶　　　　　　□儿女/亲属

□保姆　　　　　　　□专业护理人员　　□其他

★ 主要需要哪些照料?(多选)

□日常生活　　　　　□医疗护理　　　　□心理抚慰

□外出办事儿　　　　□定期巡视

9. 您现在有保险么?(多选)

□有社会医疗保险　　□有商业保险　　　□无保险

10. 在健康和护理方面平均每月花销是?(包括看病,请护工、保姆,买保健品等,仅自费部分)

□<100 元　　　　　□100~300 元　　　□301~500 元

□501~1000 元　　　□1001~3000 元　　□>3000 元

★ 是否感到经济负担?

□很重　　　　　　　□一般　　　　　　□不太重

11. 您在健康和护理方面有哪些苦恼?(多选)

□身体不好　　　　　□感到孤单　　　　□子女难以照料

□找不到合适的家政、护理人员　　　　　□找不到合适的养老机构

□对住房不满意　　　□看病难　　　　　□医疗和护理费用太高

□其他

三、社区环境和公共服务

12. 您邻里交往多吗?

□很多　　　　　　　□一般　　　　　　□不多

您常参加社区活动吗?

□经常　　　　　　　□一般　　　　　　□偶尔

□很少

13. 您对小区周边的社区服务了解吗?

□很了解　　　　　　□了解　　　　　　□一般

□不了解　　　　　　□周边没有社区服务

14. 您利用了哪些社区服务?(多选)

□家政(打扫卫生、做饭、洗衣服)　　□医护

□陪伴、聊天　　　　□探访巡视　　　　□社区维权

□发放社区老人手机　　　　　　□租借健康医疗设施

□培训书法、电脑等　　　　　□其他

★ 常使用吗?

□经常　　　　　　　□偶尔　　　　　　□从来不用

★ 满意吗?

☐ 非常满意   ☐ 较满意   ☐ 一般

☐ 不太满意

★ 不常用或不满意的原因?(多选)

☐ 对象有限   ☐ 项目太少   ☐ 费用太高

☐ 质量不行   ☐ 其他

15. 您的交通出行方便吗?

☐ 非常方便   ☐ 一般   ☐ 不太方便

☐ 很不方便

★ 平均每天出行几次?

☐ <1 次   ☐ 1~2 次   ☐ 3~4 次

☐ 4 次以上

★ 每天出行多长时间?

☐ <30 分钟   ☐ 30~59 分钟   ☐ 1~2 小时

☐ 2 小时以上

★ 使用哪些交通工具?(多选)

☐ 步行   ☐ 自行车/三轮车   ☐ 公交/地铁

☐ 免费班车   ☐ 私家车   ☐ 其他

★ 出行的目的是?(多选)

☐ 散步   ☐ 买菜,购物   ☐ 工作

☐ 探访亲友   ☐ 参加活动   ☐ 其他

16. 社区周围的散步活动空间是否充足?

☐ 很好   ☐ 较好   ☐ 一般

☐ 不太好   ☐ 很不好

★ 社区周围的医疗设施是否充足?(如:医院、医疗站)

☐ 很好   ☐ 较好   ☐ 一般

☐ 不太好   ☐ 很不好

★ 社区周围的养老服务设施是否充足?(如:养老院、托老所、老年活动站)

☐ 很好   ☐ 较好   ☐ 一般

☐ 不太好   ☐ 很不好   ☐ 无

☐ 不了解

17. 您对社区周围的无障碍设施满意么?

☐ 很满意   ☐ 比较满意   ☐ 一般

☐ 不太满意   ☐ 很不满意   ☐ 不了解

四、养老意愿调查

18. 身体健康时您所希望的养老方式是_____? 高龄后独自生活有困难时,您所希望的养老方式是_____?

☐独立居家养老　　　　　　　　　☐靠子女赡养

☐社区服务型居家养老　☐去养老院　　　　　☐不知道

19. 如果将来居家养老,您希望社区能提供哪些服务?(多选)

☐家政(打扫卫生、做饭、洗衣服)　　☐医护

☐陪伴、聊天　　　　　☐探访巡视　　　　　☐组织社区维权

☐发放社区老人手机　　☐租借健康医疗设施

☐培训书法、电脑等　　☐其他　　　　　　　☐不希望

★ 您能承受的居家养老费用是每月_____元?(包括社区服务、请保姆等)

☐<500　　　　　　　　☐500～1000　　　　☐1001～1500

☐1501～2000　　　　　☐>2000

20. 进入社区日间托养所(收费、有护理人员、其他老人),您愿意吗?

☐愿意　　　　　　　　☐可以考虑　　　　　☐不愿意

★ 您对日间托养所最重视_____? 其次为_____?

☐助餐服务　　　　　　☐文化娱乐服务　　　☐收费

☐离家远近

21. 如果您想去养老机构,主要原因是:

☐不孤单　　　　　　　☐专业医护　　　　　☐减轻子女负担

☐其他

★ 如果不想去养老机构,主要原因是:

☐价格太贵　　　　　　☐离家太远　　　　　☐见不到子女

☐思想上接受不了

22. 如果选择机构养老,您最重视哪两个因素?

☐离家远近　　　　　　　　　　　☐可否常见到孩子/亲戚

☐价格　　　　　　　　　　　　　☐养老条件

★ 如果有以下 3 个机构可供选择,您想去哪一个?

☐条件较好,附近,民办(3000～3500 元/月)

☐条件一般,郊区,民办(1200～1500 元/月)

☐条件较好,郊区,民办(2000～2500 元/月)

★ 如果有以下 3 个机构可供选择,您想去哪一个?

☐条件一般,附近,公办(1500～2000 元/月)

　　□条件较好,附近,民办(2000～2500 元/月)
　　□条件一般,郊区,公办(700～1200 元/月)

　　养老机构主要费用包括住宿费、护理费和餐费(一般 600～1000 元),根据服务档次的不同,费用标准有所差异。

23.对您来说,最合适的住宿费标准是每月＿＿＿＿＿＿元?
　　□＜500(条件较差)　　　　　　□500～1000(条件一般)
　　□1001～1500(条件较好)　　　□1501～2000(条件很好)
　　□＞2000(条件非常好)

24.对您来说,最合适的护理费标准是每月＿＿＿＿＿＿元?
　　★ 简单护理:保洁、保健、组织活动、换洗被褥等(能独立生活老人)
　　□＜200　　　　　　□200～250　　　　　　□251～300
　　□301～350　　　　□＞350
　　★ 一般护理:保洁、保健、组织活动、送医送药、协助洗澡如厕、洗头理发等(独立生活有些困难老人)
　　□＜300　　　　　　□300～400　　　　　　□401～500
　　□501～600　　　　□＞600
　　★ 全面护理:送饭、喂饭喂水,帮助洗澡、如厕、行动等(不能独立生活老人)
　　□＜500　　　　　　□500～1000　　　　　□1001～1800
　　□1801～2500　　　□＞2500
　　★ 特殊护理:喂药进食,帮助大小便及清洗,专业护理人员 24 小时照料等(丧失活动能力老人)
　　□＜1000　　　　　□1000～2000　　　　　□2001～3000
　　□3001～4000　　　□＞4000

25.在生命最后阶段,您希望在哪里进行养护?
　　□养老院　　　　　　□自己或儿女家里　　　　□医院
　　□其他

五、老年人社会参与

26.您是否愿意做一些力所能及的工作?
　　□愿意做有报酬的工作　　　　　□只要有意义,没报酬也愿意
　　□不太愿意
　　□经验/技能相关工作　　□城市公益活动　　　　□社区管理
　　□邻里照顾　　　　　□其他
　　★ 愿意从事哪种工作? (多选)

★ 每天工作多久合适?

□<2 小时　　　　　□2~4 小时　　　　　□半天以上

□自由支配

27.如果提倡社区的老年人互相义务照顾,您愿意参与吗?

□愿意　　　　　　　□有选择的参与　　　　□有一定顾虑

28.如有房子,您愿意出售或出租,而在郊区或异地养老吗?

□愿意　　　　　　　□可以考虑　　　　　　□不愿意

29.如果年轻时可以按小时储存义务照料老年人的时间,年老时可享受到相
应时间的免费照料,您觉得可行么?

□可行　　　　　　　□不一定　　　　　　　□不可行

六、综合感受和希望

30.您现在感觉幸福吗?

□非常幸福　　　　　□比较幸福　　　　　　□一般

□不太幸福　　　　　□不幸福

31.您对社会养老服务政策有哪些担忧? (多选)

□社会保障政策力度不够　　　　□养老费和看病费太贵

□缺少高水平的护理人员　　　　□服务设施不够

□服务质量不高,不规范　　　　□看病难

□其他　　　　　　　　　　　　□没有担忧

32.您在养老服务设施方面有什么要求? (多选)

□增加养老院,提高服务质量

□社区里建设多种形式的老年生活服务设施

□增加无障碍设施　　　□多建一些公园　　　□其他

问卷来源:中科院地理所养老研究课题组

(七)实习步骤

(1)掌握老年人居家养老满意度评价相关理论和方法,根据研究目的,选择
相关研究方法以及研究区域(社区类型)。

(2)收集评价老年人居家养老满意度所需的相关数据,主要是在不同类型
区域(社区),通过问卷调查获得相关一手数据。

(3)运用相关方法和模型对获得的一手调查数据进行分析、处理与数据
挖掘。

(4)对数据分析的结果进行分析和归纳总结,总结老年人生活状况、养老模
式选择、分析得到居家养老满意度的关键影响因素、社区差异等信息,并据此提
出相应的政策建议和改进措施。

（5）撰写某城市社区老人养老状况、养老模式选择以及居家养老满意度调查报告。

（八）练习

根据本节所述专题调查实践指导，完成某城市社区老年人生活状况、养老模式选择以及居家养老满意度影响因素及社区差异评价。

（九）案例

以下文献中有详细调查说明可作为案例：

颜秉秋，高晓路．城市老年人居家养老满意度的影响因子与社区差异[J]．地理研究，2013，7—11．

胡仕勇，李洋．农村老年人家庭养老满意度的影响因素分析[J]．中国农村经济，2012（12）：71—79．

李放，沈苏燕，谢勇．农村老人养老状况及其满意度的实证研究——基于南京市五县区的调查数据[J]．开发研究，2010（1）：58—61．

参考文献：

[1]Batty M. Smart cities, big data[J]. Environment and Planning B，2012，39(2):193.

[2]Liu X，Long Y. Automated identification and characterization of parcels with Open Street Map and points of interest[J]. Environment and Planning B: Planning and Design，2013:DOI:10. 11771026581351560 4767.

[3]Long Ying，Han Haoying，Yu Xiang. Discovering Functional Zones Using Bus Smart Card Data and Points of Interest in Beijing. http://www. beijingcitylab. com/working-papers-1/wp1-20/，2012-06-13.

[4]陈明星．城市化领域的研究进展和科学问题[J]．地理研究，2015，34(4):614—630.

[5]陈喆，王慧君，陈未．北京社会养老设施的调查与研究[J]．城市规划，2013，51—59

[6]方亮．过程视角下的国内城镇化研究综述[J]．昆明理工大学学报（社会科学版），2013(5): 29—34

[7]风笑天，现代社会调查方法[M]．武汉：华中科技大学出版社，2005.

[8]高晓路，颜秉秋，季珏．北京城市居民的养老模式选择及其合理性分析[J]．地理科学进展，2012，31(10):1274—1281.

[9]顾朝林，陈璐，王栾井．论城市科学学科体系的建设[J]．城市发展研究，2005，11(6): 32—40.

[10]顾朝林．科学发展观与城市科学学科体系建设[J]．规划师，2005，21(2):5—7.

[11]何念如．中国当代城市化理论研究（1979—2005）[D]．上海：复旦大学，2006.

[12]胡芳肖，张美丽，李蒙娜．新型农村社会养老保险制度满意度影响因素实证[J]．公共管理学报，2014(4):95—104.

[13]胡仕勇，李洋．农村老年人家庭养老满意度的影响因素分析[J]．中国农村经济，

2012(12):71—79.

　　[14]华飞.英国的"迈达斯灾祸"——对第一个工业化国家"城市病"的探讨[J].都市文化研究,2008(5):295—306.

　　[15]纪晓岚.关于城市化研究方法与理论建构的反思[J].福建论坛:人文社会科学版,2015(1):147—152.

　　[16]黎瑞,苏保忠.农民对新型农村养老保险满意度分析——基于河北省3个县的调研[J].调研世界,2014(1):39—42.

　　[17]李放,沈苏燕,谢勇.农村老人养老状况及其满意度的实证研究——基于南京市五县区的调查数据[J].开发研究,2010(1):58—61.

　　[18]龙瀛.城市大数据与定量城市研究[J].上海城市规划,2014(5):13—15

　　[19]龙瀛,茅明睿,毛其智等.大数据时代的精细化城市模拟:方法,数据和案例[J].人文地理,2014,29(3):7—13.

　　[20]吕欣,李鹏.大数据时代传统统计模式变革探析[J].宏观经济管理,2015(8):37—38

　　[21]钱建平,周勇,杨信廷.基于遥感和信息熵的城乡结合部范围界定——以荆州市为例[J].长江流域资源与环境,2007,16(4):451—455.

　　[22]任荣荣,张红.城乡结合部界定方法研究[J].城市问题,2008(4):44—48.

　　[23]任致远.关于城市科学学科内容的思索[J].城市发展研究,2005,12(1):1—7.

　　[24]宋俊岭.西方城市科学的发展概况(二)[J].北京城市学院学报,2007(3),12—15

　　[25]孙世民,李世峰.基于熵权的城乡结合部地域特征属性模糊界定研究[J].运筹与管理,2005,14(6):82—88.

　　[26]屠启宇.国际城市蓝皮书:国际城市发展报告(2012)[M].北京:社会科学文献出版社,2012.

　　[27]王芳,高晓路,许泽宁.基于街区尺度的城市商业区识别与分类及其空间分布格局——以北京为例[J].地理研究,2015,34(6):1125—1134.

　　[28]王国平.坚持以钱学森系统科学理论与方法研究城市剖析城市治理城市[J].城市学研究.2014(第8辑)

　　[29]王国平著、城市学总论(上册)[M].北京:人民出版社,2013.

　　[30]王红扬.中国城市化研究的范式转型——基础方法论[J].现代城市研究,2010(4):6—11.

　　[31]王娟,杨贵庆.上海城市社区类型谱系划分及重点社区类型遴选的研究[J].上海城市规划,2015(4):6—12.

　　[32]王颖,杨贵庆.社会转型期的城市社区建设[M].北京:中国建筑工业出版社,2009.

　　[33]吴良镛.中国城市发展的科学问题[J].城市发展研究,2004,11(1):9—13.

　　[34]吴明隆.结构方程模型:AMOS的操作与应用(第二版)[M].重庆:重庆大学出版社,2010.

　　[35]吴启焰,崔功豪.南京居住空间分异特征及其形成机制[J].城市规划,1999(12):24—26.

　　[36]吴智慧.科学研究方法[M].北京:中国林业出版社,2012.

　　[37]仵宗卿,戴学珍.北京市商业中心的空间结构研究[J].城市规划,2001,25(10):15—19.

[38]奚雪松,王雪梅,王凤娇,等.城市高老龄化地区社区养老设施现状及规划策略[J].规划师,2013(1):54—59.

[39]许学强,周一星,宁越敏等.城市地理学[M].北京:高等教育出版社,1997.

[40]闫彦明.产业转型进程中城市病的演化机理与防治研究[J].现代经济探讨,2012(11):9—13.

[41]颜秉秋,高晓路.城市老年人居家养老满意度的影响因子与社区差异[J].地理研究,2013,7—11.

[42]颜秉秋,高晓路,袁海江.城市社区老人居家养老满意度的结构方程模型[J].中国老年学杂志,2015(21):6211—6215.

[43]杨张乔.我国城市社区结构和治理的人文区位学分析[J].社会科学,2007(6):72—80.

[44]于文波.城市社区规划理论与方法研究[D].杭州:浙江大学,2005.

[45]张珣,钟耳顺,张小虎,等.2004—2008年北京城区商业网点空间分布与集聚特征[J].地理科学进展,2013,32(8):1207—1215.

[46]中国科学技术协会主编.城市科学学科发展报告 2007—2008[M].北京:中国科学技术出版社,2008.

[47]周新宏.杭州市区社会养老设施现状及发展对策研究[J].西北人口,2007,28(2):88—92.

[48]周一星.城市研究的第一科学问题是基本概念的正确性[J].城市规划学刊,2006(1):1—5.

第七章　三农和社会主义新农村调查

　　我国是一个农业大国,虽然目前我国的城镇化率超过 50％,但仍有 6 亿多农村人口居住生活在农村。即便未来一段时期中国城镇化水平能够达到 60％甚至更高,仍将有近 5～6 亿人居住在地域广阔的农村,为全中国 14～15 亿人口提供与农业有关的各类产品和服务(李裕瑞等,2013)。农村稳定始终是全国稳定的前提,农村和农业发展始终是全国发展的基础,农村的状况在很大程度上决定了整个国家的命运,要正确认识中国社会、洞察国情,就必须深刻认识中国广大农村,不了解中国农村,就不可能了解中国社会。因而,从根本上说,开展农村调查,对研究中国经济社会问题,具有决定性的意义。此外,就中国农村本身而言,地区广大,情况复杂,许多类型不同的农村存在不同的风俗习惯和社会生活方式。所谓"十里不同风,百里不同俗",反映出广大农村社会生活的复杂性和多样性。另外,从工作的对象来看,农业、农村、农民是农村工作的主体,做好农村工作必须了解"三农",通过深入实际、深入农村,将大量和零碎的材料去粗取精、去伪存真、由此及彼、由表及里加以综合分析,透过现象抓住本质,找到事物的内在规律,在此基础上才能提出切实可行的政策建议或做出正确的工作决策。因此,要正确认识中国农村社会的现状,了解广大农村的情况和要求,预测和引领农村社会的变化,更好地建设社会主义新农村,就必须进行周密、科学的农村社会调查。

第一节　农村调查综述

一、农村社会调查及调查方法

(一)农村社会调查的含义

　　农村社会调查是用科学的、系统的、有程序的、有目的的方法去观察农村社会的各种事物和各种现象,分析农村各种社会现象、社会问题及其之间的内在联系,探索农村社会发展规律及其变化趋势的社会实践活动(范水生,2007)。为了保证农村社会调查所搜集的资料具有客观性与正确性、保证分析资料的科学性,农村社会调查必须拥有一套收集与分析资料的科学方法,即农村社会调查必须在科学的方法指导下,拥有一套科学的研究方式与具体的资料收集与分析方法和技术。实质上,农村社会调查方法也应遵循一般社会调查方法所遵循的基本原理与原则,它是一般社会调查方法根据调查区域或调查对象所划分的一种类型,与城市社会调查方法相对应。

在我国,农村社会调查与城市社会调查区域、调查对象是不同的,主要是由于作为农村社会主体的农民,其教育水平、价值观念、生活方式、社会组织与群体形式有别于城市社会中的市民,在城市社会调查中具有很好适用性的调查方法,在农村社会调查中不一定适用。另外,由于我国城乡差别较大,农村的发展水平远远低于城市社会。城乡所显现的社会现象、社会问题及其表现形式也存在着巨大差异。因而,我们对城乡社会现象、社会问题关心的重点也各异,这必然会导致在同一时期内城乡社会调查的侧重点的差异。即不同的调查内容选用的调查方法是有差别的。

(二)农村调查的主要方法

农村调查方法在整个农村调查研究活动中居于关键地位。基于一定调研目的,采取什么方式和手段收集第一手资料,把所要研究的农村客观情况了解清楚,事关整个调研活动的成败。开展农村调查的方法很多,从调查对象所涉及范围来分类,通常有全面调查、抽样调查、典型调查和个案调查等;从收集资料的具体方式上分类,又可分为统计报表法、座谈会法、个别访谈法和观察法等。每一种方法都各有特点,适用于不同的调研目的、条件和要求(金国峰,2008;张克云,2011;孙中华,2015)。

全面调查,是对全部研究对象进行无一遗漏的调查,是最全面和最准确的一类调查,主要适用于掌握一定时期内某一区域农村经济社会实际的总体状况。全国统一组织开展的农业普查即为此种调查类型。其不足是需投入大量人力、物力、财力,成本高,时间周期相对较长。

抽样调查,是一种非全面调查,是从全部对象中随机抽取一部分作为样本进行调查并通过样本结论推及总体状况的调查方式。与全面调查相比,抽样调查既可以节省时间和人力、物力、财力,时效性强,又可以比较准确地推断总体状况,代表性也较强,在农村调查实践中得到广泛应用。如国家统计局开展的农村住户家庭收支状况统计就是采用抽样调查的方式。需要注意的是,应用抽样调查需要严格遵守抽样程序,否则会影响推断总体的准确性。

典型调查,是选择有代表性的点进行调查,其特点是运用共性寓于个性之中的道理,通过深入解剖"麻雀",以少量典型来概括或反映全局,发现带有普遍性的规律。这种方法最大的好处是可以深入下去,能够对所选择的特定对象进行深入了解,节省时间和人力,但推断总体时其代表性可能出现偏差。目前我国各级农业部门下基层搞调研,包括近年来农业部组织机关干部开展的调查和领导干部定期到基层联系点的调查,大多采取这种方法。由中央政策研究室、农业部共同领导,农业部农村经济研究中心承担实施的全国农村固定观察点调查系统,大体也属于此种调查类型。自 1986 年正式建立以来,该调查系统对全国不同类型的 360 个行政村连续进行了近 30 年的观察和研究,为中央有关部门了解农村基层情况、研究制定农村政策提供了大量第一手材料,发挥了独特的决策咨询作用(孙中华,2015)。

　　个案调查,也是从总体中选取一个或几个调查对象进行深入、细致调查,与典型调查没有太大的区别。所不同的是,个案调查重在描述和解释个体的行为,而不试图以少量对象来概括或反映总体的状况。

　　就收集资料的具体方式而言,上述四种调查方法中的前两项即全面调查和抽样调查,一般采用统计报表法、问卷法;而典型调查和个案调查则以座谈会法、个别访谈法、观察法为主,统计报表法和问卷法辅之。统计报表调查是一种统计调查,主要以统计表形式来反映调查对象或事物现象的数量特征,为规模、速度、结构等统计分析服务。问卷调查是社会调查研究的一种常用方法,主要以问卷形式了解被调查人对某社会问题的认知程度或态度,将能够说明社会问题的概念转化为可测量的变量。召开座谈会和进行个别访谈是农村调研的传统做法,应用最为广泛,座谈会比个别访谈信息量大、省时,但不如个别访谈具体、深入。观察调查即通常说的蹲点调查,同被调查人生活在一起,作为他们中的一员去细致观察他们,对客观实际进行深度了解。

二、农村社会调查的基本特点

　　社会调查是人们认识社会和改造社会所采用的方法或手段。调查方法的选取是受客体制约的,一定的调查方法必须与一定的调查对象相适应,随着调查对象的不同,所选用的调查方法也应各异。农村社会调查的对象包括农村社会的组织、群体、个人等,不仅具有一般社会调查所必须遵循的共性原则,而且还有其独特的个性原则(钟涨宝,2002)。想要科学地开展农村社会调查,取得最佳的效果,必须认识农村社会调查的基本特点。

(一)农村社会调查方法适用范围的区域性

　　我国农村幅员辽阔,各地自然条件、历史传统、经济水平、文化水平、社会分化程度等有着巨大差异。如我国东部沿海地区的广大农村,农业发展历史悠久,农业生产条件比较协调,是我国农、林、渔、副业的集中区,也是人口密集地带,交通、通信条件较其他地区相对方便。长期以来,该区域是我国农村经济、社会的发达地区。进入 1980 年代以后,这一地区随着乡镇企业的崛起和城市化进程的不断加速,大大促进了农村社会结构的分化与整合,农村社会的基本构成格局与其他地区相比出现了很大的差异。农村社会调查的区域性必须在具体实践基础上,坚持典型性原则和代表性原则,选用适宜的调查方法。

(二)农村社会调查的艰巨性

农村社会调查的艰巨性突出表现在农村社会的分散性。我国千百万个自然村落分散分布,构成广大农村的基本格局。加之我国境内山岭纵横,地形复杂,山地、丘陵等地势起伏面积约占全国总面积的 60% 以上,到这些地区进行社会调查,首先需要克服交通和语言上的障碍,才能取得可靠的第一手材料。其次,农民文化程度低下,给农村社会调查工作带来了困难。虽然我国农民的文化水平有了很大提高,但与城市相比较,差距还很大。有时通信、问卷等书面调查法较为困难,调查人员应亲身访谈,直接观察。再次,受我国现阶段农村统计工作队伍的影响,农村统计资料十分匮乏。

(三)农村社会调查的季节性

农村社会调查反映在时间上,与城市社会调查相比较,具有明显的季节性。我国农村的经济结构正在发生着巨大变革,特别是十一届三中全会以后,乡镇企业的崛起大大改观了以往农村产业结构单一的局面,但农业作为农村的主要产业部门在整个经济结构中仍然占据着基础地位,即使是二、三产业特别发达的沿海地区,在农忙季节从事二、三产业工作的农村劳动人口也要回到农业生产第一线。农业生产的季节性特点,决定了农村社会调查在时间选择上也应充分考虑到季节性。

三、农村社会调查的意义

调查研究是各级各部门的一项重要职责,也是从事农业农村工作广大干部和科研工作者把握"三农"发展规律、提高农业农村工作水平、抓好工作落实的前提和保证。做好农村工作必须真正了解"三农"的实际情况,只有深入到田间地头,深入开展调查研究,才能摸准农村工作内在规律,在此基础上提出切实可行的政策建议或作出正确的决策。

重视和坚持调查研究,是我们党的优良传统。习近平总书记在《谈谈调查研究》一文中指出:"马克思主义的辩证唯物主义、历史唯物主义世界观和方法论,党的实事求是的思想路线,党的从群众中来、到群众中去的根本工作路线,都要求我们的领导工作和领导干部必须始终坚持和不断加强调查研究",是对"没有调查就没有发言权"著名论断的进一步深化。"三农"工作是全党工作的重中之重,实现农业强、农村美、农民富的目标,任务艰巨,需要研究解决的难题很多;农业生产是自然再生产与经济再生产交织在一起的特殊经济活动,人多地少水缺是我国的基本国情,解决"三农"问题一定要吃透这种特殊性。另外,我国农村地域性差异大,各地经济、社会发展水平不一,做好"三农"工作一定要因地制宜,一切从实际出发。目前,我国农业生产经营方式正在发生深刻变化,农村经济结构正在发生重大调整,乡村治理机制和农民思想观念正在发生深刻变化,不深入调查研究,我们的工作就很难适应这些变化。"三农"工作的重要性、特殊性、复杂性,以及目前面临的新情况和新问题,要求我们只有不断加强农村调查研究,始终坚持问政于民、问需于民、问计于民,才能从根本上保证党的"三农"方针政策的贯彻执行和工作决策的正确制定,在工作中尽可能防止和减少失误,履行好服务"三农"的职责。另外,随着我国的农村改革的深化,农村中的一些深层次问题不断涌现,三农工作既有机遇,又有挑战。通过调研能够发现一些地方在农村建设的认识和实践中存在诸多问题与误区,提高政府决策的正确性和有效性。要实现农业农村经济和社会事业又好又快发展,做好农村调研工作意义重大。

第二节 村级组织和村域经济调查

农村村级组织,直接同群众打交道,是党和政府联系农民群众的桥梁,是村内各项工作的领导核心。村级组织工作的好坏,不仅直接关系到广大群众的利益,而且会影响党和政府的形象。基层党组织在认真贯彻党的路线、方针、政策,积极带领党员和群众治穷致富,发展农业生产等方面,担负着极其重要的责任。当前,我国经济发展进入新常态,农业生产和农村发展正面临着一系列重大挑战和考验,为了更好地了解农村村级组织和村域经济的现状及存在的问题,开展村级组织和村域经济调查,可以完善我国广大农村地区的基层组织管理,并为社会主义新农村和美丽乡村建设提供重要组织保障和支撑。

一、村级党组织调查

(一)调查目的

调查基层党组织在贯彻党的路线、方针、政策,积极带领党员和群众治穷致富,发展农牧业生产,发展村集体经济等方面发挥的作用及村民对其工作的认可程度,可为完善农村基层党组织的先锋模范作用、加强基层村庄管理水平提供依据。

(二)调查范围与对象

县域典型村庄。根据县域大小,每县随机抽选若干个基层党支部进行调查。调查对象包括:村支书、村内党员、村民等。

（三）调查方式

以问卷调查为主、座谈为辅的形式开展调查。

（四）调查问卷设计

调查问卷一：农村基层党组织现状调查问卷

一、党支部书记情况：

　　1.支部书记年龄：＿＿＿＿＿＿岁

　　2.支书性别：□男　　　□女

　　3.支书文化程度：

　　　　□大专以上　　　　　　□高中或中专　　　　　　□初中

　　　　□小学　　　　　　　　□文盲

　　4.支书入党时间：＿＿＿＿＿＿

　　5.担任支书年限：＿＿＿＿＿

　　是否连任：□是　　　□否

　　是否愿意担任支书工作？□愿意　　　□不愿意

　　如不愿意，原因是什么？

　　□费力不讨好　　　□怕得罪人　　　□其他（请写明）

　　6.支部书记在工作中，最大的困难和最难办的事情是什么？

　　＿＿＿＿＿＿＿＿＿＿＿＿＿＿＿＿＿＿＿＿＿＿＿＿＿＿＿＿＿＿

二、党支部成员共有＿＿＿＿＿＿人。其中：有辞职想法的有＿＿＿＿＿＿人。

三、支部党员共有＿＿＿＿＿＿人，其中：男性＿＿＿＿＿＿人，女性＿＿＿＿＿＿人。

　　(1)党员的平均年龄＿＿＿＿＿＿岁；

　　(2)有退党想法的有＿＿＿＿＿＿人，原因是：＿＿＿＿＿＿＿＿＿

四、从2000年以来，支部共发展党员＿＿＿＿＿＿人。其中：男性＿＿＿＿＿＿

人，女性＿＿＿＿＿＿人。

五、党组织抓党员的思想政治工作情况：（选一项答案打"√"，以下相同）

　　□经常抓　　　　　　□有时抓　　　　　　□没有抓

　　组织党员学习是否经常：

　　□经常学　　　　　　□限时学　　　　　　□没有学

　　党员的光荣感和责任心是否普遍：

　　□很强　　　　　　　□较强　　　　　　　□一般

　　□不太强　　　　　　□很差

　　能发挥党员的模范带头作用的有＿＿＿＿＿＿人。

六、支部的组织生活,是否按月举行?

　　□按月开□时常开□有时开

　　□很少开□从不开

　　不能经常参加组织生活的有_____人。

　　组织生活的主要内容有哪些?(请简述)

　　_____

　　_____

七、党组织能不能带领好群众致富?

　　□能带领好　　　□带领得较好　□一般

　　□带领得不太好　□不能带领。

八、党组织和党员在群众中的威信如何?

　　□一般　　　　　□较高　　　　□较低　　　　　　□低下

九、您对党组织的看法:

　　□按政策办事,带领群众致富　　　　□按政策办事,但办法少

　　□不按政策办事　□不团结互相拆台　□瘫痪、半瘫痪

二、村干部访谈

(一)调查目的

　　深入了解村级基层干部在工作、干群关系以及政治思想等方面存在的问题,为县级和镇级政府加强农村基层组织建设、制定基层干部培训规划提供依据。

(二)调查范围与对象

　　根据县域大小,每县随机抽选若干典型村,对所选取典型村庄的党支部成员、村委会成员和村民小组成员进行调查。

(三)调查方式

　　以问卷调查为主、座谈为辅的形式开展调查。

(四)调查问卷设计

调查问卷二:"村域发展与新农村建设"村干部访谈问卷

时间:　年　月　日;　　　　　　　地点:　县(市)　乡(镇)　村

1.本村距离县城_____公里;距离乡镇政府驻地_____公里;距离最近的集市_____公里

2. 本村总人口 _____ 人,农业人口 _____ 人,总户数 _____ 户;劳动力(16~60岁)总数 _____ 人,其中,常年村外就业(一年及以上)劳动力 _____ 人。

3. 本村农民人均纯收入 _____ 元;本村村民来自政府的政策性补贴项目及金额是:

☐ 粮食直补(_____ 元/亩)   ☐ 医保(_____ 元/人)

☐ 社保(_____ 元/人)   ☐ 其他(_____ 元/人)

4. 村里是否拥有以下设施(可多选):

☐ 小学   ☐ 卫生室

☐ 公共文化娱乐设施   ☐ 自来水管道

☐ 太阳能或其他新能源   ☐ 超市

5. 村农业生产水资源的保障程度

☐ 能够满足需求   ☐ 基本满足需求   ☐ 不足

6. 本村宅基地共计 _____ 宗,其中,已经无法居住的宅子 _____ 宗,可居住但1年以上无人居住的宅子 _____ 宗。

7. 近五年本村村民取得的宅基地,主要占用了下列哪些土地?

☐ 老宅基地   ☐ 村内空地   ☐ 耕地

☐ 其他农用地   ☐ 其他

本村有2处或以上宅基地的户数有 _____ 户,"一户多宅"现象主要是什么原因造成的?(可多选)

☐ 祖上传下来的

☐ 为子女将来结婚准备而申请的宅基地

☐ 原有宅基地不够用,另建新住宅

☐ 原有宅基地不够用,购买别人房屋

8. 本村村民之间宅基地流转的主要形式为?

☐ 租赁   ☐ 征收   ☐ 买卖   ☐ 其他

9. 对于闲置的宅基地,现在村里是如何处理的?

☐ 收回   ☐ 无人管理   ☐ 其他

10. 对于闲置的宅基地,您认为应该如何处理?

☐ 保持原状   ☐ 村集体无偿收回

☐ 村集体收回并给予补贴

☐ 对宅基地统一整理,建设集中居住区   ☐ 其他

11. 您觉得本村建房高峰期是在什么时候?什么时候开始出现宅基地闲置的?什么原因导致了这种现象?有没有出现人口大量外出就业?全家外迁占多大比重?

三、村级经济与村办企业调查

(一)调查目的

村级经济是农村集体经济的基础,而村办企业是村级经济的中流砥柱。它不但使农民获得收入,而且对加强农村基层组织建设,提高生产服务水平,增加集体凝集力等都有重要意义。因此,村级经济与村办企业调查主要是摸清村级各种经济活动、村办企业开办及其社会化服务和促进农村商品经济的发展等情况,为上级党政部门制定农村经济政策、指导农村经济工作提供依据。

(二)调查范围与对象

根据县域村级经济发展情况,按照经济发展的高、中、低三个水平,在每个水平上选取 2~3 个典型村,开展村级经济与村办企业调查。

(三)调查方式

以问卷调查为主、座谈为辅的形式开展调查。

(四)调查问卷设计

调查问卷三:村域经济与村办企业调查

1. 驻村企业基本情况

企业名称	本地建厂时间(年/月/日)	所属门类(性质)	用地规模(亩)	总投资(万元)	年产值(万元)	年利税(万元)	从业人数(人)

2. 本村的经济发展大概起步于 _____ 年

　标志性事件是什么? _____

3. 请您详细介绍本村的发展历程;不同过程中,可能的影响因素及其作用效果

_____

注:如果本村的村域发展具有较好的区域代表性或研究价值,问卷调查可继续往下开展。

4. 本村的自然资源(水资源、土地资源等)对村庄发展的作用体现在什么方面?

_____

您觉得自然资源对本村发展的作用大小如何?

☐非常大　　　　　☐比较大　　　　　☐一般

☐比较小　　　　　☐非常小

5. 本村的交通区位对村庄发展的作用体现在哪些方面?

您觉得交通区位对本村发展的作用大小如何?

☐非常大　　　　　☐比较大　　　　　☐一般

☐比较小　　　　　☐非常小

6. 本村的经济基础(比如是否以前就有很好的积累)对村庄发展的作用体现在哪些方面?

您觉得经济基础对本村发展的作用大小如何?

☐非常大　　　　　☐比较大　　　　　☐一般

☐比较小　　　　　☐非常小

7. 本村的传统文化与习俗对村庄发展的作用体现在哪些方面?

您觉得传统文化与习俗对本村发展的作用大小如何?

☐非常大　　　　　☐比较大　　　　　☐一般

☐比较小　　　　　☐非常小

8. 本村的村庄能人(本村的企业家,或是对本村发展有帮助的企业家)对村庄发展的作用体现在哪些方面?

您觉得村庄能人对本村发展的作用大小如何?

☐非常大　　　　　☐比较大　　　　　☐一般

☐比较小　　　　　☐非常小

9. 在村庄发展过程中,村民是否体现出了团结一致、共同奋斗的风貌? 这种参与性对村庄发展的作用如何?

您觉得村民的参与性对本村发展的作用大小如何?

☐非常大　　　　　☐比较大　　　　　☐一般

☐比较小　　　　　☐非常小

10. 本村的关系网络(如本村在县乡乃至省市政府部门有亲戚朋友等,能在某些方面"照顾"到本村)对村庄发展的作用体现在哪些方面?

您觉得关系网络对本村发展的作用大小如何？

□非常大　　　　　　□比较大　　　　　　□一般
□比较小　　　　　　□非常小

11.制度创新(土地流转制度、企业管理制度、专业合作组织)对村庄发展的作用体现在哪些方面？

_____

您觉得制度创新对本村发展的作用大小如何？

□非常大　　　　　　□比较大　　　　　　□一般
□比较小　　　　　　□非常小

12.技术进步(农业生产、农产品加工业等产业领域)对村庄发展的作用体现在哪些方面？

_____

您觉得技术进步对本村发展的作用大小如何？

□非常大　　　　　　□比较大　　　　　　□一般
□比较小　　　　　　□非常小

13.国家和县乡政府的政策行为(政府扶持)对村庄发展的作用体现在哪些方面？

_____

您觉得政府政策行为对本村发展的作用大小如何？

□非常大　　　　　　□比较大　　　　　　□一般
□比较小　　　　　　□非常小

14.市场环境与市场需求(良好的市场秩序)对村庄发展的作用体现在哪些方面？

_____

您觉得市场条件对本村发展的作用大小如何？

□非常大　　　　　　□比较大　　　　　　□一般
□比较小　　　　　　□非常小

15.宏观经济与制度环境(稳定的宏观经济环境等)对村庄发展的作用体现在哪些方面？

_____

宏观经济与制度环境对本村发展的作用大小如何？

□非常大　　　　　　□比较大　　　　　　□一般
□比较小　　　　　　□非常小

16. 村庄发展进程中,是否也有一些偶然性因素,如果有,是什么,有何作用?

_____

您觉得偶然性因素对本村发展的作用大小如何?

□非常大　　　　　　□比较大　　　　　　□一般

□比较小　　　　　　□非常小

17. 您觉得还有哪些因素对本村的发展起到了积极作用? 其作用主要体现在哪些方面?

_____

18. 您觉得本村经济得以快速发展的内在原因主要是什么? 第一位_____

第二位_____　第三位_____

□自然资源丰富　　　□地理区位好　　　□经济基础好

□传统文化好　　　　□村庄精英带动

□关系网络好,贵人相助　　　　　　　□其他

19. 您觉得本村经济得以快速发展的外在原因主要是什么? 第一位_____

第二位_____　第三位_____

□制度创新　　　　　□技术进步　　　　□政府政策好

□市场环境好　　　　□宏观经济与制度环境好

□其他

20. 本村发展相对成功的主要经验有哪些?

_____

21. 当前本村在产业和经济发展存在哪些问题?

_____

22. 当前本村的人文文化和生态环境建设存在哪些问题?

_____

23. 您任职以来最想为村里做的是什么事,为什么? 成功了么,为什么成功(失败)?

_____

24. 您任职以来非常想做而没有做成功的事是什么,为什么想做,为何没能成功?

_____

25. 村庄日常管理过程中出现的主要问题(如:土地管理问题、纠纷的主要类型、村集体收入等):

_____

26.如果要将本村的发展模式(道路、经验、教训)向外界推广,您觉得需要向
其他村的人说些什么?

_____

27.近年本村是否有农民进城落户?该农户是怎么想的?村民是怎么看的?
如果户籍制度放开,有条件的村民是否会选择进城落户?您认为户籍制
度改革可能给本村的发展带来哪些效应?

_____

28.新农村建设提出以来,本村是否有所行动,有何成效?

_____

29.当前本村发展最迫切需要做的是什么?其次呢?各需要哪些方面的投
入?需要政府提供哪些方面的帮助?

_____

30.请您谈谈对村域发展和新农村建设的看法、建议:

_____

31.村庄人口大量外迁,您觉得对本村发展有什么影响?(农业生产、经济、服
务设施、就业、乡土文化等)您对此有何设想与建议?您希望未来的村庄
应该是什么样的?(产业、村庄形态、建筑形式、村庄规模、人民生活等)

32.新农村建设已经实施近5年,您觉得村里有何积极变化?有何消极变
化?新农村建设实施中存在哪些问题?您觉得新农村建设政策应该从
哪些方面去完善(生产、生活、乡风、村容、管理及其他)?

_____

被调查人:　　　　　　　电话:　　　　　　　职务:

第三节　土地承包经营权和农业规模经营调查

20世纪80年代初期的农村土地家庭承包责任制被认为是中国20世纪最
成功的经济改革政策和制度安排,它提高了农户生产积极性以及农业和土地产
出效率。但从20世纪80年代末以后,农业生产却出现了增长缓慢甚至停滞的
现象,土地承包经营权的弊端不断显现(俞海等,2003)。在此背景下,中国特色
的农业规模经营尝试探索"从不变起步,走渐变之路"(廖西元等,2011)。由于
中国社会经济发展的地域性差异,多种规模经营形式并存的格局将长期存在,

规模经营从低级形式向高级形式发展是必然的历史过程。开展土地承包经营权和农业规模经营调查,刻画我国农业发展的过程、特点及其演进路径,能够为我国现代农业的发展注入更大动力。

一、土地承包经营权承包调查

(一)调查目的

土地是农业生产的基础,因此加强土地管理,珍惜和合理利用土地,稳定并逐步扩大现有耕地面积,对农业生产和整个国民经济的发展都具有重要意义。目前农村土地,绝大部分是实行家庭联产承包责任制,因而了解农户对承包土地经营、合理利用、提高地力等情况,为土地承包政策的调整提供决策参考。

(二)主要调查内容

查清发包方、承包方的名称,发包方负责人和承包方代表的姓名、地址、承包方土地承包经营权权属等信息;查清承包地块的名称、面积、四至、空间位置、土地用途等信息。

(三)调查方式

以问卷调查为主,座谈为辅的形式开展调查。

(四)调查问卷设计

调查问卷四:村庄土地承包经营权调查

一、基本情况:

　　1.家庭人口_____人。

　　2.劳动力_____人,其中农业劳动力_____人。

　　3.承包耕地_____亩,共有_____块。

二、您家当时承包耕地的方式是:

　　□按人口平均;

　　□按人口承包口粮田,按劳动力承包责任田

　　□按劳动力承包。

三、实行土地承包责任制以来,您村承包的耕地是否有变动?

　　□未变动　　　　　　　　□变动一次

　　□变动二次　　　　　　　□变动三次或三次以上

四、您对承包地是否有调整的要求?

　　□没有　　　　　□有

五、您承包的耕地，是否有改为其他用途？

☐挖鱼塘_____亩 　　☐种果树、苗木_____亩

☐香菇、食用菌_____亩 　　☐挖土烧砖窑_____亩

☐盖房_____亩 　　☐抛荒_____亩

☐转让承包权_____亩

六、您认为目前承包耕地：

☐耕地过于集中 　　☐耕地过于分散，要求调整

☐维持现状

七、现在，您对承包耕地的积极性：

☐提高 　　☐差不多 　　☐下降

八、您对家庭联产承包责任制的要求是：

☐稳定不变 　　☐要适当调调

☐要发展完善 　　☐要改变

九、目前，您继续承包耕地的原因：

☐为了获得口粮等农产品和部分经济收入

☐只是种地，别无其他生产门路

☐利用外出打工的剩余时间种地

☐行政规定的压力

☐保留耕地的承包权，准备将来解甲归田

☐其他

十、您承包地的地力比实行责任制初期：

☐提高 　　☐差不多 　　☐下降

如果地力下降，原因是：

☐化肥用得多，农家肥用得少 　　☐水土流失

☐化肥施得少 　　☐只管种，不施肥

您对地力下降有什么打算？

☐打算采取措施，增强地力 　　☐任其自然发展

十一、目前，您对现有承包地的规模有什么打算？

☐扩大承包地

☐只维持原来规模

☐保留口粮田。其余地转出去

☐不打算经营承包地，全部转让出去

十二、您认为当年承包地,现在是否要调整。

	赞成	较赞成	较反对	反对	无所谓
1.当年按人或劳力承包土地,现在的人口和劳力变动较大,因而,应该调整					
2.为了农民种地、养地,应稳定承包地,但可以按实际情况进行小调整					
3.人口和劳力是经常变动的,但土地不宜经常调整,否则,不利养地					
4 由于外出打工等情况,承包地可进行流转					

十三、目前,您家耕地_____亩;人均_____亩;劳均_____亩。

其中:1.租入或包进耕地_____亩;年支付费用_____元;

2.租出或包出耕地_____亩;年支付费用_____元。

十四、请您对当前农村土地承包谈谈您的意见和建议?

_____

二、土地经营权流转调查

(一)调查目的

土地承包经营权流转,是提高农业经营规模,发展农业现代化和推进"三农"工作的有力抓手。通过开展土地承包经营权流转调查,了解农户土地流转意愿规模、流转形式和程序、社会化服务机构以及流转中存在的问题,以期规范土地流转行为,促进我国农业发展。

(二)调查范围与对象

根据县域土地经营权流转实际情况,分别选取代表流转规模高、中、低三个水平的典型乡镇,并在每个乡镇不同水平上选取若干个典型村,开展农、林、牧、渔等专业承包经营调查和土地流转大户调查。

(三)调查方式

以问卷调查为主,座谈为辅的形式开展调查。

（四）调查问卷设计

调查问卷五:农、林、牧、渔专业承包经营订约情况调查				
	农业	林业	牧业	渔业
一、签订承包经营 合同个数(按承包期) 　　1年				
2年				
3年				
4~5年				
5~10年				
10年以上				
二、按合同规范要求: 符合规范要求的个数				
不符合规范要求的个数 其中:1.只有口头协议的个数				
2.合同双方没有签字盖章的 　个数				
3.承包期不明确的个数				
4.双方义务违约行为处罚内容 　不全的				

调查问卷六:土地流转大户情况调查

(1)承包户基本情况:

姓名:_____　　　年龄:_____　　　文化程度:_____

承包前从事职业:_____

有哪些专业生产知识或经验:_____

(2)现承包经营项目及规模:_____

开始承包日期:_____;承包期_____年;

如何取得承包权?

□村组长推举,群众通过　　　　　　□无人承包,自我推荐

□有一定专业技术或经验,一致推举　□在公开招标中夺标

□轮流承包,本年轮到

（3）对目前与集体签订的承包合同的各项内容,您认为是否完善?

　　□完善　　　　　□不完善

　　如果不完善,主要体现在哪些方面?

　　□没有正式书面协约　　　　□缺少一方或双方签字盖章

　　□承包期不明确　　　　　　□缺少违(毁)约行为的处罚条款

　　□合同中双方有关义务约定不明确

（4）目前合同中签订的承包金,您认为适当吗?

　　□适当　　　　　□偏高　　　　　□偏低

　　偏高或偏低的原因是:＿＿＿＿＿＿＿＿＿＿＿＿＿＿＿＿＿＿＿

（5）您对专业承包经营有什么建议和要求? 请述。

　　＿＿＿＿＿＿＿＿＿＿＿＿＿＿＿＿＿＿＿＿＿＿＿＿＿＿＿＿

三、农业规模经营调查

(一)调查目的

　　在目前我国农村仍实行家庭联产承包责任制的背景下,如何通过对农业生产要素以及要素结构的调整而实现土地经营规模,进而提高农业生产水平,是发展现代农业的关键。具体来讲,通过农业规模经营调查,了解区域土地细碎化程度、农业生产绩效和农民收入的变化等内容,以此为合理确定农业经营规模和发展现代农业提供参考。

(二)调查范围与对象

　　主要对县域内乡镇的总体农业规模经营状况以及典型的流转大户或农业合作社进行调查。被调查者包括:县级农业管理部门、乡镇分管农业工作领导、流转大户、从事规模经营的农民等。

(三)调查方式

以问卷调查为主,座谈为辅的形式开展调查。

(四)调查问卷设计

调查问卷七:户均粮食生产投入及产出情况调查

一、被调查者基本情况

1.姓名:＿＿＿＿＿＿＿＿；

2.年龄:＿＿＿＿＿＿＿＿；

3.受过教育年数:＿＿＿＿＿＿＿＿年；

4. 家庭人口 _____ 人,其中:男劳动力 _____ 人,女劳动力 _____ 人;

5. 您家承包土地年限 _____ 年;刚承包时有 _____ 亩,您家今年经营地 _____ 亩。

6. 您本人从事什么工作 _____。

[注:主要工作,是按时间计算的。工作是指从事种植业、畜牧业、林业、手工业,在乡村从事工业,外出从事生产性劳务、饮食业、服务业、运输业,自办工业企业,干部、教师等。]

二、您家今年耕种的作物及其总产量

	播种面积	总产量
一、粮食作物 1.小麦 2.玉米 3.稻谷 ……		
二、经济作物 1.棉花 2.油料 3.烟叶 ……		

三、生产要素投入量

1. 施用化肥量:施用有机肥料 _____ 公斤;化肥 _____ 公斤。

2. 种子投入 _____ 公斤。

3. 农药投入 _____ 公斤。

4. 其他投入 _____ 公斤。

四、粮食产量与价格

1. 今年粮食总产量 _____ 公斤。

2. 您认为种哪种经济作物成本低,卖价高,即纯收入高: _____。

3. 您打算增加这种经济作物的产量吗?

☐ 扩大种植面积,增加产量　　　☐ 多施肥料增加产量

☐ 既扩大面积又多施肥料　　　☐ 和去年一样

4. 您不打算增加这种作物产量的原因是什么?

☐ 明年价格是高是低还说不准　　　☐ 不如做其他事合算

☐ 技术条件不好掌握　　　☐ 土地有限

5. 种粮与种经济作物比较,您认为谁的经济收益高?

☐ 粮食作物　　　☐ 经济作物

6.您打算把种粮地改种经济作物吗？
　　□准备改种　　　□不准备改种　　□准备改种一部分
7.您不将种粮地改种经济作物的原因是什么？
　　□地面积有限　　　　　　　□不能随意将粮田改种经济作物
　　□经济作物价格变动大于粮食　□改种其他作物,还不如干其他事

请您留下姓名和联系方式,以便于回访。姓名_____　　联系电话_____

第四节　农村资源环境和社会主义新农村建设调查

人口基数大而人均资源占有量小、环境承载能力有限是中国的基本国情。随着我国人口数量的不断增长以及工业化和城镇化的快速发展,大部分地区城乡居民的许多需求不断接近甚至超过了当地的资源保障能力和环境承载能力(李裕瑞等,2012 和 2013)。在长期以来的城乡二元结构体制下,我国农村资源高效利用和环境保护的意识薄弱、机制不全、投资不足,以致农村资源利用效率偏低、环境形势严峻。特别是在环境状况方面,点源污染与面源污染共存、生活污染和工业污染叠加、各种新旧污染与二次污染相互交织,工业及城市污染向农村转移,土壤污染日趋严重,农村生态退化尚未得到有效遏制,已成为中国农村经济社会可持续发展的主要制约因素。开展农村资源环境以及社会主义新农村建设调查,可进一步深入了解我国农村的资源环境现状、存在问题、农民的呼声和意愿等,为社会主义新农村建设的推进提供翔实的基础资料。

一、农村宅基地利用调查

(一)调查目的

与农用地的规模经营水平的提高不同,我国农村的宅基地利用率低,尤其是北方平原地区以及偏远的经济欠发达地区的农村"空心化"问题凸显。摸清快速工业化、城镇化背景下,农村空心化日益加剧、农村宅基地空置、废弃日趋严重的情况,为科学制定我国空心村综合整治规划方案提供支撑。

(二)调查范围与对象

选取空心化水平高、中、低的典型村镇进行该项调查,尤其是对空心化比较严重的村镇,对其空心化程度、变化、原因等深层次问题进行调研内容设计。

调查对象以乡镇分管建设和宅基地审批的领导、村支书、村内 50～60 岁的老人(考虑对村庄发展的了解程度以及文化程度等)为主。

(三)调查方式

以问卷调查为主、座谈为辅的形式开展调查。

(四)调查问卷设计

调查问卷八:新农村建设宅基地利用情况入户调查表

年　　月　　日　　省　　　县(市)　　　乡(镇)　　　村

村编号:　　　号

编号	户主姓名	年龄	权属:1.申请 2.继承 3.购买	类别						面积	备注
				1.使用中	建成年份	房屋类型	户人口总数	常住人数	人均在家居住月数		
				2.空置	建成年份	房屋类型	户人口总数	空置原因:1.迁走;2.常年在外打工;3.一户多宅;4.将来盖房;5.其他(注明)			
				3.废弃	废弃年份			废弃原因:1.迁走;2.无后;3.另建新住宅;4.其他(注明)			

填表说明:(1)"使用中"指处于利用状态的宅基地,包括已批在正建的宅基地;"空置"指房屋保存完好,连续两年居住天数不足一个月的宅基地;"废弃"指建过房屋但无地上盖物或已无法居住的宅基地。(2)"房屋类型"中1、2、3分别代表土坯房、砖瓦房、钢混房。

二、能源利用情况调查

(一)调查目的

农村的能源消费主要包括工业用能和生活用能。调查区域农村工业用能和生活用能的具体类型、产生量、能源消耗成本、能源利用结构的变化以及农民对以电能、太阳能、天然气等能源的综合认可程度。

(二)调查范围与对象

该项调查可从代表县域一般状况的村庄和代表未来能源利用结构的调整方向的村庄两个角度进行选取。调查对象以村干部、村民为主。

(三)调查方式

以问卷调查为主、座谈为辅的形式开展调查。

(四)调查问卷设计

调查问卷九:不同时期村庄能源利用情况调查

1. 不同时期的村庄占地面积:1980 年_____亩;1990 年_____亩;2000 年_____亩;2012 年_____亩。

2. 能源消费:□秸秆 □电力 □煤炭 □液化气 □沼气 □太阳能 □其他(须注明)

类型	2010 年	2005 年	2000 年	1995 年	1990 年	1985 年	1980 年
做饭							
取暖							
照明							
洗澡							
农业灌溉							

3. 用水情况

用水来源:□自备井水 □自来水 □雨水 □中水 □渠灌 □其他

保障程度:□非常高 □比较高 □一般 □比较低 □非常低

类型		2010 年	2005 年	2000 年	1995 年	1990 年	1985 年	1980 年
生活用水	用水来源							
	保障程度							
灌溉用水	用水来源							
	保障程度							
养殖用水	用水来源							
	保障程度							

三、农村环境及农民感知状况调查

(一)调查目的

农村环境是新农村建设亟需关注的重要内容。农村环境保护不仅关系到提高农民生活质量、改善农村面貌、推动新农村建设的重要基础性工作,也是贯彻科学发展观、统筹城乡发展的重要内容和体现。为了解农村环境状况的基本情况,应借助调查对农村生活污染、工业污染和畜禽养殖污染等环境现状有了一个比较全面直观的了解。

(二)调查范围与对象

该项调查可从代表县域环境污染和治理工作一般状况的村庄以及环境污染较少、治理工作较好的村庄两个角度进行选取。调查对象包括:县级环境保护部门、垃圾处理设施管护单位、村干部、村民。

(三)调查方式

以问卷调查为主,座谈为辅的形式开展调查。

(四)调查问卷设计

调查问卷十:村庄环境及农民感知状况调查

1.1980 年以来,本村生态环境质量的总体变化态势是_____:①一直很好;②逐渐变差;③突然变差;④逐渐变好;⑤一直都不好;⑥先变差后变好;⑦其他(请注明)。

从哪一年开始变好或变坏:_____年,发生变化的主要原因是:_____

_____

2.如果环境呈现持续恶化的态势,为什么没有得到及时治理?_____
①村里没人牵头;②地方政府不管;③没钱治理;④外来的污染,没办法在当地治理;⑤其他

3.环境污染变化趋势_____
①污染很少(00～40 分)、②污染较少(41～60 分)、③轻度污染(61～70 分)、④中度污染(71～80 分)、⑤污染较重(81～90 分)、⑥重度污染(91～100 分)

污染类型	评判方法	2010 年	2005 年	2000 年	1995 年	1990 年	1985 年	1980 年
本地农业面源污染	划分等级							
	直接打分							

污染类型	评判方法	2010 年	2005 年	2000 年	1995 年	1990 年	1985 年	1980 年
本地生活垃圾污染	划分等级							
	直接打分							
本地畜禽养殖污染	划分等级							
	直接打分							
本地乡村工业污染	划分等级							
	直接打分							
外来工业污染	划分等级							
	直接打分							
外来生活污染	划分等级							
	直接打分							
水体污染	划分等级							
	直接打分							
土壤污染	划分等级							
	直接打分							
大气污染	划分等级							
	直接打分							
环境污染综合情况	划分等级							
	直接打分							

四、新农村建设综合情况调查

(一)调查目的

目前,我国经济社会已经进入工业反哺农业、城市支持农村的发展阶段。该调查的目的在于深入了解我国新农村建设情况,及时总结已有的典型地区建设经验,认真解决新农村建设中存在的问题,加快推进新农村建设,为决策部门制定更加具体详细的政策提供基础素材。

(二)调查范围与对象

该项调查主要选取新农村建设比较好的典型村庄。调查对象以县乡两级规划建设部门、村干部以及村民为主。

(三)调查方式

以问卷调查为主、座谈为辅的形式开展调查。

(四)调查问卷设计

调查问卷十一:"新农村建设村庄整治与规划"问卷调查——村民填写

时间:　年　月　日　地点:　省　县(市)　乡(镇)　村

一、家庭成员情况(家庭成员指共同居住或与家庭联系密切的子女,不包括已经分家的子女)

家庭人口数:_____人;家庭劳动力:_____人

与户主的关系	年龄	文化程度	目前职业状况	主要从业地区	在家居住月数
		不识字=1,小学=2,初中=3,高中=4,中专=5,大专及以上=6	务农=1,半工半农=2,外出打工=3,学生=4,其他=5	本村=1,本乡镇=2,本县=3,本省=4,外省=5	
户主					

二、家庭经济状况(请根据您的实际情况予以填写或在对应的选项下打√,下同)

1.年家庭农业经营收入_____元;非农经营收入_____元;打工收入_____元;租金、分红_____元;其他收入_____元。共计_____元。

2.年生活消费支出_____元;生产性支出_____元。共计支出_____元。

3.年家庭收支盈余_____元,亩均耕地净收入_____元。

4.您家的主要经营项目是:

□种植业　　　□养殖业　　　□加工业

□商贸业　　　□其他

5.年家庭在外务工人员中,有没有提前返乡的?

□没有   □有(_____人)

如果有,今年劳动力就业情况是?

□外出打工   □就近务工   □在家务农

三、土地利用情况与农户意愿

6.年家庭承包的耕地面积_____亩,实际耕作的耕地面积_____

亩,您家土地流转的意愿:

□希望租入耕地 □希望租出耕地 □保持不变   □随便都行

7.您自家承包的耕地距离您居住地有_____里,您希望最远不超过

_____里?

8.您希望的农业规模经营情况是:

□建立专业合作组织   □购置大型农机具

□耕地适度规模经营

□生产服务社会化(由政府、行业协会等提供产前、产中、产后服务)

9.宅基地利用基本情况(不包括已分家的子女或父母所拥有的宅基地)

建成年份	宅基地面积(平方米)				居住房数量(间)	生产房数量(间)
	总计	其中:居住房面积	其中:生产房面积	其中:院子面积		

10.若是自家建房,在建当年属于:

□新辟宅基地上建成   □旧宅基地上翻新重建

□旧宅基地上改扩建

11.若是新宅基地建房,建房所用宅基地用地来源是?

□耕地   □村内划定宅基地   □他人闲置宅基地

□村内空地   □其他农用地

12.您家拥有几处宅基地(不包括已经分家的子女或父母所拥有的宅基地)?

□1 处   □2 处   □≥3 处

如果您家拥有 2 处或以上宅基地,其原因是:_____?

□祖上传下来的

□为子女将来结婚准备而申请的宅基地

□原有宅基地不够用,另建新住宅

□原有宅基地不够用,购买别人房屋

13.您家有没有房屋处于无人居住状态? 如果有,房屋空置原因?

□无法居住   □居住条件太差   □子女升学就业迁走

□父母过世   □不定期出租   □其他

14. 2008年您家宅基地的主要用途是什么？（可多选）

　　□居住　　　　　□养牲畜　　　　　□出租

　　□开办家庭工厂　□其他（请注明）

15. 您对现在的住房条件感到：

　　□很不满意　　　□不满意　　　　　□还行

　　□满意　　　　　□非常满意

16. 您认为宅基地所有权属于：

　　□国家　　　　　□集体　　　　　　□个人

17. 您是否知道国家宅基地管理政策中有"一户一宅"的规定？

　　□知道　　　　　□不知道

18. 您认为村里闲置的宅基地应该怎样处理？

　　□保持原状　　　　　　　　　□村集体无偿收回

　　□村集体收回并给予户主补偿　□其他（请填写）

19. 如果村里对闲置的宅基地予以集中整理，您希望整理后土地的用途是？

　　□整理成耕地　　　　　　　　　　　□建新房用地

　　□整理成农村生产用地（养殖用地、产业园区用地等）

　　□出租　　　　　　　　　　　　　　□其他（请填写）

20. 您是否赞成对村庄进行整治：

　　□赞成　　　　　□不赞成　　　　　□无所谓

21. 如果对村庄进行集中整治，您希望：

　　□转让现有宅基地，到城镇居住就业

　　□邻近村庄合并为中心村集中居住

　　□保持现状不变，新建房屋充分利用现有闲散用地

　　□其他（请填写）

22. 如果不赞成对村庄进行集中整治，您主要担心：

　　□担心补偿不够　　□担心生活习惯改变　□担心生活水平下降

　　□农业生产不方便　□其他

23. 对于今后村民建房，您有何建议：

_____

四、总体情况

24. 与5年前相比，本村近年来在以下方面有什么变化？您当前的满意程度
　　如何？（请填写对应的编号）

	家庭收入	居住条件	文化娱乐	邻里关系	医疗条件	教育培训	交通出行	生态环境	干群关系
变化特征									
满意程度									

注:变化特征——　①明显变差;②略为变差;③没有变化;④略为变好;⑤明显变好

　　满意程度——　①很不满意;②不太满意;③一般;④比较满意;⑤很满意

25. 本村发展得比较快的是哪几年? _____为什么? _____

26. 当前,本村在新农村建设中遇到的最大困难是什么? 首先_____;
其次_____;然后_____。
①村民观念落后;②缺乏资金技术;③没有能人带头;④缺乏规划指导;
⑤政策扶持不够;⑥其他

27. 近期,您迫切希望在如下哪些方面有所改善? 首先_____;
其次_____;然后_____。
①收入水平;②城镇就业;③邻里关系;④乡村教育;⑤生态环境;⑥基础
设施;⑦其他

28. 您还有什么意见和建议: _____
_____
_____

调查问卷十二:"新农村建设村庄整治与规划"问卷调查——村干部填写

时间: ___年___月___日　　地点: ___省___县(市)___乡(镇)___村

您的年龄_____;　　　　　　您的受教育程度_____;

一、被调查村基本情况

1. 本村距离县城_____里;本村距离乡镇政府驻地_____里。

2. 本村总人口_____人,农业人口_____人,总户数_____
户;劳动力(16~60岁)总数_____人,其中,常年村外就业(一年及
以上)劳动力_____人。

3. 2008年村人均纯收入为_____元/人;村民主要收入来源(请在对应
的选项下打"√",下同):
☐农业　　　　　　　　　　☐以农业为主兼业
☐以非农产业为主兼业　　　☐非农产业

4. 本村村民来自政府的政策性补贴项目及金额是：

　　□粮食直补(_____元/亩)　　　　□医保(_____元/人)

　　□社保(_____元/人)　　　　　　□其他(_____元/__)

5. 村里是否拥有以下设施(可多选)：

　　□小学　　　　　　□卫生室　　　　　□公共文化娱乐设施

　　□自来水管道　　　　　　　　　　　□太阳能或其他新能源

　　□超市　　　　　　□公交车

6. 村农业生产水资源的保障程度：

　　□能够满足需求　　□基本满足需求　　□不足

二、被调查村土地利用情况

7. 本村宅基地共计_____宗，其中，已经无法居住的宅子_____宗，可居住但1年以上无人居住的宅子_____宗。

8. 近五年本村村民取得的宅基地，主要占用了下列哪些土地？

　　□老宅基地　　　　□村内空地　　　　□耕地

　　□其他农用地　　　□其他(请注明)

9. 本村有2处或以上宅基地的户数有_____户，"一户多宅"现象主要是什么原因造成的？(可多选)

　　□祖上传下来的

　　□为子女将来结婚准备而申请的宅基地

　　□原有宅基地不够用，另建新住宅

　　□原有宅基地不够用，购买别人房屋

10. 本村村民之间宅基地流转的主要形式为？

　　□租赁　　　　　　□买卖　　　　　　□其他(请填写)

11. 对于闲置的宅基地，现在村里是如何处理的？

　　□收回　　　　　　□无人管理　　　　□其他(请填写)

12. 对于闲置的宅基地，您认为应该如何处理？

　　□保持原状　　　　　　　　　　　　□村集体无偿收回

　　□村集体收回并给予补贴　　　　　　□其他(请填写)

13. 您觉得本村建房高峰期是在什么时候？什么时候开始出现宅基地闲置的？什么原因导致了这种现象？有没有出现人口大量外出就业的情况？全家外迁占多大比重？

　　_____

　　_____

　　_____

14. 村庄人口大量外迁,您觉得对本村发展有什么影响?(农业生产、经济、服务设施、就业、乡土文化等)您对此有何设想与建议?您希望未来的村庄应该是什么样的?(产业、村庄形态、建筑形式、村庄规模、人民生活等)

15. 您认为宅基地闲置现象有什么负面影响?(土地利用、社会公平、基础设施建设等)如果进行集中整治,您觉得最大的困难是什么?(村民哪些方面的阻力)您认为比较好的整治方案是什么?(包括村民住房安置、住房设计、补偿方案、就业安排、基础设施建设等)您对完善宅基地利用与管理有何建议?

16. 新农村建设已经实施近5年,您觉得村里有何积极变化?有何消极变化?新农村建设实施中存在哪些问题?您觉得新农村建设政策应该从哪些方面去完善?(生产、生活、乡风、村容、管理及其他)

新农村建设惠民利民,衷心感谢您的合作!

参考文献:

[1]范水生.农村社会调查[M].北京:中国农业出版社,2007.

[2]金国峰.农村调查研究的方法与技巧[J].统计与决策,2008,15:1.

[3]李裕瑞,刘彦随,龙花楼.黄淮海典型地区村域转型发展的特征与机理[J].地理学报,2012,67(6):771—782.

[4]李裕瑞,刘彦随,龙花楼,郭艳军.大城市郊区村域转型发展的资源环境效应与优化调控研究——以北京市顺义区北村为例[J].地理学报,2013,68(6):825—838.

[5]廖西元,申红芳,王志刚.中国特色农业规模经营"三步走"战略——从"生产环节流转"到"经营权流转"再到"承包权流转"[J].农业经济问题,2011,(12):15—22.

[6]刘彦随,龙花楼,陈玉福,王介勇.空心村整治应提升为国家战略[J].国土资源导刊,2012,71(7):31—33.

[7]孙中华.谈谈农村调查研究的意义和方法[J].农村工作通讯,2015,5:12—15.

[8]俞海,黄季焜,Scott Rozelle,Loren Brandt,张林秀.地权稳定性、土地流转与农地资源可持续利用[J].经济研究,2003(9):82—91.

[9]张克云.农村社会调查研究方法[M].北京:中国农业大学出版社,2011.

[10]钟涨宝.农村社会调查方法[M].北京:中国农业出版社,2002.

第三篇

宁波大学人文地理野外专项(专题)实习案例

第八章 产业与城市、区域发展调查

产业与城市/区域发展是经济地理学和城市地理学研究的核心内容之一，产业结构、产业组织、产业空间等既是城市/区域发展的核心要素，又是城市/区域发展水平与空间差异的重要判识标志。产业(industry)是具有某种同类属性的经济活动的集合或系统；产业结构(industrial structure)是国民经济各产业部门之间以及各产业部门内部的构成；产业组织(industrial organization)指同一产业内企业间的组织或者市场关系；产业空间(industrial space)亦称产业布局(industrial layout)，是指各产业在地域空间上的分布状况。它们已由早期的行业①及其国家尺度为基本分析方法转向 20 世纪 90 年代以来的产业微观主体——企业(或企业集群)及其空间位置属性(或街道、县尺度)与行为变迁为核心的分析范式，企业的动态信息是当前西方经济地理学研究的核心领域，而且呈现四种研究范式——新古典框架、行为框架、制度框架、演化框架(史进等，2014)。为此，中国经济地理学者调查、分析城市/区域的产业时通常涵盖三层面：一是在讨论城市/区域发展时，产业研究什么内容？二是产业研究需要什么样的数据，选用何种方法进行分析？三是这些数据在国家或地方统计体系中如何剥离，抑或通过何种质性方法才能获取？

第一节 经济地理学产业研究的内容与方法

经济地理学研究城市或区域发展时，重点关注产业的四个维度(尼尔·寇等，2012)：(1)地点、尺度、空间等地理学核心术语对于产业调查与分析的重要意义；(2)产业(空间)的动力，主要包括产业的空间分布是否均衡、商品链与价值链在产业组织中的作用、技术变革及其改变产业空间的能力、自然资源与生

---

① 行业是产业的亚类，一般是指按生产同类产品或具有相同工艺过程或提供同类劳动服务划分的经济活动类别；亦指从事国民经济中同性质的生产或其他经济社会的经营单位或者个体的组织结构体系的详细划分。

态环境的产业化等;(3)产业(空间)的主体,即国家及以各种社会形式存在的国家组织、跨国公司、劳动者/工人、消费者;(4)产业发展的社会生活化,如文化、性别、族裔、制度等对产业活动的影响等。这四个维度,若从产业(或构成行业)视角进行调查与分析,则会形成以传统的经济地理学研究范式为核心的研究方法体系;若从企业动态信息视角进行调查与分析,则会形成以新经济地理学研究范式为核心的方法体系(刘卫东,2014;李小建等,2014;刘志高等,2014)。

一、传统经济地理学的产业研究内容与方法体系

(一)研究内容体系

中华人民共和国成立至 1990 年代末期,中国经济地理学者重点关注农业、工业、交通等产业,80 年代以后开始关注商业服务业、旅游、消费等产业;21 世纪初开始转向金融、物流、会展、生产性服务业、文化创意产业的研究(李小建等,2014;刘志高等,2014;马仁锋等,2009;刘曙华等,2011)。1990 年代以前,重点关注产业的区域布局—区域结构—区际差异、区位规律与发展影响因素、政策与培育路径等大区域小尺度的宏观应用探索,理论思想源自苏联的生产力配置、地域综合体、巴朗斯基区域学派以及中国传统的"人地关系"思想;1990 年代以后重点关注产业的区位因素、区域内部差异、空间组织、产业链与劳动空间分工、产业区或产业集群等城市或省/地级市/县域内部的产业研究以及县际产业差异演化探索,当然公司地理学视域的跨国公司全球活动与中国城市总部经济、企业网络、企业研发活动等开始进入经济地理学者视野(谷人旭等,2001;杜德斌,2001;宁越敏等,2011;曾刚等,2008),理论思想则源自西方经济地理学的制度转向、文化转向、关系转向、尺度转向和演化转向等,理论核心在于新区位论与企业空间组织应用在小区域大尺度或多尺度的实证分析,以揭示中国某些产业与西方的不同之处(见表 8-1)。

表 8-1 传统经济地理学的产业研究内容体系

研究对象	研究主题		研究的指导思想转变
	1990 年代以前	1990—2015 年	
农业与农区地理	农业分区、农产区域、全国农业区划、省/县级农业区划	"三农问题"、农业产业结构、农区(专业村)、农户行为	国家粮食保障与农业反哺工业转变为城市工业反哺乡村与乡村可持续发展/专业化发展
工业与企业地理	国外工业区位论引介、地域工业综合体、全国(资源型)工业布局、自然环境与技术对工业布局影响	高新技术产业、农村工业、外资工业、产业集群、研发与创新产业、工业环境效益与互联网等新区位因素	服务于国家建设的工业总体布局与地域生产综合体转向注重微观经济主体与新兴区位因素及技术扩散、跨国公司影响

续表

研究对象	研究主题		研究的指导思想转变
	1990 年代以前	1990—2000 年	
商业与服务业地理	(大)城市传统商业区位与布局	金融、生产性服务业、物流、会展业、电子商务	服务于计划经济时代的城市总体供给均衡转向面向市场需求或跨国企业需求等探索
交通地理	国家铁路、公路等交通基础设施的总体布局与建设速度、规模	客货流规律、各种交通运输方式的布局规律、运输方式的竞争、区域交通优势甄别、区域综合交通可达性、交通设施的社会效应	服务于国家总体交通设施供给转向面向客货流规律与全国交通可达性均衡供给

资料来源：作者根据《地理学报》、《地理研究》、《地理科学》、《经济地理》历年刊发"主题＝产业"论文总结

(二)研究方法体系

城市/区域发展研究中的产业调查与分析,通常会形成四种方法论及其指导下的研究范式(见表 8-2)(周尚意等,2010),然而最常用的方法论却是经验主义方法论和实证主义方法论,多数案例研究者未表明研究的哲学思想是何种范式,但具体研究方法非常凸显:一是总体呈现以定性为主,到定性和定量并重,再到定量为主的变化过程(见图 8-1);二是 1950 年代中期以前,文字描述和地图描述是经济地理学研究的基本方法;50 年代中期以后至 80 年代,开始采用案例解剖、示意图、统计图表和不同类型地图;80 年代中期以后,以数理统计为基础的定量方法开始得到应用;90 年代中期以来,随着 GIS 和遥感技术的广泛应用、计量技术的发展以及学科间交流的增多,经济地理学研究方法呈现出更加定量化、多元化和综合化的特征(李小建等,2014)。

表 8-2 经济地理学视野中的产业调查与分析范式

范式	分析思路	具体步骤	经典案例
经验主义方法论	经验主义方法论指导下的分析思路是人们通过感官感受到外部世界杂乱的事物,然后通过定义、分类与度量,将杂乱的事物变为有条理的事物;在地理学中是变为有条理的空间现象,然后进行归纳与概括。	感知经验的获得;对研究对象进行定义、分类和度量;根据度量和分类结果将研究事物条理化;归纳与概括;法则与理论的建立;解释。	From Modern to Post-modern?: Contemporary ethnic residential segregation in four US metropolitan areas. Cities, 2002, 19(3): 161—172;察北、察盟及锡盟:一个农牧过渡地区的经济地理调查. 地理学报, 1953, 19(1): 43—60

续表

范式	分析思路	具体步骤	经典案例
实证主义方法论	逻辑实证主义是在经验主义方法基础上发展而成,最大的区别是逻辑实证主义要确定先验命题以及使先验命题成立的条件;当验证的结果证明先验命题不成立时,需要改变先验命题,或者改变假设条件,反复验证先验命题,直至命题成立。	从真实世界而来的结构性映像; 先验命题; 假设; 定义、分类和度量; 验证与反馈; 法则和理论的建立; 解释。	紧密都市之永续性分析.台北大学都市计画研究所硕士论文,2004; 外资银行在中国的区位选择.地理学报,2009,64(6):701-712; 苏州市区信息通讯企业空间集聚与新企业选址.地理学报,2010,65(2):153-163.
结构主义方法论	产生出马克思主义地理学,强调确定的分析范畴,如生产方式和社会构成,强调各个重要链条中要素之间的相互关系。哈维在《公正、自然和地理学的差异》中指出人类社会的六要素:竞争、适应、合作、环境转变、空间安排和时间安排;卡斯特尔认为可将空间作为空间结构的表达来分析,他们表达的是集聚、政治意识形态系统的联合,即可根据空间产生的经济的、政治的和意识形态的系统"解读"空间。	确定研究对象的整体性及其时代背景; 构建"整体—结构"体系的分析框架; 重点分析"整体—结构"的各种要素的共时性; 解释"整体—结构"的时空统一内在逻辑。	The Urban Question: A Marxist Approach. The MIT Press,1979; Global Cities in the South: Deepening social and spatial polarisation in Cape Town. Cities,2007,24(6):448-461; 地方性形成机制的结构主义与人文主义分析——以798和M50两个艺术区在城市地方性塑造中的作用为例.地理研究,2011,30(9):1566-1576
人文主义方法论	哲学基础是存在主义与现象学,主要目标是协调社会科学与人之间的关系,容纳知性与智慧、客观与主观以及唯物主义、唯心主义,旨在深刻理解人类在世界所处的地位。	"我向"思维,即将自然作为人类活动的大舞台; 诉诸情感,关注对象对主体自身造成的种种感受; 感悟性,不排斥理性分析与推理计算,但不能滥用。	中国城市生活空间结构研究.北京:科学出版社,2005; 中小尺度游憩地理环境认知与空间行为的交互作用研究.南京大学,2011; 基于符号传播学的区域旅游地品牌构建分析.陕西师范大学,2010

资料来源:根据周尚意主编《人文地理学野外方法》.北京:高等教育出版社,2010 相关论述总结

二、新经济地理学的产业研究内容与方法体系

新经济地理学是由地理学者与经济学者共同开启的一个新领域,以克鲁格曼为代表的经济学家发现了国际贸易与经济地理之间的内在关联,而经济地理学者力推的制度、文化、关系、演化等转向重启了经济地理学与主流经济学、异

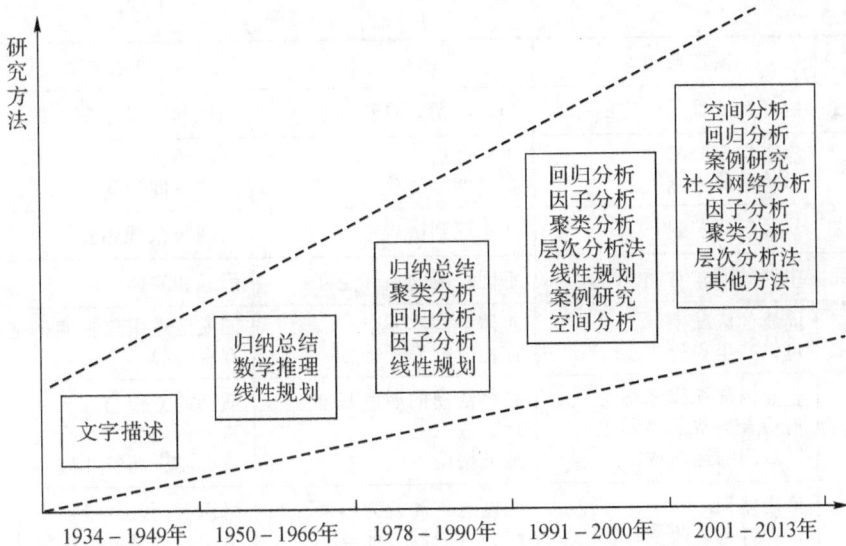

图 8-1　经济地理学论文研究方法变化：基于地理学报刊文的抽样统计

资料来源：李小建，樊新生，罗庆．从《地理学报》看 80 年的中国经济地理学发展．地理学报，2014，69(8)：1093－1108

端经济学之间的竞争和对话(苗长虹等，2011)。新经济地理学在西方地理学历经 20 世纪 50～60 年代"计量与理论革命"之后，受到经济学、社会学等学科影响形成的，主要包括三流派——新古典经济地理学、制度主义经济地理学、演化经济地理学(见表 8-3)(苗长虹，2007)。然而以地理学家创造的前述三个流派为代表的新经济地理学，不同于经济学家们创造的新经济地理学(胡志丁等，2013)，集中体现在由于两学科在研究传统和学科分析框架等方面的差异，导致两种新经济地理学在研究思维、方法和内容等众多方面存在相当大的分歧。经济学的新经济地理学分析框架可以分为视角、参照系和分析工具三部分，也被地理学家称之为新地理经济学；地理学的新经济地理学分析框架可以分为观察、实地调查、原因分析和政策建议与理论提升四部分(见表 8-4)(胡志丁等，2013)。

表 8-3　新经济地理学三流派的基本特征

	新古典主义	制度主义	演化主义
假设	理性人 利润或效用的最大化 典型的行动者	有限理性 制度约束下的行为 行动者是异质的	有限理性 不确定下的满意原则 行动者是异质的
中心	资源配置 数量变化	行动与制度的协调 制度变化	经济演化 质量变化
科学基础	牛顿力学 复杂科学	生物学 经济社会学	生物学 复杂科学

续表

	新古典主义	制度主义	演化主义
制度	制度和情景是给定的	制度和情景是特定的	制度和情景是变化的
均衡	静态均衡分析 多重空间均衡	比较分析 制度的多样化	动态均衡分析 多重空间均衡
尺度	从微观到宏观	从宏观到微观	宏观与微观相互作用
空间	中性的形式空间	不同尺度的实体空间	形式和实体空间
集聚	同质的区域中 可以产生集聚	实体空间本质上 存在着差异	同质区域中集聚实体空间 存在差异
驱动力	企业内部规模经济 消费者消费的多样化 区域间的运输成本	经济活动的制度基础 地方嵌入性 地方网络	惯例的遗传与变异 路径依赖与锁定 动态适应调整能力
机制	价格差别 行为者可以改变环境 集聚经济 收益递增 理性选择	制度差别和行为约束 行为者受制于环境 产业区经济 非贸易相互依存 地方化知识	组织惯例及其异质性 组织与环境的协同演化 创新系统 学习 知识生产与转移
方法论	演绎 正式模型体系 模型技术	归纳 案例分析 问卷与访谈	演绎与归纳 正式模型体系 描述性分析
焦点	空间与区位 集聚与分散 区域差异是如何生成的 不关心特定产业和区域	产业区和地方 区域发展与竞争力 区域差异是解释因素 特定的区域动态	创新系统与部门 惯例与产业演化 区域差异的演化 特定的产业动态

资料来源:苗长虹.欧美经济地理学的三个发展方向.地理科学,2007,27(5):618—623

表 8-4　经济学的新经济地理学与地理学的新经济地理学的比较

主要议题	经济学的新经济地理学	地理学的新经济地理学
方法论	演绎法 正规模型 实证研究	归纳法 评论性推理 案例分析
关键假设	完全理性 利益最大化驱动 报酬递增 不完全竞争	有限理性 环境条件驱动 知识溢出 完全/不完全竞争
分析模式	均衡分析 从微观到宏观	静态分析 从宏观到微观
空间的概念化	中性空间 同质空间 运输成本	真实空间 异质空间 路径依赖/地方依赖

资料来源:胡志丁,葛岳静.理解新经济地理学.地理研究,2013,32(4):731—743

(一)地理学的新经济地理学产业研究主要领域与内容

时间—历史和空间—地方是测度和解释人类社会经济活动的两个基本坐标系,进入后现代社会,正是空间、时间和社会存在的三位一体构成了人类社会经济活动的多样性。如表8-3所述的制度主义、新古典主义和演化主义三个流派激烈竞争,创新着经济地理学的理论范式与研究方法。目前,制度经济地理学在与社会学、文化研究中融合发展成功,实现经济地理学的"制度转向"与"文化转向",而演化经济地理学则依赖尺度升降与关系进行理论创新。为此,新经济地理学的主要研究领域集中在制度转向、文化转向和关系转向等范式之下的相关探索。

(1)"制度转向"经济地理学将经济嵌入到制度、文化、政治中,强调经济行为与特定社会情境相互建构关系的分析;另一方面,这种新经济地理学采取了"后现代主义"、"后结构主义"的哲学取向,强调了经济行为者的多元性、多中心性、关系性,形成了弹性专业化和产业区、新产业空间、学习型区域、创新环境、区域创新系统、新区域主义(管制与治理)等研究领域,具体关注宏观经济中的政府作用、跨国公司的全球网络与本地网络、区域竞争力与竞争优势、理性与制度厚薄、产业集群与支持政策等(吕拉昌等,2005;苗长虹等,2011)。

(2)"文化转向"经济地理学兴起于20世纪90年代中期以后,并伴随着新文化地理学的崛起而快速发展。文化转向研究的学者认为,经济生活不仅是经济的,更是社会和文化的。文化转向学者尝试探索文化与经济在特定空间和地方之中密集的交互作用,如经济的文化化和文化的经济化,诸如经济的社会文化嵌入与文化创意产业,以至于诞生了文化经济学和创意经济学。围绕文化创意产业,提出诸多假说,如创意阶层、创意城市、创意场域、创意空间,以至于部分大城市政府十分重视文化创意产业的发展策略探索(李蕾蕾,2008;马仁锋,2011;吕拉昌,2010;雒海潮等,2014)。

(3)"演化/关系转向"经济地理学成为20世纪90年代末期以来一个重要的研究议程,关系经济地理学研究议题涉及地方和区域发展中的"关系资产"、社会行为者、企业和组织网络的关系根植性、关系的尺度等;演化经济地理学重点关注创新与技术变迁的地方化性质、企业—产业—集群与区域生命周期、制度与社会经济文化的作用、区域路径依赖等(刘志高等,2008;胡志丁等,2014)。

(二)研究方法

地理学的新经济地理学研究内容和基本分析框架显示,经济地理学者首先非常注重对特定区域进行观察,如特定区域的产业分布不均衡、产业集聚;随后为了解释此类现象便进行实地调查,实地调查或案例研究在过去被认为是一种特殊的研究方法,而现在却成为标准。新经济地理学的实地调查包括:一是宏观层面的调查,主要用来描述区域层面的社会、经济、文化和制度等因素,如地方化的社会文化特性、制度厚度、产业氛围等;二是微观层面的调查,在宏观层面调查的背景下具体分析区域层面的社会、经济、文化和制度是如何影响微观主体(如企业)行为并导致区域发展的差异和不同的经济景观存在。然后在对基础资料的分析基础上,从自然环境、社会、经济和文化的角度进行解释,解释一般包括三个层次:低层次的自然环境本底;中间层次经济、社会和人文等互动;高层次的制度、文化等。这种从宏观到微观的解释方式与经济学的新经济地理学从微观到宏观的解释方式形成鲜明的对比。这种解释方式避免了经济学将行为主体假设为完全理性的错误,从区域宏观层面出发与微观主体结合就可以看出微观主体不是完全理性的,而是有限理性,追求的也不是效益最大化,而是遵循惯例行事。新地理经济学的关系转向则代表了从社会、经济和人文互动的角度进行解释。

如表 8-4 所示,方法论层面上地理学的新经济地理学主要采用归纳的方法,评价性推理(appreciative theorizing),进行案例研究;研究假设方面地理学的新经济地理学则认为行为是有限理性的,受所处的各种环境(如制度)的驱动,微观层面的企业并非完全是不完全竞争,也存在完全竞争;分析模式方面地理学遵循从宏观到微观的思路,采用静态分析方法;对空间的处理方式地理学则认为空间异质,是真实的空间,各种环境下行为主体具有路径依赖的特性(胡志丁等,2014)。

三、经济地理学产业研究的重点领域及现有方法不足

综合传统经济地理学和 20 世纪 90 年代以来的地理学界的新经济地理学的相关研究,可以发现:(1)研究尺度上,传统经济地理学主要关注宏观层面的经济活动的空间分布及其成因描述,地理学的新经济地理学重点关注制度、文化、惯性/组织或区域系统成为影响或分析宏观与微观经济活动空间分布的重要变量。(2)研究领域上,传统经济地理学重点关注产业区位选择及其影响因子、区域某一类产业的空间分布特征与空间结构、城乡间产业联系、产业发展规划理论与方法等(张文忠等,2009;刘志高等,2014;贺灿飞等,2014;李琬等,2014),地理学的新经济地理学重点探究产业空间形式及其地方文化社会嵌入型;文化创意产业;区域创新系统及其组分;企业视角的产业聚集区、工业区、城市的形成过程及其空间非均衡发展规律;地方发展政策与区域协调发展的空间治理(刘卫东,2014;安虎森等,2014)。(3)研究方法上,传统经济地理学重视定量方法的运用与综合集成,积极引入结构方程模型、基于 GIS 的空间分析与模拟模型、土地利用/交通相互作用模型(Land Use/Transport Interaction Model,LUTI)、城市空间演化过程模型(Urban Activity Spatial Evolution Model,

UASEM)等；地理学的新经济地理学研究过程重视案例的质性分析与质性数据转化为定量方法的应用，如运用针对微观企业、家庭和个人的各种跟踪式调查与访谈，探究全球层面、产业层面、地方发展层面中"企业或'人'"的作用及个体受到的影响，案例分析、结构化访谈、深度访谈等质性研究方法日益成为主流方法。

概而言之，经济地理学日益关注全球与地方视野中的企业及其集合体，强调全球—地方链接对于企业活动或企业空间分布的重要性；高度重视"人"的作用及个体受到的影响，注重考查经济活动的全球组织方式及地方化的特殊性研究，尤其是制度、文化、社会组织等的本地性；研究主题更聚焦于政策对经济活动的影响，探讨企业发展环境、区域发展与治理、全球贸易与投资等领域的政策含义与政策的地方响应与演化。虽然研究方法日益重视质性方法的运用，但是计量方法、地理信息系统以及空间分析等定量方法仍旧占据重要地位。可见，经济地理学的产业研究核心领域仍聚焦于：(1)企业活动——企业的区位活动、企业的生产（研发创新）—销售活动、企业与地方或全球的关系活动等；(2)某地企业活动集合体在产业链中扮演的角色，如以全球价值链（GVC）为核心的全球生产网络（GPN）与地方生产网络（LPN）、产业转移、跨国企业生产网络、研发网络等，以及根植性、去地方化和去全球化、网络内企业或企业集群升级等；(3)企业空间组织与企业集合体的空间组织形态及其演化，如产业集聚区、文化/创意产业区、工业园区、各类集群等，以及地方尺度、全球尺度视角下的某地一规模企业或中小企业集合体如何嵌入地方生产网络或全球生产网络，这其中基于地方的社会文化、制度及企业惯性等如何塑造企业空间组织形态成为新经济地理学中文化转向、制度转向与演化转向学者研究的焦点领域。

第二节　城市与区域研究中产业分析的数据 需求与现实困境

城市与区域发展研究是近 40 年来中国蓬勃发展的、具有重要影响的交叉研究领域。城市与区域发展是多要素综合作用的状态，人口、产业、资源环境、科学技术、体制无疑是诸多要素的核心构成。在这其中，产业既是资源环境、科学技术、劳动力与体制等要素投入的经济产出，又是城市与区域各类人群消费的核心对象。产业研究，既要关注产业自身健康发展，又要关注产业与城市、区域的高效契合，即既关注产业的时间维度，又关注产业的空间属性，以促进产业发展的空间过程来促进城市/区域的均衡发展与可持续发展。

一、产业研究主题、常用方法与数据要求

产业是地理学透视城市与区域发展的主线,是诠释人地关系动态演进的核心抓手。纵览当前中国地理学界主流学术期刊,在中国知网以"篇名＝产业"进行首次检索,并采用"刊名＝经济地理"二次检索,自1984年至2014年末发现经济地理学界产业研究的相关文献共532篇,同样方法得到《地理学报》(中文版)、《地理科学》、《地理研究》刊发的产业研究相关论文数分别为42、68、71,取被引前50名的论文整理其研究主题、研究方法和数据源及其共性如表8-5所示,可知地理学视角的产业研究集中在(1)产业格局及其构成,即城市或区域产业结构的静态刻画、城市或区域产业空间分布;(2)产业结构或空间分布的动态过程,主要包括区位及其变迁、结构演变、空间结构、区际差异等;(3)产业结构演化的经济、就业、土地或城市空间结构效应,这是近年经济地理与城市地理交叉融合的新主题,研究多围绕驱动—响应范式进行;(4)产业集群或产业区或新产业区研究,主要涵盖何为产业地理集中、产业集聚及其测度方法、产业集群内的企业技术或社会关系网络、产业集群如何将全球化与地方化嵌套在一起、产业集群的技术学习与创新等。

当然,数据主要来自各级各类统计年鉴与专题普查年鉴,如中国经济普查年鉴、基本单位普查年鉴、工商企业注册信息,以及相关研究机构自己组织的各种调查或访谈所获取的数据。显然,现有数据无法满足产业动态研究的各主题,尤其是从企业视角研究集群、企业区位等,以及将企业活动与时空相结合的研究。

二、产业研究的数据类型与来源

地理学者从事产业研究时,常从区域或企业视角展开(见表8-6):(1)从区域层面分析研究区某一产业发展或空间布局问题时,常需要掌握全球、全国或全省该产业的总量数据、结构数据、规模以上企业数据、骨干企业及其上下游企业的分布现状—研发能力—市场覆盖等,显然该层面的研究需要全球、中国、研究区所在城市与省份的总量与结构的统计数据、规模以上企业数据等;(2)从企业视角分析研究区某一产业发展或空间布局问题时,常需要区域内该产业的所有企业的业务状态、空间属性、上下游关联企业等数据。

表 8-5　中国地理学视域产业研究的主要议题、研究方法及其数据源共性

期刊	发文数/篇	高被引典型论文研究的主题	方法共性	数据源共性
经济地理	532	产业集群(网络、竞争力、与工业化/城镇化关系、内部结构与联系、旅游集群、生命周期、治理、农业集群)、资源型产业结构转型、区域产业竞争力、产业集聚的识别方法、产业结构调整与土地利用关系、城市第三产业变化及其空间分布、产业生态与生态工业园、旅游产业发展路径、地区或城市主导产业选择方法、海岛县产业结构演进、产业结构变动与区域经济增长关系、产业转移、产业地理集中度测度发股份、区域第三产业发展差异、城市群内产业比较、旅游业经济贡献、产业部门增长效应区域差异、产业空间结构、海洋产业吸纳劳动力、产业密集带、区域一体化中的产业升级与整合、服务业与制造业的产业关联、产业发展中新因素(信息、高铁等)	城市或区域产业状态或地位或构成：区位熵、SSM、聚类分析、三轴图； 产业空间分布测度方法：Herfindahl指数、区位Gini系数、E—G指数、M—S指数、L函数、D函数、M函数； 产业结构变化经济/土地利用效应：Kaldor模型、多部门经济模型、统计角度的GDP产业结构贡献度、线性回归、多元回归等； 产业集群研究：企业(或群)的案例调查与访谈	各级各类统计年鉴或普查年鉴；机构问卷调查或访谈数据；企业发布的各种报告等
地理学报中文版	42	产业集群、煤矿城市产业结构转换、制造业地理集中、县域PRED、产业空间碳排放、农业结构调整、区域产业宏观战略、外商投资对沿海经济发展影响、地方产业集群、西藏产业结构演进、互联网与信息产业、城市基本—非基本经济活动、水—生态—经济耦合模型、旅游业能源消耗、高新技术企业集聚扩散、农业生态系统生产力、经济系统脆弱性、开发区的经济社会效应、旅游业全要素生产率、旅游业发展效率、产业结构演变的城市化响应、产业集群的技术学习、外资制造企业区位、农牧民生计		
地理科学	68	东北地区产业结构升级、FDI投资产业、产业集群、城乡过渡带产业结构、产业结构生态评价、城市化与产业结构关系、区域产业集聚、主导产业演替、制造业集聚、哈大产业带、生态产业园、沿海产业空间集聚、产业多样化、绿洲系统产业结构演变、文化产业分布、产业结构与就业结构、西部高技术产业空间组织、沙产业、长春产业空间结构、农业政策与农户行为、工业战略产业系统、闽台产业、夕阳产业地域、区域产业布局模式、吉林旅游产业、集群与地方全球化、污染密集型产业空间转移、厦门产业结构、主体功能区与产业结构、产业区重组、矿业城市产业转型		
地理研究	71	海洋产业区域差距、资源型产业结构、产业合理化、科技产业价值链、村钢卷尺集群、经济带的产业分工、主导产业选择、花木产业集群、产业能源活动碳排放、人口—城市化—产业演变关系、产业增长研究、城市化过程的产业结构演进、大旅游产业、污染密集型产业转移、产业结构演变城市化响应、城市产业集聚动力、文化产业发展模式、闽台产业同构、产业集群创新、IT产业研发枢纽、产业用水变化、城市边缘区非农产业活动、产业园发展水平、矿业城市产业生态系统适应、产业集群的网络、产业链地域分工、产业集群对技术创新、汽车产业集群创新、区域汽车产业布局、创意产业发展支撑条件、产业带建设、柑橘产业带、旅游地产业成长、产业集群的非正式联系		

表 8-6　产业研究的层面与数据类型、来源

	研究视角	需求数据的类型	可能来源
城市或区域产业发展或规划	区域层面凝视研究区某产业	大区域的产业统计数据	国际组织（OECD、WB、IMF、UNESCO）中国官方统计机构
城市或区域产业时空演化	企业层面大数据剖析研究区某产业	研究区企业工商注册数据、普查数据	中国工商行政管理部门、普查办、地图数据公司（高德、百度等）

三、现实困境与解决途径

目前，地理学界研究产业发展及其空间组织时，逐渐关注企业视角的区域产业时空演化。为此，产业研究亟待需要企业普查数据和地理国情信息有效结合，才能产生具有时空位置属性的企业（业务与经济）数据，才能更准确摸清区域产业发展历程、预测未来、构思蓝图。

中国学者目前能够获取到的公开统计数据或者普查数据，在使用过程中存在如下三方面限制：一是各类统计或普查的第一手数据源不公开；二是政府公开的各类统计数据或普查数据多以县/市/区为基本统计单元，严重损失了数据的空间属性；三是受统计保密和企业工商登记保密等因素限制，现有公开的各类普查数据，如基本单位普查、经济普查、人口普查、农业普查、污染源普查、地理国情普查、地名普查等在公开过程中都过滤了最基层的普查指标与普查单元相关信息。显然，学界开展产业研究时，必须要克服现有各类数据源不足或数据的空间属性精度不够等困难。

对于产业研究数据需求的困难，主要通过野外数据收集予以克服。野外数据收集常用方法有问卷调查、访谈、景观观察记录等方法，在实施过程中一般会采用到如工作笔记、摄影与录像、录音、速写与素描或草图等记录手段（周尚意等，2010）。当然，也可以挖掘专题年鉴或地方发展报告，提取相关研究所需数据，如《中国海洋统计年鉴》、《中国环境统计年鉴》、《中华人民共和国乡镇行政区划简册》、《中国区域经济统计年鉴》、《中国第三产业统计年鉴》、《中国人口和就业统计年鉴》、《大中型批发零售和住宿餐饮企业年鉴》、《中国零售和餐饮连锁企业统计年鉴》、《中国 2010 年人口普查分县资料》、《中国第二次基本单位普查资料汇编 2004》、《文化及相关产业统计概览—2015》、《中国电子工业发展研究报告》、《中国机械工业发展研究报告》等，以及各省市相关职能部门出版的日常性调查数据，如《湖南省第六次全国体育场地普查数据与分析》、《2012 年湖南民生调查报告》、《浙江科技统计年鉴》、《2013 浙江城乡建设年鉴》等。

第三节 城市与区域研究中产业调查与分析案例

城市与区域研究中对产业的关注,重点分析某一地产业发展基础条件与内外部环境、预测该地产业结构变化与主导/支柱产业、构思产业空间组织模式,以及产业发展的综合支撑政策。为此,本节重点介绍产业中长期发展规划、产业集群/园区调查及其规划、城市或区域发展项目可行性研究等主题的实习。

一、产业中长期发展规划研制实习

(一)实习目的

本专题实习目的主要有三:(1)了解什么是区域产业中长期发展规划;(2)掌握区域产业中长期发展规划的基本内容与规划文本写作;(3)熟练掌握产业中长期预测的数理模型,能够根据调查数据预测未来 20 年或 30 年区域产业结构及其空间格局。

(二)实习内容

(1)查阅国民经济与社会发展规划、土地利用规划、城乡规划等法规和文献资料,了解区域产业中长期规划的主要概念和内容体系;

(2)通过对现有国内外典型中长期规划文本的分析,掌握中长期规划中核心内容"问题与挑战、目标与远景、战略议题、应对策略等"得出的分析范式、方法与工具;

(3)掌握中长期规划主要成果类型(总报告、专项研究报告、决策建议稿、行动计划等)之间的逻辑关系,及各自行文规范与写作技巧;

(4)掌握中长期规划分析所需数据,及其采集方法;

(5)掌握中长期规划与土地利用规划、城乡规划的衔接方法与衔接重点内容。

(三)实习重点

本专题的重点是掌握如何通过科学分析与预测得出中长期规划主要内容,能够根据分析结果构思区域产业中长期战略及其实施空间策略。

(四)理论与方法

1.产业中长期规划的基本思路

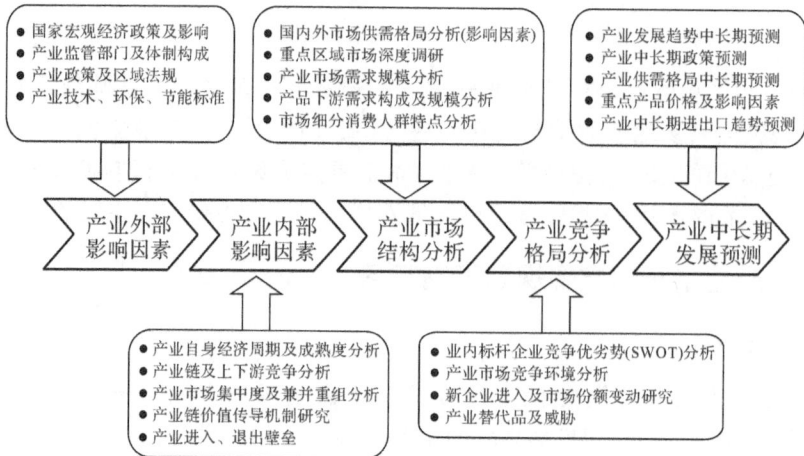

图 8-2 产业中长期发展规划基本思路

2.国内外中长期规划的内容、研制方法、编制程序

21 世纪后,中长期发展规划在世界范围内,特别是发达国家和地区再次兴起,其意义在于:第一,应对国家、区域和城市发展进程中面临的未来不确定性;第二,规避短期行为对国家和城市长远发展造成的负面影响;第三,有效利用重大事件给国家和城市带来的契机;第四,对未来可能出现的机遇和挑战做好策略回应准备;五是统一社会认识,建构广泛的社会合作网络等(唐燕,2012)。

新时代背景下的新一轮中长期规划具有与其他时期中长期战略不同的特征,它们因更大的时空跨度、基于国家及全球的视野、更综合的研究、更广泛的社会参与、更高的标准,成为城市或区域规划研究的前沿。如表 8-7 和表 8-8 所示,当前中长期发展战略规划研究的主要内容往往由四部分组成:问题与挑战、目标与远景、战略议题及应对策略。采用的研究技术与方法主要有数据统计、趋势判断、情景分析、方案比选等,"定性"和"定量"分析两者并重,其中数据统计和趋势判断是最常见的技术方法,也是制定战略的重要依据。在分析具体区域和城市的空间增长过程时,情景分析和多方案比选法则常常被选用。

当前中长期规划强调研究的动态过程性与规划程序的科学性,通常由"问题→远景、目标和目的→数据/公众意见收集与分析→替换方案比较→推荐方案→启动项目或行动计划→实施→监测和评估"等环节构成,各个环节在具体操作过程中可能伴随着循环与往复。中长期战略规划不再局限为一个作为终结性成果的"规划蓝本",而是一个不断循环上升的运作进程(唐燕,2012)。

表 8-7　中长期发展规划的内容构成

案例		内容构成			
		问题与挑战	目标与远景	战略议题	应对策略
国家层面	美国 2050	■		■	■
	澳大利亚 2020	■		■	■
	德国城市 2030	■	■	■	■
区域层面	墨尔本 2030	■	■	■	■
	大芝加哥 2040	■	■	■	■
	未来鲁尔 2030		■	■	■
城市层面	纽约 2030	■	■	■	■
	渥太华 2020		■	■	■
	香港 2030	■			■

资料来源：唐燕（2012）

表 8-8　中长期发展规划的研究方式与技术

案例		内容构成			
		问题与挑战	目标与远景	战略议题	应对策略
国家层面	美国 2050	■	■		
	澳大利亚 2020		■		
	德国城市 2030	■	■		
区域层面	墨尔本 2030	■	■		■
	大芝加哥 2040	■	■		■
	未来鲁尔 2030	■	■		
城市层面	纽约 2030	■	■		
	渥太华 2020	■	■	■	
	香港 2030	■		■	■

资料来源：唐燕（2012）

3. 产业中长期规划与土地利用规划、城乡规划的衔接

空间地域中包含众多的要素，有的属于责任规划需要落实的内容，也有的属于权益规划关注的内容。各类空间要素的管控职能分散于发改、国土、建设、环保、林业、农业、海洋、交通、铁路、能源、电力、水利等众多部门（见图 8-3），目前尚未就编制的内容及其优先次序达成统一。如何将众多的"类空间规划"抽取形成一个高于这些规划的"一级政府、一本规划、一张蓝图"的"区域发展总体

规划",是中国政府在县级行政单元开展试点的工作面临的问题。为此,产业中长期规划,必须要与国民经济和社会发展规划、城市总体规划、土地利用规划、环境保护规划等进行衔接、融合,才能更好地实施,才能推动区域可持续发展。

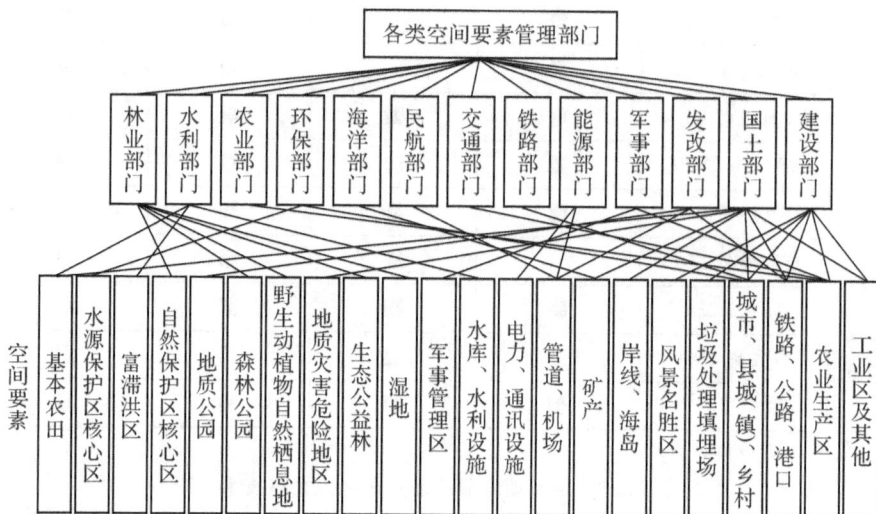

图8-3　中国现行空间要素管制及其规划分工

资料来源:林坚等(2015)

各类规划在国土空间治理中所起的作用不同,对土地发展权的配置权力不同,需要进行空间管制要素重要性的认定。在各类空间规划中统一价值导向,减少各规划部门的"目标"差距,进而调整策略"收益"。统一价值导向需要明确四项原则:①以国家利益、公共利益为先;②考虑法律依据、管理手段机制的成熟度以及管理重点推进的方向,从加强空间管制出发,按照保护资源与环境优先、责任目标大于权益目标的要求,将空间规划主要管控要素归为限制性要素、控制性要素、发展性要素三大类,优化其重要性排序。③随后,建立兼容性的生产、生活、生态空间分类体系,清除"多规合一"的技术障碍。构建城乡生产、生活和生态空间分类体系时,需综合考虑区域国土空间、城镇空间、乡村空间以及各类型空间内部等多尺度的空间划分与管制要求,以及现行各类各级规划的空间分类方式与精度,形成具备兼容性的多层级空间分类体系。④当然,"多规合一"或"多规融合"的当前要务是发改、国土、建设、环保在内的各类规划部门应加强基础数据、技术标准、信息平台、行政管理等方面的协调衔接,立足本地资源环境承载能力、经济社会发展和土地管理的实际要求,研究明确"多规合一"的核心目标、合理确定指标体系,探索整合相关规划的空间管制分区,联合划定生态保护红线、永久基本农田边界、城市开发边界的范围和期限。

　　国内学界在探索"多规合一"过程中,提出了在县级单元建立含"多规合一"的"区域发展总体规划"技术逻辑及其实现路径(见图 8-4),其核心是(顾朝林等,2015):(1)构筑"与自然和谐共生"平台;(2)搭建循环经济和产业发展平台;(3)在市县重点功能板块的基础上,根据人口和产业规模确定各重点功能板块的发展区规模,划定城市(镇)弹性增长边界和发展区,在城镇群、都市区和区域结构的基础上构建发展区空间组织,进而编制发展区建设地区概念规划,确定整体开发方案、功能区组织、片区发展和公共设施布局;(4)依据产业和发展区空间组织,进行市县区域交通和物流规划,为发展区概念规划提供对外交通、物流、信息基础设施条件;(5)在自然资源开发和保护的基础上,进行美丽乡村规划建设。

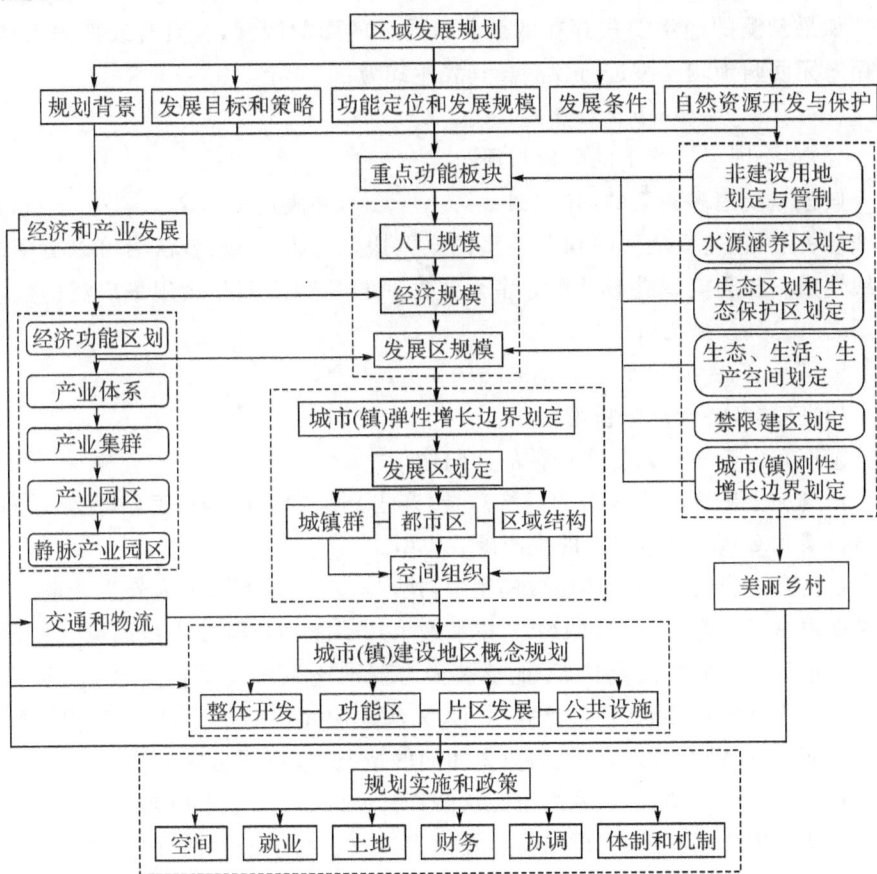

图 8-4　顾朝林等构建的区域产业规划与其他类空间规划合一的技术路线

资料来源:顾朝林等(2015)

4.区域人口、就业和经济活动模型[①]

区域经济增长是指各经济要素数量的增长。区域经济增长预测,主要是运用各类统计模型预测经济要素的增长数量指标。此外,区域经济模型,还包括对区域经济结构的分析和预测、区域经济要素相互间数量关系建模和运用数学模型进行分析判断。

(1)单一经济要素的预测

这是区域经济模型中最常用的模型。一般条件下,选择一个影响因素(x)和预测对象(y),建立简单线性回归模型。然后用影响因素(x)代入预测模型,求取预测值(y)。

(2)两个影响因素的分析与预测

如果预测的经济要素存在两个非常明显的影响因素,且具有线性关系,则可用二元回归预测模型进行预测。其表达式为:

$$y = b_0 + b_1 x_1 + b_2 x_2$$

(3)多个因素影响下的分析与预测

假设 y 受诸多因素的影响,如 $x_1, x_2, \cdots, x_p$,并假定 y 与 $x_1, x_2, \cdots, x_p$ 间具有线性关系,且建立的回归预测模型的误差服从正态分布,就认为可以运用多元线性回归预测模型进行预测。多元线性回归预测模型是运用最广泛的数学模型之一。其模型为:

$$y = b_0 + b_1 x_1 + b_2 x_2 + \cdots + b_p x_p$$

(4)区域经济活动分析模型

①柯布—道格拉斯生产函数的回归估计

预测和分析区域或城市的经济总量(产出)时,常采用美国经济学家 P. H. 道格拉斯和 C. W. 柯布提出的生产函数模型。

在柯布—道格拉斯生产函数模型中,技术进步实际上被视为外生变量。在计算期内是一个常数 $b_0 = \ln A$(A—技术进步),不能反映科技进步的巨大作用;劳动力也仅视为同质的数量,不能反映人力资本这一与教育有关的重要因素。应用这一模型作预测时,往往产出偏小,无法说明相当一部分经济总量的增长来源。而且,在资本投入,劳动力投入相同的情况下,不同地区和城市的生产率的增长往往有很大差别,该模型也无法解释其原因。20 世纪 80 年代以后,学者们对经典的生产函数进行许多讨论,提出很多改进的模型。最有影响的是哈佛大学教授保罗·罗默所提出的新模型。他的模型运用人力资本理论,把资本和劳动力分解为四项:①人力资本(以受教育青年数计量);②新思想,即创意(以

---

①　本节内容参考了李小建主编《经济地理学》第二版,高等教育出版社 2006 年版相关章节,在此简要交代。

专利数计量）；③资本；④非技术劳动力，从而指出知识是当代生产的战略资源。

②基本经济模型

基本经济模型是用于预测和分析区域经济活动的基本模型。它描述产量和主导经济部门之间的数量关系，是投入—产出模型的基础。模型定义向区域外提供产品的部门为基本经济活动部门，以 x 表示其产出水平，以 y 表示区域的总产出水平。由于基本经济活动部门所引致的区内消费和生产占基本经济部门的比例称为消费倾向，以 c 表示，$0 < c \leqslant 1$。其模型为：

$$y = \frac{1}{1-c} x$$

其中：$\frac{1}{1-c}$ 又称为经济乘子。

从模型中可以看出，由于基本经济活动部门的生产会带动与之相应的非基本经济活动部门的生产（满足当地消费或辅助性生产），并有递阶带动的效应，一般情况下，总产出 y 要比 x 大，消费倾向 c 的值越大，说明带动和关联效应越大，y 的数值也越高。

这一模型也可用作区域总投资的测算。如投资建设一个用于区际贸易的产业部门，会引致一系列的相关投资。其总投资 y 远大于所考虑的产业部门的投资。

这一模型也称为经济乘子模型或乘数效应模型，用以说明投资引起区域经济增长的过程特征。

③投入—产出模型

美国经济学家 W. 列昂惕夫研究美国经济问题时，创造了投入产出模型，用以探讨美国部门经济结构。

应用投入产出模型可以对区域和城市的经济过程进行下列分析和预测：①在已经知道最终需求和直接消耗系数的情况下（部门间的物质流量关系），预测所需的经济部门总规模（总产量矩阵 X）；②在已知总产量和直接消费系数的情况下，可以预测经济系统所能提供的最终产品（Y）的数量；③通过分析 A 矩阵，查明部门间产品的技术经济联系，通过 A 的变化，可以估计部门因技术经济联系变动对总产品 X 或最终产品 Y 的影响（敏度分析）；④通过计算矩阵 B，查明各部门产品生产需要相应的其他生产部门的全部投入规模。

此外，通过计算后向关联系数 α_j，可以判断特定的生产部门 x_i 对其上游产业的拉动程度；通过计算前向关联系数 β_j，可以判断特定的生产部门 x_i 对其下游产业的拉动程度：

$$\alpha_j = \sum_i \alpha_{ij}^{-1} \Big| \big(\sum_i \sum_j \alpha_{ij}^{-1} / k \big)$$

$$\beta_j = \sum_j \alpha_{ij}^{-1} \Big| \big(\sum_i \sum_j \alpha_{ij}^{-1} / k \big)$$

式中：k 为生产部门数；a_{ij}^{-1} 为 A 矩阵的逆元素。

列昂惕夫的投入—产出模型已扩展为多区域投入产出模型,经济—生态投入产出模型、动态投入产出模型和应用企业、特定部门、金融、商业、政策制定等多种类型的投入产出模型,形成系统复杂的投入产出经济学。

(五)实习步骤

(1)弄清楚产业中长期发展规划的相关概念与核心内容体系,如发展指导思想、发展目标、发展指标(结构指标、增长指标、资源环境指标、技术指标、效率指标)等;

(2)搜集研究区域现有产业统计数据、企业普查数据,以及相关产业的全球发展趋势数据,利用趋势分析、情景分析和 PEST-SWOT 等方法初步研判研究区域产业结构优化方向与布局模式;

(3)实地调查,确定产业结构优化方向的企业、居民、政府、学者等的认知程度和满意程度,并将结果综合,为产业发展目标与指标确定服务;

(4)情景模拟产业结构与现有产业结构及其布局的差异,利用城市土地总量、"三生"边界确定产业空间组织结构与典型模式,制作产业用地表格及图表;

(5)撰写区域产业发展战略报告。

(六)练习

根据本节所述专题调查实践指导,完成宁波市或市辖某县的产业发展 2050 战略报告。

(七)案例

以下文献中有详细调查说明可作为案例:

张文忠等.产业发展和规划的理论与实践.北京:科学出版社 2009 年版第三、四、五篇;

曹林.区域产业发展规划理论与实例.北京:社会科学文献出版社 2014 年版第 13 章;

杨立武,王筱春,马仁锋.西部地区经济空间结构与潜力研究.北京:经济科学出版社 2015 年版第 10 章。

二、产业集群/园区调查与规划实习

产业集群、产业园区是近十几年来备受国外和国内经济地理学界关注的经济活动空间组织现象。产业集群/园区之所以引起了经济地理学家的浓厚兴趣,一方面是因为产业集群/园区是一种具有独特结构、运行机制和演化规律的经济活动空间组织形式;另一方面是因为产业集群/园区具有特殊的经济效率,在参与全球化的竞争中表现出了很强的活力和竞争力。联合国经济合作与发展组织、世界银行等国际机构也积极地推动产业集群战略和政策在发展中国家地方公共政策中的实践。

(一)实习目的

(1)认知产业集群或园区的基本概念、类型体系与发展特征;

(2)理解培育产业集群或园区对于地方经济社会文化发展的意义或影响;

(3)掌握识别集群的方法及集群内部结构研究的企业问卷调查、访谈技术;

(4)掌握分析宁波、浙江省的块状经济转型、升级的路径与方法。

(二)实习内容

(1)熟悉浙江省典型产业集群及其分布特征(见表 8-9);

表 8-9　浙江省典型产业集群

地区		产业部门	典型产业集群区
浙东北环杭州湾	杭州	大型机械及成套设备、电子通信、家用电器、医药等	杭州旅游汽配城;萧山衙前化纤业;新塘羽绒业;南阳制伞业
	宁波	服装、机械、石化	鄞州区服装产业、蔺草加工、横街水表及配件、姜山燃气灶具、咸祥金融箱柜、余姚模具城、玩具城、汽车配件、水暖设备、电动工具
	绍兴	纺织、印染、机械、医药、化工(如纺织印染助剂)、化纤等	绍兴中国轻纺城;诸暨市衬衫、五金、袜业;嵊州领带城;新昌轴承、胶丸业;上虞劳保用品、伞作业;越城区家具业
	嘉兴	纺织、皮革、机械、仪表等	海宁皮革、经编;平湖服装、箱包;秀洲区丝织品;海盐紧固件、玩具;桐乡羊毛衫业
	湖州	纺织(丝绸、毛纺、印染)、服装(童装)、建材等	织里童装业;城区纺织业;南浔建材业;安吉竹制品加工、菱湖种养殖业
	舟山	水产品加工、海洋药物、机械等	舟山水产品中心批发市场;水产品精深加工、海洋药物、船舶修造、机械制造、电器电子、玩具等,同时已经形成了螺杆、微电机、小五金和水产品加工等
东南沿海	温州	机械、塑料、包装印刷、仪表仪器、日用电子等	平阳县萧江镇"中国塑编城";苍南标牌制作;瑞安市塘下镇汽摩配;乐清市柳市镇低压电器城、虹桥电子元件、芙蓉钻头、磐石服装
	台州	汽摩配件、工艺制品、鞋业、塑料制品等	椒江兆桥塑料制品;临海屈家村彩灯业;三门高枧铆钉
浙中及西南内陆	金华	机械、五金工具、农产品加工、纺织、服装等	市区量具、东阳市磁性材料、西服、义乌市服装、针织、饰品、袜业等八大行业、义乌中国小商品城;浦江针织服装产业;永康中国五金城
	衢州	化服、建材(水泥)、机械电气(矿山设备、变压器)等	吴村镇羽毛球生产;常山狮子口乡轴承加工;常山辉埠石灰钙加工;龙游梧村、庙下竹制品加工;龙游湖地圩村扑克纸加工、江山清湖弹簧加工;峡口铸造业;开化张湾木制品加工
	丽水	木材加工、工艺制品、农产品加工等	龙泉太阳伞业;青田鞋革业;云和县木制玩具业等

资料来源:朱华晟.浙江省产业群——产业网络、成长轨迹与发展动力.杭州:浙江大学出版社,2003 年 6 月。

　　(2)理解产业集群的本质特征、基本类型和行为主体；

　　(3)认识新兴产业集群，如文化创意产业集群、生产性服务业集群、海洋产业集群、旅游产业集群、健康产业集群等；

　　(4)理解中国经济社会现状中各种产业集群的形式，如开发区、工业园、大学科技园、高新区、文化产业基地、画家村等；

　　(5)理解产业集群之于地方、全球化之间的关联及其被影响程度；

　　(6)理解产业集群的企业生产网络、创新网络、劳动力流、环境管制等；

　　(7)掌握产业集群调查的方法——企业调查与访谈；

　　(8)掌握问卷制定与调查数据统计分析方法。

(三)实习重点

　　如何根据调查主题制定调查问卷，并实施调查或访谈，科学分析调查问卷，甄别产业集群内部企业的创新能力、社会网络、生产网络、地方关系等，以识别区域内产业集群发展水平与存在问题，提出规划应对策略。

(四)理论与方法

　　1. 企业(或公司)问卷调查方法①

　　公司(企业)调查中，常用两种方法：一种是问卷调查，另一种是公司案例调查。

　　(1)企业问卷调查及定量分析

　　这里的公司调查是指对一定数量的公司进行同样的调查。其目的是针对目前研究中存在的问题，通过调查找出答案；或根据已有文献和经验提出一些理论假设，通过调查数据来验证这些假设的真伪。为此，这些公司调查应具有两个特征：一是所调查的样本公司应具有一定代表性；二是调查获取的数据应有一定规范性，以便进行统计分析。

　　①公司问卷调查方法

　　a.问卷的设计

　　问卷设计通常要考虑以下原则：第一，所问问题必须符合客观实际情况。如在询问企业跨国扩张因素时，在发展中国家要考虑市场和成本诸影响因素，在发达国家可能还要考虑技术因素。如果仅在选择中列出市场和成本因素，显然与实际情况不符。为了使所问问题符合实际情况，准备研究十分必要。第二，问题数量应该适中。问题太多，不利于应答，甚至使应答者产生厌烦和畏难情绪，影响回答的质量和回收率；从调查者的角度，也不是问题多就好。问题太多也不便于综合整理和分析。所以，围绕着调查目的，所问问题应尽量集中明晰。问题数量以当面访问调查不超过30分钟完成为宜；如果是问卷自填，最好

---

　　① 本节内容根据李小建等主编《经济地理学》第二版，高等教育出版社2006年版的相关内容修改。

在 10 分钟以内完成。第三,所列问题必须符合被调查者回答问题的能力。凡是被调查者不可能了解或不适宜回答的问题,不应提出。第四,尽量避免禁忌和敏感性问题。如公司内部关系的调查,不宜涉及领导之间、上下级之间以及员工之间的矛盾;对跨国公司的调查,尽量避开国家间的政治敏感问题。一般来说,公司的未来市场发展的详细规划和技术发展方向均是公司的机密,在问卷中不宜问及。

问题回答方式分为开放式和封闭式。其中封闭式的方式设计技巧颇多。除了填空、多项选择之外,常见的方式还有顺序填答式(列出多种答案由应答者列出其先后顺序);等级式(列出不同等级的答案,由应答者从中选择;如投资环境评价可从最不满意到最满意之间列出−3、−2、−1、0、1、2、3 等次,应答者可用数字表示满意程度);矩阵式(将若干同类问题及几组答案集中在一起排成一个矩阵,由应答者按题目顺序依次选择适当答案);评分式(请应答者按要求对某一事物打分,以分数高低来评价事物某方面的程度);连线配合式(将若干同类问题及其可能的若干同类选择逐一列举,由应答者在问题和答案之间以画线连接法进行适当选择)。

b. 调查对象选择

除了应用政府部门的普查资料外,公司地理研究中不可能进行全面调查。在公司调查中,一般采取抽样方法和典型调查方法选择样本公司。

• 抽样方法:即从企业总体中,按照随机原则,抽选一部分企业作为样本。由于总体中各企业均有被抽中的可能性,因而能够保证被抽中的企业在总体中均匀分布,不受任何主观意图的影响。因此该选取方法被世界科学界公认为非全面调查中用来推断总体的最完善、有科学依据的方法。

• 典型调查方法:即在企业总体中,按照一定目的选择样本企业进行调查的方法。包括分层次选择法,中等选择法和主要企业选择法。如果是为了近似估计总体的数值和类型特征,可把总体分成若干类别,从每一类型中按它在总体中所占比例的大小,选取若干典型企业进行调查。如果只是为了了解总体的一般情况,则可以选择中等的典型企业为调查对象。有时为了了解各部门主要情况,可以选择各部门的主导企业调查,由于主导企业在各部门占有一定分量,故可在一定程度上反映这些部门的主要状况。

c. 问卷的发放与回收

在正式发放问卷之前,一般要在同类公司中请人试填。试填最好能找比较热心的合作对象。通过试填,了解对问卷设计的意见、可能的回答情况、填写问卷所需时间等。根据反馈意见,可对问卷进行适当修改,再行发放。

根据公司地理研究的实际,一般采用邮寄、传真和派人送达等方式发放问卷。发放问卷时,一般均附一封说明信函,说明该项调查的重要意义、其成果的应用方式、保密措施、请求对方在某一时间内（一般两周至一个月）寄还等。问卷发放的数量应多于所要研究的问卷数量。一般的问卷回收率不会太高，尤其在中国进行企业调查的问卷回收率多不超过 50％。若按 30％的回收率，90％的有效率（即有效问卷占回收问卷的比例）计算，则应发问卷数应为研究问卷数的 3.7 倍。

d.回收问卷处理

第一，审查问卷。回收问卷中总会有一些回答不规范、不完整的问卷。通过审查淘汰无效的问卷，以加强研究的科学性。一般来说，公司调查问卷中无效问卷不多。但要注意审查内部一致性问题。如工厂职工总数应为男、女职工数之和，公司利润与总收入的关系等等。

第二，编码处理。由于问卷调查数据要为统计分析所用，必须对各种非数据型回答进行统一编码。如区位选择影响因素中，对各种因素以 1、2、3、4、5 等代码表示，对于是否的回答用 1、0 表示，等等。最后，与调查表相对应，应列出一份完善的编码表。

第三，输入计算机。MINITAB 和 SPSS 软件均具有对调查表数据进行各种分析处理功能。可依照制定的编码表对问卷逐项按编码输入计算机的该类软件包中。以备各种相关分析使用。

②针对一定问题的公司调查分析

该种研究首先应确定研究问题。这里的研究问题可以是理论问题，也可以是实践中提出的问题。最后，选择与该问题有关的调查对象（公司）。

首先，提出研究问题；

其次，选择研究对象及获取数据，问卷设计主要围绕着所研究的问题，考虑调查时间，对问卷问题尽可能压缩，以求对方不到 10 分钟即可完成。

第三，调查结果与研究结论。

③假设检验的企业调查分析

该种方法在国际管理学文献中常常见到。其特点是：根据他人和本人的经验提出假设，验证假设时则应使用十分科学的方法。在一定的企业群体中，选取有代表意义的样本企业进行调查，然后用统计方法来验证假设是否成立。公司地理研究应该借鉴这一科学方法。

首先，根据文献评述提出假设。其次，获取数据和选定变量；最后，分析结果

（2）企业案例调查及定性分析

①定性公司访谈的特点

在公司调查中，常用两种方法。一种是问卷调查，也称标准化调查法。在调查中，问卷按固定的格式写成，问题的回答以固定选择为主。并通过大量调

查,以统计概括检验假设的可能性。这种方法可以保证数据的可复制性、一致性和可靠性。但是,也存在一些缺陷。例如,相关并不一定等于有因果关系。也就是说,两组毫不相关的数据,可能出现统计的相关性。还有,在大量的标准化调查中,调查者假设所有应答者一致能理解所问问题,且这种理解与研究者的设计本意又一致。这在实践中很难得以保证。

公司定性访问是另一种提供证据的重要方法,主要理由是:第一,公司定性访问所产生的论据展示了公司作为复杂的、不断变化的过程参与者的证明。公司活动的物质结果已经包含在统计数据之中,但是隐含在这种活动中的原理则未必可从统计数据获得。因此,这种论据不同于通过定量方法所产生的论据,并且很难从其他方法获得。使用这种论据,可以增加和丰富来自定量方法的解释。

第二,定性的公司访问具有这样的特点,即承认公司是根植于复杂的内、外部关系网络的机构。公司由人所组成,这些人面临着众多的、难以理清的可能性和约束。承认这种事实,并在研究中揭示相关的证据,可使研究结果更加接近于现实世界。以公司内部关系为例,公司在任一方面采取的战略均会影响到其他方面的选择。如产品种类的选择,影响其生产过程,生产过程的变化又会影响区位选择。因此各种决策是相互影响的,常常需要做出交换和让步。而这种决策形成过程在统计结果中则难以体现。

第三,使用公司访问定性方法可使我们关注随着数量革命而渐渐忽视的归纳推理传统。虽然这种方法不适于正式假设的检验,但它可为公司行为的假设提供良好的基础。尤其是在经济和社会发生较大变化的时期,定量分析方法的分析范畴和理论原则均受到挑战,而定性和归纳方法的价值便显得更高。

②公司与访问人员的选择

a.选择访问的公司

由于定性访问的公司数量较少,且要求具有较强的代表性,故随机抽样的选择并不能获得最佳结果。根据一些擅长于公司定性研究的地理工作者的经验,以及作者本人的体会,一般情况下,可选择所研究区域中(或所研究部门中)的大型公司进行访问研究。因为这些大型公司在有关区域(部门)中均占重要地位,且每个公司都有自己独特的历史、专门化的生产领域、不同的组织联系网络。更为慎重的办法是在选择公司前,对区域(部门)中的主要公司通过第二手资料进行初步研究,从而了解哪些公司对于本研究具最重要意义,再确定其为所访问公司。如果以此方法来选择公司,研究者可在研究报告(论文)中解释选择过程,从而加强研究的科学性。

b.选择访问对象

一般来说,在对公司区位变化趋势的研究中,可选择大公司的战略发展规划和设施管理部门的负责人;如想要了解公司与供货商的联系网络,可访问采购和原材料管理部门负责人或有关副总经理;市场营销状况可访问市场发展部;劳动力供应状况可访问人事部(高技术部门也可访问研究部)。比较规范的上市公司均有负责与投资者沟通的副总裁,他们通常对公司战略有较好的理解,他们也比较易于被访问,可以作为初访公司的第一人选。通过访问对公司有一个总体了解,为下一步对不同部门的专门访问奠定基础。

为了避免个人观点的偏颇,应尽量选择各方面的代表人员进行访问。比如那些曾在公司中起重要作用的退休人员,他们可以谈出公司发展中的许多历史事实,从而可以从另一角度对公司现状做出评估(作者在澳大利亚访问公司时曾有此经历);也可以访问被公司辞退或从公司辞别的原管理人员,倾听不同意见;也可以访问竞争对手,通过他们的看法从另一方面理解公司行为。

需要说明的是,这些不同信息均应在研究中反映出来。不应该只去寻找那些可以支持自己观点的事实。国际地理刊物在审阅文章时,十分注意不同事实的存在。更为重要的是,其他研究者也可能会从这些不同事实中,发现支持自己观点的论据。

③公司定性访问技巧

对公司的访谈比一般的问卷调查面临更多的困难。一般来说,这种访谈要占用被访人更多的时间;访问的问题中,有一些需要被访谈者准备后才可能回答;访问者需要一定的语言能力、知识背景、组织技巧等。下面作者结合自己的访问实践,并参考一些英美地理学家的经验,提出几方面的注意事项。

第一,进入良好的交谈状态。在访问中,激发对方兴趣,很快进入良好访谈状态对言谈成功与否十分重要。多数访问者均在访问之前向被访者提供访谈提纲。在简单寒暄之后,可按提纲所列问题顺序谈起。但是,如果能在寒暄中快速捕捉对方的兴趣点,顺势进入对方最感兴趣的问题,会收效更好。比如,作者在对上海一家著名跨国公司的访问中,看到客厅中摆放着不少宣传该公司成功的宣传品,便撇开原访问提纲,直接从公司成功对其他企业的带动谈起。显然,被访的公司负责人对此问题很感兴趣,谈锋即起。作者抓住这一点,打乱原问题顺序,一环套一环,引导被访者就所有调查表所列问题谈了看法。由于访谈气氛很好,原订的 30~40 分钟访问延长至 80 分钟,但公司负责人却很乐意为访问推迟之后的其他活动安排。

第二,注意双方地位。在访问中的局势控制状况影响所获信息。如在人类学研究中,调查者常对被调查者施予过多控制。这样获得的信息可能会被歪曲。与此比较,在对公司的访问中,由于被访者多为公司高层人员,已习惯于控制他人,故又存在着调查者失去控制的危险。在这种情况下,被访者可能会把自己的安排强加于访问之上,把访问引向与研究无直接关系的方面,或不值得花时间去了解的琐事上去。也有另一种情况,访问者死守所列问题,一问一答,体现不出公司定性访问的灵活性和综合性特点。理想的状况是访谈双方处于相互协作对话的地位。为此,一方面访问者应让对方理解访问研究的重要意义;另一方面,访问者应具备一定的相关知识和对所访公司相关业务的了解。当你言谈中体现出丰富的专业技能,会降低被访者的控制地位,达到良好合作状态。

第三,理解对方语义表达。当调查与被调查者都使用同样的语言,具有同样的社会背景,对访谈的语义表达理解便比较容易。反之,便存在许多问题。撇开语言中种类不同所造成的理解差异不谈,就是同种语言之间,也有商业专门化用语的差异。这种用语差异在不同产业部门、甚至同一部门不同公司之间均有存在。

第四,使对方理解自己的语义表达。有时一些非常简单的问话,也不一定保证被访者能够按访问者之意理解。只有再作一番解释,被访者才可了解作者原意。为了使对方真正了解被访者之意,最好使用通俗的表达,不妨在需要之时,举例解释一下。

第五,注意被访者的代表性。公司定性访问一般所访公司数目较少,被访者所表达的信息是否公正反映了公司的实际情况,在研究中具有重要意义。一般来说,被访者所谈到的多为其本人对公司经验的解释。这种解释未免带有一些个人的见解。为了避免由此引起的偏差,可以访问公司中可能与其意见不同的其他代表人物,也可以索要一些公司内部文件、资料对所谈内容加以验证。比如,在了解中外合资企业的有关决策时,最好能够访问中、外双方的有关人员;若仅访问中方人员,可能会夸大中方在决策中的作用。

2.产业集群主要议题的调查问卷示例[①]

(1)创新型产业集群调查(见表 8-10)

表 8-10　创新型产业集群试点建设情况调查

一级	二级		三级	评定(是"√",或者填报相应数据)		
方向定位	细分领域	1	集群名称定义与主导产业关联度	对应	紧密	独特
		2	行业领先的范围	国际	国内	区域
		3	上年度集群企业的平均利润率			%
	规划编制	4	主导产品的市场前景(容量)			(台、套、件)
		5	主导产品的规划目标(产值)			(亿元)
		6	产业技术路线	完整	合理	清晰

①　本节示例问卷来自政府网络或相关学者公开的课题研究成果。

续表

一级	二级		三级	评定(是"√",或者填报相应数据)		
组织体系	政府主导	7	集群领导小组的成员组成	科技部	省级政府	地市级政府
		8	集群主管的地市党政主要领导	正职		副职
		9	纳入政府重点工作规划	省级		地市级
	政策措施	10	财税、人才等保障政策	出台文件	专项资金	（万元）
		11	政府采购政策	出台文件		
	运行机制	12	日常运行管理	常设机构	专职人员	正式编制
		13	产业链的协同互动	产业联盟组织 （数）		年度工作计划
服务体系	金融保障	14	金融、投融资机构	（家）		
		15	促进中小微企业的投融资机制	出台文件	企业融资额	（万元）
	企业培育	16	科技企业孵化器数量	（家）	其中,专业孵化器	（家）
		17	孵化器在孵企业数量	（家）	毕业企业数量	（家）
	研发支撑	18	技术转移机构数量			（家）
		19	研发服务平台数量	产品测试平台	（个）	其他平台 （个）
服务体系	竞争培育	20	企业上市培育机制	出台文件	已上市企业：	（家）
		21	高新技术企业	总数： （家）		上年度共减免税收:（万元）
		22	国际竞争能力	国际专利: （项）		出口收入占总收入： ％
发展潜力	地理空间	23	土地保障	建设用地指标（亩）		基础建设资金:（亿元）
		24	产业链关联企业数量			（家）
	收入过亿元企业	25	企业数量			（家）
		26	国家授权的自主知识产权数量			（项）
		27	国家火炬计划、重点新产品数量			（项）
	产学研融合	28	进驻院所、新型科研机构数量			（家）
		29	合作的院所、研发机构数量			（家）
		30	企业自建的研发机构数量			（家）
	推进城市化发展	31	规划区域内的人才结构	大专以上占总人数： ％；留学回国人员： （人）；		
		32	规划区域内的人居环境	容积率: ；绿化率: ；ISO14000 认证:是(否)；		
		33	规划区域内的生活文化设施	星级酒店： （家）；会展设施： （套）；文体场管： （处）；		

资料来源:国家科技部网站,2015-8-1

（2）上海松江区科委产业集群内外科技联系调查

表 8-11　上海松江区科委产业集群内企业的内外科技联系调查

尊敬的园区企业：

　　为了配合松江区科委开展的产业聚集调研工作，进一步了解松江区企业在产业集群、技术研发等方面的基本情况，特将松江区科委发放的产业集群调研表转发给园区企业，烦请贵企业能给予积极配合，在 2014 年 2 月 8 日前填写好表格并交至园区服务中心。

一、企业的基本情况

公司名称：_____

填表人：_____　　联系电话：_____

公司类型：□国有　□集体　□股份制　□个体私营　□三资　□其他（请注明）_____

公司现有职工人数：_____

二、关于产业集群网络的调查

1.企业与相关企业之间的联系调查：

（1）贵企业的原材料、零部件、生产设备的供应商是否有松江区本地企业？

有□　　　　没有□

若有请提供具体企业名称：_____、_____、_____、_____、_____

若有请同时提供占比情况_____

（2）贵企业的产品销售商对象是否有松江区本地企业或公司？

有□　　　　没有□

若有请提供具体企业或公司名称：_____、_____、_____、_____

若有请同时提供占比情况_____

（3）贵企业的技术管理（包括技术协作、技术转让、技术开发、技术支持）是否与松江区本地企业有过联系？

有□　　　　没有□

若有请提供具体企业名称：_____、_____、_____、_____

2.企业与下列相关政府机构之间的联系：请在下列题项的1～5中选择，贵企业与下列政府机构的联系程度如何？

政府机构名称	1 不联系	2 很少联系	3 有联系	4 联系较多	5 经常联系
（1）松江区经委	□	□	□	□	□
（2）松江区科委	□	□	□	□	□
（3）松江区发改委	□	□	□	□	□

贵企业与松江其他政府机构的联系程度如何？（请填写具体机构）

（4）_____	□	□	□	□	□

3.企业与下列金融机构之间的联系（接受金融支持）：请在下列题项的1～5中选择，

金融机构名称	1 不联系	2 很少联系	3 有联系	4 联系较多	5 经常联系
（1）政府基金	□	□	□	□	□

若有，请填写具体名称：_____、_____

（2）银行	□	□	□	□	□

若有，请填写具体名称：_____、_____

（3）投资基金	□	□	□	□	□

若有，请填写具体名称：_____、_____

4.企业与下列本地相关中介机构之间的联系：请在下列题项的1～5中选择，贵企业与下列松江地区中介机构的联系程度如何？（若有，请具体说明）

中介机构名称	1 不联系	2 很少联系	3 有联系	4 联系较多	5 经常联系
（1）行业协会	□	□	□	□	□

续表

若有,请填写具体名称:＿＿＿＿＿＿

(2)培训机构　□　□　□　□　□

若有,请填写具体名称:＿＿＿＿＿＿

(3)法律服务机构　□　□　□　□　□

若有,请填写具体名称:＿＿＿＿＿＿

(4)人事服务机构　□　□　□　□　□

若有,请填写具体名称:＿＿＿＿＿＿

5.企业与下列相关科研机构之间的联系:请在下列题项的1～5中选择,
贵企业与下列松江区所在的高校科研机构的联系程度如何?

科研机构名称　1不联系　　2很少联系　3有联系　4联系较多　5经常联系

科研机构名称	1不联系	2很少联系	3有联系	4联系较多	5经常联系
(1)东华大学	□	□	□	□	□
(2)上海外贸	□	□	□	□	□
(3)华东政法	□	□	□	□	□
(4)上外	□	□	□	□	□
(5)工技大	□	□	□	□	□
(6)立信会计	□	□	□	□	□
(7)＿＿＿＿＿	□	□	□	□	□

若有研究所相联系,请填写(7)题。

贵企业与上海其他高校或科研家机构的联系程度如何?(请填写具体高校和研究所)

(8)＿＿＿＿＿　□　□　□　□　□

三、关于相关机构之间的人流、知识流流动状况

下面的题项是测量企业技术创新扩散的一些情况的,您对下面的题项进行选择,

题项	不频繁	较不频繁	一般	较频繁	频繁
与本地客户联系的频繁程度	□	□	□	□	□
与本地供应商联系的频繁程度	□	□	□	□	□
与本地大学、科研机构联系的频繁程度	□	□	□	□	□
与政府部门、中介机构联系的频繁程度	□	□	□	□	□
与本地客户进行技术交流的程度	□	□	□	□	□
与本地供应商进行技术交流的程度	□	□	□	□	□
与本地大学、科研机构进行技术交流的程度	□	□	□	□	□
与政府部门、中介机构进行技术交流的程度	□	□	□	□	□
与本地客户进行知识产权交易的程度	□	□	□	□	□
与本地供应商进行知识产权交易的程度	□	□	□	□	□
与本地大学、科研机构进行知识产权交易程度	□	□	□	□	□
与政府部门、中介机构进行知识产权交易程度	□	□	□	□	□

资料来源:上海市松江区科委网站,2015-8-3

(3)产业集聚困境研究的企业调查问卷(见表 8-12)

表 8-12　产业集聚困境研究的企业调查问卷

　　为了破解产业集聚过程中的各种困境,推动产业集聚发展,提升产业竞争力,培育我省的特色产业集群,以便更好地为江苏省产业集聚区和产业集群的发展提供政策建议。江苏省经信委(中小企业局)与南京理工大学经济管理学院的研究人员,正在进行国家自然科学基金项目《资源环境约束、认知行为偏差与区域产业集聚困境研究》(批准号 71073080)的调查研究。

续表

本研究面向全省主要产业集聚区(产业集群)开展此次调查,您的回答无所谓对错,只要真实地反映您的情况和看法,就达到了这次调查的目的。感谢您积极参与我们有关产业集聚困境研究的问卷调查,您的问卷是完全保密的,并仅用于我们相关课题的研究。

请将您填好的问卷于1个月之内寄到朱英明或者沈星的电子邮箱

电子邮箱:zhuyingming@njust.edu.cn;80800789@qq.com

联系电话:13951627263;13770562757

联系地址:南京市孝陵卫200号南京理工大学经济管理学院

第一部分:贵公司基本情况

1.贵公司的名称:＿＿＿＿＿＿＿＿＿,公司联系电话＿＿＿＿＿＿＿＿＿。

2.贵公司位于＿＿＿市＿＿＿区(县)＿＿＿镇,所属产业是＿＿＿＿＿,从业人员＿＿＿人,年销售收入＿＿＿＿＿万元,隶属于＿＿＿＿＿产业集聚区或＿＿＿＿＿产业集群。

3.贵公司所在的产业集聚区＿＿＿＿＿(是或不是)省经信委(省中小企业局)认定的产业集聚示范区;贵公司所在的产业集群＿＿＿＿＿(是或不是)省经信委(省中小企业局)认定的特色产业集群。

4.贵公司创办于＿＿＿＿＿年,入驻产业集聚区或产业集群的时间是＿＿＿＿＿年。

5.贵公司研发投入占营业收入的比重为＿＿＿＿＿,拥有＿＿＿＿＿个省级以上名牌产品、驰(著)名商标。

6.贵公司产出规模为＿＿＿＿＿亿元,国内市场占有率＿＿＿＿＿。

7.贵公司有＿＿＿＿＿家是省级以上公共服务平台。

8.您认为,贵公司所在的产业集群属于:
□自发成长型　　□规划引导型　　□资源驱动型　　□产业转移型(嵌入型)
□其他类型

9.贵公司的所有制形式为:
□国有企业　　□中外合资　　□合作企业　　□外商独资企业
□合伙企业　　□有限责任公司　　□有限股份公司　　□个人企业

10.贵公司融资方面主要采取:
□银行贷款　　□民间借款　　□商业信用　　□职工集资
□发行债券　　□发行股票

第二部分:产业集聚(集群)困境研究基本状况

11.为了促进地区经济发展,各地区纷纷建立产业集聚区(产业集群),地区产业集聚过程出现了盲目性现象,这种盲目性现象在贵公司所在的产业集聚区或产业集群:
□非常明显　　□明显　　□一般　　□不明显　　□非常不明显

12.为了促进地区产业集聚(集群)的规模扩张,地区间对集聚要素展开了激烈竞争甚至是恶性竞争,这种现象在贵公司所在的产业集聚区或产业集群:
□非常明显　　□明显　　□一般　　□不明显　　□非常不明显

13.各地区依然沿用过去大量消耗资源和破坏环境的粗放式产业集聚模式,这种粗放式现象在贵公司所在的产业集聚区或产业集群:
□非常明显　　□明显　　□一般　　□不明显　　□非常不明显

14.贵公司所在的产业集群存在集群企业转移到集群外部的困境:
□非常明显　　□明显　　□一般　　□不明显　　□非常不明显

15.贵公司所在的产业集群存在被边缘化的困境:
□非常明显　　□明显　　□一般　　□不明显　　□非常不明显

16.贵公司所在的产业集群存在集群创新的困境:
□非常明显　　□明显　　□一般　　□不明显　　□非常不明显

17.贵公司所在的产业集群存在集群升级的困境:
□非常明显　　□明显　　□一般　　□不明显　　□非常不明显

续表

18. 对于以中小企业为主的产业集群而言,企业融资方面受到很大制约,这将对贵公司发展的影响,对贵公司所在的产业集群发展的影响:
　　□非常大　　□大　　□一般　　□小　　□非常小

19. 伴随着国家对节能减排要求的进一步提高,这将对贵公司发展的影响,对贵公司所在的产业集群发展的影响:
　　□非常大　　□大　　□一般　　□小　　□非常小

20. 实施严格的土地保护政策,新增工业用地指标也将更为紧张,这将对贵公司发展的影响,对贵公司所在的产业集群发展的影响:
　　□非常大　　□大　　□一般　　□小　　□非常小

21. 伴随着人民币的不断升值,这将对贵公司发展的影响,对贵公司所在的产业集群发展的影响:
　　□非常大　　□大　　□一般　　□小　　□非常小

22. 资源与市场两头在外,经济规模不断扩张与区域资源环境矛盾将日益突出,这将对贵公司发展的影响,对贵公司所在的产业集群发展的影响:
　　□非常大　　□大　　□一般　　□小　　□非常小

23. 只要相关公司在空间集聚或集群,公司就能获得超常规发展并获得更多的利益。因而贵公司能够成为产业集聚区或产业集群的成员的要求:
　　□非常强烈　　□强烈　　□一般　　□不强烈　　□非常不同意

24. 贵公司最初打算入驻产业集聚区或产业集群时,更多地考虑产业集聚(集群)过程中可能得到的更大的集聚经济利益,并未考虑到或并不畏惧集聚(集群)过程中可能出现的不利方面。对此,贵公司的态度是:
　　□非常同意　　□同意　　□不同意也不反对　　□不同意　　□非常不同意

25. 由于产业结构老化、产品过时、技术落后、体制陈旧等原因,产业集群也存在老化、衰退甚至灭亡的风险。对此,贵公司对产业集群风险的态度是:
　　□非常惧怕　　□惧怕　　□不惧怕也不气馁　　□不惧怕　　□非常不惧怕

26. 由于产业集群中产品的同质化程度高,产业集群中同行业间的"恶性竞争现象"较为普遍,严重影响到产业集群整体的生存与发展。对此,贵公司对产业集群中"恶性竞争现象"的态度是:
　　□非常担心　　□担心　　□不担心也不安心　　□不担心　　□非常不担心

27. 产业集群的形成是政府与市场共同作用下的产物,但政府对产业集群的政策扶持力度关系到产业集群的兴衰。对此,贵公司认为政府作用:
　　□非常重要　　□重要　　□一般　　□不重要　　□非常不重要

28. 在产业集聚区向企业提供的信息不完全和企业对产业集聚区相关信息了解程度不高的情况下,企业的集聚行为将在很大程度上取决于其他企业的集聚行为,即"跟风行为"。贵公司的集聚行为(　　)这种"跟风行为":
　　□非常符合　　□符合　　□不符合也不违反　　□不符合　　□非常不符合

29. 贵公司在产业集群内部进行投资时,当贵公司处于盈利状态时是风险回避者,而处于亏损状态时则是风险偏好者。贵公司对风险的态度是:
　　□非常赞同　　□赞同　　□不赞同也不反对　　□不赞同　　□非常不赞同

30. 产业集群中的某些企业为了追求自身利益,把注意力集中到那些与产业集群整体发展无关、但可能影响产业集群发展的"噪音"(跑关系、跑项目等)上,这种行为会在短期内造成产业集群成员间关系的扭曲,使其他企业在产业集群的发展上无所作为。贵公司的态度是:
　　□非常赞同　　□赞同　　□不赞同也不反对　　□不赞同　　□非常不赞同

31.我国的企业集聚(集群)行为受区域优惠政策的影响较严重,企业的集聚区位选择倾向于优惠政策出台的区域,企业的集聚行为具有"政策依赖性"。贵公司的集聚行为( )这种"政策依赖性":

□非常符合 □符合 □不符合也不违反 □不符合 □非常不符合

32.一般而言,产业集聚区(产业集群)出台的吸引企业投资的优惠政策对企业决定迁入产业集聚区(产业集群)的决策影响很大。贵公司的态度是:

□非常赞同 □赞同 □不赞同也不反对 □不赞同 □非常不赞同

33.一般而言,如果其他产业集聚区(产业集群)的优惠政策更具有吸引力,那么公司会考虑迁出目前所在产业集聚区(产业集群)。贵公司的态度是:

□非常赞同 □赞同 □不赞同也不反对 □不赞同 □非常不赞同

资料来源:朱英明(2015)

(4)广东省产业集群综合竞争力评估问卷(见表 8-13)

表 8-13 广东省产业集群综合竞争力评估问卷

填写说明:

1.此问卷由市(县)、区工业主管部门或工业园区管委会汇总填写,每个产业集群一份。

2.区域产业集群的规模下限为年销售收入 10 亿元,仅包括制造业,不含生产性服务业等。

3."集群内具体包含行业和主导产品",其中行业按国民经济行业分类中制造业的小类来分。

4.表格中的数量单位为"万元/人/个/件/平方公里/%",若表格的具体内容中特别标明了不同的数量单位,则以特别标明的为准。

5.调查表中规模以上企业是指年销售收入 500 万元以上的工业企业。

在此,感谢您百忙中填写该问卷!

一、基本信息

1.集群名称:

2.所属行业:

3.集群定性:

□同一行业的企业聚集 □围绕核心企业的配套和产业链延伸 □其他

二、产业集聚力

(一)经济规模

1.目前进驻该产业集群的企业数量_____,配套企业数量_____。

2.龙头企业数量(年销售额 5 亿元以上)

□5 家以下 □6~10 家(含) □10 家以上 □没有

3.集群内企业构成情况

□大型国有企业为主 □中小型企业为主

□家庭作坊为主 □大型外资企业为主

4.集群近三年总产值(亿元):2012 年_____,2013 年_____,2014 年_____;

其中,新兴产业产值 2012 年_____,2013 年_____,2014 年_____;

中介服务业产值 2012 年_____,2013 年_____,2014 年_____。

5.集群所在区域的地区生产总值:2012 年_____,2013 年_____,2014 年_____。

6.集群过去三年利税总值:2006 年_____,2007 年_____,2008 年_____。

7.集群 2014 年年末总资产_____。

8.集群覆盖面积:_____平方公里。

9.集群就业人数:_____人;其中工程技术人员数量_____。

续表

10.集群工人主要来自_____。
　　□本地　　　　□外地
(二)经济效益
1.集群增加值(亿元):2012 年_____,2013 年_____,2014 年_____。
2.出口额(亿美元):2012 年_____,2013 年_____,2014 年_____。
　　生产产品出口比例:2012 年_____,2013 年_____,2014 年_____。
　　出口国家和地区_____。
3.集群盈利情况:2012 年_____,2013 年_____,2014 年_____。
4.集群销售情况:2012 年_____,2013 年_____,2014 年_____。
　　集群主导产品_____,发展方向_____,集群目前在建项目的投资规模_____,预
期销售收入_____。
(三)市场能力
1.集群主导产品市场表现:

产品名称	2012 年			2013 年			2014 年		
	销售收入	占国内市场比重	占国际市场比重	销售收入	占国内市场比重	占国际市场比重	销售收入	占国内市场比重	占国际市场比重

2.集群商标和地理标志保护产品注册数量_____,名称是_____
3.集群荣誉称号
4.中国驰名商标数量_____,名称是_____
5.中国名牌产品数量_____,名称是_____
6.广东省著名商标数量_____,名称是_____
7.广东省名牌产品数量_____,名称是_____
8.集群商标总数_____
9.融资渠道:
　(1)集群主要的资金来源(请选 3 项,并按重要性排序)
　　　□银行或信用社贷款
　　　□企业自有资金积累
　　　□投资基金
　　　□发行股票、债券等来融资
　　　□民间借贷
　　　□国家政策性借贷
　　　□向集群内企业借款
　(2)集群开展民间融资活动的主要方式有(多选)
　　　□企业或单位间拆借
　　　□向个人借入(公开发行股票、债券除外)
　　　□向股东、职工、社会(不定对象)集资
　　　□商业票据转让或贴现(向银行、信用社贴现除外)
　　　□向典当行等借入
　　　□其他

续表

10.环保节能及可持续发展竞争力：
    (1)万元产值能耗：每万元产值消耗_____吨标煤/万元。
    (2)集群是否集中处理污水和固体废弃物？
        □是　　　　　　□否
    (3)集群是否有制定完善的厂商、产品环境影响标准？
        □有　　　　　　□无

三、集群创新力
(一)集群创新投入
    1.集群内企业的研发投入(亿元)_____。
    2.集群内省级以上企业技术中心(工程中心)、研发中心数量_____。
    3.集群内科研人员占总员工比重_____。
    4.集群产业的主要技术来源_____。
        □自主创新　　　　　□国外引进　　　　　□合作研发
(二)集群创新产出
    1.集群近三年完成产学研项目数_____。
    2.集群内企业获取的专利数_____。
    3.集群内企业拥有的自主知识产权产品数_____。
    4.集群内企业的专利、知识产权实际转化率_____。

四、集群影响力
    1.集群中企业之间主要关系
        □平行关系　　　　□上下游价值链合作关系
    2.集群中企业哪部分业务做得比较好(最多两项)
        □研发设计　　　　□加工制造　　　　　　□市场营销与品牌培育
    3.集群品牌知名度
        □国际知名　　　　□国内知名　　　　　　□省内知名
    4.集群生产的原料主要来源。
        □国内采购　　　　□国外采购　　　　　　□集群附近提供
    5.集群主导产品销售区域
        □国内市场　　　　□国外市场　　　　　　□集群附近销售
    6.集群企业主要处于国际生产链条中的哪个环节
        □制造　　　　　　□产品设计　　　　　　原料地
        □集散地　　　　　□终端销售　　　　　　□未进入全球生产链
    7.集群内企业与当地上下游厂商贸易量
        □贸易频繁　　　　□贸易量一般　　　　　□贸易量少

五、环境支持力
(一)硬环境
1.交通发展状况
    (1)与最近机场距离_____km,与最近港口距离_____km
    (2)离地级市的距离_____(请说明)
    (3)区域公路密度_____,高速公路出口数_____。
2.水、电、网的充足保证与方便程度
    □很好　　　　　□较好　　　　　□一般　　　　　□有待改进
3.公共设施建设完善程度。
    □很好　　　　　□较好　　　　　□一般　　　　　□有待改进
4.集群周围有学校_____,医院_____,大型超市_____,公共交通_____,星级
    酒店(三星以上)_____。

续表

(二)软环境

1. 审计会计机构数量_____质量检测检验机构数量_____,职业培训机构数量_____专业市场数量_____,会展机构数量_____物流企业数量_____。

2. 金融机构数量(银行网点)_____其中银行_____。

3. 集群周边担保机构数量_____;担保机构担保的集群内企业数_____。
   小额贷款公司(典当行)数量_____;为企业融资金额_____。

4. 集群内是否有行业协会。
   □有　　　　　□没有

5. 如有,行业协会对集群发挥的作用(多选)。
   □市场信息　　□员工招聘和培训
   □协调企业和政府之间的关系　　　　□技术合作交流信息
   □法律事务上的建议咨询

6. 劳动力市场的成熟程度。
   □很好　　　　□较好　　　□一般　　　□有待改进

7. 居住环境吸引力:治安、生活娱乐便利、教育及医疗等完善程度。
   □很好　　　　□较好　　　□一般　　　□有待改进

六、政府支持力

1. 财政对集群基础设施的投入_____,对集群研发投入_____。

2. 政府组建的集群门户网站数(电子商务平台)_____,年度专业论坛及会展、展销会次数_____或其他推广活动_____

3. 税收优惠力度。
   □强　　　　　□弱　　　　　□一般

4. 土地优惠力度。
   □强　　　　　□弱　　　　　□一般

5. 人才引进优惠力度。
   □强　　　　　□弱　　　　　□一般

6. 支持创新力度。
   □强　　　　　□弱　　　　　□一般

7. 前置审批费用减免力度。
   □强　　　　　□弱　　　　　□一般

8. 法律法规落实力度和知识产权保护力度。
   □强　　　　　□弱　　　　　□一般

9. 电子政务开展情况。
   □好　　　　　□一般　　　　□有待加强

10. 行政职能部门廉洁高效。
    □很好　　　　□较好　　　□一般　　　　□有待改进

11. 行业企业在本地聚集的主要原因。
    □政策优惠　　□靠近市场　　□靠近原材料
    □廉价劳动力　□土地成本低

12. 政府是否在相关媒体做产业集群的相关的宣传_____,投入资本_____。

13. 政府是否为集群提供相关就业指导或培训服务。
    □是　　　　　□否

14. 制定集群发展规划的部门是_____。
    该集群未来发展目标是_____。

续表

附件:评估登记表

编　号:

产业集群 所在地			邮编	
书　记 (市、区、县)	性别	电　话	手机	
主　任 (产业园或工业科)	性别	电　话	手机	
主管领导	性别	职　务	手机	
联 系 人	性别	职　务	手机	
电话	电子邮件		传真	
报送资料	相关资料请于 2015 年　月　日前以传真或电子版形式报送			
对评选活动建议	负责人签字: (盖 章) 2015 年　月　日			
说明	1.此表请认真详细填写,并及时传回! 2.报送资料以传真或电子版形式发送; 3.本次评选属于公益评选。			
您是否愿意参与评委 去贵地参观考察	□ 参与　□不参与			

资料来源:广东省经信委,2015-8-1

(5)创意产业区可持续发展调查问卷(见表 8-14)

表 8-14　沪杭甬创意产业园区可持续发展调查(创意产业从业者版)

　　为了破解文化创意产业园区建设过程中的各种困境,推动文化创意产业科学发展,提升城市文化氛围与创新能力,以便更好地为沪杭甬三地文化创意产业集聚区的发展提供政策建议,宁波大学建筑工程与环境学院的研究人员,正在进行国家自然科学基金项目(批准号 41301110)的调查研究。

　　本研究面向沪、杭、甬主要文化产业基地、创意产业示范集聚区或创意产业园开展此次调查,您的回答无所谓对错,只要真实地反映您的情况和看法,就达到了这次调查的目的。感谢您积极参与我们有关产业集聚困境研究的问卷调查,您的问卷是完全保密的,并仅用于我们相关课题的研究。

电子邮箱:marenfeng@nbu.edu.cn
联系地址:浙江宁波江北风华路 818 号宁波大学城市科学系

续表

调查对象:创意产业从业者

◆您现在的工作是以下哪个部门？_____

a.工业设计,b.产品和包装设计,c.IT和软件设计,d.广告和设计,e.手工业,f.建筑设计,g.城市设计和规划,h.景观设计,i.家居产品设计,j.文学和艺术创作,k.出版,l.新闻工作,m.音乐和表演艺术,n.传媒(电视、电影、广播),o.网络媒体,p.营销服务,q.咨询服务,r.展览和会议服务,s.时尚设计,t.娱乐,u.婚礼设计,v.摄影。

◆您的最高学历？_____

a.初中,b.普通高中或职业高中(中专),c.技校,d.大专,e.学士,f.硕士,g.博士

◆您所在的公司或者工作室有多少员工？_____

a.10人以下,b.11～50人,c.51～100人,d.101人及以上

◆您的工作地属于上海的哪个区？_____

◆请详细写出您工作场所所在街道:_____步行至最近的地铁站需要多长时间_____

◆您的教育背景是什么(您学习的领域是什么)？

a.艺术(美术、艺术设计、文学、音乐等),b.管理(行政、项目管理、企业管理等),c.金融,d.科技工程

其他,请详细说明:_____

◆你入职后是否参加公司组织的相关业务培训？_____;是,请您回答这种培训对您产生的好处。

	没有	低	中等	高	非常高
当地的社会和市场知识					
技术提升					
社会网络建立					
其他,请详细说明					

◆您是否在上海市授权的创意产业示范集聚区内工作过？

是,请详细说明_____否

◆您的办公室是否在修葺过的旧建筑中？是_____否

◆请为您的工作场所打分(和上海的其他区域)和您的满意程度

	办公场所的档次				办公场所的满意程度低				
	低	中	高	非常高	无	低	中	高	非常高
交通便利									
文化设施和其他服务									
办公条件和环境									
区域人口									
其他,请详细说明									

◆请问您是否是上海某个社团或者俱乐部的成员？是_____不是_____

如果回答是,那么它是什么类型的？

a.职业相关的社团、b.商业社团、c.业余时间活动社团/俱乐部、d.社区组织、e.宗教组织、f.其他

如果是,那么其对您当前的工作有多少益处？

	无	低	中	高	非常高
有益于启发我的工作					
提供工作信息					
提供合作机会					

续表

◆请问您多久参与一次夜生活(饭局、电影、约会、聚会等)?
a. 频繁(每周大于 2 次),b. 经常(每周 1 次左右),c. 偶尔(每周少于 1 次),d. 从不
如果您的回答是 a 或 b,那么您认为夜生活给您当前的工作带来多大的益处呢?

	无	低	中	高	非常高
有益于启发我的工作					
提供工作信息					
提供合作机会					

◆请对您的工作环境评价和反馈您的满意程度反馈

	在工作环境中的重要性					满意程度反馈				
	无	低	中	高	非常高	无	低	中	高	非常高
政治自由										
文化多样性										
性包容性(性开放)										
便利设施(比如街道、广场、绿地)										
空间										
知识产权保护										
市民教育程度										
面对面交流的机会										

(五)实习步骤

(1)阅读相关文献或产业园区规划或调查报告,明确拟定研究主题。

(2)查阅研究区已有相关产业集群或产业园区的相关规划文本、研究论文或著作、学术调查报告。

(3)小组成员共同讨论形成实地调查计划,将调查内容、调查地点、调查方法、调查问卷样稿细化,并进行任务分工。

(4)产业集群内企业调查:企业基本情况、与上下游企业联系、与园区内相关企业联系、与政府相关部门联系等。

(5)产业集群内从业者调查:从业者基本情况、从业者对集群内创新创业氛围满意度、从业者对集群内工作之余休闲娱乐餐饮的满意度。

(6)产业集群所在行政区的相关主管部门调查:政府对相关集群或园区的扶持程度与扶持方式、政府在集群或园区形成中的作用、政府对园区或集群的未来如何考虑。

(7)小组成员汇总所有调查资料和数据,各调查小分队向班级汇报调查基本情况。根据所获取的资料和数据,全体成员讨论形成当日专题报告的初步提纲。提纲的基本内容是:调查问卷、调查方法、调查数据分析方法、分析结论、调查存在的问题与相关反思等。

(8)分工撰写专题报告。注重对调查数据的定量分析与问题判别,注重与GIS结合分析调查数据,注重专题报告的规范性。

(9)汇总专题报告,形成调查小组报告,并进行排版和美化。根据小组调查主题,提炼学术论文或社会调查报告题目,撰写学术性较强的研究性论文或社会调查报告,可参照冯健主编《城市社会的空间视角》(中国建筑工业出版社2010年版)或者历年宁波大学获得省、国家级挑战杯的社会调查报告作品,并进一步加以完善。

(六)练习

根据本节所述专题调查实践指导,完成"慈溪市家电产业集群转型升级、宁波中心城区文化创意产业集群、舟山市海洋船舶工业集群调查"研究报告,主题定位为集群升级或集群创新能力提升或集群内企业社会关系网络等。

(七)案例

以下文献中有详细调查说明可作为案例:

千庆兰,陈颖彪,余国扬.传统制造业专业镇发展模式转型与产业升级.北京:科学出版社2014年版;

王兴平.中国开发区在非洲:中非共建型产业园区发展与规划研究.南京:东南大学出版社2015年版第5章;

王兴平.集约型城镇产业空间规划:原理、方法、案例.南京:东南大学出版社2014年版第7章;

王缉慈.超越集群——中国产业集群的理论探索.北京:科学出版社2010年版第8、9、10章;

郑健壮.产业集群转型升级及其路径选择.杭州:浙江大学出版社2013年版第8章;

王根荣.浙江崛起的奥秘——块状经济理论体系研究.杭州:浙江工商大学出版社2015年版。

三、城市或区域发展项目可行性研究实习

(一)实习目的

可行性研究(feasibility study)是指在投资决策之前,对拟建项目进行全面的技术经济分析论证并试图对其可行或不可行进行评价的一种科学方法,它是

投资前期工作的重要内容,是投资建设程序的重要环节,是项目的投资决策中必不可少的一道工作程序。在投资项目管理中,可行性研究是指在项目投资决策之前,调查、研究与拟建项目有关的自然、社会、经济、技术等因素,在此基础上分析投资建设方案,预测、评价项目建成后的社会经济效益,并在此基础上,综合论证项目投资建设的必要性、财务上的盈利性、经济上的合理性、技术上的先进性、环境影响的减量化、社会风险的承受性等,从而为投资决策提供科学依据(孙红,2008)。

作为一门横跨技术科学、经济科学和自然科学三个领域的综合性科学,可行性研究近年来在企业投资、工程项目、研究课题、基本建设等各类问题的决策中得到了广泛的应用。在项目投资决策之前进行可行性研究,不但有助于减少或避免项目投资失误,而且有助于项目的顺利实施和推进。总的说来,可行性研究对于项目投资决策有着以下几点非常重要的作用:(1)作为项目建设立项的依据;(2)作为向银行申请贷款或筹资的依据;(3)作为工程设计和建设的依据;(4)作为向当地政府和环保部门申请建设执照的依据;(5)作为本工程建设补充基础资料的依据;(6)作为项目与各有关部门签订合同或协议的依据;(7)作为核准采用新技术、新设备研制计划的依据;(8)作为企业安排项目计划和实施的依据。

对于国民经济与社会发展规划、城乡总体规划在实施层面所涉及的发展项目,必须进行可行性评估,核心目的在于确保项目的可持续性和造成的环境、社会等负面影响最小化。为此,本专题的实习目的是:

(1)了解各级各类规划如何落地实施;

(2)了解项目可行性评估的基本内容与方法;

(3)熟练掌握产业、民生发展为主的各类规划实施环节形成的项目及其可行性评估,提出项目实施的改进策略。

(二)实习内容

(1)查阅相关文献与法规,了解项目可行性评估的概念与内容体系;

(2)走访相关规划管理职能部门,厘清各类规划如何实施,辨析相关规划实施过程中经济、民生等发展项目的重要性与可持续管理;

(3)围绕某一项目,实地调查项目实施对项目地及其周边可能产生的环境、经济、社会、文化景观等方面的正、负效益,尝试掌握3种以上定量方法对其评估;

(4)统计项目的各方面影响的正、负程度,分析项目是否可行及其解决策略。

(三)实习重点

在评价中,如何根据特定的区域或城市发展项目选择若干重要指标进行综合评价项目的可行性,尤其是量化评估项目的环境影响、经济可行性、社会风险承受性,以及项目自身的财务评估等。

(四)理论与方法——城市或区域发展项目可行性研究的内容与程序

区域或城市发展项目在实施前需进行可行性研究,对项目进行环境影响、国民经济评价、财务评价和社会评价。

项目评估的起始步骤是对项目进行机会研究,其内容包括:①研究地区的基本特征,包括所在地区的自然地理条件,项目所占的具体地段特征及其面积;地区的人口、社会经济发展状况及项目的社会经济背景,地区间差异和项目的优势条件;地区已开发和可供开发的生产要素、现有经济结构特点;地区输出和输入的产品;地区基础设施条件;地区所开发的优势部门。通过项目评估,列出不适合地区发展的部门和项目,选择符合国家产业政策和区域相对优势的产业和项目。对项目的生产能力,规模和项目投资、运营成本、需投入的资源数量进行估计,分析项目的经济意义。②对项目进行财务评价,计算大致的投资额,资金筹措渠道和方式、大致的清偿期,回收率及多种经营收益。③对市场进行预测,分析产品市场销售水平、占有额和市场风险。

在机会研究的基础上,进入初步可行性研究阶段。这一阶段充分利用机会研究的成果,着重分析:①项目背景和历史,包括项目发起机构和发起人的资信、项目研究的历史过程和对项目已做的调查研究工作及已支付的研究费用。②项目的市场和项目生产能力。分析估计项目规模、生产能力、已达到的水平及项目发展规划;统计分析项目产品的现有分布:它的进口数量,同行业市场占有额;项目的政策背景、经济意义,判定它是否属于国家或地方发展的重点;估计项目产品的市场需求量,过去的增长情况及其影响因素,预测其销售额、市场占有率;分析项目与国内外生产商、供应商的竞争力及其前景,划定项目产品市场供应区域,制定销售规划,估算出副产品的销售收益,确定项目的生产规模。③项目的资源投入。计算项目所需的原料、部件、加工品、辅助材料、能源和其他公共设施数量,粗略计算所需要的成本和供求双方的稳定性。④项目具体布局地点的选择。在预选择的基础上,估计各种开发费用,包括土地、基建、道路等建设和使用所需的费用。⑤项目的初步设计:包括确定项目的范围、工艺和设备清单,会计设备投资费用;对土木工程进行粗略布置,并计算土木工程投资。⑥项目组织机构及管理费用,初步设想项目的管理体系结构,估算所需管理费用;确定大致的职工数量(分类计算),估算年度人工工资支出。⑦拟订建设进度表、投资进度表。⑧财务评价。估算投资、固定资产投资和流动资本需求量;确定项目资金筹措方案;计算生产成本和投资回收期、回收率、盈亏平衡点、内部回收率。⑨国民经济评价。进口替代的换汇率,以预测价格进行成本收益分析、创汇水平测算。

在项目初步可行性研究的基础上,进一步对项目进行环境影响评价。《中华人民共和国环境保护法》2015年版第十九条规定"编制有关开发利用规划,建设对环境有影响的项目,应当依法进行环境影响评价"。项目环境影响评价广义指对拟建项目可能造成的环境影响(包括环境污染和生态破坏,也包括对环境的有利影响)进行分析、论证的全过程,并在此基础上提出采取的防治措施和对策。狭义指对拟议中的建设项目在兴建前即可行性研究阶段,对其选址、设计、施工等过程,特别是运营和生产阶段可能带来的环境影响进行预测和分析,提出相应的防治措施,为项目选址、设计及建成投产后的环境管理提供科学依据。环境影响评价的内容大体包括以下七个方面:一是建设项目的基本情况;二是建设项目周围地区的环境现状;三是建设项目对周围地区的环境可能造成影响的分析和预测;四是环境保护措施及其经济、技术论证;五是环境影响经济损益分析;六是对建设项目实施环境监测的建议;七是结论(包括:对环境质量的影响;建设规模、性质;选址是否合理,是否符合环保要求;采取的防治措施经济上是否合理,技术上是否可行;是否需要再作进一步评价等)。

在项目初步可行性研究的基础上,进一步对项目进行社会评价。由国家计委投资研究所和建设部标准定额研究所提出的项目社会评价方法建议采用与项目相互影响的 4 个方面,43 项社会因素的评价指标:① 对社会经济的贡献——包括就业效益、收入分配、技术进步效益、节约时间的社会效益、促进地区经济发展、促进部门经济发展、促进国民经济发展(改善结构、布局,提高效益等),提高国际竞争力等 8 项指标。② 合理利用自然资源——包括国土开发利用效益、节约能源、节约耕地、节约水资源、自然资源综合利用、节约其他自然资源等 6 项指标。③ 自然与生态环境影响——包括对自然环境的污染、影响自然景观、传播有害细菌、破坏森林植被、水土流失、诱发地震、危害野生动植物生存、其他等 8 项指标。④ 社会环境影响——包括对控制人口的影响,对居民收入的影响,对社区居住条件的影响,对社区基础设施、城市建设及其发展的影响,对当地生活设施的影响,对当地人民文化娱乐的影响,对教育的影响,对人民卫生保健的影响,对文物古迹的影响,对民族团结的影响,对社区组织结构的影响,对国防的影响,对国家国际威望的影响,对防灾减灾的影响,对当地人民风俗习惯、宗教信仰的影响,对社区福利的影响、对社区社会保障的影响,对当地管理机构的影响,当地政府对项目的态度与支持、当地人民对项目的态度、项目规划与实施中的群众参与等 21 项指标。社会影响评价(social impact assessment)在许多国家已实行多年,积累了丰富的经验。我国正在开展此项研究,它有利于协调区域经济社会环境资源的可持续发展和合理利用。在评价中,一般根据特定的区域或城市开发项目选择其中若干重要指标进行综合评价。因此,还需具体评价研究不同类型开发项目如工业、交通、农业、林业、水利、社会事业、城市建设技术和方法,运用定性与定量相结合的原则,提出可行的评价体系和评价程序。

项目实施后,需对项目进行后评价。项目后评价指对项目运营后的经济、社会和环境影响作出判断,以提出肯定项目运作或调整经营方向的建议。

(五)实习步骤

(1)室内作业。通过文献查阅等方法阅读项目可行性研究的相关文献,了解项目可行性研究的基本内容和常用方法,尝试构建量化评估指标体系及其综合测度模型。

(2)对项目财务进行评价。

(3)设计调查问卷,评估项目的环境影响、经济可行性、社会风险等内容。核心在于抓住量化的核心指标,使用访谈式问卷调查法,提高问卷填写准确性。

(4)现场踏勘调查。分组对项目所在地及其周边进行调查,通过问卷调查法访谈当地居民、企业、社区业主委员会、村委会等对项目实施的潜在影响或效益,重点调查环境影响、社会风险等内容。

(5)结果汇总、撰写可行性评价报告。将调查问卷、访谈问题等综合统计,并依据环境影响评价、经济可行性分析、社会风险分析等的规范性要求撰写报告,给出评价结论及其改进策略。

(六)练习

根据本专题调查庄市老街改造项目或宁波森林公园扩建项目的可行性,并定量评估。

(七)案例

以下文献中有详细调查说明可作为案例:

住房和城乡建设部标准定额研究所编. 风景名胜项目评价方法. 北京:中国计划出版社,2010;

世界银行,中国国际工程咨询公司. 发展项目移民规划与实施手册. 北京:中国计划出版社,2007;

中国国际工程咨询公司. 中国投资项目社会评价指南. 北京:中国计划出版社,2004;

中国国际工程咨询公司. 中国投资项目社会评价——变风险为机遇. 北京:中国计划出版社,2007;

中国国际工程咨询公司. 投资项目经济咨询评估指南. 北京:中国经济出版社,2000;

刘晓宇,黄秉禾. 规划环境影响评价——秦皇岛经济技术开发区总体规划. 北京:中国环境出版社,2009;

乔·韦斯顿主编,黄瑾,董欣译. 城乡规划环境影响评价实践. 北京:中国建筑工业出版社,2006;

环境保护部环境影响评价司,环境保护部环境工程评估中心.重点领域规划环境影响评价理论与实践.北京:中国环境出版社,2012;

李巍.沿海经济区发展规划环境影响评价理论、方法与实践.北京:科学出版社,2010;

中国标准委.海湾围填海规划环境影响评价技术导则.北京:中国标准出版社,2013;

都小尚,郭怀成.区域规划环境影响评价方法及应用研究.北京:科学出版社,2015;

符国基,邹伟.旅游规划环境影响评价——以海南省南丽湖风景名胜区为例.北京:科学出版社,2015。

参考文献:

[1]史进,贺灿飞.企业空间动态研究进展.地理科学进展,2014,33(10):1342-1353

[2]尼尔·寇,菲利普·凯利.当代经济地理学导论.杨伟聪译.北京:商务印书馆,2012

[3]刘卫东.经济地理学与空间治理.地理学报,2014,69(8):1109-1116

[4]李小建,樊新生,罗庆.从《地理学报》看80年的中国经济地理学发展.地理学报,2014,69(8):1093-1108

[5]刘志高,王琛,李二玲,等.中国经济地理研究进展.地理学报,2014,69(10):1449-1458

[6]马仁锋,沈玉芳,姜炎鹏,我国创意产业研究的进展与问题:基于城市与区域发展视角.中国区域经济,2009,1(3):31-42

[7]刘曙华,沈玉芳.生产性服务业的空间研究进展及其评述.地理科学进展,2011,30(4):498-503

[8]杜德斌.跨国公司R&D全球化的区位模式研究.上海:复旦大学出版社,2001

[9]曾刚,林兰.技术扩散与高技术企业区位研究.北京:科学出版社,2008

[10]谷人旭,钱志刚.苏南镇域企业空间集聚问题实证研究.经济地理,2001,21(S):191-195

[11]宁越敏,石崧.从劳动空间分工到大都市区空间组织.北京:科学出版社,2011

[12]周尚意.人文地理学野外方法.北京:高等教育出版社,2010

[13]杨振山,龙瀛,Nicolas DOUAY.大数据对人文—经济地理学研究的促进与局限.地理科学进展,2015,34(4):410-417

[14]孙久文,原倩."空间"的崛起及其对新经济地理学发展方向的影响.中国人民大学学报,2015(1):88-95

[15]樊杰,蒋子龙.面向"未来地球"计划的区域可持续发展系统解决方案研究.地理科学进展,2015,34(1):1-9

[16]颜银根.微观主体异质性行为:新经济地理学的最新研究方向.经济地理,2014,34(12):15-20

[17]刘安国,张越,张英奎.新经济地理学扩展视角下的区域协调发展理论研究.济问题探索,2014(11):184—190

[18]雒海潮,苗长虹,李国梁.西方经济地理学文化转向的哲学思考.人文地理,2014,29(5):14—18

[19]廉勇.新经济地理学前沿理论模型研究.中国科技论坛,2014(9):121—127

[20]贺灿飞,郭琪,马妍,等.西方经济地理学研究进展.地理学报,2014,69(8):1207—1223

[21]安虎森,季赛卫.演化经济地理学理论研究进展.学习与实践,2014(7):5—18

[22]李琬,孙斌栋.西方经济地理学的知识结构与研究热点.经济地理,2014,34(4):40—46

[23]吕国庆,曾刚,顾娜娜.经济地理学视角下区域创新网络的研究综述.经济地理,2014,34(2):1—8

[24]梁滨,邓祖涛,梁慧,等.区域空间研究:经济地理学与新经济地理学的分歧与交融.经济地理,2014,34(2):9—14

[25]赵建吉,茹乐峰,段小微,等.产业转移的经济地理学研究:进展与展望.经济地理,2014,34(1):1—6

[26]何雄浪,郑长德.新经济地理学的反思与展望.上海财经大学学报,2013(6):48—55

[27]李小建.经济地理学发展审视与新构思.地理研究,2013,32(10):1865—1877

[28]刘志高,王琛,李二玲,等.中国经济地理研究进展.地理学报,2014,69(10):1449—1458

[29]唐志鹏,刘红光,刘志高.经济地理学中的数量方法.北京:气象出版社,2012

[30]苗长虹,吕拉昌,魏也华.新经济地理学.北京:科学出版社,2011

[31]苗长虹.欧美经济地理学的三个发展方向.地理科学,2007,27(5):618—623

[32]胡志丁,葛岳静.理解新经济地理学.地理研究,2013,32(4):731—743

[33]吕拉昌,魏也华.新经济地理学中的制度转向与区域发展.经济地理,2005,24(4):437—441

[34]唐燕.中长期发展战略规划研究的国际进展评述.北京规划建设,2012(3):88—92

[35]林坚,陈诗弘,许超诣.空间规划的博弈分析.城市规划学刊,2015(1):10—14

[36]顾朝林,彭翀.基于多规融合的区域发展总体规划框架构建.城市规划,2015,39(2):16—22

[37]王五英.投资项目社会评价方法.北京:经济管理出版社,1993

[38]吴传钧,刘建一,甘国辉.现代经济地理学.南京:江苏教育出版社,1997

[39]住房和城乡建设部标准定额研究所.风景名胜项目评价方法.北京:中国计划出版社,2010

[40]世界银行,中国国际工程咨询公司.发展项目移民规划与实施手册.北京:中国计划出版社,2007

[41]中国国际工程咨询公司.中国投资项目社会评价指南.北京:中国计划出版社,2004

[42]中国国际工程咨询公司.中国投资项目社会评价——变风险为机遇.北京:中国计划出版社,2007

[43]中国国际工程咨询公司.投资项目经济咨询评估指南.北京:中国经济出版社,2000

[44]刘晓宇,黄秉禾.规划环境影响评价——秦皇岛经济技术开发区总体规划.北京:中国环境出版社,2009

[45]乔·韦斯顿.城乡规划环境影响评价实践.黄瑾,董欣译.北京:中国建筑工业出版社,2006

[46]环境保护部环境影响评价司,环境保护部环境工程评估中心.重点领域规划环境影响评价理论与实践.北京:中国环境出版社,2012

[47]李巍.沿海经济区发展规划环境影响评价理论、方法与实践.北京:科学出版社,2010

[48]中国标准委.海湾围填海规划环境影响评价技术导则.北京:中国标准出版社,2013

[49]都小尚,郭怀成.区域规划环境影响评价方法及应用研究.北京:科学出版社,2015

[50]符国基,邹伟.旅游规划环境影响评价——以海南省南丽湖风景名胜区为例.北京:科学出版社,2015

[51]千庆兰,陈颖彪,余国扬.传统制造业专业镇发展模式转型与产业升级.北京:科学出版社,2014

[52]王兴平.中国开发区在非洲:中非共建型产业园区发展与规划研究.南京:东南大学出版社,2015年

[53]王兴平.集约型城镇产业空间规划:原理、方法、案例.南京:东南大学出版社,2014

[54]王缉慈.超越集群——中国产业集群的理论探索.北京:科学出版社,2010

[55]郑健壮.产业集群转型升级及其路径选择.杭州:浙江大学出版社,2013

[56]王根荣.浙江崛起的奥秘——块状经济理论体系研究.杭州:浙江工商大学出版社,2015

[57]王勇,陈延辉.项目可行性研究工作中的问题与对策探讨.建筑经济,2007(2):75—78

第九章　旅游资源与规划调查

　　旅游业是当前中国第三产业发展的重点之一,随着我国经济社会的发展、人民生活水平的提高,其发展的速度越来越快。与此同时,旅游者对旅游产品的品质要求也越来越高,个性化、多样化、体验式旅游成为旅游业发展的基本趋势。

　　作为人文地理研究和应用的重要领域之一,旅游地理不仅要对世界、全国或区域的旅游资源、旅游目的地的地理分布和基本概况有基本的了解,更需要了解旅游资源调查、研究的基本方法和规范。另一方面,旅游规划工作也是人文地理专业学生将来从业的可能领域之一,而这些工作,不仅需要课堂上的理论学习,更需要通过实地参与相关工作,熟悉和了解其基本程序、方法、步骤,为将来从事相关工作打下良好基础。

　　从旅游规划工作的角度看,旅游资源的调查可分为三个层次:

　　区域旅游资源的调查工作。这是各地旅游规划的基础性工作,其主要目的是对一个区域的旅游资源进行摸底,了解其基本状况,为区域旅游发展规划提供基础资料。2003 年进行的全国旅游资源普查工作为此后我国旅游业的发展提供了大量基础数据、资料,是近年来我国旅游业快速发展的重要基础之一。

　　旅游区总体规划调查工作。旅游区总体规划的任务是分析旅游区客源市场,确定旅游区的主题形象,划定旅游区的用地范围及空间布局,安排旅游区基础设施建设内容,提出开发措施。旅游区总体规划是以对规划区域的正确了解和旅游资源的合理评价为基础的,对规划区域的调查,是进行旅游总体规划的前提,只有在此基础上,才能进行旅游空间结构、功能分区、交通组织、总体线路设计等一系列规划工作。

　　旅游区总体规划的调查工作的特点在于,不仅需要对规划区域的旅游资源作比较详细的调查,还要对规划区域与旅游相关的其他自然、人文等条件和状况进行较深入的调查,使旅游规划符合当地各方面条件,为规划的可实施性、可操作性提供可能。

　　旅游区详细规划调查工作:旅游区详细规划分为旅游区控制性详细规划和旅游区修建性详细规划两个层面。旅游区控制性详细规划的任务是以总体规划为依据,详细规定区内建设用地的各项控制指标和其他规划管理要求,为区内一切开发建设活动提供指导。旅游区修建性详细规划的任务是在总体规划或控制性详细规划的基础上,进一步深化和细化,用以指导各项建筑和工程设施的设计和施工。

旅游区详细规划调查工作的任务主要围绕规划工作所需要的各类资料展开,除了与旅游区总体规划类似的相关基础资料外,更着重于旅游区内各方面的详细数据、资料,其资料的深度和精度要求更高。

第一节　宁波市象山县旅游资源调查

一、调查任务和组织

(一)调查任务

按照《旅游资源分类、调查与评价》(GB/T 18972－2003)国家标准的规范和要求,对象山县现有旅游资源的现状进行普查,并根据普查成果,对象山县旅游资源进行评价,形成普查报告。

调查资料要准确、完整,应符合《旅游资源分类、调查与评价》国家标准要求:

- 填写旅游资源单体调查表,形成系统的旅游资源单体资料;
- 填写旅游资源单体评价表,形成系统的旅游资源单体评价资料。

根据上述资料,撰写旅游资源调查报告。

(二)调查组织

由象山县旅游局牵头,各相关部门、各街道乡镇、村庄相关人员组成普查协调小组,负责普查协调工作。

由专业教师和实习学生组成专业普查小组,负责具体调查工作。

每个专业普查小组由一位专业老师负责指导,四位学生负责具体调查工作,具体分工为:一位学生负责现状数据采集工作(摄影、录像等);一位学生负责 GPS 定位;一位学生负责现场测绘工作;一位学生负责现场文字记录和初步填写旅游资源单体表。

二、调查工作

(一)旅游单体及其分类

1.旅游资源

自然界和人类社会凡能对旅游者产生吸引力,可以为旅游业开发利用,并可产生经济效益、社会效益和环境效益的各种事物和因素。

2. 旅游单体

可作为独立观赏或利用的旅游资源基本类型的单独个体。某些相同类型的单独个体结合在一起又称复合型旅游资源单体。

3. 旅游单体分类

旅游资源单体分为 8 个主类,31 个亚类,155 个基本类型。具体见表 9-1:

表 9-1　旅游资源分类表

主类	亚类	基本类型
A 地文景观	AA 综合自然旅游地	AAA 山丘型旅游地　AAB 谷地型旅游地　AAC 沙砾石地型旅游地　AAD 滩地型旅游地　AAE 奇异自然现象　AAF 自然标志地　AAG 垂直自然地带
	AB 沉积与构造	ABA 断层景观　ABB 褶曲景观　ABC 节理景观　ABD 地层剖面　ABE 钙华与泉华　ABF 矿点矿脉与矿石积聚地　ABG 生物化石点
	AC 地质地貌过程形迹	ACA 凸峰　ACB 独峰　ACC 峰丛　ACD 石(土)林　ACE 奇特与象形山石　ACF 岩壁与岩缝　ACG 峡谷段落　ACH 沟壑地　ACI 丹霞　ACJ 雅丹　ACK 堆积洞　ACL 岩石洞与岩穴　ACM 沙丘地　ACN 岸滩
	AD 自然变动遗迹	ADA 重力堆积体　ADB 泥石流堆积　ADC 地震遗迹　ADD 陷落地　ADE 火山与熔岩　ADF 冰川堆积体　ADG 冰川侵蚀遗迹
	AE 岛礁	AEA 岛区　AEB 岩礁
B 水域风光	BA 河段	BAA 观光游憩河段　BAB 暗河河段　BAC 古河道段落
	BB 天然湖泊与池沼	BBA 观光游憩湖区　BBB 沼泽与湿地　BBC 潭池
	BC 瀑布	BCA 悬瀑　BCB 跌水
	BD 泉	BDA 冷泉　BDB 地热与温泉
	BE 河口与海面	BEA 观光游憩海域　BEB 涌潮现象　BEC 击浪现象
	BF 冰雪地	BFA 冰川观光地　BFB 常年积雪地
C 生物景观	CA 树木	CAA 林地　CAB 丛树　CAC 独树
	CB 草原与草地	CBA 草地　CBB 疏林草地
	CC 花卉地	CCA 草场花卉地　CCB 林间花卉地
	CD 野生动物栖息地	CDA 水生动物栖息地　CDB 陆地动物栖息地　CDC 鸟类栖息地　CDE 蝶类栖息地
D 天象与气候景观	DA 光现象	DAA 日月星辰观察地　DAB 光环现象观察地　DAC 海市蜃楼现象多发地
	DB 天气与气候现象	DBA 云雾多发区　DBB 避暑气候地　DBC 避寒气候地　DBD 极端与特殊气候显示地　DBE 物候景观

续表

主类	亚类	基本类型
E 遗址遗迹	EA 史前人类活动场所	EAA 人类活动遗址 EAB 文化层 EAC 文物散落地 EAD 原始聚落
	EB 社会经济文化活动遗址遗迹	EBA 历史事件发生地 EBB 军事遗址与古战场 EBC 废弃寺庙 EBD 废弃生产地 EBE 交通遗迹 EBF 废城与聚落遗迹 EBG 长城遗迹 EBH 烽燧
F 建筑与设施	FA 综合人文旅游地	FAA 教学科研实验场所 FAB 康体游乐休闲度假地 FAC 宗教与祭祀活动场所 FAD 园林游憩区域 FAE 文化活动场所 FAF 建设工程与生产地 FAG 社会与商贸活动场所 FAH 动物与植物展示地 FAI 军事观光地 FAJ 边境口岸 FAK 景物观赏点
	FB 单体活动场馆	FBA 聚会接待厅堂(室) FBB 祭拜场馆 FBC 展示演示场馆 FBD 体育健身馆场 FBE 歌舞游乐场馆
	FC 景观建筑与附属型建筑	FCA 佛塔 FCB 塔形建筑物 FCC 楼阁 FCD 石窟 FCE 长城段落 FCF 城(堡) FCG 摩崖字画 FCH 碑碣(林) FCI 广场 FCJ 人工洞穴 FCK 建筑小品
	FD 居住地与社区	FDA 传统与乡土建筑 FDB 特色街巷 FDC 特色社区 FDD 名人故居与历史纪念建筑 FDE 书院 FDF 会馆 FDG 特色店铺 FDH 特色市场
	FE 归葬地	FEA 陵区陵园 FEB 墓(群) FEC 悬棺
	FF 交通建筑	FFA 桥 FFB 车站 FFC 港口渡口与码头 FFD 航空港 FFE 栈道
	FG 水工建筑	FGA 水库观光游憩区段 FGB 水井 FGC 运河与渠道段落 FGD 堤坝段落 FGE 灌区 FGF 提水设施
G 旅游商品	GA 地方旅游商品	GAA 菜品饮食 GAB 农林畜产品与制品 GAC 水产品与制品 GAD 中草药材及制品 GAE 传统手工产品与工艺品 GAF 日用工业品 GAG 其他物品
H 人文活动	HA 人事记录	HAA 人物 HAB 事件
	HB 艺术	HBA 文艺团体 HBB 文学艺术作品
	HC 民间习俗	HCA 地方风俗与民间礼仪 HCB 民间节庆 HCC 民间演艺 HCD 民间健身活动与赛事 HCE 宗教活动 HCF 庙会与民间集会 HCG 饮食习俗 HGH 特色服饰
	HD 现代节庆	HDA 旅游节 HDB 文化节 HDC 商贸农事节 HDD 体育节

数　量　统　计

8 主类	31 亚类	155 基本类型

[注]如果发现本分类没有包括的基本类型时,使用者可自行增加。增加的基本类型可归入相应亚类,置于最后,最多可增加 2 个。编号方式为:增加第 1 个基本类型时,该亚类 2 位汉语拼音字母＋Z,增加第 2 个基本类型时,该亚类 2 位汉语拼音字母＋Y。

各主类的含义如下:

A.地文景观类:长期地质作用和地理过程形成并在地表面或浅地表存留下来的各种景观。

B.水域风光类:水体及水体所依存的地表环境下构成的景观或现象。

C.生物景观类:以生物群体构成的总体景观,个别具有的珍稀品种和奇异形态个体。

D.天象与气候景观类:天文现象与天气变化时空表现。

E.遗址遗迹类:已废弃的人类活动遗存和人工构筑物,目前已不再有实际用途。

F.建筑与设施类:融入旅游用途的某些基础设施或专门为旅游开发而建设的建筑物和场所。

G.旅游商品类:市场为旅游者提供的物质产品。

H.人文活动类:人类的某些活动记录和行为方式。

(二)调查要求

按照《旅游资源分类、调查与评价》国家标准规定的内容和方法进行调查。

保证成果质量,确保整个运作过程的科学性、客观性、准确性,并尽量做到内容简洁和量化。文件记录避免使用不着边际的文学语言,力戒浮华想象和主观臆断。图件准确、清晰。

充分利用与旅游资源有关的各种资料和研究成果,完成统计、填表和编写调查文件等项工作。调查方式以收集、分析、转化、利用这些资料和成果为主,并逐个对旅游资源单体进行现场调查核实,包括访问、现场观察、测量、记录、绘图、摄影。

开放式运作。逐步完善,暂时没有资料,以后可以补充。

(三)调查准备工作

1.成立调查组

2.设备与文件准备

实地调查所需的设备如定位仪器、简易测量仪器、影像设备等;"旅游资源单体调查表"和"旅游资源调查区实际资料表"。

3.资料收集

与旅游资源调查有关的各类文字描述资料,重点是记述各种旅游资源单体的资料,包括地方志书、乡土教材、旅游点介绍、规划与专题报告等。

与旅游资源调查有关的各类图形资料,重点是反映旅游环境与旅游资源的专题地图。

与旅游资源调查有关的各种照片、音像资料。

4.工作底图准备

准备一份 1∶10000 等高线地形图。

5.确定调查小区和调查线路

调查小区按行政区划分,每个街道、乡镇一个小组。

调查线路按实际要求设置,贯穿调查区内主要旅游资源单体所在的地点。

6.选定调查对象

调查对象应选定具有旅游开发前景的,有明显经济、社会、文化价值的旅游资源单体;复合型旅游资源单体中具有代表性的部分。

以下对象暂不调查:

明显不具有开发利用价值的;

与国家现行法律、法规相违背的(保护区、水源地等);

开发后有损于社会形象的或可能造成环境问题的;

影响国计民生的(机密、民族、边境等);

某些位于特定区域内的。

(四)《旅游资源单体调查表》的填写

1.意义和目的

它是全部旅游资源普查文件的核心,可以派生出其他各类文件和图件。

可以此建立旅游资源数据库。

为旅游资源特征值评价准备基础材料。

在旅游资源开发规划、资源管理和产品推销等方面发挥主导作用。

为旅游资源开发与保护提供核心资料。

2.质量要求

(1)运作程序要求

充分利用已有资料转化为填表内容。

坚持实地调查、验证。

职权和责任分明。

(2)质量方针

科学——反映最新科技成果,具有权威性。

客观——力戒浮华想象和主观臆断。

准确——资料数据有出处,可重复检验。

量化——尽量使用数据资料。

简洁——避免使用不着边际的文学语言。

3.填写项目

(1)"基本类型"

依照标准"表1　旅游资源分类表"的名称和代号填写。

(2)"代号"

调查区如果是省级行政区,则旅游资源单体代号按"国家标准行政代码(地区级区域代号—县级区域代号—景区代号)—旅游资源基本类型代号—旅游资源单体序号"的方式设置,共13位数。

调查区如果是地区级的行政区,则旅游资源单体代号按"国家标准行政代码(县级区域代号—景区代号)旅游资源基本类型代号—旅游资源单体序号"的方式设置,共 11 位数。

象山县代码:JG-NGB-XSZ

(浙江省—宁波市—象山县)

填表时,一般可省略本行政区及本行政区以上的行政代码。

(3)单体名称

旅游资源单体的常用名称。

如果遇到同一单体可归入不同基本类型的情况,在确定其为某一类型的同时,可在"其他代号"后按另外的类型填写。操作时只需改动其中"旅游资源基本类型代号",其他代号项目不变。

(4)行政位置

填写单体所在的最小行政区名称,区(县、市)乡(镇)村。

(5)地理位置

填写旅游资源单体主体部分的经纬度(精度到秒)。

(6)性质与特征

填写旅游资源单体本身个性,包括单体性质、形态、结构、组成成分的外在表现和内在因素,以及单体生成过程、演化历史、人事影响等主要环境因素:

①外观形态与结构类——旅游资源单体的整体状况、形态和突出(醒目)点;代表形象部分的细节变化;整体色彩和色彩变化、奇异华美现象,装饰艺术特色等;组成单体整体各部分的搭配关系和安排情况,构成单体主体部分的构造细节、构景要素等。

②内在性质类——旅游资源单体的特质,如功能特性、历史文化内涵与格调、科学价值、艺术价值、经济背景、实际用途等。

③组成成分类——构成旅游资源单体的组成物质、建筑材料、原料等。

④成因机制与演化过程类——表现旅游资源单体发生、演化过程、演变的时序数值;生成和运行方式,如形成机制、形成年龄和初建时代、废弃时代、发现或制造时间、盛衰变化、历史演变、现代运动过程、生长情况、存在方式、展示演示及活动内容、开放时间等。

⑤规模与体量类——表现旅游资源单体的空间数值如占地面积、建筑面积、体积、容积等;个性数值如长度、宽度、高度、深度、直径、周长、进深、面宽、海拔、高差、产值、数量、生长期等;比率关系数值如矿化度、曲度、比降、覆盖度、圆度等。

⑥环境背景类——旅游资源单体周围的境况,包括所处具体位置及外部环境。如目前与其共存并成为单体不可分离的自然要素和人文要素,如气候、水文、生物、文物、民族等;影响单体存在与发展的外在条件,如特殊功能、雪线高

度、重要战事、主要矿物质等；单体的旅游价值和社会地位、级别、知名度等。

　　⑦关联事物类——与旅游资源单体形成、演化、存在有密切关系的典型的历史人物与事件等。

　　(7)旅游区域及进出条件

　　包括旅游资源单体所在地区的具体部位、进出交通、与周边旅游集散地和主要旅游区(点)之间的关系等。

　　(8)保护与开发现状

　　旅游资源单体保存现状、保护措施、开发情况等。

　　(9)共有因子评价

　　旅游资源单体的观赏游憩价值，历史文化科学艺术价值，珍稀或奇特程度，规模、丰度与概率，完整性，知名度和影响力，适游期或使用范围，污染状况与环境安全。

(五)旅游资源评价

　　1.总体要求

　　按照《旅游资源分类、调查与评价》国家标准的旅游资源分类体系对旅游资源单体进行评价，采用打分评价方法。

　　2.评价体系

　　评价项目为"资源要素价值"、"资源影响力"、"附加值"。

　　其中：

　　"资源要素价值"项目中含"观赏游憩使用价值"、"历史文化科学艺术价值"、"珍稀奇特程度"、"规模、丰度与概率"、"完整性"等5项评价因子。

　　"资源影响力"项目中含"知名度和影响力"、"适游期或使用范围"等2项评价因子。

　　"附加值"含"环境保护与环境安全"1项评价因子。

　　3.计分方法

　　(1)基本分值

　　评价项目和评价因子用量值表示。"资源要素价值"和"资源影响力"总分值为100分，其中：

　　"资源要素价值"为85分，分配如下："观赏游憩使用价值"30分、"历史科学文化艺术价值"25分、"珍稀或奇特程度"15分、"规模、丰度与概率"10分、"完整性"5分。

　　"资源影响力"为15分，其中："知名度和影响力"10分、"适游期或使用范围"5分。

　　"附加值"中"环境保护与环境安全"，分正分和负分。

　　每一评价因子分为4个档次，其因子分值相应分为4档。

旅游资源评价赋分标准见表 9-2。

表 9-2 旅游资源评价赋分标准

评价项目	评价因子	评价依据	赋值
资源要素价值（85分）	观赏游憩使用价值（30分）	全部或其中一项具有极高的观赏价值、游憩价值、使用价值。	30～22
		全部或其中一项具有很高的观赏价值、游憩价值、使用价值。	21～13
		全部或其中一项具有较高的观赏价值、游憩价值、使用价值。	12～6
		全部或其中一项具有一般观赏价值、游憩价值、使用价值。	5～1
	历史文化科学艺术价值（25分）	全部或其中一项具有世界意义的历史价值、文化价值、科学价值、艺术价值。	25～20
		全部或其中一项具有全国意义的历史价值、文化价值、科学价值、艺术价值。	19～13
		全部或其中一项具有省级意义的历史价值、文化价值、科学价值、艺术价值。	12～6
		历史价值、或文化价值、或科学价值，或艺术价值具有地区意义。	5～1
	珍稀奇特程度（15分）	有大量珍稀物种，或景观异常奇特，或此类现象在其他地区罕见。	15～13
		有较多珍稀物种，或景观奇特，或此类现象在其他地区很少见。	12～9
		有少量珍稀物种，或景观突出，或此类现象在其他地区少见。	8～4
		有个别珍稀物种，或景观比较突出，或此类现象在其他地区较多见。	3～1
	规模、丰度与概率（10分）	独立型旅游资源单体规模、体量巨大；集合型旅游资源单体结构完美，疏密度优良级；自然景象和人文活动周期性发生或频率极高。	10～8
		独立型旅游资源单体规模、体量较大；集合型旅游资源单体结构很和谐，疏密度良好；自然景象和人文活动周期性发生或频率很高。	7～5
		独立型旅游资源单体规模、体量中等；集合型旅游资源单体结构和谐，疏密度较好；自然景象和人文活动周期性发生或频率较高。	4～3
		独立型旅游资源单体规模、体量较小；集合型旅游资源单体结构较和谐，疏密度一般；自然景象和人文活动周期性发生或频率较低。	2～1
	完整性（5分）	形态与结构保持完整。	5～4
		形态与结构有少量变化，但不明显。	3
		形态与结构有明显变化。	2
		形态与结构有重大变化。	1

续表

评价项目	评价因子	评价依据	赋值
资源影响力(15分)	知名度和影响力(10分)	在世界范围内知名,或构成世界承认的名牌。	10～8
		在全国范围内知名,或构成全国性的名牌。	7～5
		在本省范围内知名,或构成省内的名牌。	4～3
		在本地区范围内知名,或构成本地区名牌。	2～1
	适游期或使用范围(5分)	适宜游览的日期每年超过300天,或适宜于所有游客使用和参与。	5～4
		适宜游览的日期每年超过250天,或适宜于80%左右游客使用和参与。	3
		适宜游览的日期每年超过150天,或适宜于60%左右游客使用和参与。	2
		适宜游览的日期每年超过100天,或适宜于40%左右游客使用和参与。	1
附加值	环境保护与环境安全	已受到严重污染,或存在严重安全隐患。	−5
		已受到中度污染,或存在明显安全隐患。	−4
		已受到轻度污染,或存在一定安全隐患。	−3
		已有工程保护措施,环境安全得到保证。	3

（2）计分与等级划分

①计分

根据对旅游资源单体的评价,得出该单体旅游资源共有综合因子评价赋分值。

②旅游资源评价等级指标

依据旅游资源单体评价总分,将其分为五级,从高级到低级为:

五级旅游资源,得分值域90分。

四级旅游资源,得分值域75～89分。

三级旅游资源,得分值域60～74分。

二级旅游资源,得分值域45～59分。

一级旅游资源,得分值域30～44分。

此外还有:

未获等级旅游资源,得分≤29分。

其中:

五级旅游资源称为"特品级旅游资源";

五级、四级、三级旅游资源被通称为"优良级旅游资源";

二级、一级旅游资源被通称为"普通级旅游资源"。

三、调查报告

（一）调查成果汇编

将《旅游资源单体调查表》、《旅游资源评价表》、录像、照片（优良级资源 5 张，普通级资源 3 张）、测绘图等汇编成册。

（二）调查数据的汇总与统计

用 Excel 或 SPSS 对调查数据进行统计分析，其结果反映在调查报告中。

1. 旅游资源单体汇总表

对调查区域内旅游资源单体进行汇总，包含以下要素：序号、单体资源名称、单体编号、行政位置、级别、照片编号。

2. 丰度分析

（1）类型丰度及其构成

按《旅游资源分类表》的层次结构，分析不同层次旅游资源的单体数量及其构成，以图表形式表示。

（2）储量丰度及其构成

旅游资源的储量是将各等级旅游资源的单体数量分别乘以 10（五级）、7（四级）、5（三级）、3（二级）、1（一级），其总和即为某一区域或某一类型的旅游资源储量。再对其进行丰度分析。

3. 旅游资源品质分析

区域旅游资源的品质主要体现在两个方面：一是区域范围内所有旅游资源单体的平均品质；二是所有旅游资源单体的等级构成。前者可用旅游资源的平均品质分来加以表征，后者可用优良级旅游资源单体的数量及其占总数量的比重加以反映。

（1）平均品质

将各等级旅游资源的单体数量分别乘以 10（五级）、7（四级）、5（三级）、3（二级）、1（一级），再将其总和除以各等级旅游资源单体总数，即为旅游资源单体的平均品质分。

（2）优良级旅游资源及其分类构成

由于优良旅游资源是禀赋条件优越的资源，需对其进行单独分析。其方法是对优质旅游资源的丰度、品质等进行专门分析。

（三）旅游资源分布图的编绘

1. 类型

"旅游资源图"，表现五级、四级、三级、二级、一级旅游资源单体。

"优良级旅游资源图"，表现五级、四级、三级旅游资源单体。

2.编绘程序与方法

(1)工作底图

等高线地形图:1:10000 地形图。

(2)调查区政区地图

在工作底图的实际位置上标注旅游资源单体(部分集合型单体可将范围绘出)。各级旅游资源使用下列图例(表 9-3)。

表 9-3　旅游资源图图例

旅游资源等级	图例	使用说明
五级旅游资源	■	1.图例大小根据图面大小而定,形状不变。 2.自然旅游资源(旅游资源分类表中主类 A、B、C、D)使用蓝色图例;人文旅游资源(旅游资源分类表中主类 E、F、G、H)使用红色图例。
四级旅游资源	●	
三级旅游资源	◆	
二级旅游资源	□	
一级旅游资源	○	

单体符号一侧加注旅游资源单体代号或单体序号。

(四)调查报告的内容

每个调查小组撰写所调查街道、乡镇旅游资源报告,按以下结构编写调查报告。

前　言

第一章　旅游资源调查工作概况

第一节　调查工作的基本技术依据

第二节　调查的技术方法与工作程序

第三节　调查工作体会与思考

第二章　调查区域旅游环境

第一节　自然与生态环境

一、地质地貌条件

二、气候条件

三、水文条件

四、土壤植被

五、生态环境条件

第二节　历史与人文环境

一、境域变化与建制沿革

二、时代变迁与文化沉淀

三、人居环境与地方风俗

第三节　社会与经济背景

一、行政区域与人口结构

二、经济水平与产业特色

三、发展规划与战略目标

第三章　旅游资源总体评价

第一节　评价依据及原则

一、评价依据

二、评价原则

第二节　旅游资源的丰度

一、类型丰度及其构成

二、储量丰度及其构成

第三节　旅游资源的品质

一、资源平均品质及分类差异

二、优良级资源及其分类构成

三、普通级资源及其分类构成

第四节　旅游资源的空间分布

一、资源丰度的空间差异

二、资源品质的空间差异

第五节　旅游资源总体评价结论

第四章　旅游资源分类评价

第一节　地文景观类资源

第二节　水域风光类资源

第三节　生物景观类资源

第四节　天象与气候景观类资源

第五节　遗址遗迹类资源

第六节　建筑与设施类资源

第七节　旅游商品类资源

第八节　人文活动类资源

第五章　旅游资源保护与开发思路

第一节　旅游资源利用现状

一、历史时期

二、改革开放前

三、改革开放以来

第二节　旅游资源保护现状与问题

一、保护与开发的主要成绩

第二节 上虞区"四季仙果之旅"总体规划调查

一、项目背景和调查任务

(一)项目背景

1.规划背景与目的

"四季仙果之旅"是上虞区果品旅游的特色品牌。随着上虞市的经济社会发展进程的不断加快，旅游业也进入了高速增长时期，各类旅游资源的开发也出现了蓬勃发展的局面，为了有效整合现有的旅游资源，以旅游带动其他产业——特别是农业的发展，上虞区委区政府决定利用上虞丰富的果品资源，重点发展果品旅游，并于2007年正式形成了上虞"四季仙果之旅"品牌。

在上虞"四季仙果之旅"品牌的发展早期，主要是鼓励和推动各乡镇和农户（公司）自主发展，并取得了积极的成效，上虞"四季仙果之旅"已形成了一定的品牌效应。但随着上虞"四季仙果之旅"的不断发展，亟需从全区的角度，对其进行系统的分析，进行总体的决策，将上虞"四季仙果之旅"的品牌做大、做强，成为上虞旅游业的拳头产品，从而推动整个旅游业的发展，并带动农业、商业、服务业等其他相关产业的发展。

正是在上述背景下，上虞区风景旅游管理局委托有关单位进行上虞"四季仙果之旅"总体规划工作。本规划的主要目的是形成系统化的上虞"四季仙果之旅"整体发展方案：明确发展的主要果品和区域；确定产品推广和形象设计的总体思路;确定上虞"四季仙果之旅"的重点建设项目及其建设时序等。

2.规划范围与期限

本次规划工作的地域范围是上虞区主要果品产区,主要策划近期重点建设地区的总体建设方案。根据当前上虞"四季仙果之旅"的发展现状及实际需要,确定规划期限为:近期:20××—20××年;远期:20××—20××年。

3.主要规划成果

规划主要成果包括:上虞"四季仙果之旅"的核心价值分析、基本定位、可行性分析、市场客源分析、发展策略与目标的确定、产品的形象及形态策划、空间组织规划(含空间结构分析与游线设计)、旅游基础设施和服务设施的总体布局、市场开发策划、投资项目经济效益分析、运行模式与政策保障建议、相关附件及规划图件。

(二)调查任务

本次调查工作主要围绕项目任务、要求和成果需要安排调查工作任务,属于任务型调查工作,其调查工作与上一节旅游资源调查工作有很大的差异。

根据总体规划工作的需要,本调查任务主要包含以下几个方面:

1.区域自然、人文基本资料调查

区域自然、人文基本资料调查是本项目最基础的调查工作,其目的是了解上虞区自然和人文的基本状况,为整个项目的基本定位和具体规划提供最基础的资料。

(1)自然基本资料调查

包括自然地理基本特征、地形、气候、植被、土壤等方面,同时,需要获取1∶50000等高线地形图。

(2)人文地理基本资料调查

包括经济发展总体情况、产业结构、历史沿革、民风民俗等特色人文资源等方面的基本资料。

2.区域果品生产条件调查

作为果品旅游发展的专项总体规划,必须对其果品生产的基本条件进行比较详细的调查研究。

(1)果品生产的自然条件调查

土壤、地形、气候、植被等要素的较详细的资料,了解上虞区果品产业发展的自然优势和限制性条件,为果品旅游发展提供基本的自然条件资料。通过对自然条件的较详细的分析,也可找出上虞区果品与其他地区果品的品质差异(如特殊的土壤、水形成的特有品质等),为宣传、推广上虞市果品提供基础资料。

（2）果品生产的产业基础调查

调查内容包括主要特色果品的种类、数量、栽培历史、栽培技术等资料；果品加工业的基本情况；现有的果品生产、经营组织等。这些资料是分析规划上虞果品旅游发展的产业基础的基本资料，可以据此促使旅游与其他产业的联合互动发展，形成综合性的社会、经济效益。

（3）主要果品的特色文化调查

果品旅游不仅仅是物质性的，也可以是精神性的，通过对上虞特色果品文化的挖掘，可以丰富旅游产品的文化内涵，为丰富旅游产品类型、提供优质文化体验提供重要的基础信息。

3.区域主要果品产区调查

上虞区果品旅游发展必然是以主要果品产区为支撑的，对这些区域的调查是本项目调查的核心内容。对果品主要产区的调查，不仅要了解果品生产的基本情况（品种、规模、产权关系等等），也要了解交通可达性条件、基础设施情况（水、电、停车场、厕所等等）、环境敏感性（是否位于水源保护地等等）、果品种植后备用地条件、建设用地条件等众多方面的基本情况，为规划工作确定重点建设基地提供基础资料。

4.区域旅游资源开发利用情况调查

果品旅游是旅游业的一部分，对其发展的规划，必须融入全区旅游业发展的总体格局之中，在果品旅游规划中充分考虑与现有主要旅游景区和旅游资源的结合，因此必须对全区旅游资源开发利用情况进行调查。

5.相关规划资料调查

果品旅游的规划工作，涉及大量的上位规划和相关规划，主要包括城市总体规划、土地利用规划、旅游发展规划、农业发展规划、林业发展规划、新农村发展规划、交通规划、生态保护规划、水利发展规划等各类规划。

6.区域交通调查

区域交通调查是果品旅游总体空间规划的基础，不仅需要区域主要交通线路的资料，也需要重点区域各级交通线路的详细资料，包括线路、道路等级、宽度、坡度等资料。

7.区域基础设施调查

包括供电、供水、通讯、无线网络、污水管网、垃圾收集处理等方面的基础资料，为果品旅游规划中的基础设施规划提供基础资料。

8.国家、省、市相关产业政策调查

各级政府的相关产业政策对果品旅游发展有重大影响，尤其是相关的扶持农业发展、促进乡村旅游等政策，要对此有比较清晰的了解，使规划符合各级政策，也可以充分利用各级政策支撑果品旅游的发展。

9.国内外果品旅游相关案例调查

果品旅游的发展规划,不能闭门造车,必须要借鉴国内外相关研究成果和成功经验,吸收各地发展果品旅游的长处,再结合当地实际,才能形成优质的规划成果。

10.市域游客调查

游客是旅游业发展的核心问题,在旅游规划中,必须对游客进行调查研究。其内容主要包括游客数量、来源、类型(按年龄段的划分、按出行方式的划分、按消费能力的划分、按时间段的划分、按旅游目的的划分等等)等要素。

二、调查方法

本规划的调查方法主要有文献资料收集法和实地调查法两种。但实际调查过程中往往是这两种方法交叉使用,下面按照调查的主要任务,简单介绍其重要调查方法。

1.区域自然、人文基本资料调查

以文献收集法为主,实地调查法为辅。

其文献资料的来源主要有:地方志、统计年鉴;国土局、规划局、农业局、水利局、气象局、统计局等相关单位提供的各类资料。这类资料需要由区旅游局出面协调,调查人员分头到相关单位调阅,部分涉密资料还要签订保密协议,对所获的资料要严加保管,防止泄密。

在实地调查中,也需注意观察沿途自然和人文状况,勤于询问,获得各种口述资料。

2.区域果品生产条件调查

文献查询和实地调查并重。

一方面通过文献查询,获取资料;另一方面要在实地调查过程中多观察,尤其是要向果农、技术人员等详细询问,虚心请教。特别是各种果品生产、消费过程中的文化习俗等,大多需要通过仔细询问,才能有所发现。

3.区域主要果品产区调查

以实地调查为主,文献查询为辅。

在实地调查中要仔细,多观察,勤询问,很多时候还要与调查对象(通常包括乡镇干部、村干部、种植大户、果农等)多商量,了解他们的想法,为规划方案的可行性提供重要的条件。

4.区域旅游资源开发利用情况调查

以文献查询为主,实地调查为辅。

旅游局可以提供比较详细的资料,实地调查过程中可以注意一下各个景区或重要旅游资源与果品重要基地之间的空间关系,考虑互相联系的可能性。

5.相关规划资料调查

主要依靠文献收集法。

基本资料来源是规划局，同时从农业局、林业局、水利局、环保局等相关单位获取相关专题规划。

6.区域交通调查

以文献收集法为主，实地调查法为辅。

从交通局获得主要资料，同时在赴各个主要果品基地的途中，要随时注意沿途交通条件。

7.区域基础设施调查

以文献收集法为主，实地调查为辅。

从城乡建委、环保局、水务公司、电信公司等相关单位获取相关资料。重点果品产区调查中，可以实地调查自来水、电力、排水管网等的接入条件。

8.国家、省、市相关产业政策调查

主要依靠文献收集法，从农办、发改委、农业局、林业局等相关单位获取资料。

9.国内外果品旅游相关案例调查

主要依靠文献收集法。

通过网络、图书馆等搜集相关研究成果和实际案例。必要时，也可组织实地考察。

10.市域游客调查

文献收集法和实地调查法并重。

通过旅游局的统计资料获取有关游客数量、来源等宏观资料；通过游客访谈等实地调查方法了解出行方式、消费能力、旅游目的等信息。

11.形成良好的调查习惯

无论哪种调查方法，要取得好的调查效果，获得丰富可靠的资料，形成采用良好的调查习惯是非常重要的。

首先是要"勤"：要勤于观察、勤于记录（包括摄影、摄像等）、勤于请教。

其次是要"适当地多"：资料收集阶段，要多收集一些资料，宁缺毋滥，即使当时不能确定是否有用，也先收集。因为规划工作中，事先难以完全准确地预测所需资料的范围，如果在工作过程中发现需要某些资料时，往往不得不重新奔波，不仅造成人力和资金的浪费，往往也影响规划工作的整体进程。

再次是要善于人际沟通：在规划调查工作中需要与各个政府部门、普通百姓、专家学者等各方面的人员交往，没有良好的人际沟通能力，往往难以很好地完成调查任务。

三、调查报告

按照以下结构形成调查报告。

前言

第一章　调查范围和方法

第二章　上虞区自然和人文概况

第三章　上虞区主要果品产区

第四章　上虞区主要旅游资源开发利用情况

第五章　上虞区果品旅游相关规划梳理

第六章　上虞区交通情况

第七章　上虞区基础设施基本情况

第八章　各级政策梳理

第九章　国内外果品旅游发展模式研究

第十章　游客情况调查

第十一章　主要结论

附录

附录1　主要果品产区情况汇总表

附录2　主要果品空间分布图

附录3　主要果品产区交通条件图

附录4　主要果品产区基础设施条件图

第十章　宁波核心城区中小学生
上下学交通调查分析

第一节　核心城区中小学学区、学校规模及分布

一、学校分布及规模

(一)小学分布特征

2010年,核心城区共有小学63所,在校学生数为58806人,平均学校规模为933人(见表10-1)。其中海曙区有小学20所,在校学生数为19796人,学校平均规模约为990人;江东区小学总计22所,在校学生20100人,规模平均学校约为914人;江北区现有小学21所,学生人数18910名,学校平均规模为900人。

从小学学生数的绝对规模上看,差异更加明显。2010年宁波市实验学校规模最大,在校学生数达到2251人,而最小的达敏学校在校学生数仅为124人。各学校之间的规模很不均衡。

对核心城区的小学按照小学生数进行描述性统计,可以看出海曙、江东、江北的学生规模标准差都很大,因此内部规模差异很大。基本上存在着重点学校规模大,有向"超级学校"发展的趋势。

表 10-1　核心城区小学学校规模统计

区域	小学数(所)	最小规模(人)	最大规模(人)	平均规模(人)
海曙区	20	124	2251	900
江东区	22	278	2097	914
江北区	21	363	2134	900

总体上,小学学校呈现以三江口为中心、中心密集而外围稀疏的分布特点,这与人口密度具有高度的相关性。

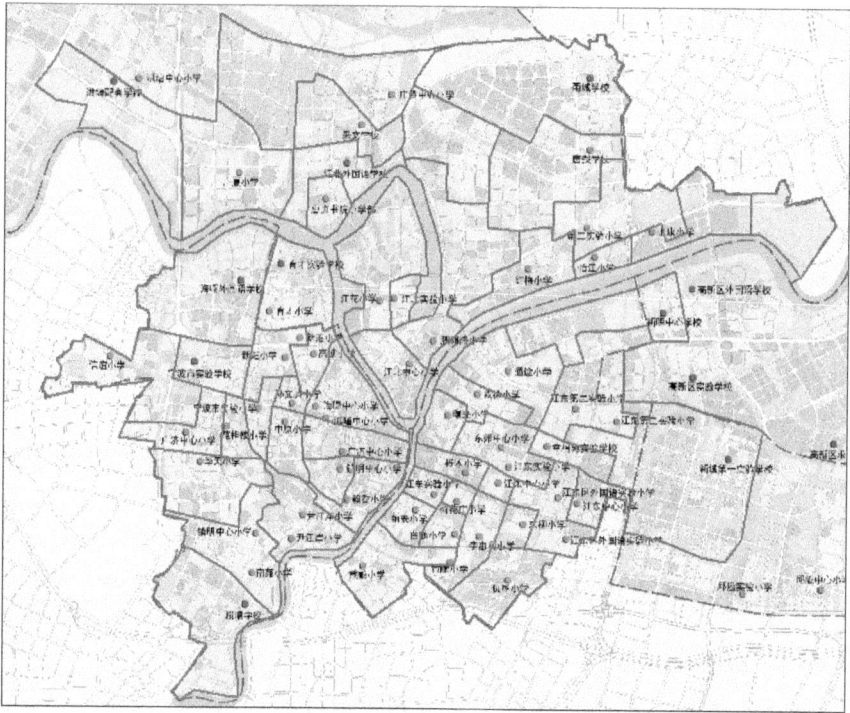

图 10-1　宁波核心城区小学学校的空间分布

同时,以三江口为中心、3.5km 为半径,包含了大部分的示范性小学(见图 10-1)。这些小学对于学生家长来说成为优先选择,"vote on foot"是学区房现象的缘起。同时由于示范小学、示范中学的存在导致家长喜欢让孩子跨学区上学,增加了城市的交通流。

(二)初中学校分布特征

核心城区有初中 22 所,在校学生数 22038 人,平均学校规模为 1002 人,(见表 10-2)。其中海曙区有初中 5 所,在校学生 6559 名;江东区现有初中 7 所,在校学生总计 8079 人;江北区总计初中 10 所,在校学生 7400 人,其中城庄学校没有招生。具体分布情况见图 10-2。

表 10-2　核心城区初中学校规模统计

区域	学校数(所)	最小规模(人)	最大规模(人)	平均规模(人)
海曙区	5	120	2365	1311
江北区	9*	250	1271	822
江东区	7	584	2136	1154

*　注:江北区学校数不包括未招生的城庄小学。

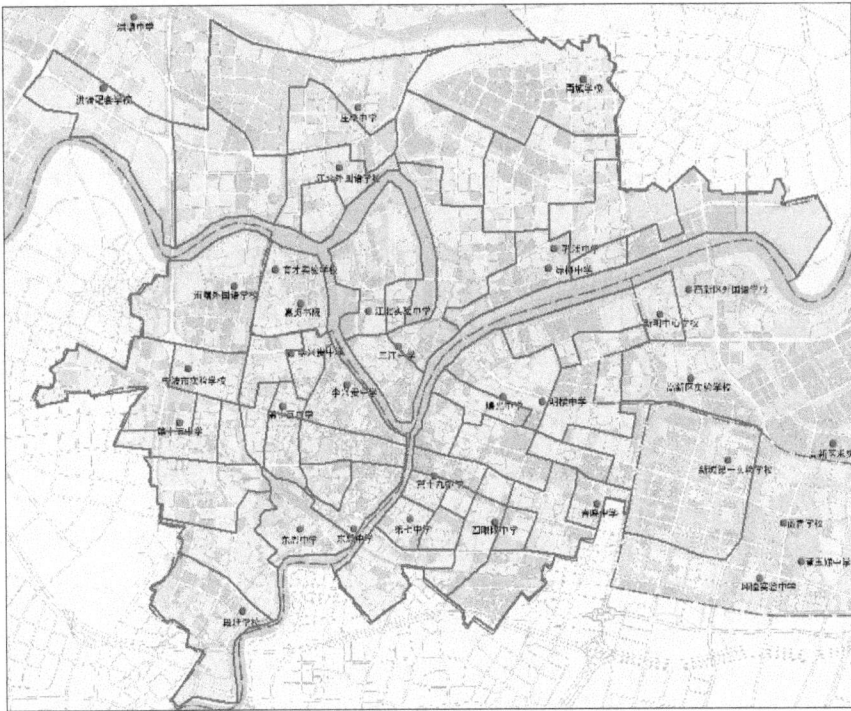

图 10-2　2010 年宁波核心城区初中空间分布

初中学校规模分布呈现出海曙区内部差异很大、江东次之、江北最小的情况,这一点可以从标准差的大小可以看出。实际上江北区差异小,与江北区示范学校少相关。示范学校的空间不均衡性,是导致学生跨学区流动的重要因子。

核心城区的示范初级中学 90％以上集中于以三江口为中心的 3.5km 范围内,该区域是城市的核心区,教育资源具有一定的历史继承性。

二、中心城区学区划分

(一)小学学区划分

2013 年宁波老三区小学学区划分有较大调整:镇明中心云石校区的服务被扩大原翰香小学所属的梅园社区和广济中心小学广济街校区所属的桂井社区,划归镇明中心小学云石校区;调整新芝小学和高塘小学服务区,将新芝小学所属的北郊社区划归高塘小学;解放南路小学停办,学校整体搬迁至莲桥街新建小学,并与翰香小学合并成立新翰香小学,实行一校两址管理;海曙外国语学校服务区学生超出学校的接纳能力,根据录取顺序,第三批及第四批学生有可能无法得到录取而由区教育局统筹安排学校入读(见表 10-3、图 10-3)。

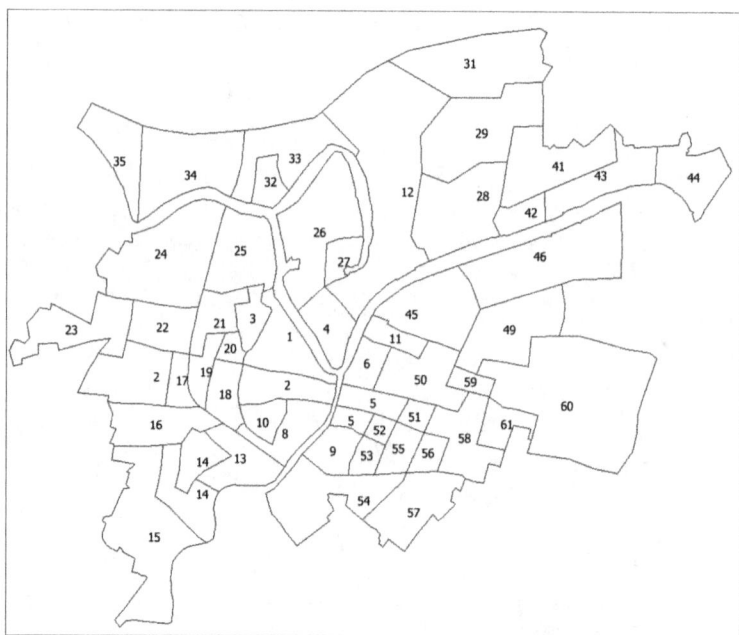

图 10-3 小学学区划分

表 10-3 小学学区划分

编码	学校	学区面积 (km²)	编码	学校	学区面积 (km²)
1	海曙中心小学*	1.462	29	唐弢学校[1]	3.380
2	广济中心小学*	2.260	30	唐弢学校[2]	2.303
3	高塘小学	0.621	31	甬城学校	5.227
4	江北中心小学*	1.178	32	惠贞书院*	0.710
5	栎木小学	0.600	33	江北外国语学校	1.434
6	曙光小学	0.661	34	广厦小学	3.420
7	江东实验小学*	0.404	35	洪塘中心西校区	3.270
8	翰香小学	1.068	36	采文小学	1.791
9	镇安小学	0.622	37	庄桥中心小学	4.664
10	镇明中心小学*	0.553	41	第二实验小学	2.221
11	戎徐小学*	0.799	42	怡江小学	0.468
12	泗水路小学	3.226	43	士康小学	1.558
13	尹江岸小学	1.589	44	第二实验小学	1.504

续表

编码	学校	学区面积 （km²）	编码	学校	学区面积 （km²）
14	镇明中心小学（南都校区）	2.094	45	通途小学	1.870
15	段塘学校	3.007	46	新明中心学校	2.482
16	华天小学	2.062	49	江东第二实验小学	2.354
17	范桂馥小学	0.541	50	江东实验小学*	1.393
18	中原小学	0.765	51	江东中心小学*	0.287
19	宁波市实验小学*	0.566	52	荷花庄小学	0.260
20	孙文英小学	0.292	53	白鹤小学	0.470
21	新芝小学	0.901	54	黄鹂小学	1.655
22	宁波实验学校*	1.137	55	李惠利小学	1.101
23	信谊小学	2.623	56	东柳小学	0.442
24	海曙外国语学校*	3.789	57	仇毕小学	1.550
25	育才实验学校	1.888	58	江东区外国语实验小学	1.401
26	江花小学	2.667	59	幸福苑实验学校	0.656
27	江北实验小学*	0.386	60	新城第一实验小学	6.292
28	红梅小学	1.587	61	江东中心小学*	0.645

注：＊为实验性小学

（二）初中学区划分

目前老三区一共有中学 19 所，其中海曙区 4 所，江东区 7 所，江北区 8 所，各中学对口小学见表 10-4～表 10-6，中学学区划分见图 10-4。

表 10-4　海曙区中学对口小学

编号	中　学		小　学
1	宁波市东恩中学		广济中心小学（广济街校区）、镇明中心小学、翰香小学、尹江岸小学、偃月街小学
2	宁波市李兴贵中学		海曙中心小学、高塘小学、新芝小学
3	宁波市第 十五中学	老校区	孙文英小学、爱菊艺术学校、中原小学
		实验校区	广济中心小学（世纪苑）、华天小学、范桂馥小学、信谊小学
4	宁波市实验学校		宁波市实验小学 段塘学校小学、宁波市实验学校

注：宁波市实验学校、海曙区段塘学校小学部毕业生直升该校初中部；宁波市海曙外国语学校初中部在全区招生

表 10-5　江东区中学对口小学

编号	中　学	小学（计划生）	小学（借读生）
5	第七中学	江东实验小学、镇安小学、黄鹂小学、白鹤小学	黄鹂小学、白鹤小学
6	四眼碶中学	荷花庄小学、李惠利小学、朱雀小学、江东中心小学中山校区、栎木小学	荷花庄小学、李惠利小学、朱雀小学、江东中心小学中山校区、栎木小学、江东实验小学、镇安小学
7	曙光中学	曙光小学、戎徐小学、东郊中心小学、通途小学、幸福苑实验学校、江东第二实验小学西校区	曙光小学、戎徐小学、东郊中心小学、通途小学、幸福苑实验学校、江东第二实验小学西校区
8	春晓中学	东柳小学、江东中心小学华光校区、江东外国语实验小学南、北校区	东柳小学、江东中心小学华光校区、江东外国语实验小学南、北校区
9	新城第一实验学校（中学部）	新城第一实验学校（小学部）	新城第一实验学校（小学部）

图 10-4　初中学区划分

表 10-6　江北区中学对口小学

编号	中学	小学（计划生）	小学（借读生）
10	惠贞书院	惠贞书院小学部	惠贞书院小学部
11	江北实验中学	江北实验小学 江花小学	江北实验小学 江花小学
12	三江中学	江北中心小学 泗洲路小学	江北中心小学 泗洲路小学
13	育才实验学校	育才实验学校	育才实验学校
14	孔浦中学	江北第二实验小学（含宁镇校区）红梅小学 唐弢学校	江北第二实验小学（含宁镇校区）红梅小学 唐弢学校
15	绿梅中学	怡江小学 士康学校 育才小学	怡江小学 士康学校 育才小学

三、交通小区划分

为了使交通调查更能直观反映学生在学区间的交通出行特性,故以中学学区为交通小区划分界限,即交通小区划分＝初中学区划分。

第二节　核心城区中小学生上下学出行调查(OD)

2013 年 6 月,一项针对海曙区的中小学生上下学出行状况的调研成果,调查采用整群抽样的方法,基本上是整个学校除毕业班外的学生都进行调查,共获得样本量为 10518 份问卷,其中废卷 862 份,有效问卷为 9656 份。步行为 2415 份,运用交通工具者为 7241 份。总体上,该调查具有数据量大、代表性强的特点,样本可以全面地反映核心城区中小学生的出行状况。由于周一和周五前后连接着周末放假,该时段学生通学特性与其他日期通学具有较大差别,本报告选择周二调查数据样本作为日常通学特征数据,周五调查数据样本作为周末影响通学特征数据。

2013 年 9 月份、2013 年 10 月在江北区、江东区部学校周边公交车问卷调查,了解学校门口公交出行状况。同时对部分同学的通学进行 O－D 抽样调查,得到问卷 1127 份,其中有效问卷 1082 份,为江东、江北的通学研究提供了基础。

区内部交换量大于区域之间交换量海曙区与其他两区之间交换量较大,江北区、江东区交换量相对小。

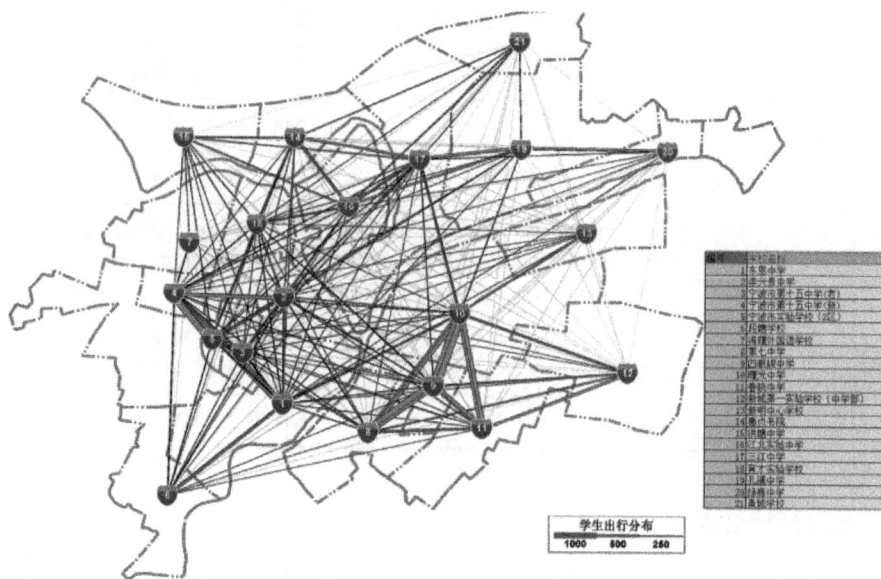

图 10-5　学区之间通学流期望线

一、学生基本通学特性

(一)学生通学出行的比例

学生上下学出行是居民出行的一部分,根据 2011 年宁波市区综合交通调查结果数据,学生上学占居民总出行近 5%,考虑放学回程,以及接送孩子上下学产生的出行,通学交通应占居民出行的 10% 以上(表 10-7)。

表 10-7　各种出行目的的构成比例

出行目的比例 (%)	上班	上学	接送	业务	生活 看病	探亲 访友	文娱 体育	回家	其他
海曙江东江北区	26.9	4.8	4.0	1.8	10.5	1.5	3.6	44.9	2.0
鄞州中心区	29.8	4.7	4.6	2.8	9.0	1.0	1.9	43.9	2.4
镇海区建成区	20.8	6.6	3.7	0.9	9.8	1.4	9.4	46.3	1.2
北仑区建成区	26.8	5.0	4.7	2.0	9.8	1.4	3.0	44.9	2.8
外围区	25.9	5.0	3.5	2.8	10.4	1.1	3.3	44.9	3.0
整体	27.0	4.9	4.1	2.2	10.1	1.3	3.3	44.7	2.4

(二)核心城区中小学生通学出行的时间分布

根据 2013 年 6 月对海曙区的 20 个学校的小学和初中生上下学出行调查的数据,中小学生离家上学的时间分布在 3 个时段:6:30~6:50,在此期间上学人群占总量的 21.49％；6:50～7:30,该时间段是学生集中出发时段,占整个学生数的 51.50％,7:30～8:00 时段学生数为 19.46％,主要是居住地离学校比较近的学生。趋势线具有正态分布的特点。见图 10-6。

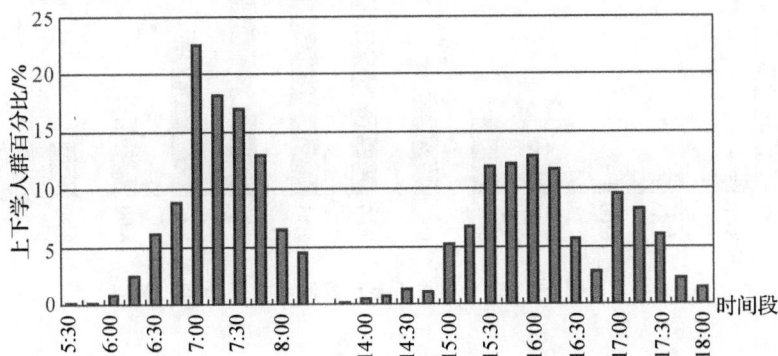

图 10-6　中、小学生上学和下学出发时间分布状况

中小学生下学离校时间分布相对比上学时间分散。具体分布为:在 14:30～15:00 时间段,学生出发人群占 6.43％;在 15:00～15:30 时间段,学生出发人群占 17.88％;15:31～16:00 学生出发人群占 25.6％;16:00～16:30 期间,学生出发人群占 18.03％;16:30～17:00 期间,学生出发人群占 9.46％;在 17:00～17:30 时间段,学生出发人群占 15.62％,又形成高峰,该高峰人群以中学生为主。见图 10-7、10-8。

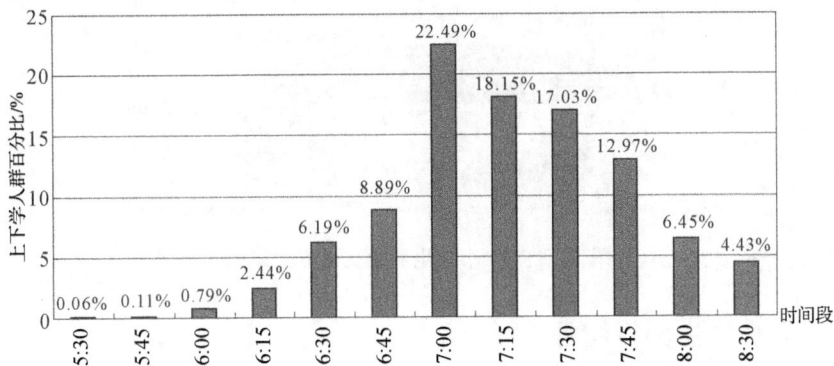

图 10-7　中小学生上学出发时间详细分布

(三)核心城区学生通学出行的交通方式分布

中小学生上学交通方式以电瓶车、小汽车、公交车、自行车为主要交通方式。其中电瓶车占 40.86％,小汽车占 33.67％,两者占总量的 74.3％(见图 10-9)。

中小学生放学的交通方式以电瓶车、小汽车、公交车、自行车为主。与上学相比,小汽车比重有所下降为 22.40％,而公交车比重有所上升为 21.67％(见图 10-10)。

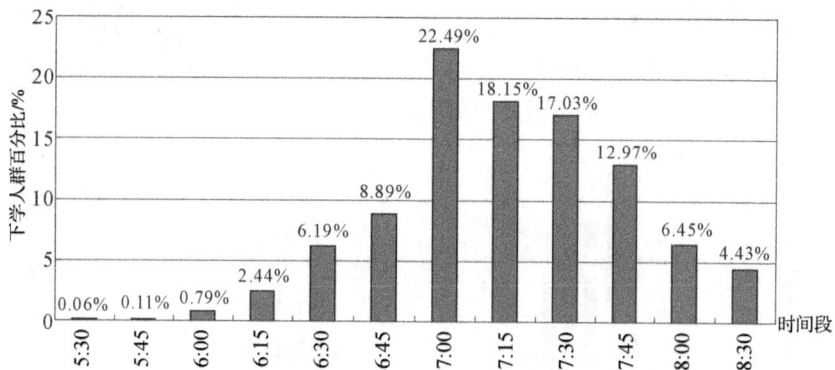

图 10-8　中小学生下学出发时间详细分布

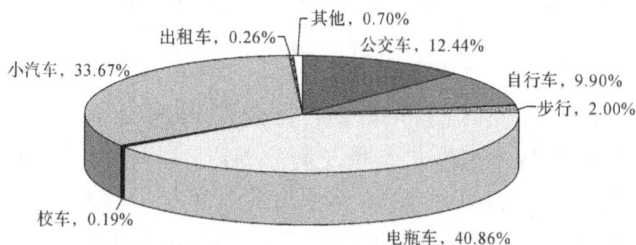

图 10-9　中小学生上学交通方式结构

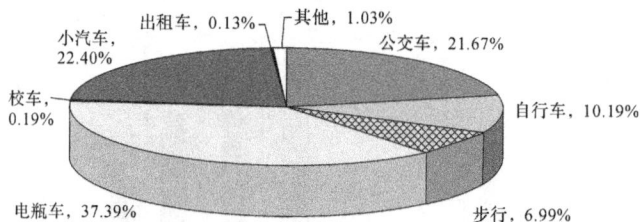

图 10-10　中小学生放学交通方式结构

二、小学生出行特征

(一)日常通学特征

上学时间特性:小学生日常出行出发时间集中在 7:00～7:30 之间,与早高峰客流重合,对高峰具有叠加效果。小学生在该时间段上学的人群占样本总量的 73.7%(见图 10-11)。

上学交通方式特性:日常小学生上学交通方式以电瓶车、小汽车、步行三种方式为主,三者共占 87.07%,其中有 39.72% 的通学采用电瓶车上学,26.40%的通学采用小汽车上学,20.95% 的通学采用步行方式上学,采用公交车的占

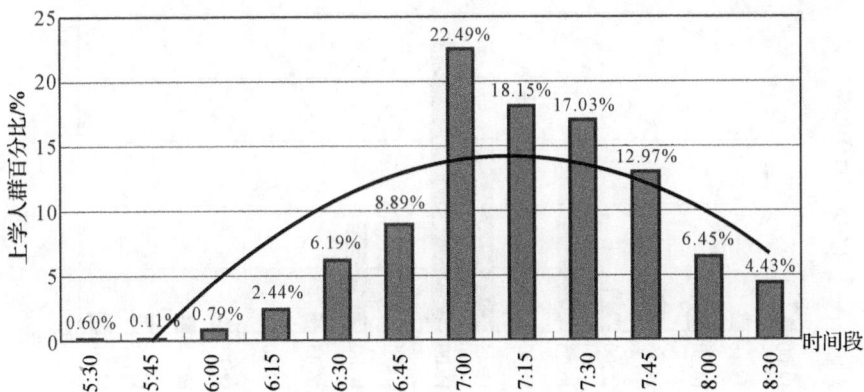

图 10-11　日常小学生上学出行时间断面流量

7.26%,采用自行车的为 4.61%(见图 10-12)。

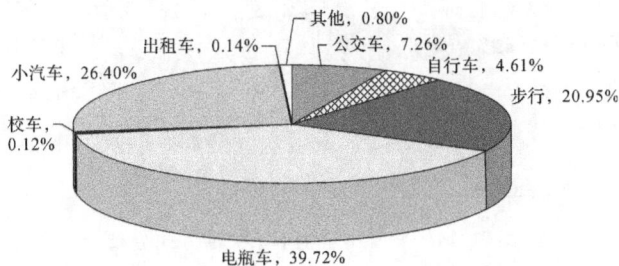

图 10-12　日常小学生上学交通方式分布

下学时间特性:日常小学生下学时间集中在 15:30～16:30 之间,在晚高峰前开始,对高峰客流影响小。下学整个时间跨度从 14:00～18:00,其中从 15:30～16:30 是高峰段,该段时间出发的学生占总量的 69.75%(见图 10-13)。日常下学的出发时间与学校的下学时间存在一致性,大部分学生在规定的下学时间 10～15 分钟内出发回家。

下学交通方式特性:日常小学生下学交通方式以电瓶车、步行、小汽车、公交车四种方式为主,四者共占总量的 93.69%(见图 10-14)。相比上学,交通方式中的接送比重都较低,而学生自主出行比重明显更高,占 45%左右。这主要是由于小学生下学比较早,而该时间段父母还在上班,直接可以反映的小汽车比重比上学高 8.5 个百分点这一现象上,另外步行百分比高了 5 个百分点,坐公交车的学生比上学时候多了 7 个百分点。

(二)周末影响的通学特征

时间特性:小学生下学集中于 14:00～15:00,该时间段下学比例占学生数的 73.75%。其中 14:00～14:30 学生出发比例高达 47.93%(见图 10-15)。受周末影响,下学时间比日常早了 1 个多小时。小学生周末下学交通方式与日常

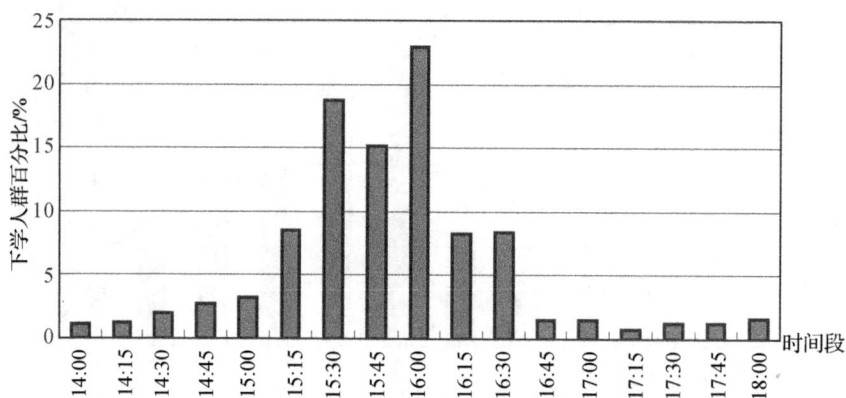

图 10-13　日常小学生下学出行时间断面流量比例分布

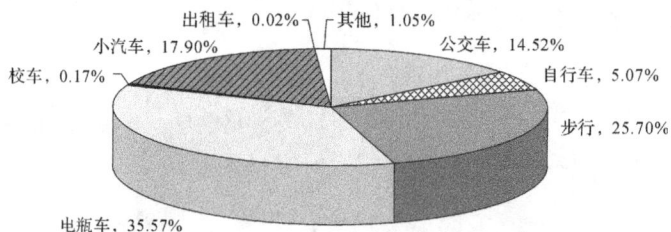

图 10-14　日常小学生下学交通方式分布

比较没有显著的变化(见图 10-16)。

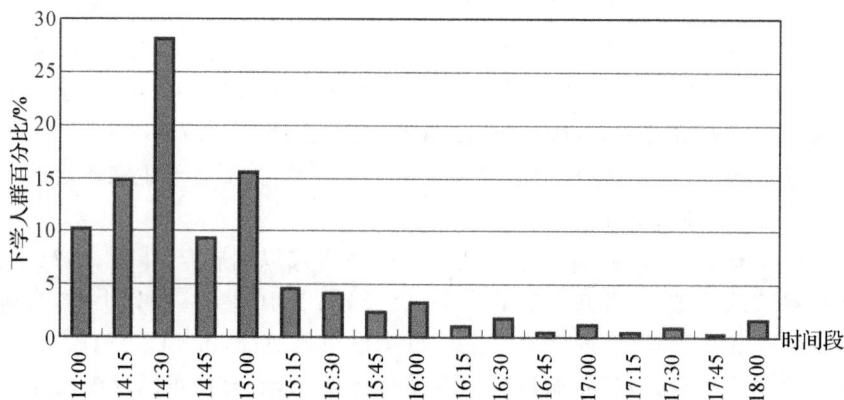

图 10-15　周末影响的小学生下学出行时间断面流量比例

交通方式特性:总体上,星期五小学生下学交通方式没有显著改变,但具有细微的差别,但该差别没有超过 1 个百分点。

(三)距离特征

时间距离:按照出行时间,对日常小学生的家到学校的平均距离进行转换,

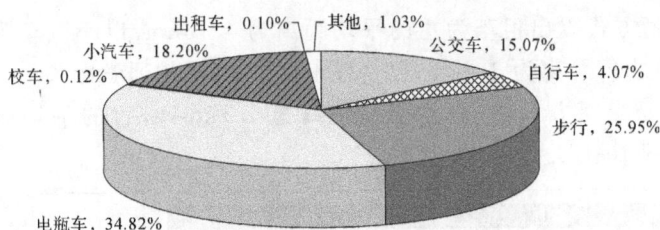

图 10-16　受周末影响小学生下学交通方式分布

距离分别为:交通工具为公交车时,平均通勤时间为 25.7 分钟,通勤工具为小汽车时,平均通勤时间为 20.3 分钟,通勤工具为电瓶车,时间为 15.3 分钟,自行车为 13.6 分钟,而步行为 14 分钟(见表 10-8)。

表 10-8　日常小学生各种交通方式的通勤时间

	公交车	自行车	步行	电瓶车	小汽车
平均时间(min)	25.7	13.6	14	15.3	20.3

公交车上学用时基本上在 30 分钟以内,占小学生公交上学人群的 71.68%;自行车出行集中在 15 分钟之内,占该类人群 76.60%;步行时间在 15 分钟之内,占 75.36%;电瓶车时间小于 15 分钟,占 68.15%;校车 100%集中在 25 分钟以内;小汽车的出行时间在 20 分钟以内的占 64.8%,30 分钟之内的占 88.24%。

表 10-9　小学生日常上学各种交通工具的时间比例(%)

时间(min)	公交车	自行车	步行	电瓶车	校车	小汽车
5～10	4.20	15.43	23.19	16.93	20.00	8.50
10～15	12.59	39.89	31.88	30.97	40.00	17.83
15～20	12.59	21.81	20.29	20.82	0.00	18.58
20～25	16.08	13.83	8.70	15.11	20.00	20.54
25～30	10.49	3.72	5.80	5.20	20.00	10.64
30～35	16.78	3.72	7.25	6.52	0.00	12.42
35～40	7.69	0.00	0.00	1.07	0.00	3.45
40～45	9.44	1.60	1.45	2.45	0.00	4.67
45～50	4.55	0.00	1.45	0.56	0.00	1.87
50～55	4.90	0.00	0.00	0.31	0.00	1.03
55～	0.70	0.00	0.00	0.06	0.00	0.47
合计	100.00	100.00	100.00	100.00	100.00	100.00

空间距离:宁波核心城区以校车作为交通方式的小学生平均通学距离为

2.19km;交通方式以出租车为主的平均距离为4.78km;以小汽车为主要交通方式的,平均出行距离为3.6km;以自行车为主的,平均通学距离为1.34km;以电瓶车为主要交通方式的,平均通学距离为1.1km;步行的平均通学距离为0.82km(见图10-17)。

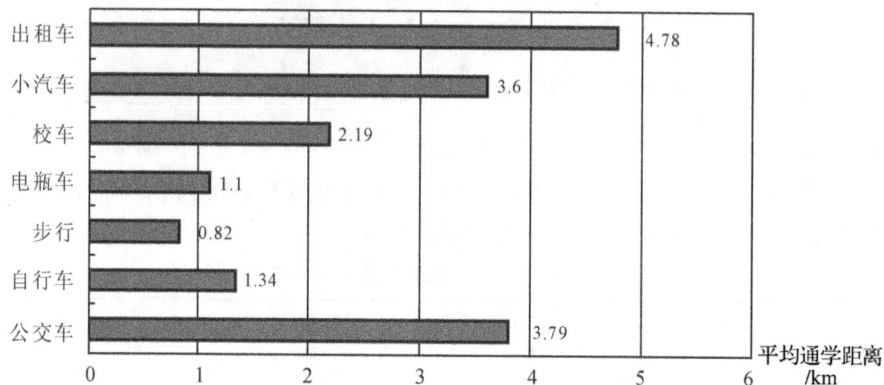

图10-17　宁波核心城区小学生通学平均距离

三、中学生出行特征

(一)日常通学特征

上学时间特性:中学生日常早晨上学出发时间集中在6:30~7:00,该时间段人群占总量的89.4%。中学生比小学生出发高峰时间早半小时,这可能与中学的作息制度有关(见图10-18)。

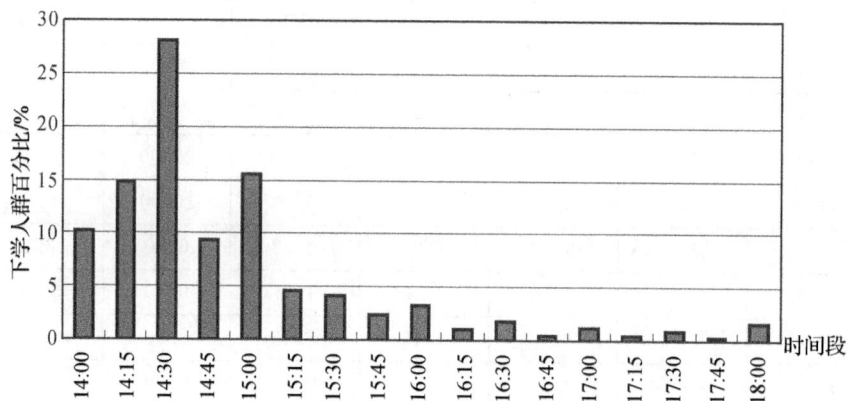

图10-18　日常中学生上学出发时间分布

上学交通方式特性:中学生上学交通方式呈现多样化,步行、小汽车、自行车、公交车、电瓶车五种方式各有一定占比。35.51%的学生采用步行方式上学;第二位是小汽车,21.01%的学生采用小汽车上学;自行车占15.84%,坐公交车的占 13.85％,而电瓶车为 13.42％(见图 10-19)。

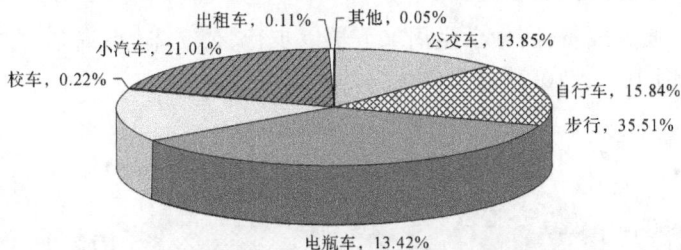

图 10-19　日常中学生上学交通方式分布

　　下学时间特性:中学生日常下学时间集中在 17:00～17:30,占总量的 89.23％,该时间段与城市客流高峰期重合,影响城市高峰期的交通流量(见图10-20)。

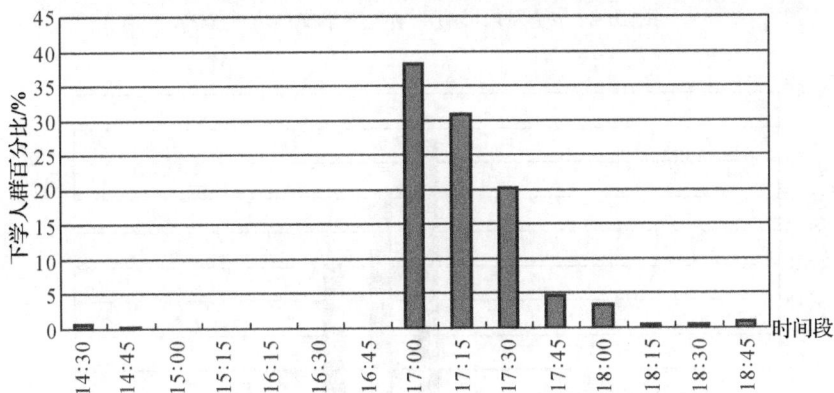

图 10-20　中学生日常下学时间断面流量比例分布

　　下学交通方式特性:下学交通方式与上学交通方式相比较,小汽车量大幅度下降,公交量大幅度上升。总体上,电瓶车、自行车出行比例基本维持不变,而步行与上学相比,在整体比例中增加了 3.2 个百分点。自主出行与小学生相比,增加量较大(见图 10-21)。

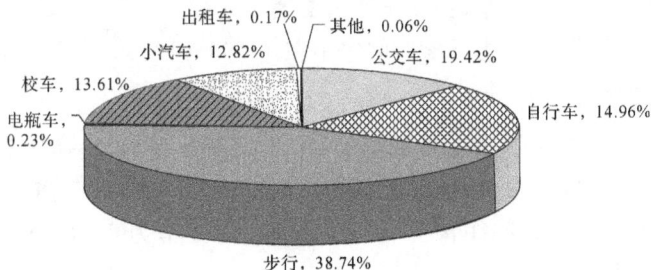

图 10-21　中学生日常下学交通方式分布

(二)周末影响的通学特征

下学交通方式特性:中学生周末下学以步行、公交车、小汽车、自行车、电瓶车为主(见图 10-22、10-23)。

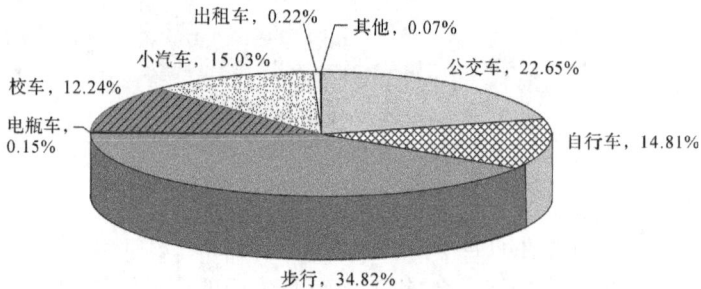

图 10-22　受周末影响中学生下学交通方式分布

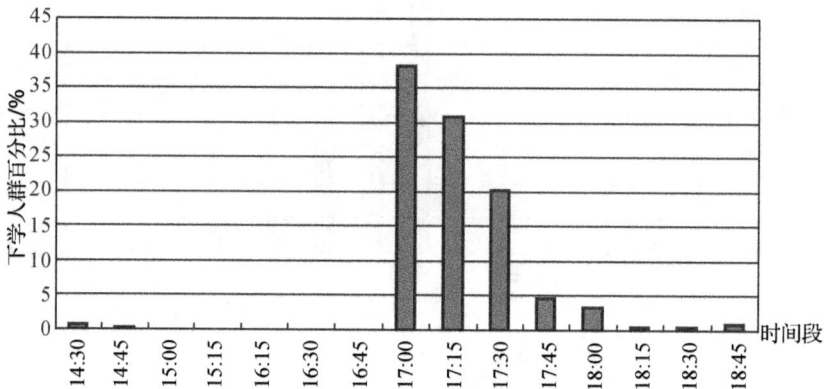

图 10-23　中学生周末下学出行时间断面流量比例分布

总体上受周末影响,出行方式中小汽车、公交车量增加,而步行减少。这可能是中学生住校生在周末回家,住校生的学校—家的距离明显比走读的学生远,因此更容易采用小汽车、公交车作为交通方式。

下学时间特征:中学生下学时间集中在 17:00～17:30,占总量的 79.54%。

(三)距离特征

时间距离:日常中学生上学的出行,按照时间分别为:交通工具为公交车,平均时间距离为 25.7 分钟;通勤工具为小汽车的,平均时间距离为 19.6 分钟;通勤工具为电瓶车,时间距离为 16.36 分钟,自行车为 18.8 分钟,而步行为 21.2 分钟(见表10-10)。

表 10-10　日常中学生各种交通方式的 O－D 平均时间距离

交通方式	公交车	自行车	步行	电瓶车	小汽车
平均时间(min)	25.7	18.8	21.2	16.36	19.6

　　受周末影响中学生下学出行距离比平时明显加大。与日常下学比较,在公交为主要交通工具的学生,出行平均时间增加了 7.7 分钟,以自行车为主的增加了 4.3 分钟,步行的增加了 3.82 分钟,电瓶车的增加了 4.55 分钟,小汽车的增加了 6.64 分钟(见表 10-10、表 10-11)。

表 10-11　受周末影响中学生各种交通方式的 O－D 平均时间距离

交通方式	公交车	自行车	步行	电瓶车	小汽车
平均时间(分)	33.40	23.10	25.02	20.91	26.24

　　空间距离:宁波核心城区以校车为主要交通方式的中学生平均通学距离为 6.54km;以出租车为主的,出行平均距离为 5.04km;以小汽车为主的平均出行距离为 4.6km;以自行车为主的平均通学距离为 3.6km;以电瓶车为主的平均通学距离为 3.26km,步行的平均通学距离为 1.9km。见图 10-24。

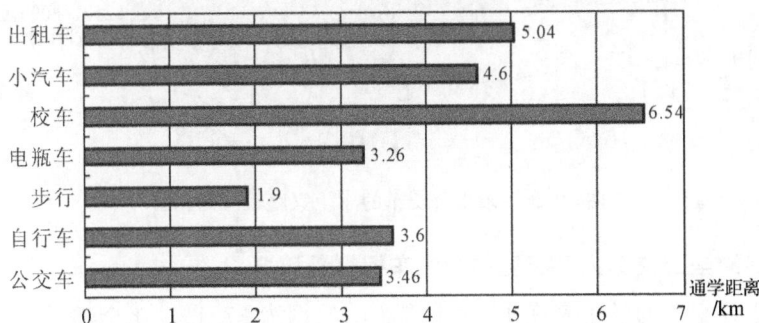

图 10-24　宁波核心城区中学生通学平均距离

四、核心城区中小学生上下学公交出行特性分析

(一)日常上学乘坐公交人群特征

　　乘坐公交车人群低年级(一年级和二年级)所占比例小,为 10.58%,高年级比例高,三年级、四年级、五年级、初一、初二年级比例分别为 14.29%、15.70%、14.11%、18.52%、26.81%,初中在整体中的比例比小学高(见图 10-25)。

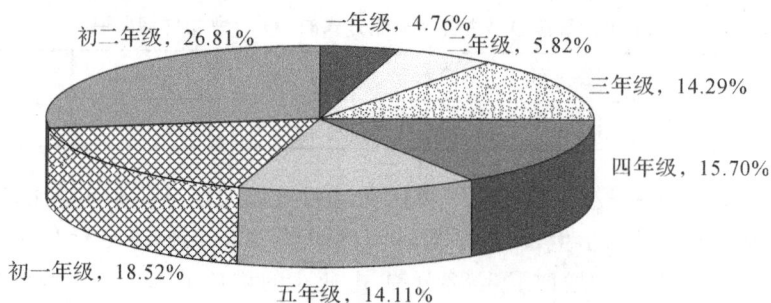

图 10-25　乘坐公交人群的年级分布

(二)乘公交车学生家庭收入结构

乘坐公交车的学生家庭收入与整体学生的家庭收入结构没有明显的差别,反驳了利用公交车上下学的学生经济条件不好这一观点。因此,提高公共交通对中小学上下学交通流的分流效果是可行的,因为公共交通对各阶层都具有吸引力(见图 10-26)。

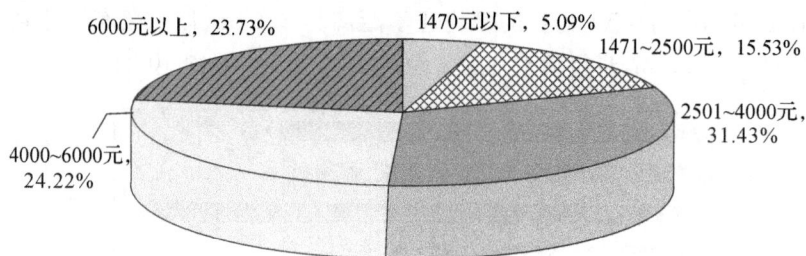

图 10-26　乘坐公交车的学生家庭收入结构

(三)乘坐公交车人群家庭的小汽车拥有量情况

乘坐公交车的学生家庭中,无小汽车的比例为 27.1%,比全部样本比例高 6%。但对于出行交通方式与家庭拥有汽车数量之间的相关性研究表明两者之间具有强相关关系(见表 10-12)。

表 10-12　乘坐公交车学生家庭与全体家庭拥有汽车数量比较

家庭拥有小汽车数	占乘坐公交车学生家庭的比例/%	占整个样本的比例/%
0	27.1	21.4
1	57.4	61.2
2	14.5	16.6
3	0.7	0.5
4	0.1	0.2
5	0.1	0.1

(四)乘坐公交车日常上学时间分布

整体上日常上学学生出发时间在 6:30～7:30,其中小学生时间跨度为早晨 6:30～7:30,在时间维度上比较分散,而初中学生日常上学时间为 6:30～7:00 之间,与小学相比集中度较高,这与初中生实行早读制度密切相关。见图10-27、10-28。

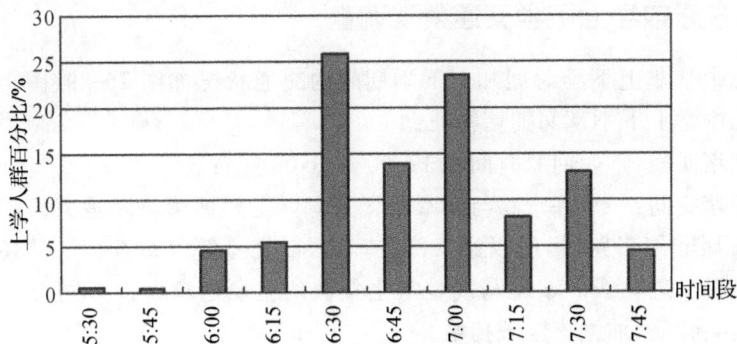

图 10-27 日常上学采用乘公交方式的小学生交通流时间断面分布

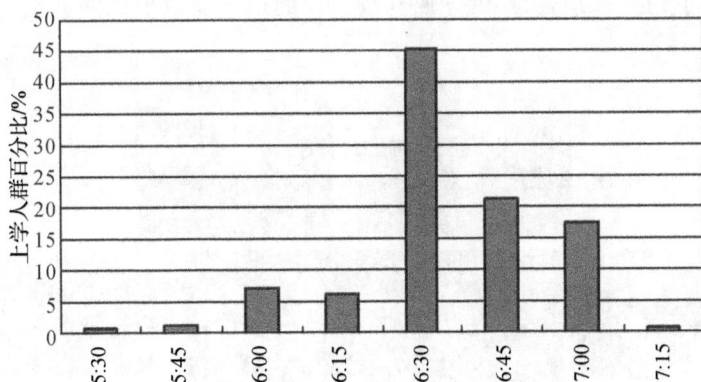

图 10-28 日常上学采用乘公交方式的初中学生交通流时间断面分布

(五)中小学乘坐公交车通学的平均出行用时

乘坐公交车的小学生与中学生平均通学出行距离在日常差别不大,平均用时达到 25.7 分钟,受周末影响,中学学生下学出行用时达到 33.4 分钟(见表10-13)。

表 10-13 乘坐公交车的小学生与中学生平均出行用时

	小学生日常(上学)	中学生日常(下学)	中学生周末影响(下学)
平均时间(min)	25.7	25.7	33.4

第三节　上下学主要拥挤路段调查

一、东恩中学上下学交通景观调查

东恩中学非上下学时间和上下学期间的交通状况如图 10-29、图 10-30 所示。东恩中学上下学期间拥堵特征：

①拥堵时间：学生回家时间在 17:00～18:00 左右。

②拥堵空间：一是兴宁路与鄞奉路交叉口。主要拥堵原因是家长停车。由于该路段属非停车路段，所以家长待在车内，以规避警察检查。二是兴宁路—宁桥路交叉口斑马线。该斑马线是学生集散的主要通道。许多同学放学后在该地点购买食品，加剧该区域拥堵。

③原因：放学时间与城市下班高峰期重合；鄞奉路上汽车占道严重；家长电瓶车占据校门口的空间，加大了拥挤程度。学生横穿鄞奉路与兴宁路，也使公路上的车辆被迫，减缓速度；兴宁路与校门口的地下通道形成冲突点，使道路更加混乱。

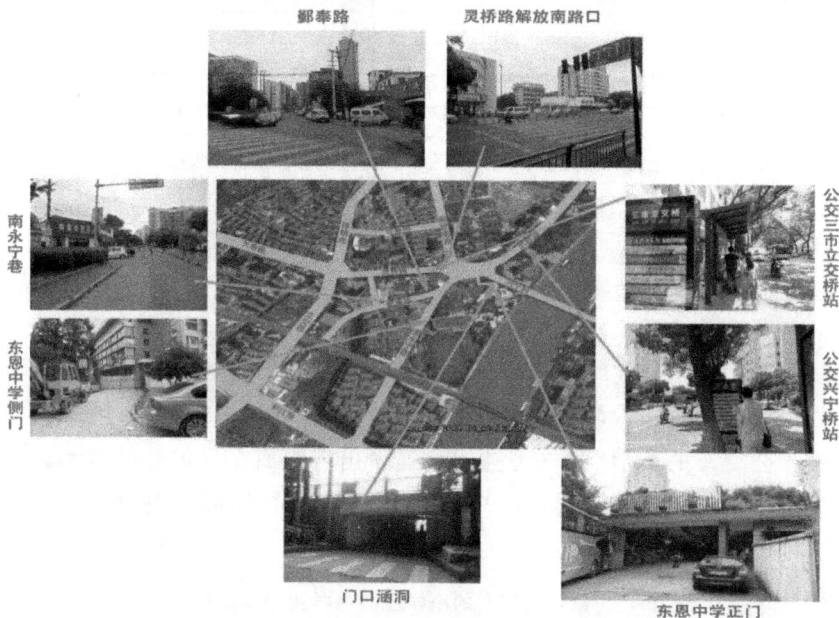

图 10-29　非上下学时间东恩中学周边交通状况图

图 10-30　上下学期间东恩中学周边交通状况图

二、江北区实验中学、实验小学周边交通景观调查

江北区实验中学、实验小学上下学期间学校周边拥堵特征：

①非上下学时间、上下学期间江北区实验中学、实验小学周边交通状况如图 10-31、图 10-32 所示。堵时间：学生放学回家时间在 16:30～17:40。

②拥堵空间：清湖路/清河路交叉口—清湖路/大闸路交叉口。

③原因：放学时间与城市下班高峰期重合；家长占道停车，家长等候时间长短不等，总体上占道时间长，无疑加大了拥挤性。占道时间 10～40 分钟不等，平均占道时间 15～20 分钟。学生陆陆续续横穿马路，也使清湖路上的车辆呈现蜗牛速度；新马路车辆增加了冲突点，使道路更加混乱。警察疏导的 3 次，其中有由两次是新马路的车辆进入清湖路。

图 10-31　非上下学时间江北区实验中学、实验小学周边交通状况

图 10-32　上下学期间江北区实验中学、实验小学周边交通状况图

三、江东区第七中学上下学期间交通拥堵景观调查

江东区第七中学上下交通拥堵状况如图 10-33 所示。

图 10-33　江东区第七中学上下学期间交通拥堵状况

第七中学上下学期间学校周边拥堵特征：

①拥堵时间与空间：在 17:00～17:40,贺丞道—王隘路路口至王隘路与文景路路口路段。

②拥堵原因：停车占道；单行线上多种交通混流；停车资源不足，接送家长无停车场所，占道堵塞交通。另外周边老小区停车位不足，也使得小区住户停车侵占道路公共资源。

第四节　学生家长对开通学生公交专线的期望

一、当前学生上下学接送情况

当前中小学生上下学接送情况为：有接送的占 59.59%,无接送的占 40.41%。其中孩子父母接送占 45.11%,孩子的祖父母或外祖父母接送的占

10.79％,熟人或保姆接送占1.17％,雇人专门接送占1.38％,相熟的家长轮流接送占1.14％(见图10-34)。

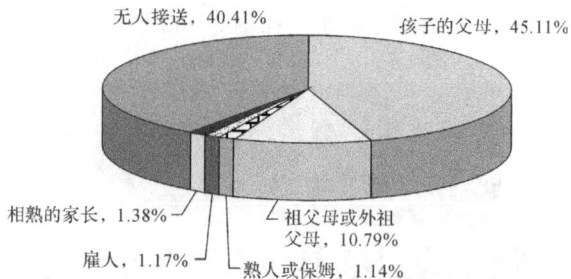

图 10-34　核心城区中小学学生上下学接送情况

二、家长关注学生上下学公共安全情况

34.62％的家长认为社会人员的骚扰是上下学公共安全的重点;32.88％的家长更关注上下学路途中食品安全问题;24.36％的家长不担心上下学的安全问题,6.08％的家长对孩子可能受到高年级的学生骚扰表示担心;还有2.06％家长认为网吧游戏也会影响孩子的公共安全(见图10-35)。

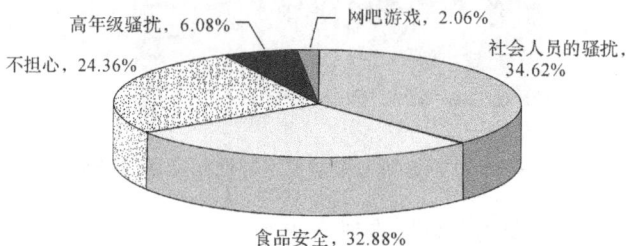

图 10-35　中小学学生家长对上下学公共安全的关注点

三、家长对上下学交通安全的关注情况

89.60％的家长对上下学的交通安全表示关注,10.40％的家长表示不担心。在样本总体中,64.41％的家长认为学生过马路安全是第一重要因素;16.10％的家长认为上下学在马路嬉闹是交通安全最重要因素隐患;4.55％家长认为上下车安全最重要;2.00％家长认为车辆安全设施是交通安全最重要因素;1.83％的家长认为车内安全最重要(见图10-36)。

四、家长对开通学生公交专线的意愿

79.22％家长认为开通学生公交专线供中小学上下学是必要的,20.78％家长认为没有必要(见图10-37)。

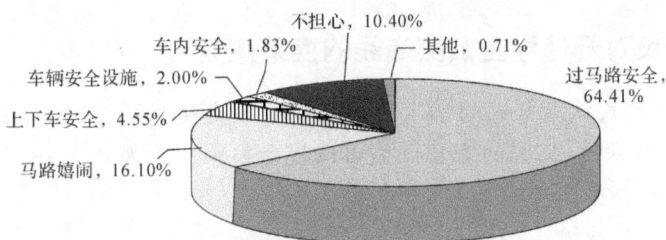

图 10-36 中小学学生家长对上下学交通安全的关注情况

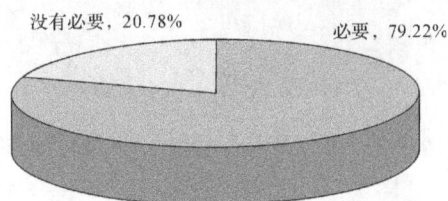

图 10-37 中小学学生家长对开通学生公交专线的意愿

五、家长对开通学生公交专线的车辆及安全管理要求

77.40%的家长认为开通的车辆应该是专用车辆;14.93%的家长认为公交车也可以;7.67%的家长对于车辆无要求(见图 10-38)。

家长对于管理要求为:75.46%的家长认为要随车老师进行管理;7.79%的家长认为应由家长随车管理;16.75%的家长没有提要求(见图 10-39)。

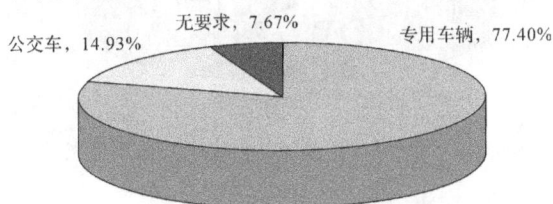

图 10-38 中小学学生家长对车辆的要求

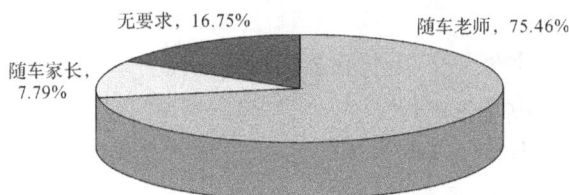

图 10-39 中小学学生家长对车辆管理的要求

六、家长对开通学生公交专线的换乘意见

87.84%家长认为开通的学生公交专线应该直接达到;6.93%的家长认为换乘1次及以下;1.45%的家长认为可以接受换乘2次及以下;3.79%的家长对换乘无要求。见图10-40。

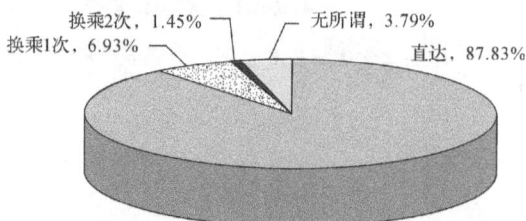

图 10-40　中小学学生家长对未来开通的学生公交专线换乘的意见

七、家长对开通学生公交专线的票价的意见

54.16%的家长认为的票价应该与当前公交车的优惠价格相等;9.98%的家长认为可以适当提高价格;35.86%的家长认为两个措施都可以接受。见图10-41。

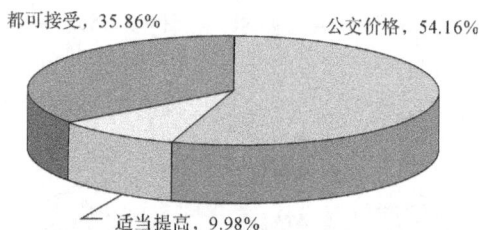

图10-41　中小学学生家长对未来开通票价意见

第五节　学校周边交通组织与交通渠化方法

——鼓励同学乘坐公交车,优化公交线路。公交车在上下学期间缩短发车间隔增加,车次,保障学生出行。

——清湖路临时停车线改为慢行交通,鼓励学生骑自行车或公共自行车。

——设计渠化交通,减少冲突点。

——加强学校周边上下学期间的停车管理。

有序停车存在下列问题:(1)学校周边临时停车位谁可以停车? 以第七中学

为代表,该区域道路停车位可以缓解老小区停车位不足,属于家长和小区或者附近商户共有;同时应引入"停车准入"的监督机制。(2)临时停车时间问题?无限时停车或秒表停车,在居住区停车不足情况下,形同虚设;有家长认为应半小时至1小时,"等孩子是实际情况,孩子打扫卫生,没有办法,这不是我本意"。建议采用"即停即走",停车不超过5分钟。(3)停车位不足。解决该问题一方面应开源:附近小区临时停车(适合新小区);学校操场临时停车(安全问题;开挖地下空间;学校后门/侧门运用)。另一方面应节流:鼓励合乘,减少停车位占用。(4)学校门口如何停车? 正门50m禁止停车/与家长停在学校门口;后门是方便教师还是方便家长? 加强后门、侧门停车资源的利用。

——学校周边小摊、小贩治理。小摊、小贩对于慢行道路系统占用,同时由于等候学生买东西,增加在拥挤路段的停留时间,应强化综合治理。

第十一章　街区社会调查

　　孔浦街道位于宁波市江北区。江北区位于宁波市区西北侧,东南临甬江与江东区相望,南濒姚江,与海曙区、鄞州区接壤,东北毗邻镇海区,西接余姚市,全区面积 208 平方千米(见图 11-1)。江北区是宁波市中心城区中最大的城区,也是宁波市老三区(海曙区、江东区、江北区)之一,下辖甬江、庄桥、洪塘、中马、白沙、文教、孔浦七个街道和慈城镇,全区有 66 个社区居委会,88 个村委会。流动人口多是江北区的鲜明特点。自 20 世纪 90 年代以来,宁波市作为全国副省级和东部沿海重要工业城市,吸引了大量外来人口。特别是 2000 年以来,江北区成为宁波市老三区外来人口增长最快的城区。截至 2013 年年底,江北区流动人口数量比 2006 年增长了近 4 倍,为 24.9 万人(见表 11-1),增长幅度大于其他两个老城区(海曙区、江东区)。2013 年江北区户籍人口 24.18 万人,外来人口与本地户籍人口相当。

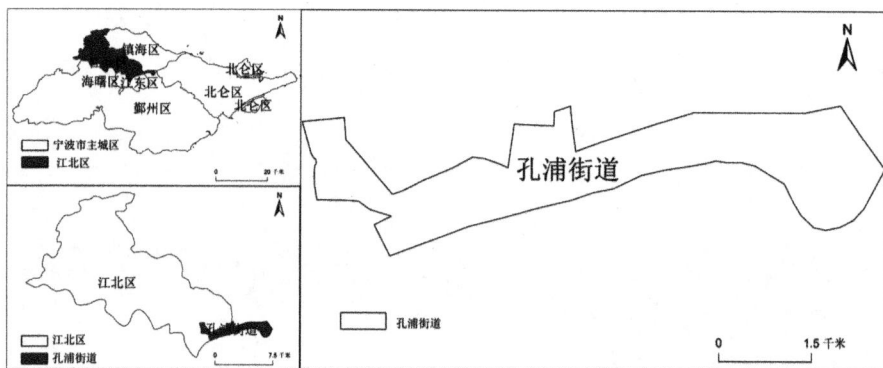

图 11-1　江北区与孔浦街道区位

表 11-1　宁波中心城区流动人口数量变化　　　　　　(单位:万人)

年份	海曙区	江东区	江北区	北仑区	镇海区	鄞州区
2006	12.5	10.4	6.5	27.3	15.0	48.1
2007	10.2	10.6	20.4	39.5	19.2	64.6

续表

年份	海曙区	江东区	江北区	北仑区	镇海区	鄞州区
2008	11.7	9.9	21.6	45.2	20.3	73.6
2009	11.9	11.4	22.8	48.8	23.6	78.8
2010	12.3	13.9	24.4	51.9	25.2	88.7
2011	14.7	14.5	25.2	55.6	26.9	94.2
2012	17.7	16.1	26.5	61.3	31.2	98.4
2013	11.4	17.6	24.9	60.1	27.1	91.1

（注：宁波市公安局数据）

江北区的另一特点就是乡镇工业经济较为发达。特别是 1990 年代以后，江北区国内生产总值中农业比重不断下降，第二三产业比重不断上升，第二产业在 GDP 中占 50％以上，呈现绝对优势地位（见图 11-2）。江北区逐渐形成了以农业为基础、乡镇企业为主体、第三产业全面发展的格局。进入 21 世纪，江北区第一产业比重持续下降至 5％以下，第二产业也持续降至 40％以下，第三产业持续上升至 50％以上，形成较为合理的产业结构。

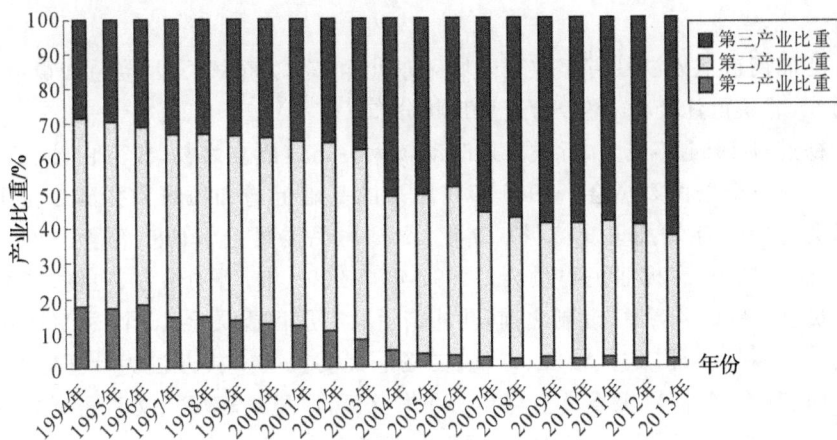

图 11-2　1994—2013 年江北区三大产业比重变化

（注：《江北区统计年鉴(1994—2014)》数据）

江北区内部则形成了较为明显的城乡二元经济。中马、白沙、文教三个街道城市化程度相对较高，城市商业较为发达，而孔浦、甬江、庄桥、洪塘及慈城镇的工业经济较为发达（见表 11-2）。江北区特有的二元经济结构吸引了大批到城市谋生的外来人口。此外，江北区租房价格低廉和距离工作地点较近等原因，导致大量外地人在此居住，造成江北区外来人口聚集的现状。

表 11-2   江北区各街道规模以上工业总产值(2013 年)   (单位:万元)

街　道	规模以上工业总产值
中马街道	1537
白沙街道	0
孔浦街道	148735
文教街道	2626
甬江街道	406787
庄桥街道	268880
洪塘街道	326643
慈城镇	2014040
江北工业区	1184071

(注:《江北区统计年鉴(2014)》)

第一节　研究区范围

　　孔浦街道地处浙江省宁波市老城区东北角,东邻镇海区,西接白沙街道,南濒甬江,北镶甬江街道,整个街道呈带状分布。

　　街道自 1984 年成立,行政区划改动较大。街道成立之初,仅下白沙、西管、孔浦一村三个居民委员会。1985 年在原来的基础上增加压赛和孔浦二村居民委员会。1986 年增加里夏、双桥、文汇、绿梅居民委员会。1986 年至 1997 年,增加文萃、红梅、春梅居民委员会。1997 年至 2001 年,增加怡江、白杨、紫竹居民委员会。2001 年社区改制之前,孔浦街道共有居民委员会 15 个,社区改制之后,孔浦一村、孔浦二村、怡江、绿梅、白杨居民委员会直接改制为社区居委会,原红梅、春梅、冬梅居民委员会合并为红梅社区,原里夏、双桥、文萃居民委员会合并为文竹社区,原压赛、下白沙、西管合并为百合社区(见表 11-3)。2004 年孔浦街道在原基础上划入原甬江街道的路林村、联成村、双桥村 3 个建制村,但治安和户籍管理仍属于甬江街道派出所。同时将孔浦街道原所辖的百合、白杨 2 个社区划归甬江街道管辖,组建新的孔浦街道(见图 11-3)。街道居民 2 万多户,户籍人口 3 万,常住人口 5.6 万,外来人口 2.6 万(2013 年)。

　　根据孔浦本地人的地域区划习惯,依然把百合和白杨社区作为孔浦街道的组成部分,将街道内的 3 个行政村仍作为是甬江街道的部分。所以研究范围以当前 8 个社区为准。

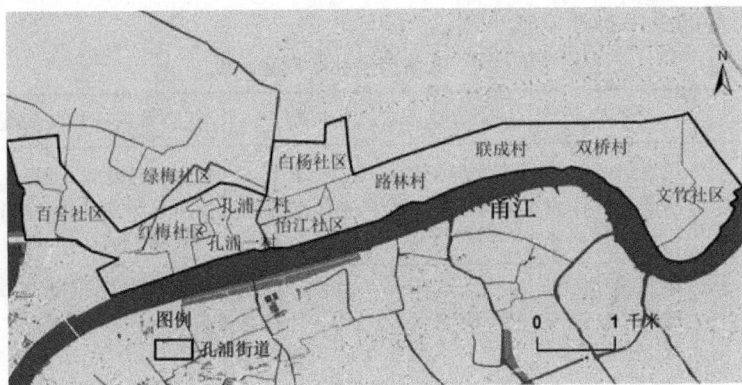

图 11-3　孔浦街道行政区划图(2012 年)

表 11-3　孔浦街道社区概况

社区	最早成立时间	原居民委员会	住宅小区
孔浦一村	1984	孔浦一村	孔浦一村小区
孔浦二村	1985	孔浦二村	上航小区、水产小区
怡江社区	1993	怡江	怡江新村、怡江春色
红梅社区	1997	红梅、春梅和冬梅	红梅新村、新红梅小区
绿梅社区	1997	绿梅	绿梅、文汇、莲荷三个住宅小区
白杨社区	2001	白杨	中轻花园、万兴小区、德华花园、安居恒富苑、华业大厦、塞纳丽景、阳光清晨
文竹社区	2001	里夏、双桥、文萃	里夏、双桥、文萃三个居民区
百合社区	2002	压赛、下白沙、西管	西管小区、压赛堰、倪家堰、塑机厂宿舍、省工艺宿舍、乌隘、大通北路、大通巷、大庆北路 455 弄、下白沙 65 弄等

(注:孔浦街道办事处资料)

一、孔浦街道社区发展和演化过程

根据江北区民政局地名办、史志办、孔浦街道办事处的资料总结得出,孔浦街道社区的形成和发展,大致分为三个阶段(见表 11-4)。

(一)1980 年代街道社区情况

1980 年代孔浦街道一共有 9 个居委会,分别是下白沙、西管、孔浦一村、压赛和孔浦二村,里夏、双桥、文汇、绿梅居委会,其中下白沙和西管小区是军属小区;孔浦一村、孔浦二村是国企海洋渔业公司的单位住宅;文汇是宁波大学教职工小区,绿梅是缫丝厂、港务局、港建局、渔业公司等国有单位住宅;里夏是宁波大学建校后的农民拆迁安置小区。

表 11-4   孔浦街道社区发展阶段

发展阶段	发展特征	街道社区居民构成特点	社会背景和相关制度、政策
1980 年代	单位小区、军属房、农村自建房交错镶嵌	以宁波本地人为主,外来务工人口少,极少居民从事私下租房活动	计划经济时代,国有企业与学校单位福利分房,外出打工尚不普遍,未形成出租房市场
1990 年代	单位分房、房改房、拆迁安置活动交替进行	以宁波本地人为主,外来务工人口尚居住在远郊区	计划经济向市场经济转型,城市住房制度改革,房屋产权改革,户籍制度改革,外来人口户籍和相关政策温和化
2000 年以后	商品房、出租房和外来人口租房与买房定居	以宁波本地人为主,部分高收入的外来人口定居于此,或是租房或是购买社区居民的二手房,有房本地人获取租金收入	大学毕业生激增,房屋出租市场火爆,社区管理逐渐形成,人口流动加快

自 1980 年代中期,宁波开始出现外来人口,但非常少,而且主要租住在农村自建房。总体而言,此时期孔浦街道居民构成以宁波本地人为主,居民构成比较简单。

(二)1990 年代街道社区情况

1990 年代,孔浦街道在原来的基础上增加文萃、红梅、春梅、怡江、白杨、紫竹居委会,整个街道区域快速扩大,社区数量快速增长。其中红梅居委会管理的红梅新村是人民路扩建拆迁的安置小区和部分国有单位的福利分房的小区,原红梅村居民也安置在红梅新村。怡江小区是国有单位福利分房。原下白沙、倪家堰的单位房进行房改,卖给单位员工。而由于 1990 年代初宁波化工厂搬迁至压赛村,征用了部分压赛村的土地,使得部分压赛村的村民变为企业工人,由农民身份转为居民身份。住房制度和房屋产权改革虽有进行,商品房开始出现,但 1990 年代孔浦街道尚无商品房地产开发。

(三)2000 年以后街道社区情况

2000 年以后,孔浦街道进行社区改制,将原有的 15 个居民委员会变为 8 个社区居委会。此后,孔浦街道的行政边界没有再调整,社区数量也没有变化,整个街道的社会稳定发展。社区管理由政府包办向政府领导下的社区自治方向发展。

社区中原有的居民通过购买商品房或继承父母房产,获得多套住房,或是当地农村自建住房,本地居民多余的住房用于出租,解决了外来人口的住房问题。其中怡江社区进行了新房地产开发,2003 年新建"怡江春色"商品房住宅区。红梅社区、文竹社区、百合社区出租房市场形成。特别是百合社区,外地人长时间居住于此,流动人口流而不动。还有部分外地人购买社区居民的二手房,定居宁波。另外由于大学毕业生激增,高校附近的房屋出租市场火爆,如文竹社区有许多大学毕业生租住。此时,整个孔浦街道人口异质化程度不断加深。社区管理由政府包办向政府领导下的社区自治方向发展。

二、案例社区概况

在孔浦街道中选取具有代表性的 4 个社区,选取的代表社区如下,其空间分布见图 11-4。

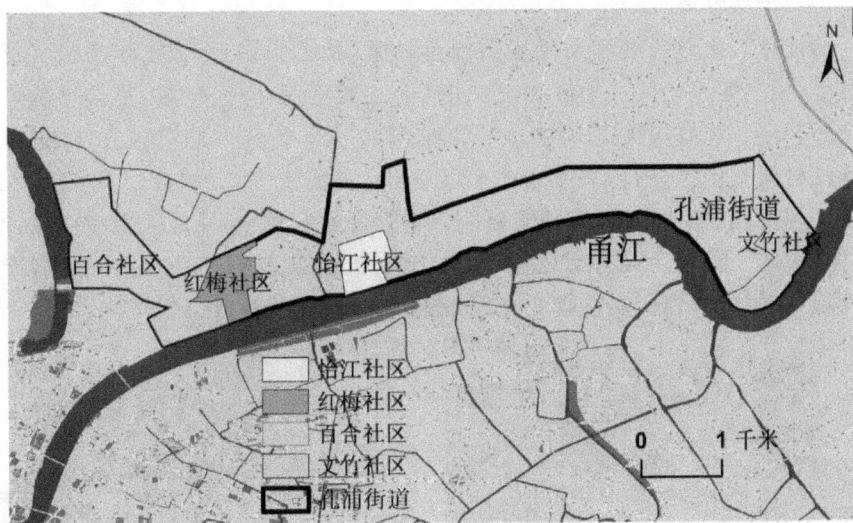

图 11-4　案例社区

(一)红梅社区

红梅社区是 1990 年代孔浦拆迁安置社区。社区始建于 1997 年的红梅居民委员会,2001 年社区改制,现红梅社区由原来的红梅、春梅、冬梅居民委员会合并组成。红梅社区地处江北区城乡结合部孔浦街道中心区域,南临甬江,北接甬江街道,东与绿梅社区相邻,西至下白沙铁路。社区现有住户 3225 户,常住人口 10000 余人。社区原来的住房是用于安置拆迁户和单位分房。2004 年原孔浦海洋渔业公司在此建设集资房,这一部分住宅称之为新红梅小区。图 11-5 是 1997 年建立的红梅新村住宅区,住宅面积较小,住房较为老旧;图 11-6 为 2004 年建立的新红梅集资房住宅区,住宅面积大,住房较新。

图 11-5   红梅社区红梅新村

图 11-6   红梅社区新红梅小区

(二)怡江社区

怡江社区是单位房和商品房的混合社区,社区始建于 1993 年的怡江居民委员会,现主要以怡江一期和怡江二期(怡江春色)住宅区组成,是典型的新老混合居住区。现有居民 2152 户,人口约 5300 人。怡江一期工程在 1993 年拆迁怡江村的基础上进行,一期住宅较为破旧(见图 11-7)。怡江二期工程 2003 年竣工,是商品房住宅区,有独立庭院。本社区租金较贵,外地人很少会在此租房(图 11-8)。社区内设有文化宫、文化广场、电子阅览室、卫生服务站等各类配套设施,在集中居住区实行物业管理,是较为现代化的社区。

图 11-7   怡江社区怡江新村(怡江一期)

图 11-8   怡江社区怡江春色(怡江二期)

(三)百合社区

百合社区是农村社区和流动人口聚集区。始建于 2002 年下白沙、压赛和西管三个居民委员会合并而成,辖区面积达 264.6 万平方米,社区内居住小区不集中,无物业,无社区医院。在籍人口 4121 人,外来人口 5740 人。流动人口多,管理困难。社区内有 45 幢楼群 94 个墙门,其他为农居混杂老房子。由于农居混杂,土地产权混乱,且靠近军事基地,自 1990 年代以来,社区内无新房地产开发,农民多是自建房(见图 11-9)。百合社区是一个地域散、范围大且外来人员较多的社区。社区大部分居民脱胎于"村改居",仍保留着农村一些习惯,如种菜和养鸡,是典型的棚户区。

图 11-9　百合社区

（四）文竹社区

文竹社区是单位和 1980 年代的拆迁安置社区。社区毗邻宁波大学本部校区，由里夏新村和文萃小区两个居民住宅区组成，辖区总面积达 283700 平方米。现有居民 3900 户，常住人口 5200 余人。里夏新村始建于 1984 年，由原先的里夏村"村改居"而成（见图 11-10）。文萃小区是宁波大学建校后教职工居住的房子。现宁波大学教职工多搬迁至镇海区宁大花园，原文萃小区的部分房子由宁波大学收回，现用于安置新招聘的教师。部分文萃小区住房被宁波大学后勤服务人员租住，还有一部分宁波大学学生租住在里夏新村与文萃小区。社区物业由宁波大学后勤服务部负责，也是一个较老的社区（见图 11-11）。

图 11-10　文竹社区里夏新村

图 11-11　文竹社区文萃小区

根据城市社会空间变迁研究的主要内容，设计调查问卷，并通过预先访谈获得的信息与预设内容相互印证，对问卷进行测评和修改。通过预先访谈和实地调查发现，案例社区多是 20 年至 30 年前发展至今的社区。为了更好地挖掘出城市社会空间变迁的信息，在问卷填写之时，倾向于调查那些经历过计划经济向市场经济时代转变的人。同时，根据江北区统计部门、孔浦街道办事处和社区居委会工作人员提示，1990 年代孔浦街道的外来人口非常少，在 2000 年后流动人口逐渐增多。所以，在实际调查中以本地户籍人口调查为主。共发放问卷 300 份，回收问卷进行分析和整理之后保留有效问卷 239 份。问卷发放为现场发放现场填写,不具备填写能力者由发放者询问并代为填写。数据录入 SPSS 进行分析。其中则到红梅社区的有效问卷 62 份,怡江社区 53 份,百合社区 62 份,文竹社区 62 份。

第二节　孔浦街道社会空间演化总体特征

一、1980 年代有计划的市场经济下的孔浦街道社会空间

孔浦街道建立之初所处的时代背景是中国改革开放初期——计划经济向有计划的市场经济转变。在此阶段中,城市的最大的特点是单位主导城市,调控着城市社会资源的提取和分配,土地无偿使用制度和单位福利分房制度继续发挥作用,形成了人依附于单位,单位依附于国家的状况;另一个特点是商品经济的不发达与市场经济方兴未艾。凭票购物仍是大部分居民的购物形式,商品经济尚不发达,形成的仍是供给型社会。单位主导了居民的居住、工作、休闲行为;计划供给制度也主导了居民的购物行为。但随着改革开放和市场经济发展,"体制外"的非公有制经济开始发展。城市物质空间逐渐改变引发了社会空间的变迁,从而对居民产生空间制约,同时居民社会阶层变化也对空间的变迁进行响应。

(一)单位主导下的居住空间

1.居民住房来源于计划分配

根据问卷调查数据,1980 年代居民的住房来源以单位分房和自建为主,两者比例分别高达 52.34％和 43.75％(见表 11-5)。在这一时期住房并不是商品,而是各个国有企事业单位对员工的福利。调查数据中自建房所占比例高,说明该时期孔浦街道还尚未扩张,相当部分的原住民是农民,居住在自建房内。随着城市化和"村改居"的进行,该地区的农民逐渐成为城市新增人口。所以在1980 年代,孔浦街道范围内以单位社区和农村自建居住区为主,呈现出明显的城乡二元居住景观,城市居民的住房来源于单位分房。

表 11-5　1980 年代居民住房来源比重

住房来源	占比/%
单位房	52.34
租房	3.91
自建房	43.75
合计	100.00

2.住房面积小和配套设施差的集体户特征

1980 年代居住面积在 60m² 以下的居民占 61.11%,而 20m² 以下的占 14.29%,21~40m² 的占 23.02%,41~60m² 的占 23.81%(见表 11-6)。80 年代的居民居住面积较小。同时接近半数的住房没有独立的洗浴室和卫生间,约 40% 的住房没有配置独立厨房,住房配套设施不完善(见表 11-7)。此时的住房居住面积小,配套设施差,居住的舒适度非常低。

表 11-6　1980 年代住房面积比重

居住面积(m²)	占比/%
20 以下	14.29
21~40	23.02
41~60	23.81
61~80	14.29
81~100	11.9
100 以上	12.7
合计	100

表 11-7　1980 年代拥有住房配套设施比重

	占比/%
洗浴室	63.20
卫生间	41.08
厨房	60.44

(二)供给制主导下的购物空间

1.日常用品购买地点以供销社和代销店为主

1980 年代居民购买日常用品主要集中在供销社和代销店。这两种购物地点所占比重分别是 70.71% 和 22.22%。80 年代居民日常用品购物仍需凭票购买,供销社基本垄断了日常用品的销售。虽然 80 年代小商品批发市场、中小型超市开始发展,丰富了城市居民日常购物地点,但居民的日常用品购物空间仍局限在供销社和代销店。

2.服装购买地点以三江口商业街区、供销社、小商品市场为主

1980 年代居民购买服装集中于三江口商业街区、供销社、小商品批发市场,三者比重分别占 38.26%,29.57% 和 20.87%,以三江口商业街区的比重最大(见表 11-8)。1980 年代居民买布订做衣服的情况较少,更多的人选择在比供销

社和代销店更高一级的商业中心——国营百货大楼购买服装。大部分的国营百货大楼集中在三江口商业街区,所以购买服装的地点集中在三江口商业街区。另外80年代中后期出现了专门批发服装的小商品市场,服装价格低廉,吸引众多居民前去购买。

表 11-8　1980 年代居民购物地点比重

购买地点	日常用品占比/%	服装占比/%	大件物品占比/%
供销社	70.71	29.57	5.06
代销店	22.22	11.30	2.53
小商品市场	3.03	20.87	2.53
住宅附近中小超市	1.01	0.00	7.59
大型超市	0.00	0.00	7.59
三江口商业街区	3.03	38.26	74.68
合计	100	100	100

3. 大件家用物品购买地点以三江口商业街区为主

大件家用物品主要是家具和家电,1980 年代居民购买地点集中于三江口商业街,占 74.68%。由于非公有制经济不发达,家具与家电基本由国营企业生产,由国营商店销售。大部分居民购买家电必然在三江口商业街区的国营商店。另外在问卷调查中,有 21.47% 的居民表示由于家具价格较高,为了节省家具方面的开支,选择找木工定做家具。

总之,在 1980 年代,居民购置日常生活用品集中于供销社和代销店;在购置服装时,三江口商业街区是主要的购买地点,另外中小型超市和小商品批发市场的发展也给居民购置日常用品和衣物提供了新的场所。大件家用物品的地区也集中在三江口商业街,另外居民比较流行找人定做家具,以节约购买成本。

（三）"生产性城市"主导下的休闲空间

在改革开放之初,居民普遍劳动时间长,闲暇时间少。重视城市的生产性,忽视消费性。居民的工作和休闲的界限模糊,休憩空间与工作单位重合。再加上当时的社会生产力较为低下,社会阶层初步分化,社会阶层之间的休闲方式差异较小。由于时间和经济条件的限制,居民休闲行为多为室内休闲。

1980 年代,孔浦街道居民的休闲方式较为单一,67.3%、57.3% 以及 19.10% 的居民分别以"走亲访友"、"看电视"、"打麻将打牌"作为主要休闲方式,社会交往对象局限在亲属等熟人关系网络,社会交往以社会阶层内交流为主。"逛街购物"、"看录像电影"的占 10% 左右(见图 11-12)。室外休闲少,居民休闲空间较多局限在室内。

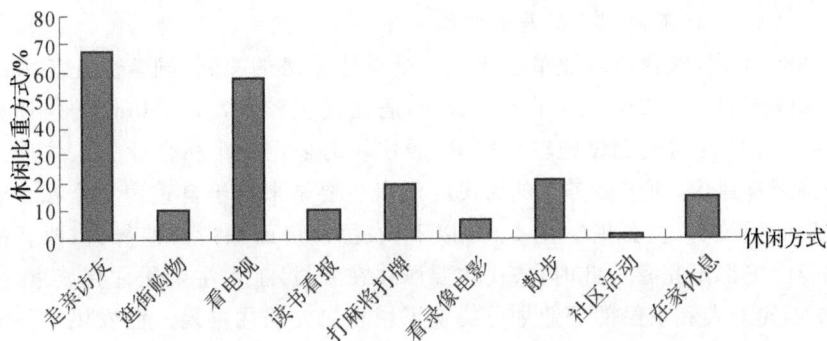

图 11-12   20 世纪 80 年代居民休闲方式比重

(四)1980 年代居民的空间响应

居住空间是社会空间的重要组成部分,是居民日常生活和工作的起点与终点。城市居住空间的演化贯穿着城市空间的发展历程,居住空间分异是一个动态的过程,在不同的时空背景下表现出相异的特征。反映了居民社会阶层在空间表征上的变化,更深刻地反映了宏观背景下经济和产业结构的重组,同时影响了其他行为空间。更进一步地说,社会分层与居住空间分异存在对应关系,居住空间是居住群体物质属性和社会属性的综合表现,社会分层促使了居住空间分异。在市场经济国家中,住房价格杠杆起了很大的作用。通过住房价格与过滤机制将住房从高到低地排序,对应社会的高中低社会阶层。

1. 1980 年代居民职业结构

根据数据分析,1980 年代居民的职业结构较为单一,大部分居民职业是国营企业工人、农民和集体企业工人,特别是国营企业工人占 56％的比重。个私企业工人仅占 6.4％,农民占 24.8％(见表 11-9)。反映出 80 年代,城市中公有制经济仍然占据主导地位,个私企业不发达,从业人员少。孔浦街道居民构成大部分是国营企业和集体企业的单位员工,另一部分来源于"村改居"的农民。

表 11-9   20 世纪 80 年代居民职业结构

职业	占比/％
国营企业工人	56
集体企业工人	9.2
个私企业工人	6.4
国家干部	1.8
军人	1.8
农民	24.8
合计	100

2.1980 年代不同职业的居住空间差异

1980 年代,国营企事业单位职工享受单位分房的福利,国营企业工人的住房来源甚至有 95.92% 来自于单位分房,居住面积较大,21～60m² 的居住面积占 60% 左右,住房配套设施较为完善,居住较为稳定。个私企业工人住房主要是来自于自建房,而进城务工的农民的住房主要是来自于自建房。个私企业工人住房面积较小,主要集中在 40m² 以下,农民住房面积内部差异大,两者的住房配套设施都不完善。此时,农民主要居住在农村,工人主要居住在城市,反映了 80 年代工人和农民的职业划分决定了城乡二元居住格局。而农民居住流动较为困难(见表 1-10、表 11-11、表 11-12)。

表 11-10　1980 年代职业与住房来源　　　(单位:%)

	单位分房	租房	自建房	合计
国营企业工人	95.92	4.08	0	100
集体企业工人	50	0	50	100
个私企业工人	0	0	100	100
国家干部	100	0	0	100
军人	100	0	0	100
农民	0	7.69	92.31	100

表 11-11　1980 年代不同职业的住房面积比重　　　(单位:%)

	20m² 以下	21～40m²	41～60m²	61～80m²	81～100m²	100m² 以上
国营企业工人	13.79	25.86	32.76	10.34	8.62	8.62
集体企业工人	0.00	40.00	30.00	10.00	10.00	10.00
个私企业工人	25.00	40.00	25.00	0.00	0.00	10.00
国家干部	0.00	50.00	0.00	50.00	0.00	0.00
军人	50.00	50.00	0.00	0.00	0.00	0.00
农民	11.54	11.54	19.23	26.92	15.38	15.38

表 11-12　1980 年代不同职业的住房配套设施比重　　　(单位:%)

	洗浴室	卫生间	厨房
国营企业工人	58.62	53.45	67.24
集体企业工人	30.00	50.00	30.00
个私企业工人	33.33	33.33	33.33
国家干部	100.00	50.00	100.00
军人	50.00	100.00	100.00
农民	76.00	24.00	76.00

3.1980 年代不同职业的购物休闲空间差异

　　由于市场经济不发达和社会阶层的初步分化,在购物方面,工人与农民之间的差异较大。在购物空间上,国有企事业单位员工(国企工人、集体企业工人)大部分在供销社和代销店购买日常生活用品;而农民除供销社和代销店之外,小商品批发市场占农民购买日常生活用品的 11.54％,较容易被批发市场低廉的售价所吸引。在购买服装,国营企事业单位员工大部分集中在供销社、三江口商业街区、小商品市场,而农民集中在供销社和小商品市场,在三江口购买服装的情况较小。在购置大件家用物品的地点选择上,工人和农民之间的差异较小,大部分集中在三江口商业街区(见表 11-13、11-14、11-15)。

表 11-13　1980 年代不同职业人群日常购物空间比重　　　　(单位:％)

	供销社	代销店	小商品市场	住宅附近中小超市	三江口商业街
国营企业工人	50.82	42.62	1.64	1.64	3.28
集体企业工人	60.00	30.00	0.00	0.00	10.00
个私企业工人	62.50	37.50	0.00	0.00	0.00
国家干部	100.00	0.00	0.00	0.00	0.00
军人	100.00	0.00	0.00	0.00	0.00
农民	65.38	23.08	11.54	0.00	0.00

表 11-14　1980 年代不同职业人群服装购物空间比重　　　　(单位:％)

	供销社	代销店	小商品市场	住宅附近中小超市	大型超市	三江口商业街
国营企业工人	16.39	9.84	24.59	0.00	4.92	44.26
集体企业工人	20.00	20.00	10.00	10.00	10.00	30.00
个私企业工人	12.50	12.50	25.00	0.00	0.00	50.00
国家干部	100.00	0.00	0.00	0.00	0.00	0.00
军人	50.00	0.00	0.00	0.00	0.00	50.00
农民	23.08	15.38	30.77	11.54	15.38	3.85

表 11-15　1980 年代不同职业人群大件家用物品购物空间比重　　　(单位:％)

	供销社	代销店	小商品市场	住宅附近中小超市	大型超市	三江口商业街
国营企业工人	6.56	3.28	3.28	9.84	8.20	68.85
集体企业工人	10.00	10.00	0.00	10.00	0.00	80.00
个私企业工人	0.00	0.00	12.50	0.00	12.50	75.00
国家干部	50.00	0.00	0.00	0.00	0.00	50.00
军人	0.00	0.00	0.00	0.00	0.00	100.00
农民	0.00	0.00	0.00	3.85	7.69	88.46

　　由于 1980 年代闲暇时间少,居民的休闲方式较为单一,主要以"走亲访友"、"看电视"为主。在不同的职业中,国营企业工人、集体企业工人的休闲方式较多,除"走亲访友"和"看电视"等室内休闲以外,"逛街购物"、"打麻将打牌"、"看录像电影"和"散步"等室外的休闲活动占一定比例。而农民休闲方式中"走亲访友"和"在家休息"比重占 70% 至 90%,形成以室内休闲为主的休闲空间(见表 11-16)。

表 11-16　1980 年代不同职业人群的休闲方式比重　　　　(单位:%)

	国营企业工人	集体企业工人	个私企业工人	国家干部	军人	农民
走亲访友	52.46	90.00	75.00	50.00	0.00	88.46
逛街购物	14.75	10.00	12.50	0.00	0.00	0.00
看电视	50.82	80	37.5	100	100	18.46
读书看报	13.11	10	0.00	0.00	100	0.00
打麻将打牌	16.39	30	37.5	0.00	0.00	19.23
看录像电影	8.20	20	0.00	0.00	0.00	0.00
散步	22.95	40	12.50	0.00	50	11.54
社区活动	3.28	0.00	0.00	0.00	0.00	0.00
在家休息	13.11	10	12.5	50	100	76.92

　　综合不同职业的购物和休闲空间差异,在购买空间上,国营企业工人和集体企业工人的购物空间选择较多,工人的购买力要优于农民。在休闲空间上,国营企业工人和集体企业工人所选择的休闲空间较多,以室内休闲为主,室外休闲为辅,而农民的休闲空间主要以室内为主,休闲方式单一,休闲空间狭小。

　　综合不同职业人群的居住空间、购物空间和休闲空间差异,发现在 1980 年代,所有社会阶层受社会空间的约束大,改造社会空间的能力弱,但总体上工人阶层比农民的能力要强。

二、1990 年代市场经济背景下的孔浦街道社会空间

　　1990 年代,随着社会主义市场经济制度的确立,城市非公有制经济发展迅速,城市国有企业改革、住房制度改革、户籍制度改革等政治制度改革和市场经济发展,造成了城市单位组织的逐渐瓦解和物质空间的急剧变化。随着物质空间的变迁,城市居民的居住、工作、购物休闲等社会空间也随之改变,同时社会阶层化发展也对空间产生了巨大影响。在这一阶段,土地有偿使用制度的确立宣告了单位无偿无限期使用土地时代终结,土地逐渐显现出其经济属性,在地

租的调控下,逐渐改变了城市的功能分布,产生了新的社会空间,同时整个社会阶层的分化受到空间的影响,同时也影响了空间。

(一)走向市场化的居住空间

1. 住房来源向货币购房发展

1990 年代孔浦街道居民住房来源以单位分房、拆迁安置房和自购商品房为主(表 11-7)。1990 年代初单位福利分房仍在继续,仍有 34.17% 的居民住房来源于单位分房。同时接近 18% 的居民住房来源于拆迁安置房,则与这一时期孔浦街道扩张、"村改居"和江北区内城更新有关。较为特殊的是出现自购商品房和"房改房",反映了 90 年代中期住房制度改革,获取住房需要进行货币购买。居民买房的行为逐渐增多,以购买单位住房为主。居民住房来源变得更为多元化,迁居变得较为自由。

表 11-17 1990 年代居民住房来源

住房来源	占比/%
单位房	34.17
拆迁安置房	17.50
房改房	12.50
自购商品房	3.33
租房	4.17
自建房	28.33
合计	100.00

2. 住房面积、配套设施向家庭户发展

1990 年代,居民的居住面积扩大。居民居住面积主要集中在 $41 \sim 60 m^2$ 和 $61 \sim 80 m^2$ 内,尤其是住宅面积在 $41 \sim 60 m^2$ 的住房比例占 41.27%,比重较 80 年代相比上升了 17.46%,住宅面积在 $61 \sim 80 m^2$ 的占 26.98%,比 80 年代上升了 12.69%。住宅面积在 $20 m^2$ 以下的住房比例锐减至 4.76%,住宅面积在 $21 \sim 40 m^2$ 的住房比例与 80 年代相比下降了 10 个百分点(见表 11-18)。90 年代居民的居住面积扩大。同时,住房的舒适度大幅度提高。90 年代后,超过 70% 的住房配备了洗浴室、卫生间,拥有厨房的比重高达 82.09%(见表11-19)。

表 11-18　1990 年代住房面积

居住面积（m²）	占比/%
20 以下	4.76
21～40	12.7
41～60	41.27
61～80	26.98
81～100	6.35
100 以上	7.94
合计	100

表 11-19　1990 年代住房配套设施比重

配套设施	占比/%
洗浴室	75.34
卫生间	75.34
厨房	82.09

（二）走向市场化的购物空间

1. 日常用品购物空间向住宅附近的中小型超市和小商品市场集中

1990 年代居民购买日常用品的地点转为以中小型超市和小商品市场为主，特别是住宅附近的中小型超市，其比例由 80 年代的 1.01％上升至 42.98％，小商品市场由 80 年代的 3.03％上升至 22.31％，增长近十倍，而供销社由 80 年代的 70.71％锐减至 9.92％（见表 11-20）。住宅附近的中小超市由于价格便宜、购买方便，其增长速度较快。而小商品市场由于售价低于市场价，也吸引了众多居民前去购买。

2. 服装购买向三江口商业街与小商品市场集中

1990 年代居民购置衣物的地点有 30.83％集中于三江口商业街，相比 80 年代下降了近 8 个百分点，中小型超市的比重则上升至 27.50％，小商品市场比重持续上升至 24.17％，大型超市则上升至 12.50％。供销社和代销店比重锐减至 5％（见表 11-20）。1990 年代，服装销售地点由商业中心向小商品市场和中小超市转移，曾经作为高档消费的服装品向日常消费用品转变，居民购买服装更加容易，服装消费受价格的影响很大。

3.大件家用物品的购置空间继续向三江口商业街集中

1990 年代在三江口商业街购买大型家用物品的居民占 83.64%,较 80 年代增长了近 10 个百分点。逐步聚集了大型家用产品的专卖店。随着 90 年代经济的增长,居民消费水平的提高,居民对大型家用物品的消费观念也逐步由注重价格因素转向注重质量、外观和品牌因素。在调查中,80 年代考虑定做家具的居民的比重在 90 年代下降至 2.68%(见表 11-20)。

表 11-20　1990 年代居民购物地点

购物地点	日常用品占比 /%	服装占比 /%	大件物品占比 /%
供销社	9.92	0.83	0.00
代销店	16.53	4.17	0.91
小商品市场	22.31	24.17	2.73
住宅附近中小超市	42.98	27.50	6.36
大型超市	4.96	12.50	6.36
三江口商业街区	3.31	30.83	83.64
合计	100	100	100

随着 1990 年代凭票供应制度的取消,市场经济的发展,居民收入上升和生活水平提高,相应的购物空间和居民的购物习惯也发生了改变。首先是居住区附近的中小超市发展迅速。居民也更倾向于在距离较近的地方购买日常用品。其次是三江口商业中心服装专卖店和服装批发市场的发展,满足了不同收入水平的消费者。另外批发市场的份额较大,反映了该时期影响居民购买服装的主导因素是价格,价格低廉的批发市场更受居民的青睐。再次是在家具和家电的消费上,居民更愿意去距离较远、等级较高的商业中心购买。

(三)休闲空间的扩大与休闲方式的增多

1990 年代居民休闲方式变化最为明显,首先是休闲方式的增多,除"看电视"继续占据大部分人的休闲时间外,以"散步"为休闲方式的比重占 53.3%,比 80 年代提高了 32.4%,同时"走亲访友"的休闲方式下降至 48.3%,休闲的空间也进一步扩大,由室内休闲逐渐向社区休闲转变,居民逐渐走出了室内;"走亲访友"比重的减小,也反映了居民的社会交往不仅仅局限在亲朋友好友之间,以熟人为纽带的社会交往空间模式逐渐瓦解(见图 11-13)。

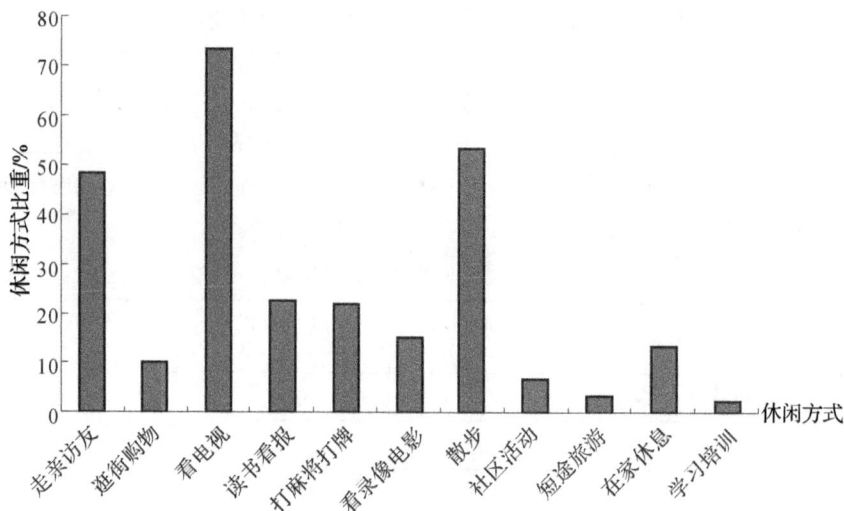

图 11-13　1990 年代居民休闲方式比重

(四)居民的空间响应

1.1980 年代至 1990 年代居民的职业变迁

通过调查,1990 年代居民职业类型逐渐增多,出现了许多新职业(见表 11-21),其中产业工人占据 47.50% 的比重,职员与专业技术人员分别占据了 14.17% 和 12.50% 的比重。变化较明显的是农业劳动者比重严重下降,相对于 1980 年代的 24.8% 下降至 1990 年代的 5.83%。从事农业生产的人员大幅度减少,反映了 1990 年代的城镇企业改革和户籍管理松动使得人口职业流动较快。

表 11-21　1990 年代居民职业结构

职　　业	占比/%
产业工人	47.50
职员	14.17
专业技术人员	12.50
企业管理人员	3.33
公务员	3.33
个体经营者	4.17
农业劳动者	5.83
离退休人员	9.17

在 1980 年代至 1990 年代的职业变迁中,57.63% 的国企工人,40% 的集体企业工人以及 50% 的个私企业工人仍是一线的"产业工人",向"职员"变换的比

重分别是 15.25％,10％ 与 10％,向"专业技术人员"转换的比重分别是
11.86％,20％和 10％(见表 11-22)。职业流动较快。

变化较为明显的是农民群体,其中 43.48％的农民转为产业工人,13.04％
和 8.70％分别转向了职员与专业技术人员,农民的职业由务农转向非农职业,
社会流动呈现出垂直流动。农民职业变换与该时期户籍松动和城镇企业改革
有关,大量的农民进城务工或从事乡镇企业工作。

表 11-22　1980 年代至 1990 年代居民职业变迁

		1990 年代居民职业比重(％)							
		产业工人	职员	专业技术人员	企业管理人员	公务员	个体经营者	农业劳动者	离退休人员
1980年代居民职业比重(％)	国企工人	57.63	15.25	11.86	1.69	0.00	1.69	0.00	11.86
	集体企业工人	40.00	10.00	20.00	0.00	10.00	0.00	0.00	20.00
	个私企业工人	50.00	10.00	10.00	0.00	0.00	30.00	0.00	0.00
	国家干部	0.00	0.00	0.00	0.00	100.00	0.00	0.00	0.00
	军人	0.00	33.33	33.33	0.00	33.33	0.00	0.00	0.00
	农民	43.48	13.04	8.70	0.00	0.00	4.35	21.74	8.70

2.1990 年代不同职业的居住空间差异

表 11-23　1990 年代职业与住房来源　　　　　(单位:％)

	单位分房	拆迁安置房	房改房	自购商品房	租房	自建
产业工人	40.35	21.05	14.04	1.75	5.26	17.54
职员	47.06	11.76	11.76	5.88	23.53	0.00
专业技术人员	26.67	13.33	6.67	6.67	0.00	46.67
企业管理人员	0.00	25.00	75.00	0.00	0.00	0.00
公务员	25.00	25.00	0.00	0.00	0.00	50.00
个体经营者	20.00	40.00	20.00	0.00	20.00	0.00
农业劳动者	0.00	0.00	0.00	0.00	14.29	85.71
离退休人员	36.36	9.09	9.09	9.09	0.00	36.36

1990 年代,产业工人和职员大部分还是以单位分房为主,住房福利制度继
续存在(见表 11-23、11-24)。但是出现房改房和自购商品房,住房制度开始改
革,房屋的获取需要以货币支付的方式进行。其中购房能力较强的是产业工
人、专业技术人员、职员和个体劳动者。相比于 80 年代,产业工人、专业技术人
员、职员和个体劳动者的住房面积扩大,配套设施改善。所以在 1990 年代城市

体制改革和住房制度改革中,产业工人、职员、专业技术人员与个体经营者的拥有较强的经济能力,能够较好地改善居住环境(见表 11-25)。

表 11-24 1990 年代不同职业的住房面积比重　　　　　　(单位:%)

	20m² 以下	21～40m²	41～60m²	61～80m²	81～100m²	100m² 以上
产业工人	7.69	11.54	65.38	15.38	0.00	0.00
职员	6.25	18.75	31.25	31.25	0.00	12.50
专业技术人员	0.00	12.50	31.25	25.00	25.00	6.25
企业管理人员	0.00	20.00	60.00	0.00	0.00	20.00
公务员	0.00	20.00	40.00	40.00	0.00	0.00
个体经营者	0.00	40.00	40.00	20.00	0.00	0.00
农业劳动者	7.14	0.00	21.43	14.29	14.29	42.86
离退休人员	0.00	36.36	45.45	0.00	18.18	0.00

表 11-25 1990 年代不同职业的住房配套设施比重　　　　　　(单位:%)

	洗浴室	卫生间	厨房
产业工人	77.97	77.97	79.66
职员	66.67	72.22	72.22
专业技术人员	75.00	68.75	87.50
企业管理人员	100.00	100.00	100.00
公务员	75.00	75.00	100.00
个体经营者	80.00	100.00	100.00
农业劳动者	57.14	57.14	85.71
离退休人员	72.73	63.64	81.82

3. 不同职业的购物与休闲空间差异

由于 1990 年代市场经济发展迅速,社会阶层分化明显。各社会阶层出现了不同需求的购物与休闲需求,居民的购物空间和休闲方式出现多元化发展。

在日常用品购物空间上,各社会阶层形成以小商品批发市场和超市为主的购物空间,其中农业劳动者、个体经营者和离退休人员在小商品批发市场购买日用品的比重较高;在服装购买空间上,各社会阶层形成以小商品市场和三江口商业街区为主的购物空间,其中农业劳动者和个体经营者在小商品批发市场的比重较高;在大件家用物品(家具家电)购买空间上,各社会阶层形成以三江口商业街区为主的购物空间,其中农业劳动者和个体经营者在小商品批发市场购买的比重较高(见表 11-26、11-27、11-28)。

表 11-26　1990 年代不同职业人群日常购物空间比重　（单位：%）

	供销社	代销店	小商品市场	住宅附近中小超市	大型超市	三江口商业街
产业工人	14.04	21.05	24.56	35.09	3.51	1.75
职员	5.88	5.88	29.41	52.94	0.00	5.88
专业技术人员	13.33	13.33	13.33	46.67	6.67	6.67
企业管理人员	0.00	25.00	0.00	25.00	25.00	25.00
公务员	0.00	0.00	25.00	25.00	25.00	25.00
个体经营者	0.00	20.00	40.00	40.00	0.00	0.00
农业劳动者	0.00	14.29	57.14	14.29	14.29	0.00
离退休人员	9.09	9.09	36.36	45.45	0.00	0.00

表 11-27　1990 年代不同职业人群服装购物空间比重　（单位：%）

	供销社	代销店	小商品市场	住宅附近中小超市	大型超市	三江口商业街
产业工人	1.75	3.51	26.32	26.32	10.53	33.33
职员	0.00	5.88	11.76	23.53	17.65	41.18
专业技术人员	0.00	6.67	40.00	13.33	20.00	20.00
企业管理人员	0.00	0.00	0.00	25.00	0.00	75.00
公务员	0.00	0.00	25.00	25.00	25.00	25.00
个体经营者	0.00	0.00	60.00	20.00	0.00	20.00
农业劳动者	0.00	14.29	57.14	14.29	14.29	0.00
离退休人员	0.00	0.00	27.27	27.27	9.09	36.36

表 11-28　1990 年代不同职业人群大件家用物品购物空间比重　（单位：%）

	代销店	小商品市场	住宅附近中小超市	大型超市	三江口商业街
产业工人	0.00	0.00	7.02	1.75	91.23
职员	0.00	0.00	17.65	0.00	82.35
专业技术人员	6.67	0.00	6.67	13.33	73.33
企业管理人员	0.00	0.00	0.00	50.00	50.00
公务员	0.00	0.00	0.00	0.00	100.00
个体经营者	0.00	0.00	40.00	20.00	40.00
农业劳动者	0.00	42.86	0.00	28.57	28.57
离退休人员	0.00	0.00	9.09	9.09	81.82

在休闲空间上,各社会阶层"走亲访友"、"看电视"的休闲方式仍占主导地位,休闲方式增多。在不同的职业中,产业工人"走亲访友"的比重与1980年代相比,锐减为42.11%,"散步"的比重提高至52.63%,由室内休闲向室外休闲转变。职员、专业技术人员、企业管理者、公务员、个体经营者以及离退休人员"散步"的比重都比较高。而农业劳动者中"走亲访友"和"打牌打麻将"的比重分别为85.71%和42.86%,室内休闲的比重仍然较高(见表11-29)。

表 11-29　1990 年代不同职业人群的休闲方式比重　　　　(单位:%)

	产业工人	职员	专业技术人员	企业管理人员	公务员	个体经营者	农业劳动者	离退休人员
走亲访友	42.11	47.06	33.33	50	75	60	85.71	54.55
逛街购物	8.77	11.76	26.67	25	0	0	0	0
看电视	75.44	64.71	66.67	100	100	80	71.43	45.45
读书看报	19.30	29.41	20	50	50	0	14.29	18.18
打牌打麻将	22.81	17.65	13.33	0	0	0	42.86	45.45
看录像电影	8.77	5.88	33.33	25	25	40	14.29	27.27
散步	52.63	52.94	66.67	50	50	40	28.57	63.64
社区活动	3.51	0	6.67	0	25	0	0	36.36
短途旅游	3.51	0	6.67	0	0	0	14.29	0
在家休息	15.79	11.76	6.67	0	50	20	14.29	0
学习培训	1.75	0	13.33	0	0	0	0	0

综合不同职业的购物和休闲空间差异,在购买空间上,农民和个体经营者的购买力较低,在休闲空间上,农民所选择的休闲空间较少,以室内休闲为主,室外休闲为辅,休闲空间狭小。所以在1990年代,社会阶层的分化对社会空间的影响巨大,受职业和收入的制约,各社会阶层改造社会空间的能力不一,但总体上产业工人、职员、专业技术人员、企业管理者、公务员都比个体经营者和农业劳动者的要强。

三、2000 年代市场经济进一步发展背景下的孔浦街道社会空间

随着2000年代社会主义市场经济进一步发展,国有企业继续改革、工作分配制度彻底取消,单位社区进一步瓦解,居民的职业来源进一步多元化,以及宁波的非公有制经济持续发展。一系列变化吸引了大量来甬务工的外来人口,整个宁波的流动人口迅速增多,社区人口向异质化发展。流动人口的增加对整个社会空间起到杂化的作用,也诞生了新的社会空间,影响了人们的居住、工作、休闲和购物。

(一)市场化的居住空间

1. 住房来源以自购商品房为主

进入 2000 年代,居民住房来源有 37.93% 来自于自购商品房,24.14% 来自于房改房,单位房不占主导地位(见表 11-30)。自购商品房的比重相比 1990 年代上涨了 35 个百分点,增幅最大。这反映出当前住房作为一种商品,获得住房的主要途径就是货币购买,以及 2000 年后孔浦街道房地产市场发展迅速,房地产市场较为成熟。

表 11-30 2000 年代居民住房来源

住房来源	占比/%
单位房	11.04
拆迁安置房	12.41
房改房	24.14
自购商品房	37.93
租房	4.14
自建房	10.34
合计	100.00

2. 住房面积大,配套设施完善的家庭户特征

2000 年代后,居民住房面积进一步扩大 20 世纪,90 年代居住在 20m² 以下的住户在 2000 年代消失,41~60m² 的住宅进一步增多,达 47.72%,61~80m² 的住宅增至 28.44%(见表 11-31)。40~80m² 的住房面积比重比 1990 年代增长了近 8 个百分点,居民的居住面积进一步扩大。

表 11-31 2000 年代住房面积变化

居住面积(m²)	占比/%
21~40	11.01
41~60	47.72
61~80	28.44
81~100	7.33
100 以上	5.5
合计	100

2000 年代后,住房的配套设施不断地改善,超过 80% 的住房配备了以上三种配套设施。居住的舒适度和现代化也在不断提升(见表 11-32)。

表 11-32　住房配套设施比重

配套设施	占比/%
洗浴室	84.93
卫生间	85.62
厨房	82.19

(二)市场化的购物空间

1.日常用品购物地点以住宅附近的中小超市为主

2000 年代,居民在住宅附近的中小超市购买日常用品的比重继续上升,达 76.15%。成为居民购买日常用品的主要购物地点,小商品市场则下跌至 11.54%,大型超市持续上升至 8.46%(见表 11-33)。小商品市场比重的下降,和中小型超市、大型超市比重的上升,表明价格不再是吸引居民购物的唯一因素,商品品质和购买方便程度也成为影响居民购买的决定因素。

表 11-33　2000 年代居民购物地点

购买地点	日常用品比例/%	服装比例/%	大件物品比例/%
小商品市场	11.54	6.20	1.54
住宅附近中小超市	76.15	31.01	3.08
大型超市	8.46	17.83	8.46
三江口商业街区	3.85	44.96	86.92
合计	100	100	100

2.服装购买以三江口商业街为主

2000 年代,居民在三江口商业街购置衣物的比重在 44.96%,相对于 1990 年代提高了 14 个百分点,中小型超市则上升至 31.01%,大型超市上升至 17.83%。而小商品市场下降至 6.20%(见表 11-33)。表明当前服装的价格不再是吸引居民的唯一因素,服装品质成为影响居民购买的主要因素,而中小超市服装销售量的增多,也表明服装的价格在下降,由高档消费品向日常商品转变。

3.大件家用物品购买空间仍以三江口商业街区为主

2000 年代,居民在三江口商业街购买大型家用物品的居民比重持续上升,达 86.92%(见表 11-33)。2000 年后居民收入的持续增长,也促进了居民追求品质的观念。

总之,随着市场经济的进一步发展,居民收入的稳步提高。住宅周边中小超市逐渐完善,迎合了居民就近购买的心理,特别是在服装销售上,越来越多的居民倾向在超市购买。三江口商业街区的服装和家电家具销售的专门化和高档化,也满足了居民对于高档服装和家具家电的品质要求。

(三)休闲空间的进一步扩张和休闲方式进一步增多

2000年代,居民的休闲方式进一步增多,居民也拥有了更多的闲暇时间,除看电视、走亲访友和散步以外,增长最为明显的是社区活动、短途旅游、上网,比重分别占17.40%,12.90%,15.90%(见图11-14)。居民的休闲空间进一步扩大,不仅走出了室内,还发展到了社区之外的地区的开放空间;社交对象也逐渐脱离熟人网络。

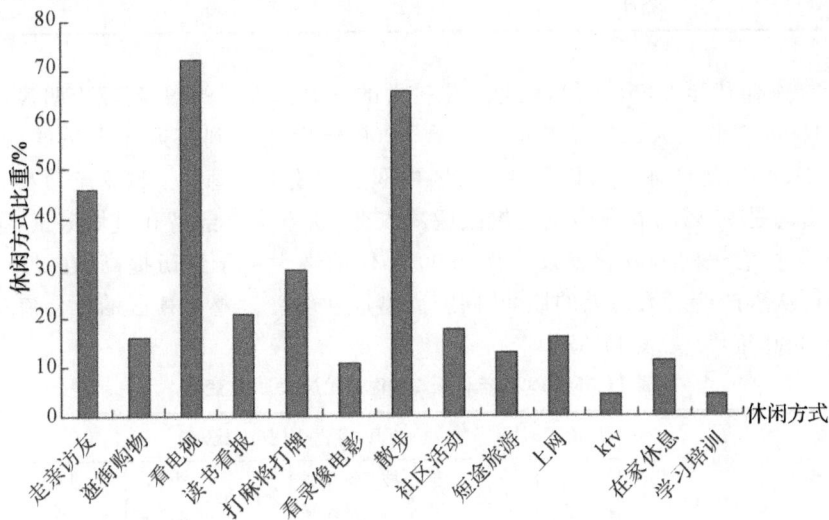

图 11-14　2000年代居民休闲方式比重

(四)居民的空间响应

1.1990年代至2000年代居民职业变迁

2000年后居民的职业结构变化较大(见表11-34),其中离退休人员占48.84%,产业工人比重由1990年代的47.50%下降至2000年后的9.30%,其他类型的职业比重变化不大。

表 11-34　2000年代居民职业结构

职业	比例/%
学生	0.78
产业工人	9.30
职员	11.63
专业技术人员	9.30

续表

职业	比例/%
企业管理人员	7.75
公务员	1.55
个体经营者	3.88
农业劳动者	2.33
自由职业者	4.65
离退休人员	48.84
合计	100

1990 年代至 2000 年代,职业变化较大的是退休人员的增多,较为明显的是 69.64% 的产业工人、33.33% 的职员在 2000 年后加入到离退休人员的行列。仍有 21.43% 的产业工人以及 46.67% 的职员没有更换职业,职业流动小。较为突出的是 90% 的农业劳动者继续脱离农业,从事个体经济和进城务工,关注非农利益,农民向非农化发展。而 1990 年代的学生由于学历提高,在 2000 年代不再从事产业工人以外的职业,向脑力型职业转变。整个社区的社会流动性小于 1990 年代(见表 11-35)。

表 11-35　1990 年代至 2000 年代居民职业变迁

		2000 年后职业占比/%							
		产业工人	职员	专业技术人员	企业管理人员	公务员	个体经营者	农业劳动者	离退休人员
90年代职业/%	学生	0	50	25	0	25	0	0	0
	产业工人	21.43	1.79	5.36	0	0	1.78	0	69.64
	职员	0	46.67	6.67	6.66	0	6.67	0	33.33
	专业技术人员	0	7.14	14.29	7.14	0	21.43	0	50
	企业管理人员	0	0	0	100	0	0	0	0
	公务员	0	0	0	0	50	0	0	50
	个体经营者	0	0	0	0	0	75	0	25
	农业劳动者	53.33	0	0	0	0	36.67	10	0

2. 不同职业的居住空间差异

2000 年代,单位分房退出历史舞台,购房成为获得住房的主要方式。其中专业技术人员、企业管理者和个体经营者的购房比例较高(见表 11-36)。在住房面积与配套设施上,企业管理人员与职员的住房面积大部分在 $61\sim80m^2$,居住面积大,配套设施完善,相对比其他社会阶层能够有效地改善居住环境(见表 11-37、11-38)。

表 11-36　2000 年代职业与住房来源　　　　　　　(单位:%)

职业	单位分房	拆迁安置房	房改房	自购商品房	租房	自建房
学生	0.00	0.00	0.00	0.00	100	0.00
产业工人	15.38	7.69	61.54	7.69	0.00	7.69
职员	0.00	6.25	6.25	68.75	12.50	6.25
专业技术人员	6.67	6.67	20.00	46.67	13.33	6.67
企业管理人员	33.33	0.00	33.33	33.33	0.00	0.00
公务员	0.00	0.00	0.00	100.00	0.00	0.00
个体经营者	0.00	0.00	20.00	60.00	20.00	0.00
农业劳动者	0.00	0.00	0.00	0.00	0.00	100.00
自由职业者	0.00	33.33	0.00	33.33	16.67	16.67
离退休人员	17.46	15.87	22.22	38.10	0.00	6.35

表 11-37　2000 年代不同职业的住房面积比重　　　　(单位:%)

职业	$21\sim40m^2$	$41\sim60m^2$	$61\sim80m^2$	$81\sim100m^2$	$100m^2$ 以上
学生	0.00	0.00	100.00	0.00	0.00
产业工人	23.08	61.54	15.38	0.00	0.00
职员	0.00	37.50	31.25	18.75	12.50
专业技术人员	0.00	61.54	7.69	7.69	23.08
企业管理人员	16.67	0.00	83.33	0.00	0.00
公务员	0.00	33.33	55.56	11.11	0.00
个体经营者	14.29	57.14	14.29	0.00	14.29
农业劳动者	0.00	0.00	0.00	50.00	50.00
自由职业者	0.00	83.33	16.67	0.00	0.00
离退休人员	15.25	47.46	27.12	5.08	0.00

表 11-38　2000 年代不同职业的住房配套设施比重　　　（单位：%）

职业	洗浴室	卫生间	厨房
学生	100.00	100.00	100.00
产业工人	76.92	76.92	76.92
职员	87.50	87.50	81.25
专业技术人员	84.62	92.31	76.92
企业管理人员	100.00	100.00	100.00
公务员	100.00	100.00	100.00
个体经营者	71.43	71.43	57.14
农业劳动者	100.00	80.00	100.00
自由职业者	83.33	83.33	83.33
离退休人员	82.14	82.14	78.57

3. 住房居住功能向盈利功能的转变

2000 年代孔浦街道的流动人口逐渐增多，但是受到户籍制度的影响，将流动人口排除在城市的住房体系之外。流动人口收入低，购买力弱，难以购买该区域的房屋，而在该区域工作提供住房的单位较少，所以大部分选择租房居住（见表 11-39）。本地居民从中获取房租收益，成为食利阶层。住房的居住功能向盈利功能转变。

表 11-39　2000 年代流动人口住房来源比重

住房来源	占比/%
单位宿舍	7.61
自购商品房	15.22
租房	70.65
工作场所	6.52
合计	100.00

4. 不同职业的购物与休闲空间差异

随着市场经济的进一步发展，居民的收入水平提高，社会阶层分化明显。各社会阶层购物与休闲需求不断细化，居民的购物空间和休闲方式进一步多元发展。居民的购物与休闲空间进一步受到城市化的影响，向现代化发展。

在日常用品购物空间上，各社会阶层形成以住宅区附近中小超市为主的购物空间，其中企业管理人员还倾向于在大型超市购买日用品，反映了城市交通发展和私家车的普及,居民的通勤能力提高;在服装购买空间上,形成和以住宅区中小超市和三江口商业街区为主的购物空间,其中发生明显变化的是农业劳动者和个体经营者的日常购物空间由小商品批发市场向住宅区中小超市转变,职员、企业管理人员、专业技术人员等则形成以三江口商业街区为主的服装购物空间;在大件家用物品(家具家电)购买空间上,各社会阶层形成以三江口商业街区为主的购物空间,但农业劳动者在小商品批发市场购买的比重较高(见表 11-40、11-41、11-42)。

表 11-40 2000 年代不同职业人群日常购物空间比重 （单位:%）

职业	小商品市场	住宅附近中小超市	大型超市	三江口商业街
学生	0.00	100.00	0.00	0.00
产业工人	25.00	58.33	8.33	8.33
职员	13.33	60.00	6.67	20.00
专业技术人员	0.00	100.00	0.00	0.00
企业管理人员	10.00	60.00	10.00	20.00
公务员	0.00	60.00	40.00	0.00
个体经营者	0.00	100.00	0.00	0.00
农业劳动者	20.00	80.00	0.00	0.00
自由职业者	16.67	66.67	16.67	0.00
离退休人员	14.29	77.78	4.76	3.17

表 11-41 2000 年代不同职业人群服装购物空间比重 （单位%）

职业	小商品市场	住宅附近中小超市	大型超市	三江口商业街
学生	0.00	0.00	0.00	100.00
产业工人	16.67	41.67	16.67	25.00
职员	0.00	13.33	6.67	80.00
专业技术人员	0.00	25.00	16.67	58.33
企业管理人员	0.00	0.00	20.00	80.00
公务员	0.00	0.00	0.00	100.00
个体经营者	20.00	20.00	0.00	60.00
农业劳动者	0.00	66.67	33.33	0.00
自由职业者	16.67	33.33	16.67	33.33
离退休人员	9.52	36.51	22.22	31.75

表 11-42　2000 年代不同职业人群大件家用物品购物空间比重　　（单位:%）

职业	小商品市场	住宅附近中小超市	大型超市	三江口商业街
学生	0.00	0.00	0.00	100.00
产业工人	0.00	8.33	16.67	75.00
职员	0.00	0.00	13.33	86.67
专业技术人员	0.00	0.00	0.00	100.00
企业管理人员	0.00	0.00	8.33	91.67
公务员	0.00	0.00	50.00	50.00
个体经营者	0.00	0.00	33.33	66.67
农业劳动者	66.67	0.00	0.00	33.33
自由职业者	0.00	16.67	0.00	83.33
离退休人员	0.00	3.23	6.45	90.32

　　在休闲空间上,各社会阶层"走亲访友"、"看电视"的休闲方式仍占主导地位,休闲方式进一步增多。在不同的职业中,产业工人"散步"的比重与 1990 年代相比,进一步上升为 75.00%,"散步"的比重提高至 52.63%,由室内休闲向室外休闲转变。职员、专业技术人员、企业管理者、公务员、个体经营者以及离退休人员"散步"的比重都比较高,另外还出现了"社区活动"与"短途旅游",休闲空间进一步扩大。而农业劳动者以"走亲访友"和"打牌打麻将"的比重下降至 66.67% 和 33.33%,"散步"的比重上升至 66.67%,室内休闲的比重开始下降,休闲空间扩展至室外(见表 11-43)。

表 11-43　2000 年代不同职业人群的休闲方式比重　　（单位:%）

职业	学生	产业工人	职员	专业技术人员	企业管理人员	公务员	个体经营者	农业劳动者	自由职业者	离退休人员
走亲访友	0.00	41.67	53.33	0.00	10.00	50.00	40.00	66.67	16.67	52.38
逛街购物	0.00	16.67	40.00	25.00	0.00	50.00	40.00	33.33	16.67	4.76
看电视	0.00	75.00	73.33	58.33	10.00	100.00	40.00	66.67	50.00	76.19
读书看报	0.00	0.00	26.67	25.00	10.00	0.00	0.00	0.00	16.67	20.63
打牌打麻将	0.00	58.33	20.00	25.00	0.00	50.00	20.00	33.33	33.33	26.98
看录像电影	0.00	8.33	20.00	16.67	10.00	0.00	40.00	33.33	0.00	4.76
散步	0.00	75.00	53.33	66.67	20.00	50.00	80.00	66.67	16.67	65.08
社区活动	100	0.00	13.33	16.67	10.00	0.00	20.00	0.00	16.67	19.05

续表

	学生	产业工人	职员	专业技术人员	企业管理人员	公务员	个体经营者	农业劳动者	自由职业者	离退休人员
短途旅游	0.00	0.00	13.33	16.67	20.00	0.00	0.00	0.00	33.33	9.52
上网	100	8.33	33.33	41.67	10.00	0.00	20.00	66.67	0.00	3.17
KTV	0.00	0.00	26.67	33.33	0.00	0.00	0.00	0.00	0.00	0.00
在家休息	0.00	8.33	6.67	8.33	0.00	0.00	0.00	66.67	0.00	9.52
学习培训	0.00	0.00	20.00	25.00	0.00	0.00	0.00	0.00	0.00	1.59

综合 2000 年代不同职业的购物和休闲空间差异,在购买空间上,农民和个体经营者的购买力提高,小商品批发市场购物的情况减少,价格不再是唯一决定购物行为的因素,居民的购物观念由追求"价廉"向追求"物美"转变,重视商品质量。在休闲空间上,农业劳动者休闲空间扩大,由室内休闲逐渐向室外休闲扩展。"社区活动"和"短途旅游"丰富了居民的休闲方式,也扩展了其他社会阶层的休闲空间。所以在 2000 年代,社会阶层进一步分化对社会空间的影响巨大,受职业和收入的制约,各社会阶层改造社会空间的能力增强。

四、小　结

(一)居住空间变迁总体特征

1. 居民的住房私有率与住房舒适程度不断提高

自 1980 年代至 2000 年代,居民的住房来源由单位分房、农村自建房向自购商品房变迁,由计划分配向商品房购买发展,反映了改革开放 30 年来社会供给的变化,由计划经济时期的供给制向市场发展;而 30 年来,居民居住面积的不断扩大和配套设施的不断完善,由集体户向家庭户的变迁,反映了总体上居民的生活富裕程度和住房舒适度的提高,以及单位对个人居住限制的弱化,居民迁居活动更加自由。居民的住房私有率与住房舒适程度不断提高。

2. 居民居住空间由单位制约转变为经济制约

1980 年代至 2000 年代,居住流动能力最好的职业由国企工人向专业技术人员、企业管理人员和个体经营者转变。居民的居住空间制约由单位制约向收入和职业等因素制约变迁。反映了社会生产由供给制向市场化的发展。同时反映了当前居住空间分异的趋势。

3. 住房由居住功能向盈利功能转变

流动人口在城市大部分居住在私人住房、宿舍或工作场所,追求廉价的住房。同时反映了孔浦街道出租房市场的成熟。本地居民中有相当部分拥有多套住房,为流动人口提供相对廉价的住房,同时流动人口在这些社区居住也为本地居民提供了租金收入,这是流动人口与当地社会互相选择的结果,是互相交换优势资源,互惠互利的过程,反映了本地食利阶层的发展,以及流动人口与本地居民的共生关系。

(二)购物空间变迁总体特征

1. 由供销社、代销店向住宅区附近中小超市、大型超市、专卖店等发展

问卷调查了孔浦街道居民在 1980 年代至今购买日常用品、服装、和大件家用物品的购物空间变迁。研究发现 1980 年代占主导地位的供销社和代销店逐渐从居民的购物空间中消失;小商品市场在 1980 年代至 1990 年代发展迅速,成为居民购买日常用品和服装的主要购物空间,而 2000 年后迅速衰落;此后住宅附近的中小型超市持续成为大部分居民购买日常用品和服装的场所,三江口商业街区持续成为大部分居民购置大件家用物品的购物空间。另外大型超市在居民的购物空间中虽然只占很小的比重,但自 1980 年代以来一直处在上升发展的过程。居民购物空间由供销社向超市、专卖店转变,呈现出居民购物由供给制向市场化的发展趋势;居民购物地点由批发市场向超市、专卖店的转变,也反映了居民购物的主导因素由注重价格转变为注重商品品牌、质量。

2. 服装销售由三江口商业街区向中小超市的转变

1980 年代服装销售主要集中在三江口商业街区,而 1990 年代至 2000 年代住宅附近的中小超市销售服装的比重在持续增大。居民在住宅附近超市就能购买到物美价廉的服装。服装就近购买和价格的降低,一方面反映了居民消费能力的提高,达到了超市服装盈利的门槛;而另一方面则反映了服装由高档消费品向日常生活用品转变。

3. 购物地点的变化规律向距离衰减发展

一般来说,居民在选择日常购物地点中,倾向于在距离较近的地点购买日用品;而对家电家具和高档服装的要求比较高,通常选择距离较远、等级较高的商业中心购买。相对于孔浦街道的居民来说,距离最近的是住宅区附近的中小超市,逐渐成为大部分居民购买日常消费用品的地点,只有少部分的居民到距离更远的小商品市场和大型超市(家乐福、联合利华)购买;对于家电和家具,大部分的居民更倾向于距离较远、商业等级较高的三江口商业街区购买。总体上居民的购物空间符合商店网点的距离衰减规律。

(三)休闲空间变迁总体特征

问卷调查了 1980 年代至 2000 年代居民的休闲方式变迁。在改革开放之初,孔浦街道居民的休闲方式较为单一,大部分居民在休息时间内以"走亲访友"和"看电视"作为休闲方式,以室内休闲和熟人社交为主。1990 年代居民在休闲方面走出室内,逐渐走向社区休闲,居民的休闲空间进一步扩大,以熟人为

纽带的社会交往空间模式逐渐瓦解。2000 年代,居民的休闲方式进一步增多,变化最为明显的是以社区活动、短途旅游、上网作为休闲方式的居民大幅度增多。居民的休闲空间进一步扩大,发展到了社区之外的开放空间;社交对象也逐渐脱离熟人网络。这反映了在改革开放之后,随着经济财富的积累和社会的稳定,居民的社会阶层分化明显,出现了不同的休闲需求,逐渐向半开放的社区休闲空间转变。其中社区休闲成为大部分居民的休闲方式也反映了社区由生产功能向消费功能的转变。

第三节　1980 年代至 2000 年代社会空间变迁的区域差异性

孔浦街道经过 30 多年经济的发展、行政区划的调整、居民委员会的增加、社区的改制,才形成了当前的格局。随着越来越多流动人口的迁入和房地产市场的成熟,整个街道的社会流动性增大,人口异质化程度逐渐加深,而各个社区社会空间响应情况不一。通过问卷分析和访谈分析,在总结社会空间变迁的总体特征之后,发现各案例社区的居民构成变迁、社会阶层变迁都各具特点,在变迁过程中区域差异性明显,呈现出各自的演化特点。为了方便资料整理,每份访谈按"社区—姓名—1 或 2"进行编号,"社区""姓名"分别为访谈对象所在的社区和姓名,"1"为本地户籍居民的代号,"2"为流动人口的代号。

一、百合社区:农村社区——城市社区——半城市化社区转型

(一)社区居民构成由本地人为主向流动人口为主转变

根据访谈 C 与社区资料,1980 年代百合社区的压赛堰、倪家堰都是农村。而为倪家堰、下白沙等居委会建立的过程中,居民一部分来源于原宁波机械厂和化工厂的员工,一部分是压赛村、倪家堰等地"村改居"的村民,形成居民与村民混居在一起的格局。另外各居住小区之间距离较远,导致倪家堰、大通桥、下白沙等居委会合并为社区时,整个社区呈散片状。

1990 年代宁波住房制度改革为本社区居民外迁创造了条件。但百合社区靠近军用机场,土地产权长期混乱,1990 年代至今尚无房地产开发,经济实力较强的本地居民大部分迁出社区。而该社区农村自建房的长期开发,房租便宜,吸引流动人口聚集,造成社区外来人口比例不断加大,逐渐超过了本地居民。2000 年后百合社区成为孔浦街道流动人口的主要聚集区,人口异质化程度较深(见表 11-44、11-45)。

表 11-44　百合社区流动与本地人口比重

社区	人口	1995—1999	2000—2004	2005—2009	2010—2014
百合社区	流动人口	5.88%	30.43%	43.86%	48.39%
	本地人口	94.12%	69.57%	56.14%	51.61%

表 11-45　百合社区居民以及居住特征

		社区居民	居住特征
本地居民	单位小区居民	宁波化工厂和机械厂的员工	20 世纪 80 年代至 90 年代在倪家堰居民委员会处于主导地位,2000 年左右部分因购买商品房外迁
		化工厂和机械厂的员工子女	原居民的一部分,大部分迁出社区,或已购买商品房,独立居住
	倪家堰、压赛村农民	没有外迁但在小区里有自建房的居民	仍然居住,与租房房客住在一起,获得一定房租
		已经外迁但小区中仍有房产的居民	已经外迁,获得一定房租
流动人口	外来务工人员	蓝领	在路林市场或仓储路务工或是从事司机行业
		个体经营者	在宁波其他地区上班,收入中等

　　百合社区这边外地人很多,农民也很多,剩下的就是居民。原来这里就是农民,那边原来是单位的宿舍,后面房改后买了变成了私人的。大概从 2000 年开始,人就陆续搬走了,宁波的商品房陆陆续续也造起来了……2000 年开始百合社区原来的老居民出去的很多,外地人搬进来的也很多,近几年是趋于平稳了,进来的外地人搬走的也很少。

　　　　　　　　　　　　　　　　　　　　(访谈 C 百合社区—王女士—1)

　　这边靠近军用飞机场,而且原来还有铁路,现在还在,房地产什么的都不敢动这块地方。而且这里的土地又是压赛村的,但是现在也很乱了。

　　　　　　　　　　　　　　　　　　　　(访谈 C 百合社区—王女士—1)

　　那个时候宁波 2000 年后,好多地方都在搞拆迁,很多外地人都住不久,后来找到倪家堰这里来,主要是这边很少有拆迁,房租也合适,所以我爸就搬过来了,那个时候房租 150,住的地方大概有 20 多平方米吧,是平房,就是农村人的房子。

　　　　　　　　　　　　　　　　　　　　(访谈 D 百合社区—吴先生—2)

　　根据访谈 C 与访谈 D 百合社区居民构成的变迁大致包括以下几个方面的原因:

　　第一,1980 年代百合社区压赛堰、倪家堰都是农村,而倪家堰、下白沙等居民委员会的建立,形成居民与村民混居在一起的格局。另外居民委员会之间距离较远,导致倪家堰、大通桥、下白沙合并为社区时,整个社区呈散片状。

第二,1990 年代住房制度的改革和农村自建房的长期开发,为本社区居民外迁和外来人口聚集创造了条件。虽房地产市场刚刚兴起,但由于百合社区靠近军用机场,土地产权长期混乱,房地产开发始终没有进行。

第三,2000 年后由于本地经济实力较强的居民大量外迁,农村自建房的发展,和社区内无新的拆迁事件,外来人口继续向百合社区聚集,造成社区外来人口比例不断加大,甚至超过了原住民,而社区外来人口内部人员混杂,形成社区新的阶层来源。

(二)社区居民收入向中低收入社区发展

根据问卷调查和访谈 A、访谈 B 与访谈 D,百合社区属于中低收入社区,86.21%居民收入低于宁波市平均水平(2014 年宁波市居民月平均收入为 4077元),另外还有 20.69%的居民低于宁波市最低月工资(1650 元),大部分未迁出的本地居民是退休工人,靠退休工资维持生活,退休工资按照工龄和之前养老金缴的数额计算,而其他外来人口收入差异很大(见表 11-46)。

表 11-46　百合社区居民月收入比重　　　　　　　　(单位:%)

	社区居民收入	本地居民	流动人口
1650 元以下	20.69	7.14	33.33
1650~2000 元	24.14	35.71	13.33
2001~3000 元	25.86	35.71	16.67
3001~4000 元	15.52	21.43	10.00
4001 元以上	13.79	0.00	26.67

现在我可以拿到 3000 多元退休金,算低的。

(访谈 B 百合社区—屠先生-1)

虽然现在收入每个月有 5000~6000 元,但是物价涨得很快。

(访谈 A 百合社区—何先生-2)

我爸就介绍我到他朋友的汽车修理店去当学徒,学了两年,帮人修车……又在人家店里打工打了一年多,那个时候工资才 2000 多元。

(访谈 D 百合社区—吴先生—2)

搬过一次家,原来住在鄞州……那个时候宁波 2000 年后,好多地方都在搞拆迁,很多外地人都住不久,后来找到倪家堰这里来,主要是这边很少有拆迁,房租也合适,所以我爸就搬过来了,那个时候房租 150 元,住的地方大概有 20多平方米吧,是平房,就是农村人的房子,现在租金也才 400 元。

(访谈 D 百合社区—吴先生—2)

已经外迁,但房产仍在社区,或者是没有外迁,而是在社区内自建房的居民,多数都有租房的租金收入,但百合社区的住房条件较差,以平房为主,租金较为便宜,拆迁较少,吸引了外来人口在此处的聚集。流动人口收入参差不齐,以低收入的人群为主,经济实力差异性较大。

(三)居民内部流动性较强

根据访谈 A 与访谈 D,百合社区本地居民来自于化工厂或机械厂等国企。1980 年代至 1990 年代,居民分房到倪家堰后就很少出现搬迁。2000 年后宁波房地产开发,搬迁出去的人逐渐增多。1990 年代至 2000 年代宁波国有企业的改革造成百合社区本地居民大量下岗,本地居民以垂直向下流动为主;本地居民中职工的子女从事工作为服务业,代际流动较强;后因流动人口聚集在百合社区租房居住,部分本地居民形成新的食利阶层。

当时是操作工,在化工厂。原来在江北新马路那边,1995 年搬到江东去了,后来效益不行,加上工人改革,2001 年的时候就破产,全部工人都下岗了。然后就算失业了。下岗以后我做过保安,叫作公益性岗位当时,后面又去了街道。……我儿子读过大学,现在找工作和我们以前也不一样了,可以去电脑网上查,到劳动市场去找。前几年在宁波在做销售,后面在苏宁工作,在金华。

(访谈 B 百合社区—屠先生-1)

宁波 2000 年后,好多地方都在搞拆迁,很多外地人都住不久,后来找到倪家堰这里来,主要是这边很少有拆迁,房租也合适,所以我爸就搬过来了……我爸什么工作都做过,在厂里上过班、做过小区保安,搬到倪家堰之后,就在倪家堰开了个收废品的店……我当时刚来宁波的时候,不想去进厂,于是就做了一段时间的销售……后面就向家里和其他亲戚借了几万块钱,在仓储路租了一间店面,开了汽车修理店。

(访谈 D 百合社区—吴先生—2)

社区流动人口因经济因素迁移至宁波谋生,如果工作条件变换,相对的居住地点也会发生变迁,若工作稳定以后,居住地没有面临拆迁问题,则会长时间居住在这个社区。百合社区的外来务工人员很多,大部分是举家迁移。社会流动以水平流动为主,垂直流动较少,代际流动十分明显。在访谈中,这一案例实际上是流动人口从"三 D"行业(脏、危险、难做)转变为个体经营者,由务工收入向经营性收入转变。

综上,百合社区 20 世纪 80 年代开发自农村,20 世纪 90 年代是典型的单位社区,而到 2000 年代流动人口大量在社区聚集,成为流动人口聚集区,社区居民也从农民—兼业农民—非农化—食利化阶层转变。社区从 20 世纪 80 年代初建立,90 年代开发到 2000 年代限制开发,保留了较破旧的居住环境,而百合社区居民中流动人口占很大一部分,流动人口流而不动,较好地融入了城市生活,但因为所在地区长期处于限制开发地区,导致居民的生产生活城市化,而居住区还保留在农村社区的层面上,形成半城市化社区。

二、文竹社区:地域城市化社区的形成

(一)社区居民构成以本地人为主,外地人逐渐增多

文竹社区是宁波大学周边的居住区,成立之初包括里夏和文萃两个居住小区。社区发展资料与访谈分析显示:

1980年代,由于宁波大学建校,征用了原里夏村的土地,里夏村居民就地安置于里夏小区,并将村民安排在宁波大学后勤服务部工作,身份由农民转为工人。里夏小区与宁波大学教职工单位房毗邻而居,形成了高校教职工住宅区与农民安置住宅区的二元结构的单位社区。

> 我房子分在20幢(文竹社区文萃小区),50个平方米,1999年单位结束分房,一部分老师搬迁至宁大花园,一部分搬到海曙,一部分搬到怡江新村。女儿女婿在杭州,家里(杭州萧山)原来就有一套房子,100多平方米。又在杭州买了一套房子。
>
> (宁波大学后勤服务部工作人员访谈)

> 2013年我搬到了临江小区,搬回娘家了,房子是我爸妈的,比里夏的房子大,有80多个平方米,一家四口人,我老妈、我儿子、我老公、我,里夏的房子就租给外地人了,是在农贸上班的外地人,安徽……还是山东的吧。房子租金500块一个月。
>
> (访谈J文竹社区—杨女士-1)

> 我现在的学生都在镇海,基本都是在镇海上班。
>
> (访谈M文竹社区—付先生—2)

> 四室两厅,住了五个弟兄,都是学生。……房租1000块。
>
> (访谈I文竹社区—夏先生—2)

根据访谈,1990年代,文竹社区中教职工处于主导地位,但随着单位福利分房结束,房地产市场开始发展,使得本地居民拥有多套房产成为可能,为本社区房屋出租和居民外迁创造了条件。

2000年代,随着2000年宁大花园教师住宅的竣工,文萃小区大部分教职工都分房搬迁至宁大花园。文萃小区的房子重新被学校收回,用于安置新入职的教师。新教师在入职几年之后,大部分情况是自己买房搬走,整个文萃小区的社会流动性大。另外随着流动人口逐渐涌入,包括大学生和务工人员陆续涌入,使社区的外来人口不断增多,而流动人口中各种职业都有,成为社区新的社会阶层来源,造成社区居民异质化发展(见表11-47、11-48)。

表 11-47　文竹社区流动与本地人口比重

人口比重(%)	1995—1999	2000—2004	2005—2009	2010—2014
流动人口(%)	3.03%	15.79%	37.25%	48.39%
本地人口(%)	96.97%	84.21%	62.75%	51.61%

表 11-48　文竹社区的居民构成以及居住特征

社区居民			居住特征
本地居民	文萃小区居民	宁波大学教职工	1990年代在高校单位小区处于主导地位,2000年后大多搬至宁大花园,部分拥有其他地区房产
		宁波大学教职工子女	本地居民的一部分,普遍已购买商品房,独立居住
	里夏小区居民	新入职的大学老师	免费居住,经济收入增长后买房搬迁
		里夏村的老居民	仍然居住
		已经外迁但在小区中仍有房产	里夏村居民的一部分,获得房租收入
流动人口	外来务工人员	蓝领	在宁波大学后勤上班或者在宁波大学农贸步行街上班
	大学生	白领	在宁波其他地区上班,收入高
		尚未工作或兼职	没有收入或兼职收入,多人合租

(二)社区居民收入水平差异

根据访谈分析与问卷调查:文竹社区内部收入差异较大,其中文萃小区属于高收入小区,里夏新村属于低收入小区。社区的主体包括宁波大学老师和里夏新村村民,还有一部分外来务工人员,其收入差异化明显。其中宁波大学教职工正规就业,收入较高,经济实力较强。外来人口中白领,自由职业者收入较高。里夏小区居民非正规就业较多,收入较低,房租收入成为家庭收入的重要来源(见表11-49)。

表 11-49　文竹社区居民月收入比重　　　　　　(单位:%)

收入	社区居民收入	本地居民	流动人口
1650 元以下	23.33	16.13	31.03
1650~2000 元	25.00	25.81	24.14
2001~3000 元	20.00	25.81	13.79
3001~4000 元	10.00	12.90	6.90
4000 元以上	21.67	19.35	24.14

我是萧山人,1991年来宁大工作,老婆也在宁大工作,一个单位,收入十几万元一年。

(宁波大学后勤服务部工作人员访谈)

我自己掏钱买劳保,一直在文萃小区修车,修车修了二十多年,手艺自学成才,收入几百块到一千多,混口饭吃,里夏的房子租金500块一个月。1980年代拆迁,我丈夫的哥哥就分在宁波大学后勤,那个时候这种情况算蛮好的,因为农民变成吃公家饭的了,现在看起来就没什么意思了,收入太低,一个月就1000到2000,还不如我(修车)挣得多。

(访谈 J 文竹社区—杨女士-1)

现在带了八个学生,周末都排满了课,有四个是奥赛的,每天都要去,两个是高中,两个是初中,还有一个是高三的学生,收入现在7000多元,将近8000元。

(访谈 M 文竹社区—付先生-2)

1986年的时候我还没有过来,不清楚,反正赔的是青苗的钱。

(访谈 J 文竹社区—杨女士-1)

现在不能做了,基本上就靠农保,每个月800多块钱,我们家里有两间出租的小房子,一间150～200元,所以每个月300来块房租。

(访谈 K 文竹社区—张先生-1)

根据以上访谈,社区居民的收入差异大的原因主要包括:

第一,1980年代宁波大学建校征用了原里夏村的土地,只赔偿了青苗补偿费,和安排部分村民在宁波大学从事后勤和保安工作,造成里夏新村的本地居民收入较低。而文萃小区的本地居民一般都具备稳定的工作和收入,有较强的经济实力和生活保障。

第二,1990年代后,随着住房制度的改革和国家安排工作制度的结束,里夏新村的居民由于文化水平低,多从事产业工人等职业,收入较低。而文萃小区的大学教职按照职称和工龄的递增,拥有较高的收入。

第三,2000年后越来越多外来人口涌入宁波,大多数外来人口收入不稳定,支付能力低,对租房的价格敏感,对居住条件不太挑剔,并且高校附近都会形成以学生为消费人群的商贸区,外地人居住在此地也较好地解决了就业问题。

(三)社区居民内部流动性特征

文竹社区毗邻宁波大学,本地居民和外来人口的社会流动主要表现为水平流动,而垂直流动的较少。高校教职工居住标准一般按照职称、职务进行安排。受时代的约束,1980年代至1990年代,随着职称、职务的改变,往往也会导致住房面积和住房配套设施的变化。里夏新村的居民,多以水平流动为主,流动性较弱。

原来是在北京军区当兵,后来1977年军人转业,安排工作到浙江水产学院,1996年三校合并之后在宁波大学工作,工龄很长,三校合并之前就住在文革新村,住房由原单位分配,居住面积9平方米,一室一卫,浴室厨房公用。后三校合并,分配到大一点的住房,居住面积43平方米,两室一厅,卫生间、厨房都有。

(宁波大学某海洋学院老师访谈)

我老公是单位里面的,原来是国营的企业,后来变成私人的了,老公还是那个企业上班,没有换过工作。……反正当前赔的是青苗的钱,村民被安排到宁波大学上班去了。

(访谈 J 文竹社区—杨女士—1)

包产到户是80年代的事情,自己家分了三四亩地,自己种自己卖,后来2000年以后土地被宁波大学征用了,赔了2万多块一亩。

(访谈 K 文竹社区—张先生—1)

镇海中学给我的待遇还不清楚,因为我是刚签的合同,合同没有明说,学校根据情况,一般十几万元一年吧。

(访谈 I 文竹社区—夏先生—2)

2013年我在宁波待了四个月,做的是兼职家教,不过不在教育机构。今年三月份去了教育机构,2014年暑假过了就不在教育机构里做了。现在带了八个学生。

(访谈 M 文竹社区—付先生—2)

流动人口以外来务工人员和大学生为主,大学生的社会流动往往以垂直流动为主,大学生在毕业之后开始找工作,其社会身份和社会关系也会随之发生改变,由学生成为劳动者;外来务工人员的流动性很强,以水平流动为主。

综上,文竹社区由农村拆迁建成,20世纪80年代拆迁政策是为拆迁户安排工作,将他们的身份由农民转为工人,享受职工待遇,如福利分房。但90年代征地拆迁,文竹社区扩大,采取的赔偿方式是赔款。2000年代文竹社区继续扩大,拆迁政策是高额的赔偿,包括赔钱与赔偿拆迁户店面。城市拆迁政策在文竹社区的形成与发展中起到很大的作用。所以文竹社区是被城市化的产物,驱动力是宁波大学的不断扩张。但是农村成为社区后,里夏新村居民仍是以村民内部交流为主,生活方式还带有农村社区的特征,而文萃小区带有单位社区特性。社会阶层之间交流少。居民社会分层明显,分为高收入的教职工和低收入的后勤人员,以及收入差距大的流动人口,形成的地域性城市化社区。

三、怡江社区:单位社区向商品房混合社区转变

(一)社区居民以本地居民为主

根据访谈与社区资料,怡江社区主要以怡江一期和怡江二期(怡江春色)居民区组成。怡江一期居民主要因单位(电厂)福利分房而居住在这里,1990年代

进行过房改。怡江二期工程 2003 年竣工,是商品房住宅区,有独立庭院。怡江春色住房在 2002 年就可按揭购买,故居住在怡江春色的多是自购商品房的居民,较少外地人会在此租房。即使经过十几年的发展,整个社区的居民构成相对其他案例社区仍较为简单,流动人口较少,以本地居民为主(见表 11-50、11-51)。

表 11-50　怡江社区流动与本地人口比重

	1995—1999	2000—2004	2005—2009	2010—2014
流动人口(%)	0.00	12.00	6.38	16.98
本地人口(%)	100.00	88.00	93.62	83.02

这边一期主要是单位里买下来的房子,然后低价卖给员工的……二期的是 2003 年建的……2005 年我女儿在这里买了房子,我住在女儿这里(怡江春色)。

(访谈 O 怡江社区—刘女士-1)

我是 2006 年大学毕业,是在南京学医的,然后直接来了宁波工作,今年 30 岁了。我老公是宁波慈溪人,在 2002 年怡江春色还没有开盘的时候就按揭买了房子。

(访谈 N 怡江社区—黄女士-1)

小区这边的外地人比较少,小区的外地人只有十分之一左右。因为像这边的一室一厅的房子,房租一般每月 1500 到 1600 元,外地人嫌贵。

(怡江社区物业访谈)

表 11-51　怡江社区居民构成及其居住特征

社区居民		居住特征
本地居民	单位小区原居民　原电厂、纺织厂员工	大部分仍然居住在怡江一期住宅,2003 年怡江春色建成后,部分居民迁至新住宅,或迁出社区,原住房或租或卖,获得高收益。
	自购商品房者　白领	2003 年怡江二期住房建成后,自购商品房,现户口多迁入宁波
外来人口	外来务工人员　白领、专业技术人员	在孔浦和甬江街道务工,从事服务业和专业技术工作,如物流管理、医生等职业

根据访谈分析,怡江社区居民构成变迁主要来自于以下几个方面的原因:

第一,1990 年代怡江一期居住小区的单位分房,怡江居民委员会的居民主要是各单位福利分房后的居民,形成较为单一的居民构成。

第二,随着单位福利分房的结束和房地产市场的发展,自 2003 年怡江二期商品房的建成,随着自购房居民的迁入,整个社区居民组成开始变化。

第三,怡江社区租房价格过高,过滤了低收入的外来务工人员,造成怡江社区的外来务工人员多以白领为主,收入较高,能够承担较高的住房成本。

(二)社区居民收入差异

根据访谈与问卷调查,怡江社区居民收入中等,社区本地居民的收入差异不大,流动人口之间收入差距较大(见表 11-52)。

表 11-52   怡江社区居民月收入比重   (单位:%)

年份	社区居民收入	本地居民	流动人口
1650 元以下	18.60	15.15	30.00
1650~2000 元	6.98	6.06	10.00
2001~3000 元	34.88	42.42	10.00
3001~4000 元	11.63	9.09	20.00
4001 元以上	27.91	27.27	30.00

我现在和女儿住在一起。1986 年我退休以后,退休的时候工资是 100 多元,现在退休金是 2900 元每月。……女儿分配到另一个厂里做会计,他们现在工资都有 4000~5000 元。

(访谈 O 怡江社区—刘女士-1)

到了白杨社区医院也差不多是七八万元一年,我是有编制的。

(访谈 N 怡江社区—黄女士-1)

(三)社区流动性特征

怡江社区本地居民来自于国有单位,且当前多是退休人员,大部分本地居民还居住在社区里,社会流动较弱。仍然在工作的本地居民的流动性较强,水平流动和垂直流动皆有发生;本地居民的子女的工作来源于人才市场或自己找,从事的行业与上一代本地居民不同,代际流动加强。外来人口社会流动性强,以水平流动为主。社区内少有租房出租,食利现象不明显。

1985 年的时候我在国企里面当小工,工资是 4 块 8 毛钱一天。后来去宁波塑料厂做了装卸工,工资是 60 块一个月。1987 年的时候去开拖拉机,给人家去送货。1994 年的时候,借钱买了一辆三菱的小货车,开始送货。2001 年我到牛奶公司做了司机。后来 2005 年的时候,不想在那边做了,就来到这里做保安,到现在做这边的物业。

(访谈 P 怡江社区—徐先生-1)

我第一份工作是在大医院,中山东路的 113 医院。后面换了很多工作,我认为现代年轻人换很多工作是很正常的事情,然后 2010 年上半年换掉这份工作的。之后就是去了社区医院,考试进来的。是海曙区的孝闻社区医院,来白杨社区是去年(2013 年)的事情。

(访谈 N 怡江社区—黄女士-1)

综上,怡江社区组成和发展较为简单,社区居民构成较简单,流动人口少,其中较高的住房租金过滤了低收入阶层,社区人口异质化程度较低。1990年代建立为单位社区,2000年代进行房地产开发,由单位社区向商品房混合社区转变。推动这一系列发展的驱动力是城市房地产的开发。

四、红梅社区:半熟人社区向陌生人社区转变

(一)社区居民构成

红梅社区始建于1997年,是用于拆迁安置的社区,其本身居民构成相对复杂:根据社区发展资料与访谈分析,一部分居民是因1990年代江北区人民路(白沙街道、中马街道)扩建而产生的拆迁安置户;一部分是原红梅村的拆迁安置户;第三是原海洋渔业公司在2004年建的集资房住户,这一部分住宅称之为新红梅,第四是1990年代末的早期自购商品房的居民,现主要的新居民是流动人口,租房居住(见表11-53、11-54)。

表 11-53 红梅社区流动与本地人口比重

年份	1995—1999	2000—2004	2005—2009	2010—2014
流动人口(%)	11.63	20.83	32.14	38.71
本地人口(%)	88.37	79.17	67.86	61.29

我原来家住在后马,因为拆迁,政府将我们家安置在红梅社区。

(访谈 G 红梅社区—章先生—1)

原来红梅村的人集中安置在红梅新村里,就几幢房子,有100多户。

(访谈 H 红梅社区—陈女士—1)

这边是集资房,我之前爸爸在渔业公司上班,单位里建的房子……这基本上的居民是渔业公司的家属。

(访谈 F 红梅社区—尤女士—1)

红梅社区的房子是1999年买的,当时的借读费是8000块一年,后面为了孩子落户买了房子。

(访谈 H 红梅社区—陈女士—1)

我在2013年在红梅社区买了房子,是朋友介绍的二手房,那个朋友是宁波本地人,买过来四五十万块,60多平方米,现在我朋友在海曙买了房子,搬到海曙了。

(访谈 E 红梅社区—方先生—2)

表 11-54 红梅社区居住区居民及其特征

社区居民			居住特征
本地居民	1990 年代拆迁安置户	原人民路拆迁安置居民	大部分仍然居住在红梅社区,2000 年后部分居民迁出社区,原住房或租或卖,获得高收益
		原红梅村拆迁安置居民	
	1990 年代自购商品房者		仍居住在社区
	2004 年集资房居民	原海洋渔业公司员工	与红梅新村主体相分离,独立成院,以单位员工和家属为主,较为封闭
流动人口	外来务工人员	蓝领	在孔浦和甬江街道务工,从事产业工人和建筑工人,以及商店雇员、餐馆服务人员等职业
		外来务工人员子女	在宁波从事职员、推销员和专业技术人员,普遍与父母居住在一起,大部分以租房形式住在红梅社区

红梅社区居民构成变化原因主要来自于以下几个方面:

第一,1990 年代城市规划和拆迁事件、1990 年代单位分房的继续和房地产市场的逐渐发展,但由于红梅社区主要是用于安置拆迁户和单位分房,仅留有少量新房出售,所以 1990 年代红梅社区的居民主要是拆迁户与单位分房者。

第二是 2000 年后宁波房地产市场的快速发展,使得一部分本地居民拥有两套或多套房产,为本社区房屋出租和本地居民外迁提供条件。

第三是 2000 年后大量外地人的涌入,使得社区外来人口不断增长,大部分外地人都是举家迁移,有稳定的工作和收入,部分还在红梅社区买二手房定居。

(二)社区居民收入差异

红梅社区属于中等偏上收入社区,本地居民的主体是国企职工,随着工龄和退休后退休工资的逐年递增,收入较高。而已经外迁但是在社区内仍有住房的居民,每个月能获得较多租金收入。仍然居住在社区,但尚未退休的年轻居民,收入也较高,生活都有保障(见表 11-55)。

刚才的大姐,每个月退休金有 4000 多块,老公还上班,他们家里反正有房子,老人家里又剩了一套,娘家又有一套,这里就有好几套了。……因为这边的房租都比较贵,每个月 1000 多,所以这边外地人做木材生意、大理石生意和自己开店,有经济保障了素质都还可以的。

(访谈 H 红梅社区—陈女士-1)

我现在做推销工资有 5000、6000 多块,是 2010 年换的工作,我老公收入也有四五千元。

(访谈 F 红梅社区—尤女士-1)

表 11-55   红梅社区居民月收入比重   （单位：%）

	社区居民收入	本地居民	流动人口
1650 元以下	16.67	12.50	25.00
1650～2000 元	8.33	12.50	4.17
2001～3000 元	28.33	40.63	16.67
3001～4000 元	10.00	6.25	16.67
4001 元以上	30.00	28.13	37.50

现在工资 200 多块一天，有了小孙女以后就不去工地，明年再去。她奶奶在酒店里面，合同明年到期，在大饭店，工资有 2000 多块了。家里面三个人上班。儿子 2008 年的时候就开始学开车，做推销去了，现在收入大概有五六千吧，她妈妈在江东专卖店卖衣服，也几千块一个月。

（访谈 E 红梅社区—方先生-2）

社区的流动人口大部分都是举家居住，家庭成员基本上都有工作，收入较为稳定，能够支付较高的住房开支，有经济保障。

（三）社区流动性特征

红梅社区本地居民来自于国有单位，且当前多是退休人员。大部分本地居民还居住在社区里，社会流动较弱。本地居民的子女的工作来源于人才市场或自己找，从事的行业与上一代本地居民不同，代际流动加强。后因一部分收入较高的外来人口聚集在社区租房居住，部分本地居民形成食利阶层。

渔业公司股份制之后，我爸爸是小股东，每年还能拿到几千块的分红。我高中毕业之后做电话营销做了两年，然后就做推销去了。这个工作是自己找的，直接找的，后面因为提成的问题，给我降低了，电话营销之后还要出去，很辛苦的，因为工资的问题就辞职不干了，做推销去了。

（访谈 F 红梅社区—尤女士-1）

在访谈中发现居住在红梅社区的流动人口工作较为稳定，上一代继续从事体力型职业，下一代从事脑力型职业，形成外来人口的社会流动以水平流动为主，代际流动较强的特征。

我刚来的时候在工地上班，老婆在饭店里面洗菜切菜，打杂工……工作换了十几个地方吧，因为有活才做，工地不固定，所以工作的地方也非常的不固定……儿子初中毕业不读书后，就出来工作了，刚开始是做模具，模具做过了就不做了，现在开车了，跑业务，卖酒。主要是把酒推销到小卖部，饭店里面去，现在收入大概有五六千块。

（访谈 E 红梅社区—方先生-2）

综上，红梅社区最初作为拆迁安置社区，安置的大部分是城市更新受拆迁影响的居民,社区本身就是完全城市化社区,起到城市的有机疏散社区的功能。但社区居民大部分不是一个单位的,在1990年代迁入之后出现由半熟人社区向陌生社区转型的变化。

第四节　孔浦街道社会空间变迁质性研究

一、研究对象与内容

(一)研究对象

通过对孔浦街道案例社区的参与观察,研究中共选取了16户家庭作为深度访谈对象。其中红梅社区4户,怡江社区3户,百合社区4户、文竹社区5户,访谈人员包括本地居民、社区居委会工作人员、外来人口三个部分。访谈一般在居民家中或者社区休闲场所进行,在经得被访者的同意,签署书面《个案访谈协议》并申明保密原则后,进行访谈,并加以录音。这样在访谈时能减少被访谈对象的防御心理,对获取资料的可信性有较好的保障。

(二)研究内容

访谈内容包括本地居民的基本情况:年龄、性别、学历、婚姻、现居住地;还包括主题:家庭结构的变迁、住房来源变迁、住房面积的变迁、职业收入的变迁、购物休闲方式变迁、择居择业原因、社会交往变化、社区参与等。外来人口的访谈内容包括:年龄、性别、学历、婚姻、籍贯、现居住地,还包括主题:迁居次数、家庭人口规模与结构、住房来源、社会交往情况、职业和收入变化、社区认同变化等。除访谈外,也辅以其他数据资料,如参与式观察笔记、社区发展资料等。

收集到的所有资料都被导入软件Nvivo8.0,使用软件进行质性编码与分析,得出社会空间变迁的共性与个性。再进一步结构化分析,得出转型时期社会空间变迁机制,为社区整合和社区建设提供依据。

二、访谈实录与质性编码

扎根理论编码的经典形式包括三级编码,分别是初始编码、主轴编码、理论编码。初始编码即将原始资料进行初步整理分析,不断缩编,用概念和范畴逐句概念化,反映资料内容;主轴编码即关联性编码,将初始编码中得出的各种范畴,依据因果联系、现象脉络、中间条件、策略、结果联结在一起;理论编码即核心编码,选择一个或几个具有较强概况力的核心范畴,以此整合其他概念,将它与其他范畴予以系统联系,验证其中的关系,并对尚未发展完善的概念予以补充,最后形成理论框架。

在访谈分析和编码的过程中使用的是 Nvivo 8.0 质性分析软件,以便高编码的效率。Nvivo 提供了不同类型的节点,其中"自由节点",可以在初始编码阶段容纳各种发散的想法。随着编码阶段的推移,将这些节点按照属性进行归类,形成不同的类属,对应的是软件中的"树节点",再根据节点之间的关系在软件中建立"关系"完成主轴编码。最后利用软件的"矩阵编码"功能,找出其中社会空间变迁的共性与个性,总结出社会空间的变迁机制,完成理论编码。由于具体的访谈内容文字过多与编码过程烦琐,详细的编码过程见附录 3 访谈实录与质性编码过程。

经过 Nvivo 软件和质性分析方法对口述史资料的质性分析,逐级编码,对 16 份访谈进行分析,共获得 473 个自由节点(初始概念)。这些自由节点大部分比较具体、零散,涉及社会空间变迁的方方面面。由此,需要进一步对这些原始的概念进行聚拢归类,实现概念的范畴化。通过"树节点"功能往复进行,将所有的类属归纳为 7 个一级维度和 15~20 个二级子维度。7 个一级维度是:A 家庭变迁、B 居住变迁、C 职业和收入变迁、D 社会交往变迁、E 社区认同变迁、F 购物休闲变迁,以及 H 其他变迁。二级子维度分别包括:家庭人口变迁、家庭结构变迁;居住地点变迁、迁居次数、住房来源、迁居原因、房屋的配套情况、房屋面积、房屋居住人数、居住地点与工作地点关系;职业变迁、收入变迁;社会交往对象、定居意愿、身份认同、社区参与;购物休闲空间变迁和社会交往对象变迁;社区管理与服务项目变迁等等。利用矩阵编码将不同社区和不同人群的一级维度与子二级维度进行内容对比,获取社会空间变迁的共性。

三、社会空间变迁共性

社会空间变迁是不同的社会群体根据自身条件对外部环境进行响应,在同一地域内不同的社会群体会表现出一定的共性。

(一)家庭结构逐渐受到城市化影响,规模趋向小型化,向核心家庭转变

根据矩阵编码结果显示,1980 年代—1990 年代—2000 年代,核心家庭比例分别由 37.50%~75.00%~87.50%转变(见表 11-56)。特别是 1990 年代大家庭的比重下降最快,2000 年代核心家庭比重最高。总体上居民家庭类型由大家庭转变为核心家庭,家庭规模趋向小型化发展。家庭构成以夫妇或是三口之家组成。

表 11-56　家庭结构变迁

年代	20 世纪 80 年代	20 世纪 90 年代	2000 年代
核心家庭比重(%)	37.50	75.00	87.50

家庭规模的减小和向核心家庭变迁,有着深刻的社会经济原因。

　　首先是住房市场的成熟,居民的迁居更加自由。结合表 11-57 与表 11-58 可以看出,1980 年代,城市住房短缺,本地居民中的家庭住房源于"单位分房"、农民住房来源于"自建房",居民的迁居行为受到单位的限制。1990 年代由于城市更新、"村改居"和住房制度改革,出现了"住房来源拆迁安置房、房改房、租房和商品房",住房由供给制逐渐向市场化转型。2000 年后,城市房地产市场的成熟和城市流动人口的增加,本地居民出现了"住房来源于小产权房、集资房和商品房",并且自购房的比重最大,占调查家庭的 43.75%,流动人口"住房来源以租房为主"。原本单位制住宅区和农村住宅组成的居住格局逐渐被破碎的、分散的商品住宅组团所取代,商品房社区与衰败社区、移民聚落相毗邻,整个社会空间破碎化,经济适用房、低收入移民聚集区与商品房共存于街道内,形成混合的居住空间。居民住房来源的增多和住房市场的多元化发展,导致许多子女婚后能够拥有自己的住房,自立门户,形成核心家庭,同时与父母分开居住,造成家庭规模的减小,逐渐走向核心化家庭。

表 11-57　居民住房来源变迁　　　　　　（单位:%）

	1980 年代	1990 年代	2000 年代
单位分房	43.75	25.00	—
农村自建房	50.00	18.75	12.50
租房	6.25	31.25	18.75
自购商品房	—	6.25	43.75
拆迁安置房	—	6.25	12.50
房改房	—	12.50	12.50

　　其次是工作分配制度和单位企业招工制度的取消,以及市场化就业的发展。结合表 11-58 可知,1980 年代和 1990 年代初,大部分居民工作来源于国家分配或企业招工(共占 75%),只有少部分人是自由择业,工作变换困难,社会流动性弱。1990 年代中后期,由于城市经济体制改革,原有的就业制度取消,更多的居民选择自主就业,即工作来源于招聘会、自己找(共占 61.54%)。直至 2000 年代,自由择业的比重已达到 92.86%。

表 11-58　居民职业来源变迁　　　　　　（单位:%）

	国家分配/安排	企业招工	自由择业
1980 年代	50.00	25.00	25.00
1990 年代	15.38	23.08	61.54
2000 年代	7.14	0	92.86

(二)就业由国家分配向市场就业发展,非正规就业较多,正规就业难度加大

在1980年代,居民获取工作的途径来自于"国家分配、企业招工"。根据表11-59,1980年代就业的岗位主要是国企工人(有4户,占25％),和农民(有4户,占25％)。国企工人"工资收入稳定,按工龄和职务的提升涨薪",主要供职于供销社、化工厂和塑料厂等国营单位。居民在住房、教育、养老等方面享受较好的单位福利。1980年代居民就业追求在国营单位上班,希望获得稳定的工作。1980年代有少部分农民进城,在社队企业工作,成为兼业农民,工作来源主要是"亲人熟人介绍",但是"工作变换频繁,收入不稳定",农业收入仍占主要部分。

到1990年代,随着社会主义市场经济体制的确立和城市经济体制的持续改革,整个宁波的产业结构发生了巨大变化,特别是个私企业、外资企业和个体经济等非公有制经济得到发展。首先,城市经济体制的持续改进与国有企业的破产重组,导致国有企业的股份制改革和大量的职工下岗现象。下岗工人再就业不再以企业招工和分配为主,工作来源于"熟人介绍""自己找"和"4050政策安排下的非正规就业"。居民从事非公有制企业的产业工人、保安等职业,职业变换频繁,非正规就业现象较多,本地居民的职业迅速分化(其中在国企上班等正规就业的居民由1980年代的75％下降至20世纪90年代50％)。其次,1990年代外来人口的逐步迁入宁波,大部分流动人口也是"非正规就业"(其中60％的流动人口家庭从事非正规职业),并且呈现出"就业性质差,收入低,无劳动保障,工作变换频繁"的特点。再次,由于户籍制度的松动,大量农民进城务工。另外由于村办企业和乡镇企业的发展,农民从事制造业工作,"职业由农民向非农化发展,逐渐关注非农利益",成为兼业农民(占农户的50％),主要收入由农业收入向非农收入转变。在此期间,居民职业类型和收入差异的提高,整个社会阶层化发展,居民职业变换频繁,工作变换以追求收入提高为主,整个社会流动性增强。

表 11-59　居民职业变迁

	1980年代	1990年代	2000年代
正规就业比重(％)	75	50	31.25

到2000年代,由于国民教育和社会主义市场经济的进一步发展,就业人群的文化程度提高。在本地居民中,新一批的就业人群工作大多数是自主就业,工作来源于"自己找"、"网上招聘"或者是"通过招聘考试",而高学历的流动人口也加入到本地人就业竞争中去,包括从事"正规就业和非正规就业"。流动人口中也出现学历的代际变化,流动人口子女的受教育水平提高("农一代"大部分是小学以下文化,"农二代"大部分是初中文化),就业领域扩大,向专业技术

人员(出租车司机、修车工)、推销员、职员或个体商户转变,"收入不稳定,满足感低"就会换工作(调查家庭中的青年人换工作考虑了满足感、工作氛围和收入等因素)。不同于早期流动人口从事"三 D"(脏、危险、难做)行业。对于此时期的居民来说,选择职业不仅考虑了收入多少,还重视个人对工作满意度的追求。2000 年代非正规就业的增加和正规就业的减少,一方面反映了正规就业的难度加深,另一方面也反映了城市非正规经济的发展,从事非正规职业的收入也在逐步提高。居民的就业观念也从追求稳定的"铁饭碗"向自由择业转变。

(三)社区交往由熟人交往扩大至社区交往

结合表 11-60 各时期的社会交往与表 11-61 社区认同变迁,同时联系 1980 年代宁波市绝大部分土地按照无偿划拨给单位催生了单位社区。社区将生产和生活融为一体,并负担子女抚养教育、就业、赡养等服务,保证了高效的社会生产,导致了"人固着于单位",形成了"1980 年代社交以单位同事为主"或"1980 年代村民内部交往"的熟人社会。社会阶层内部交往较多,而社会阶层之间的交往几乎没有。政府对社区进行垂直式管理,包办了社区居民的生活和工作的方方面面,形成单位下的社区认同。

1990 年代单位的破产,以单位为载体的单位认同逐渐瓦解。本地居民的职业变换和收入变迁,以及商品房市场的成熟,加快了本地居民的社会流动,熟人社会的关系网络逐渐弱化,社区内不同阶层的居民逐渐增多,包括逐渐增多的流动人口。形成了"1990 年代社交以社区本地居民为主"的格局。社区认同由单位认同向地方社会认同转变。

2000 年代,随着社区外来人口的增多,本地居民与流动人口社交增多,形成了互利共生的关系,如流动人口在社区中租房居住,租金成为本地居民的主要收入来源;另外流动人口所从事的非正规就业(菜贩、肉贩、三轮车夫、环卫工人、钟点工等)也为本地居民提供了极大的生活便利,形成"当前外地人与本地人和谐相处"的局面。社会阶层之间的交往逐渐增多,"社区认同由地方社会认同向社区认同转变"。但当前大部分社区居民"社区认同感薄弱(占调查家庭的50%)",社区认同程度仍然较低。

当前社区社会阶层之间社会网络联系仍然较弱,而阶层内部之间联系强。本地居民和流动人口之间一般不存在牢靠的社会联系。本地居民与流动人口之间的社会阶层、成长经历差异巨大,以及流动人口所从事的职业等原因导致社区阶层之间缺乏交流。但流动人口长时间居住在某个社区,与本地居民的交流会逐渐增多,逐步形成共生关系,也会逐渐融入社区生活,产生社区认同。社区流动人口的社会网络往往是来自源地的社会关系网络,向孔浦街道或宁波的部分地区转移。由于存在与其他社会阶层交流困难,共同来宁波打工的亲戚和老乡之间会保持比较密切的社会联系,形成"老乡圈",最后导致"流动人口内部交往",阻碍了社区认同的形成。

表 11-60　社会交往变迁

	社会阶层内部	社会阶层之间
1980 年代	100％	—
1990 年代	93.33％	6.67％
2000 年代	93.75％	25.00％

表 11-61　社区认同变迁

社区认同感弱	具有一定社区认同	社区认同感强烈
50.00％	43.75％	6.25％

(四)社区管理由政府垂直管理转变为柔性社区自治

根据表 11-62 社区管理变迁,在 1980 年代,单位包办了单位员工的就业、居住、生活等一系列服务,居委会就是单位管理员工的机构。特别是居民"通过居委会推荐才能参加企业招工"和"以前居委会是可以介绍工作的",居委会决定着居民就业问题。居委会成员主要由没有工作单位的居民群众组成,大多是家庭妇女,如"老阿姨"和"居委会大妈",所承担的工作和服务基本上是无偿的、志愿性的。

但 1990 年代后,随着市场经济的转型,多种经济主体的发展,国有企事业单位大量破产重组,出现了大量下岗工人,与此同时"下岗之后,单位不管我们了","有关系的自己去找,没关系的只能在家里吃闲饭","社区居委会以前可以介绍工作,现在对我一点用都没有",居委会解决居民工作的作用消失。随着 1990 年代住房制度改革,将单位住宅出售给个人,原本的单位住宅内搬进了非本单位员工的居民,导致社区无法管理居民,功能一度缺失。

2000 年代社区建设提倡将居民的社会保障委托给社区主管,提倡居民自治。在政府的帮助下,将原本的居民委员会改制为社区,定性为自治组织,社区工作人员由社区选举产生或是社会公开招聘,但社区主任(社区党支部书记)一般仍由街道委派,接受街道的调动,社区工作者工资来源于民政部门拨款。社区的服务内容更加细致,其中社会事务包括社会保障、劳动、民政救助、残疾、计生服务;国家工作分配制度取消后,社区仅能提供就业信息而不是安排工作,"社区管理由政府包办转为柔性社区自治"。

表 11-62　社区管理变迁

矩阵编码 7	社区变迁
访谈 B 百合社区—屠先生-1	1980 年代参加企业招工须由居委会推荐(H2) 1990 年代居委会不再介绍工作(H3)
访谈 C 百合社区—王女士-1	2000 年代社区管理正规化,受政府的帮助建立(H1) 社区管理以社区自治为主(H2) 社区居委会帮助困难人群就业(H3)
访谈 H 红梅社区—陈女士-1	社区居委会解决工作的功能消失(H3)
访谈 J 文竹社区—杨女士-1	社区的服务活动逐渐增多(H5)

第五节　社会空间变迁的结构化分析

改革开放以来,孔浦街道的社会空间经历了 1980 年代、1990 年代与 2000 年代三个发展阶段,各个阶段的社会空间差异大,驱动机制、对居民空间制约与居民对空间的响应也不尽相同。本研究通过问卷调查与质性分析,结合孔浦街道的案例社区,对转型时期城市微观层面的社会空间变迁特征与形成机制进行了探讨性的研究。本研究分别探讨了孔浦街道本地居民、农民与流动人口的居住、工作、休闲和购物的空间变迁,以及居民在空间变迁下对空间的响应进行结构化分析,详细情况见图 11-15。

一、1980 年代孔浦街道社会空间变迁

1980 年代正处于改革开放初期,中国由过去的计划经济向有计划的市场经济转型;在农村地区则实行了家庭联产承包责任制。具体表现是商品经济与市场调节都不发达,城市商品的凭票供应,但出现了"体制外"的经济成分;土地的无偿使用制度、单位福利分房;居民工作来源于国家分配与企业招工等方面,将城市居民纳入行政化的单位之中。

在社会空间格局上,1980 年代孔浦街道分为单位社区和农村两种不同的社会空间。街道居民以本地人为主,基本没有外来人口。在单位制的影响下,城市社区即单位社区,居民居住在城市,住房来源于单位分房,居住面积小,配套设施较完善,住房以楼房为主,舒适度较低。居民迁居按照工龄、职务的提升再进行单位分房,迁居较困难。居民职业以国企工人、集体企业工人为主,在国有企事业单位上班,属于正规就业,工作收入稳定,单位员工之间收入差异小,社区分化不明显。另外1980年代强调城市的生产性,忽视了城市的消费性,而单

1980年代制度变迁
计划经济向有计划的商品经济转型

单位福利分房制度
城市工作分配与企业招工制度

单位管理社区
城市商品凭票供应

家庭联产承包责任制
土地无偿征用制度
政府
征地拆迁

单位社区

单位福利分房
国有企事业单位就业

农村

拆迁
赔偿青苗费
政府安排工作
单位分房

未拆迁
农村自建房
进城打工

本地居民
居住在城市楼房
居住面积小
住房配套设施完善
正规就业，收入稳定
社交以单位同事为主

单位社区认同

日常购物以供销社、代销店为主
服装购买以国营商店、批发市场为主
家电家具购买以国营商店为主

本地农民
社交以村民为主
居住在平房
居住面积大
住宅配套设施差
农业收入为主
社企就业多
工作变换频繁

购物空间多元化发展
室内体闲为主
社会阶层内交往多
农村社区转型为城市社区
迁居困难

1990年代制度变迁
建立社会主义市场经济体制
土地有偿使用制度
取消商品凭票供应
城市经济体制改革
工作分配与企业招工制度取消
住房制度改革

城市社区

赔偿同等面积的住房
住宅配套设施改善
生产与居住分离
国有企业员工下岗
居民自主就业
单位房改为房改房

本地居民
非公有制企业就业增多
非正规就业增多
工作变换频繁
收入差异大
社区本地人交往为主

非公有制经济发展
单位社区管理失效
政府
"退二进三"
征地拆迁
内城更新

农村社区

获得征地赔偿金
进城打工农民增多

本地农民
成立股份经济合作社
乡镇企业异军突起

日常购物以中小超市、批发市场为主
服装购买以批发市场、三江口商业区为主
家电家具购买以三江口商业区为主

购物空间多元化
社区阶层内交往多
室外休闲交往多
单位社区认同社区认同转变
居民迁居行为增多

近郊社区人口异质化发展
地域城市化

户籍管理制度改革

外来人口进城务工

外来人口
村民获得分红收入
非正规就业
工作变换频繁
收入提高
村民内部交往为主

2000年代制度变迁
社区制度改革
户籍制度改革
确定房地产业是支柱产业

城市社区

单位社区国有企业员工下岗
社区服务与活动增多
街道安排下的非正规就业
家庭人口增多
房地产业发展
自主就业
非公有制企业就业

本地居民

非公有制经济持续发展
社会主义市场经济进一步发展

城市流动人口增多

非正规就业
收入低
就业性质差
无劳动保障
流动人口"抱团取暖"

租房居住
近郊居住

政府
国有企业改革
"4050"政策
大学扩招
流动人口管理温和化

流动人口

收入降低
无力居住

非正规就业
正规就业
工作变换频繁
收入提高

自购商品房

迁居更加自由
阶层之间交往逐渐增多
具备一定社区认同

拆迁征地
乡镇集体企业破产

半城市化社区

征地赔偿金进一步提高
获得住房和店面补偿

本地农民

正规就业
非正规就业
部分有社会保障
收入提高
工作变换频繁

留在老社区
主动迁出老社区
迁入老社区和农村自建房

从事非农职业，关注非农利益

农民自建房出租、出售
村里建造店铺、出租房，获得租金收入

租房市场成熟
获得分红

社区人口异质化发展
社区分化明显
居住空间分异明显
购物空间多元化与专业化
室外休闲为主
本地人食利化

日常购物空间以居住区附近中小超市为主
家电家具购物空间以三江口商业区为主
服装购买以居住区附近中小超市，三江口商业区为主

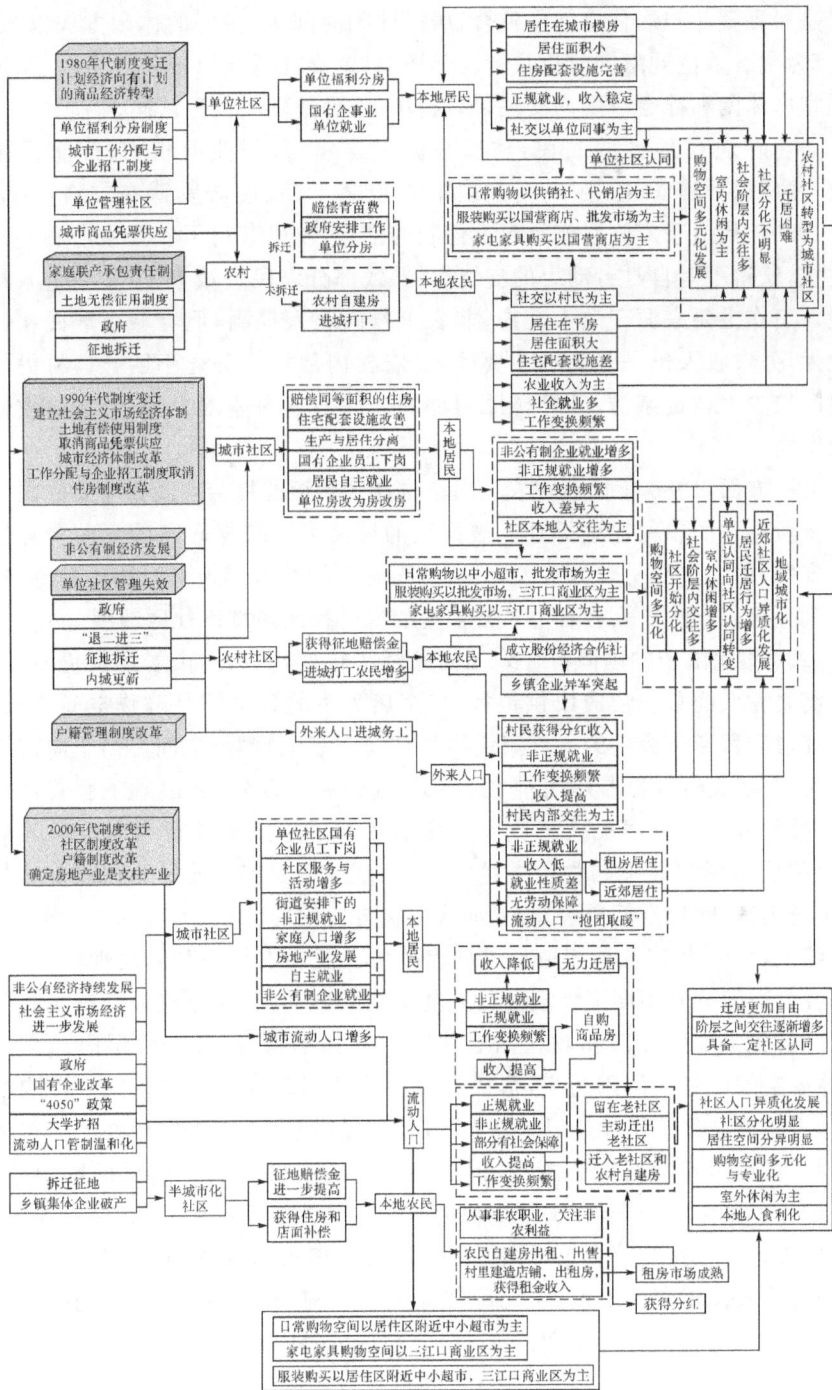

图 11-15　孔浦街道社区社会空间变迁结构图

位又是居民就业与居住空间的重合,居民休闲时间少,主要的休闲方式以"走亲访友"为主。单位同事同时也是社区邻居,日常交往对象以单位同事为主,形成的是室内休闲和社会阶层内交往,形成以单位为基础的社区认同。

居住在农村地区的农民,住房来源于自建房,居住面积大,配套设施不完善,住房以平房为主,在户籍制度的管理之下,农民被束缚在农村,迁居困难。1980年代由于家庭联产承包责任制的推行,农民获得了农业生产和经营的自主权,获得了对自身劳动力的支配权,导致部分农民进城务工,主要进入社队企业。工作主要来源于熟人介绍,非农工作的收入提高,但与城市居民相比差异较大,务农收入仍是农民的主要收入,农村内部社会分化不明显。村民的休闲时间较少,以"走亲访友"等村民内部的交往与室内休闲为主,形成同质性的社会空间。

另一方面,1980年代存在农村向单位社区转型的社会空间。主要原因是城市扩张所导致的农村征地拆迁。被征地的村民可以获得政府的青苗费补偿和工作安排,由农民身份转为工人身份,与同时期的城市工人享受同样的待遇(单位福利分房、养老、子女教育等),被征地的农村社区向城市社区转型。

1980年代由于中国向有计划的商品经济转型,城市的市场经济仍不发达,商品需要凭票购买。形成以供销社、代销店为主的日常用品购物空间,出现了以三江口国营商店为主的大件家用物品(家具、家电)购物空间。由于向市场经济的转型,居民购买服装除可前往三江口国营商店以外,还出现了服装批发市场,另外仍有一部分居民选择找木工定做家具。居民购买行为向市场购买转型,价格成为影响居民购物的主要因素。所以1980年代居民购物以供给制为主,市场为辅,购物空间单一,但是向多元化方向发展。

综上,1980年代孔浦街道形成城市单位社区和农村两种同质性社区,社区内部社会空间分异不明显。居民受社会空间的影响大,而改造社会空间的能力薄弱。首先是单位社区和农村内居住空间分异不明显,社会阶层内部交往较多,休闲空间以室内休闲为主,形成单位社区认同和农村社区认同。在购物空间上,由于商品经济不发达,居民购买日常用品、服装和大件家用物品仍然选择供销社、代销店和国营商店购买,但批发市场的发展丰富了居民的购物空间。居民依赖于单位职务升迁、工龄增长进行垂直的社会阶层流动,社会流动困难,迁居困难。而农民受身份和户籍的制约,被长期束缚在农村,社会流动性弱。改变身份(农民转变为工人)受空间规划(征地拆迁)的影响大,在空间规划的作用下,进行迁居和社会流动,农村社区向城市社区转型。

二、1990年代孔浦街道社会空间变迁

1990年代中国确立了社会主义市场经济体制,着手进行城市经济体制、工

作制度、土地制度以及住房制度改革,废除了城市商品的凭票供应,城市的物质空间发生了剧烈的变化。

在空间格局上,仍然是以单位社区和农村社区为主,但出现了新的变化。首先是单位社区的变化,由于社会主义市场经济体制的建立、城市体制改革、工作制度改革,城市内部的"退二进三"和鼓励非公有制经济发展,单位社区居住与生产向分离、单位破产重组转变,同时出现大量的下岗职工。一方面单位的破产造成了大量下岗职工,居民的职业流动加快;另一方面非公有制经济的发展,为城市下岗工人提供了可供再就业的非公有制经济岗位,居民的职业开始分化,职业增多,职业流动加快,呈现出收入差异。学历高和有专业技术的居民收入较高,形成中产阶级以上的社会阶层;年纪较大,技术水平低的居民,就业困难,收入低,成为中低收入阶层。

同时由于土地有偿使用制度的确立与住房制度改革,单位福利分房逐渐消失,原本单位社区的单位房改为出售给个人,居民住房来源中"房改房"占到很大一部分。宁波的商品房在 1990 年代末才出现,房地产业尚不成熟,居民住房为商品房的占比很小。职业收入与居住的变迁,反映了由过去权力为准的社会分层逐渐转变为以职业和收入为准的社会分层,社区的社会流动加快,社区开始分化。单位社区的住房货币化改革,意味着社区可以入住非本单位的人员,同质性社区开始杂化,单位社区管理失效,社区交往对象由单位同事向社区本地人转变。而单位的破产造成了以单位为纽带的单位认同逐渐解体,向社区认同转变。

另外,伴随着城市经济体制等制度变迁,内城更新与改建也在进行。1990年代江北区老城更新,将老城区的居民统一安置在红梅社区,按照原居住面积进行赔偿,拆迁之后居民住房面积没有扩大,配套设施改善较为明显。拆迁安置社区成为城市的有机疏散社区。原本分散在各个单位社区的居民统一安置在同一社区由原先的半熟人社区转变为陌生社区,社区分化较为明显。

其次,居住在农村的农民,由于土地有偿使用制度的建立,征地拆迁后的农村社区只能获得高额的赔偿金,政府不再安排农民工作。农村利用土地赔偿金开始就地发展乡镇企业,农民就地就业,"离土不离乡",从事非农工作与获得分红收入;另外,由于户籍管理的松动,农民进城务工人员日益增多,从事非公有制经济,工作变换频繁,就业性质较差,总体上农民逐渐关注非农利益,家庭主要收入由农业收入向非农收入转变,兼业农民与纯农民之间的收入差距拉大,农村分化开始显现,农村社区向地域城市化方向转型。

再次,由于中国经济的转型和户籍制度的改革,城市外来人口逐渐增多(省内迁移与省际迁移皆有)。但是由于户籍等制度的限制,外来人口享受不到本地居民同等的市民权利与市民待遇,即在社会认同上,出现了"农民"和"市民"的差别,这一差别体现在城乡户籍制度上;在地缘方面,出现了"本地人"和"外地人"的差别,即外来人口享受不到本地非农户口所享受的"属地性质"待遇;在制度方面分为了"体制内"和"体制外",体现在"再分配体制内"的国有企事业单位职工和"再分配体制外"的非公有制经济成分的职工。在三种差别影响下,外来人口所从事的非正规经济("三 D 行业")规模持续发展,工作待遇差,无劳动保障,收入低,不稳定。另外该时期房地产业尚不发达,租房市场仍不成熟,房源少,外来人口为了节约住房开支,倾向于居住在条件较差的城市边缘区或城中村等,形成流动人口聚落,流动人口之间"抱团取暖",反映了流动人口的自适应性与自我保护行为。另外,流动人口迁居易受到租金上涨和拆迁的影响,迁居次数多,社会流动频繁。

最后,由于市场经济的发展和商品凭票购买的取消,城市的零售业得到巨大的发展。居民的购物空间业日益多元化。日常购物空间以中小超市,批发市场为主;服装购买场所以批发市场和三江口商业区为主;家具家电购买场所以三江口商业区为主,家具定做的居民人数锐减。这反映出该时期居民的社会逐渐分化,形成注重质量的倾向于在三江口商业区与超市购物的中高收入人群和注重价格的倾向于在批发市场购物的中低收入人群的分野。但总的来说,1990年代居民购物以市场为主,购物空间向多元化方向发展。

综上,1980 年代孔浦街道形成的城市单位社区在 1990 年代逐渐瓦解。社区内部社会空间分异开始显现。居民受社会空间的影响大,改造社会空间的能力提高。首先是单位的破产重组和住房制度改革导致单位社区逐渐解体,以单位为纽带的社区认同逐渐瓦解,单位社区迁入了非本单位的居民,社会阶层之间的交往增多,单位认同向社区认同转变。另外由于城市经济体制改革和非公有制经济的发展,下岗再就业和从事非正规经济的人员增多,居民的职业类型增多,职业流动加快,社区分化较为明显。社会阶层的变迁也反映在休闲空间变迁上,主要是从以室内休闲为主向室外休闲变迁,满足了不同社会阶层的需要。而对于农村社区,由于户籍制度与拆迁政策的改变,村民逐渐开始从事非农行业,兼业农民与纯农民之间的收入差距拉大,农村分化开始显现。农村社区逐渐向地域城市化发展。社会阶层的分化还反映在购物空间上,由于市场经济的发展,居民购买日常用品集中在中小超市,服装和大件家用物品集中在三江口商业区,但在批发市场购买日常用品和服装的人群占很大比例,反映了居民的社会阶层分化,形成了不同需求的购物空间。

另外,由于非公有制经济的发展,城市外来人口的增多,所从事的行业多是就业性质差、收入低的非正规就业,导致外来人口在城中村或城市边缘区的聚集,逐渐形成基于籍贯的移民聚落,向新的社会空间发展。

三、2000 年代孔浦街道社会空间变迁

2000 年代,由于国有企业改革、户籍制度进一步改革,流动人口管理温和

化,社区制度的建立以及市场经济进一步发展。城市的流动人口增多,房地产市场走向成熟,原来的生产性城市向消费性城市转型,影响了社会空间的转型,产生了新的社会空间。

在空间格局上,孔浦街道形成城市社区与半城市社区。在空间变化上,首先是城市社区的更新。由于单位分房消失,城市房地产发展,出现了其他住房来源,如小产权房、集资房和商品房,住房获得方式以货币购买为主。由于单位破产后,员工持续下岗。政府为了解决下岗人员的再就业,推行"4050政策",下岗职工在街道的安排下从事保安、后勤等非正规就业。另外由于民营企业和外资企业等非公有制经济的发展,居民职业选择多元化,职业来源多元化,"自己找"、"熟人介绍"、"招聘考试"成为居民主要职业来源,居民就业市场化发展,正规就业的难度加大,非正规就业的人群增多,不同的职业之间收入差异大。本地居民中的年轻人不同于上一代本地人大部分从事工人职业,或追求稳定职业,而是呈现出换工作频繁、以企业管理人员或职员为主、自由职业增多的特点,收入较高,成为中高收入阶层。上一代居民退休后,依靠退休工资或养老金收入生活,并因为1980年代和1990年代的退休工资增长,退休收入提高。而下岗职工多属于"4050"人群,就业困难,依靠政府"4050"政策,在街道的安排下从事非正规就业,收入低,成为中低收入阶层,社区分化较为明显。随着居民的社会阶层进一步分化,城市房地产业的发展,以及居民的家庭结构逐步从大家庭转变为核心家庭,收入较高的居民在别处买房,迁出老社区,拥有了多套住房后将老社区的住房租给外地人,获得租金收入,出现食利阶层,居民收入方式进一步多元化。这也造成社区流动人口聚集,老社区逐渐向低收入社区和流动人口聚集区发展,社区的人口异质化发展。低收入的本地人因经济困难,收入较低,无力迁居,留在老社区,居民的居住空间分异明显。

其次是半城市社区的形成。2000年代的半城市社区主要是来自1990年代征地拆迁的农村社区。农村土地征收后,农民获得更高的土地赔偿金,另外部分农民获得店面与住房作为补偿。由于2000年代乡镇企业的破产,"村改居"后社区股份经济合作社将赔偿金用于建造店面房和出租房,进行出售或出租,村民获得分红收入。村民也利用土地赔偿金扩建住房,进行出租,导致本地村民中形成食利阶层。另外,随着非公有制经济的发展,农民从事产业工人工作,个体经济改善,家庭收入由农业收入向非农收入转变。村民内部的社会分化明显。但是"村改居"后大部分村民的生活方式并没有改变,社会交往仍以村民内部为主,社区内种植蔬菜、养鸡养鸭的现象较多,整个社区的城市化尚不成熟,形成了半城市化社区。

2000年后,城市外来人口剧烈增长,以省际迁移和家庭迁移为主,迁移人口中按照学历和技能进行分化,学历低和技能差的人口主要从事产业工人、建筑工人工作以及低端服务业工作;学历高和技能强的人员成为专业技术人员和职员,外来人口出现职业分化。另外在宁波流动人口内部出现代际流动,第二代从事的多是脑力型职业,少有从事产业工人和建筑工人等体力型职业,并在宁波定居。外来人口分化出的低收入者向城中村等租金便宜的地区集中,进一步促进了流动人口社区的形成;而高收入的外来人口选择在宁波定居,迁入居住条件较好的社区,社区的人口异质化程度加深,分化明显。由于老社区和半城市社区流动人口的增多,本地居民的社会交往也不再局限于本地人,开始与流动人口交往,阶层之间的交往逐渐增多。由于受到户籍制度的影响,流动人口不能完全享受城市公共服务设施,阻碍了流动人口融入城市社会。

再次,由于社区制度的建立,组织社区活动吸引了部分社区居民的参与,但主要是中老年人,青年人不热衷于社区活动,社区居民的参与意识不高,整体的社区认同较弱。另外由于社会阶层的进一步分化和本地居民休闲时间持续增多,且受科技的影响,出现了上网、短途旅游等休闲方式,居民的室外休闲逐渐增多,城市休闲空间的多样化发展,满足了不同社会阶层的休闲需要。

最后,由于市场经济的发展和社会分化,居民的购物空间进一步多元化和专业化。居民日常购物空间倾向于住宅周边的中小型超市,服装购买空间倾向于三江口的商业街区和中小超市,家具家电购买空间倾向于三江口的商业街区。居民按照各自的购物特点,选择不同的等级的商业中心。但总的来说,2000 年代居民购物以市场为主,购物空间的多元化方向发展。

综上,2000 年代孔浦街道进入全域城市化阶段。社区内部社会空间分异明显,并出现不同程度的社区更新,包括社区内自建房、集资房和商品房的发展,形成了混合居住空间。居民受社会空间的影响大,对社会空间响应的情况也出现了变化。首先是城市社区的变迁。由于房地产业的发展和社会阶层的分化。导致高收入社会阶层迁居更加自由,拥有多套住房成为可能,将多余的住房投入租房市场,获得租金收入,成为食利阶层。低收入社会阶层迁居困难,留在老社区,形成低收入社区,社区分化明显。社会阶层的变迁也反映在休闲空间变迁,主要是向室外休闲变迁,满足了不同社会阶层的需要。而对于半城市化社区,由于土地征收和出租屋经济的发展,农民逐渐关注非农利益,扩大自建房面积和完善住房配套设施,将住房出租,获得租金收入,成为食利阶层。本地居民与本地农民都在不同程度上改造了社区的社会空间。社会阶层的分化还反映在购物空间上,由于市场经济发展和社会阶层分化,居民购买日常用品的场所集中在中小超市、服装和大件家用物品集中在三江口商业区,但在超市购买服装的比例较大,反映了居民的社会阶层分化,形成了高中低需求的购物空间。

另外,非公有制经济的发展、大学扩招和流动人口管理温和化,导致城市流动人口的增多,内部出现分化,从事正规职业和非正规职业的人群增多,收入提高。流动人口中低收入者向城中村等租金便宜的地区集中,形成流动人口聚落;而高收入的外来人口迁入居住条件较好的社区,导致原社区的人口异质化程度加深,社区分化明显。由于户籍限制,流动人口不能完全享受城市公共服务设施,融入城市社会较为困难。另外老社区和半城市社区流动人口的增多,本地居民与流动人口之间形成共生关系,阶层之间的交往逐渐增多。

第六节　结　论

　　本研究在国外社会空间变迁理论和国内社会空间变迁研究案例的基础上,根据社会空间辩证法,深入调查了孔浦街道城市社会空间演化和居民的社会阶层变化对社会空间的影响,阐述了物质空间对居民的影响和居民社会阶层变化对社会空间的改造。在研究方法上利用问卷调查和质性分析,研究了微观格局上城市社会空间变迁过程和主导城市社会空间分化,居民社会分化的各项驱动力,较为系统地研究了 1980 年代至 2000 年代城市街区社会空间的"社会空间统一体"的社会地域系统的演进历程、演化动力。研究发现,随着我国社会主义市场经济体制的逐步建立,城市内部原来相对均质化的社会结构被打破,并逐步形成基于社会经济收入的社会空间分异。同时,随着城市贫富差距的增大,城市社会空间的极化和弱势群体利益的边缘化造成了地区社会矛盾和冲突加剧,给城市的发展带来的负面效应日益扩大。另外,城市流动人口的增多,进一步加剧了城市社会分化,在空间格局上形成基于籍贯的移民聚落,加剧了社会空间分异。复杂的社会现实,对指导城市空间规划和建设上提出了社会规划的要求,对于微观城市空间的研究有助于社区社会空间健康有序地发展以及城市规划的调整和实施提供理论依据。在未来的城市规划中,社区规划会占据一席之地,成为城市规划的重要内容。

一、转型时期社会空间变迁对居民的影响

　　转型时期的社会空间变迁包括居住空间、购物空间和休闲空间的变迁。在制度变迁和社会主义市场经济体制的发展下,整个社会由供给制向市场化发展。具体表现是居住空间的变迁,居民的住房来源、住房面积大小和住房配套设施由受单位制约向市场化配置发展,居民的居住特征由集体户向家庭户转型,住房的私有率与住房舒适程度提高,居民迁居取决于收入与地位;在购物空间上,居民的购物行为由凭票购物转为市场购买,商品的种类由国家计划供应向市场需求转变,零售业发展迅速,形成日常用品消费的住宅区附近中小超市购物空间,购物方便,同时还形成专业化消费的商业中心与专卖店,满足了不同

社会阶层的需要;在休闲空间上,1980 年代居民的休闲方式较为单一,以"走亲访友和看电视"的室内休闲为主,社会交往对象局限在亲属等熟人关系网络。1990 年代居民休闲方式变得多样化,以散步为主要休闲方式的室外休闲逐渐增多,同时"走亲访友"持续下降,以熟人为纽带的社会交往空间逐渐减弱。2000 年代,居民的休闲方式进一步增多,居民也拥有了更多的休闲时间,增长最为明显的是社区活动、短途旅游,居民的休闲空间进一步扩大,社交对象也逐渐脱离熟人网络。

二、转型时期居民社会阶层变迁、家庭变迁对社会空间的影响

改革开放初期,居民的社会阶层初步分化为工人和农民两个阶层,围绕着两大阶层形成了单位社区和农村两种不同类型的社会空间,表现在工人阶层以单位分房为主,居住空间小,配套设施较完善,居住在城市,农民阶层以自建房为主,居住空间大,配套设施差,居住在农村的二元社会空间特征。农村向城市的空间演化取决于政府的空间政策,即经历征地拆迁的农村中的农民被政府安排在单位上班,享受单位的福利待遇,由农民身份转变为工人身份,形成农民的垂直向上的社会流动,农村转变为单位社区。

1990 年代至 2000 年代,随着市场经济发展和单位破产,国有企业和集体企业员工大量下岗。户籍制度的改革促使大量农民进城务工,从事工业和服务业的生产。居民职业分化和收入分化明显,改变了原本以单位为纽带的同质性社区。随着收入与职业的分化,城市居民能根据自身的需求进行迁居、购物与休闲,收入较高的居民可以迁入商品房社区,获得较大面积和配套设施完善的住房,或者是拥有多套住房,将住房用于出租,获得较高的租金收入,使得财产性收入在家庭收入中占一定地位。本地人因而形成食利阶层,财产性收入提高。在购物上,可以选择专业化和高档的商店进行购物;在休闲上,形成室外休闲为主的休闲空间。而收入较低的居民在居住上无力迁居,留在老社区;在购物上,形成批发市场和中小超市为主的购物空间;在休闲上,室外休闲的方式少。根据不同社会阶层的需求,产生或延续了相应的社会空间。

另外城市流动人口的持续增多,受经济因素与社会集聚因素影响。流动人口倾向于居住在租金便宜、交通方便、老乡多的社区。从空间的景观来看,流动人口选择居住在城郊结合部靠近乡村的一侧;从社区类型上,流动人品倾向于居住在较老的城市社区或农村向城市过渡的农村社区;从经济类型上,具有城市经济和乡村经济的过渡特征。流动人口迁入老城区或农村社区,造成当地社区的人口异质化发展。本地居民凭借房屋向流动人口获取租金收入,形成食利阶层;流动人口付出租金,在城市落脚和获取生存的资本,双方形成共生关系。从区位上分析,老社区和农村向城市过渡的区域,一般具有交通便利、就业机会

多等有利条件,吸引流动人口在此聚居。呈现出"流而不动"的特点,形成基于籍贯的流动人口聚落,产生了新的社会空间。

三、转型时期的城市街区的社会空间变迁驱动力分析

转型时期社会空间变迁的特征,反映了宏观、中观和微观三个方面的驱动因素。宏观上的驱动因素包括政府层面上的动力包括相关制度的改革,包括户籍制度、土地使用制度、住房制度的改革;经济层面上,包括经济全球化和中国市场经济发展,以及城市经济体制改革与民营企业等非公有制经济的发展,宏观层面的驱动力决定了社会空间变迁的方向与趋势。中观上的驱动因素主要是城市层面上城市规划和城市建设的空间规划实施,直接而且直观地改变了社会空间的物质基础,导致社会空间变迁;在社会层面上,居民的职业分化与贫富分化等造成了不同居民对于社会空间的需求与空间适应差异。在微观层面上,包括个体和家庭的变迁,如家庭收入与家庭规模的变化,以及社区认同和社会联系的形成等,影响了居民的迁居、购物和休闲行为,从而塑造了城市社会空间。上述各种驱动力交织在一起,形成了微观格局下城市街区社会空间变迁的动力机制。在微观层面的社会空间变迁中,最为重要的是居民的社会阶层变迁,以及在空间中的表现形式。从政府、经济、城市和社会层面动力上形成自上而下,从居民家庭收入和家庭生命周期事件以及社会联系层面上自下而上的变迁,同时造成社会空间演化。

城市社会空间是一种特殊的城市社会地域系统,其演变过程就是城市物质环境变迁对城市居民的影响和居民社会阶层分化对城市物质空间分化的过程,也就是城市社会"等级结构"在城市空间上的外在表现,城市的物质空间塑造了城市大致的"等级结构",而"等级结构"的变化逐步改变了城市的空间格局。

城市社会空间的研究是社会学、地理学及规划学等学科研究的热点。本研究试图构建一个相对合理的研究体系,对微观的城市社会空间变迁的相关问题进行研究,但许多方面仍然不尽如人意,有待进一步的研究。首先是城市社会空间变迁的理论研究有待深入,城市社会空间演化过程中涉及经济学理论、社会学理论、行为学理论和规划理论,在理论方面的研究相对不足。其次是应进一步探明社区文化、组织管理和居民相关的生活和工作观念在社区社会空间变化中起到什么作用,进一步细化文化在社会空间变迁的作用,为社区建设提供理论依据。最后,随着网络时代的到来,居民的工作、休闲、购物行为也逐渐受到网上办公、网上冲浪、电子商务的影响。在未来社会,传统的城市交通、商业和休闲空间受到较大的冲击,网络时代下的社会空间变迁研究仍会给后继研究者带来想象空间。

附录:问卷设计与访谈提纲

附录 A   问卷设计

户籍人口问卷

调查地点:_____社区   编号:_____

1984—2014 年城市社区变迁调查

亲爱的孔浦街道居民:

您好!

本调查目的是更好地了解城市社区变迁以及社区认同,为建设和谐社区提供理论和实践支撑。本调查严格遵循《保密法》,以不记名的方式填写。非常感谢您的无私帮助。

宁波大学城市科学系

2014 年 10 月

请直接在选项前打"√"或在"__"填写即可,除特别注明外,都为单项选择。

户籍所在地:_____省_____市/县/区

一、基本信息

1.您的性别:

☐男   ☐女

2.您的年龄:

☐16 岁以下   ☐16～25 岁   ☐26～35 岁   ☐36～45 岁

☐46～55 岁   ☐56～65 岁   ☐65 岁以上

3.您的婚姻现状:

☐未婚   ☐已婚   ☐离异   ☐丧偶

4.您的受教育程度:

☐小学及以下   ☐初中   ☐高中或中专   ☐大学及以上

5.您的户口性质是:

☐非农户口   ☐农业户口

二、居住信息

6.您家当前有几口人_____ 1990 年代您家有几口人_____ 1980 年代您家有几口人_____

7.您 1980 年代以来,搬了几次家?

☐0 次   ☐1 次   ☐2 次   ☐3 次   ☐4 次   ☐5 次及以上

续表

8.具体搬家情况:(如果没搬,请填写80年代情况即可)

时间	地点	住房来源	住房面积/平方米	住房户型	配套设施(可多选)	迁居原因(可多选)
1980年代		①单位分房②拆迁安置房③"房改房"④自购商品房⑤租房⑥自建房			①洗浴室②卫生间③厨房	①工作原因(工作调动或缩短与工作地点的距离)②子女教育问题③换更大面积的住房④子女成家后,搬去与子女居住⑤拆迁⑥单位分房
1990年代						
2000年代						

9.1980年代以来,您的购物地点有哪些变化?

时期	购买日常用品	购买服装	购买大型家用物品(如电冰箱等家电)	购物地点(可多选)
1980年代				①供销社②代销店(烟酒日杂商店、居民区小店)③小商品批发市场④住宅附近的中小型超市⑤大型超市⑥三江口的大型商业街区(天一广场、和义路、江厦街、来福士广场等)
1990年代				
2000年代				

10.1980年代以来,您上班地点和通勤交通工具变化:

时期	工作地点	交通工具
1980年代		①步行②自行车③摩托车④电瓶车⑤小汽车⑥出租车⑦公交车
1990年代		
2000年代		

续表

11.1980 年代以来,日常的主要休闲方式:	
年代	日常休闲方式(可多选)
1980 年代	①走亲访友、串门聊天　②逛街购物　③看电视　④读书看报
1990 年代	⑤打牌、打麻将、下棋　⑥看录像、看电影　⑦散步、逛公园 ⑧社区活动(广场舞、健身操等)　⑨到宁波郊区或其他县、区
2000 年代	游玩　⑩上网　⑪去 KTV 唱歌　⑫哪都不去,在家休息 ⑬学习培训

三、就业信息

12.1980 年代以来,您的职业与收入变化

时期	职业	工作时间	当时月收入	获得职业的方式	职业变动原因
1980年代	A 国企工人 B 集体企业工人 C 个私企业工人 D 国家干部 E 军人 F 农民			A 国家分配 B 顶岗 C 企业招工 D 军人转业	①原工作单位破产倒闭 ②被原工作单位炒了 ③薪水太低 ④工作发展前途不大 ⑤专业不对口 ⑥压力太大,没有成就感 ⑦不喜欢原单位的管理 和文化氛围(如加班时间 过长)
1990年代	①学生 ②产业工人 ③职员 ④专业技术人员 ⑤企业管理人员 ⑥公务员 ⑦个体经营者 ⑧农业劳动者 ⑨军人 ⑩自由职业 ⑪离退休人员 ⑫其他	①6 小时以下 ②6~8 小时 ③8~10 小时 ④10 小时以上		①通过考试录用 ②通过同事、朋友介绍 ③通过老乡介绍 ④通过职业介绍所 ⑤通过劳动力市场 ⑥自己找 ⑦家里安排	
2000年代					

13.1980 年代以来,您的主要收入方式变迁

时期	收入方式(可多选)	
1980 年代		①工资性收入
1990 年代		②经营性收入(办工厂、企业获得收入) ③财产性收入Ⅰ(储蓄、股票、债券、基金等)
2000 年代		④财产性收入Ⅱ(房租、店租)

四、社区认同

14.您知道本社区以下哪些机构的具体位置(可多选)

□社区居委会　□社区物业管理　□③社区医院　□社区健身场地或
活动中心　□社区学校(幼儿园、小学)

15.您参加过社区组织的活动吗? □有　□无

——如果有,您参加过社区组织的活动有哪些?

□打扫社区卫生　□治安巡逻　□捐款捐物　□助老助残义工
□种草植树　　　□其他

16.您家是否有房屋出租?

　　□有　□没有

　　——如果有,每月获得租金_____元

17.您家是否有集体经济收入?

　　□有　　□没有

　　——如果有,每年获得分红_____元

　　为了进一步了解您的情况,我们需要面对面与居民交流,时间大约需要30分钟至1个小时。请问您愿意接受我们的上门访谈吗? □愿意　□不愿意　联系方式:_____

　　我们将在愿意接受访谈的居民中抽取一部分,上门访谈并送上精美小礼品。对于您的回答,我们将严格保密,并且只用于科研分析,祝您身体健康,生活愉快!

非户籍人口问卷

调查地点:_____社区　　　　　　　　　　　　编号:_____

1984—2014 年城市社区变迁调查

亲爱的孔浦街道居民您好!

　　本调查目的是更好地了解城市社区变迁以及城市社区认同,为建设和谐社区提供理论和实际支撑。本调查严格遵循《保密法》,以不记名的方式填写。非常感谢您的帮助,祝您一切顺利,心情愉快!

调查单位:宁波大学城市科学系
2014 年 10 月

请直接在选项前打"√"或在"__"填写即可,除特别注明外,都为单项选择。

您的户籍所在地:_____省_____市/县/区

一、基本信息

1.户口:□非农户口　　　　□农业户口

2.性别:□男　　　　　　　□女

3.年龄:

　　□16 岁以下　　□16～25 岁　　□26～35 岁　　□36～45 岁

　　□46～55 岁　　□56～65 岁　　□65 岁以上

4.婚姻状况:

　　□未婚　　　　□已婚　　　　□离异　　　　□丧偶

5.受教育程度:

　　□小学及以下　　□初中　　　　□高中或中专　　□大学及以上

续表

二、居住信息

6.您什么时候来宁波工作？＿＿＿＿＿＿年＿＿＿＿＿＿月

7.您在宁波搬过几次家？

　□0 次　　　　　□1 次　　　　　□2 次　　　　　□3 次

　□4 次　　　　　□5 次及以上

8.您的具体居住与搬迁情况：

时间	居住地点	住房来源	住房信息来源（"单位集体宿舍"的不必填该项）	当时与谁居住	住房面积（平方米）	住房户型	住房开支/月	迁居原因(可多选)
		①单位宿舍 ②自购商品房 ③租房 ④工作场所 ⑤民工公寓	①熟人（老乡）介绍 ②实地找寻 ③报刊广告 ④房产中介 ⑤电视网络 ⑥街头小广告	①无 ②配偶 ③父母 ④子女 ⑤同乡 ⑥同事				①租金上涨 ②原住房拆迁 ③私人购房 ④工作原因 ⑤婚姻 ⑥与亲戚、朋友住在一起 ⑦为子女就学搬迁

三、就业信息

9.您在宁波换过几次工作？＿＿＿＿＿＿

10.具体工作变换情况

时间	职业	工作时间	当时月收入	有哪些劳动保障	获得职业的方式	职业变动原因
	①制造业工人 ②建筑业工人 ③环卫保洁人员 ④家政服务人员 ⑤销售人员 ⑥个体户、商店老板 ⑦非正规就业(小摊贩) ⑧商店、餐馆雇员 ⑨办公室职员 ⑩企业老板、经理	①6 小时以下 ②6～8 小时 ③9～10 小时 ④10～12 小时 ⑤12 小时以上		①养老保险 ②医疗保险 ③工伤保险 ④失业保险 ⑤公积金	①招聘会 ②通过同事、亲戚、朋友介绍 ③通过职业介绍所、劳动力市场 ④街头广告 ⑤电视报纸 ⑥网上招聘信息 ⑦自己找	①原工作单位破产倒闭 ②被原工作单位炒了 ③薪水太低 ④工作发展前途不大 ⑤专业不对口 ⑥压力太大,没有成就感 ⑦不喜欢原单位的管理和文化氛围(如加班时间过长)

11.您在宁波的工作地点变换和上班时采取的交通方式变换

（若这个时期您不在宁波,则不需要填写）：

时期	工作地点	交通工具
1980 年代		①步行 ②自行车 ③摩托车 ④电瓶车 ⑤小汽车 ⑥出租车 ⑦公交车
1990 年代		
2000 年代		

续表

12.1980 年代以来,日常的主要休闲方式:		
年代		日常休闲方式(可多选)
1980 年代		①走亲访友、串门聊天　②逛街购物　③看电视　④读书看报　⑤打牌、打麻将、下棋　⑥看录像、看电影　⑦散步、逛公园　⑧社区活动(广场舞、健身操等)　⑨到宁波郊区或其他县、区旅游　⑩上网　⑪KTV 唱歌　⑫哪都不去,在家休息　⑬学习培训
1990 年代		
2000 年代		

四、社区认同

13.您有没有宁波本地人朋友:

　□有　　　　　　　□没有

14.您平时与宁波本地人交流,您:

　□会说宁波话　　　□能听懂,但不太会宁波话　　　□只能说普通话

15.您觉得自己现在是:

　□宁波人　　　　　□新宁波人　　　　□外地人

16.您参加过社区组织的活动吗?

　□有　　　　　　　□无(跳转至问题 17)

　——如果有,您参加过社区组织的活动有哪些?

　□打扫社区卫生　　□治安巡逻　　　　□捐款捐物

　□助老助残义工　　□种草植树　　　　□其他

17.您知道本社区以下哪些机构的具体位置(可多选)

　□社区居委会　　　□社区物业管理　　□社区医院

　□社区健身场地或活动中心　　　　　　□社区学校(幼儿园)

18.您打算在宁波定居吗?

　□在宁波定居　　　□回老家　　　　　□不清楚

19.您有子女在宁波就学吗?

　□有　　　　　　　□无(跳转问题 21)

20.如果有,您的子女就读的是哪类学校? (结束)

　□宁波公立中小学　□民工子弟学校　　□宁波私立中小学

21.如果无,受哪些因素的影响?

　□借读费高　　　　　　　　　　□入学要求证明多

　□自己的工作不稳定,不方便把孩子带出来

　为了进一步了解您的情况,我们需要面对面与居民交流,时间大约需要

　30 分钟。请问您愿意接受我们的上门访谈吗?

　□愿意　　□不愿意　　　联系方式:_____

续表

> 我们将在愿意接受访谈的居民中抽取一部分,上门访谈并送上精美小礼品。对于您的回答,我们将严格保密,并且只用于科研分析,祝您身体健康,生活愉快!
>
> 附录 B　访谈提纲
> 访谈地点:_____　社区_____　先生/女士:_____
> 年龄:_____　文化程度:_____　居住时间:_____
> 户籍:_____
> 1.您是哪里人? 请问您家有几口人,以前 1980 年代和 1990 年代又有哪些人?
> 2.请问您搬过几次家? 什么时候搬的,从何处搬到何处? 住房面积多大,配套设施是否齐全? 房子是租的还是买的?
> 3.请问您换过几次工作,分别从事过什么职业? 收入是怎么变化的? 为什么要换工作?
> 4.您平时上班用什么交通工具,在哪里上班?
> 5.您平时在哪里购物,1990 年代、1980 年代又在哪里购物,业余时间有哪些休闲方式?
> 6.您的邻里关系如何? 平时日常交往的对象有哪些?
> 7.您注意到社区管理的变化吗? 您参与过哪些社区活动? 社区对外地人是怎么管理的?

参考文献

[1]潘泽泉.当代社会学理论的社会空间转向[J].江苏社会科学,2009,01:27—33.

[2]李小建.西方社会地理学中的社会空间[J].地理译报,1987,02:63—66.

[3]Buttimer, A. Social space in interdisciplinary perspective[J]. Geographical Review, 1969,59,417—426.

[4]Buttimer, A. Social space and the planning of residential area[J]. Environment and Behavior,1972,4,279—318.

[5]Bourdieu, P. The Social Space and the Genesis of Groups[J]. Theory and Society, Vol. 14, No. 6 (Nov. , 1985), pp. 723—744.

[6]Bourdieu, P. Distinction: A Social Critique of the Judgement of Taste[M]. London: Routledge, 1984:83—86.

[7]李永文.社会空间研究的方法[J].地理,1993,(5):35—37.

[8]唐巴特尔.论社会空间的基本形式及其方法论意义[J].内蒙古大学学报(人文社会

科学版),2002,06:18—22.

[9]约翰斯顿.人文地理学词典[M].上海:商务印书馆,2004:660

[10]柴彦威.城市空间[M].北京:科学出版社,2000:10—14.

[11]许学强,周一星,宁敏越.城市地理学[M].北京:高等教育出版社,2009:307

[12]保罗·诺克斯,史蒂芬·平奇.城市社会地理学[M].北京:商务印书馆,2009:12—13

[13]Park, R E, E. W. Burgess, et al. The city[M]. Chicago: Chicago University Press, 1925.

[14]Hoyt H. Structure and Growth of Residential Neighborhoods in American Cities [M]. Washington DC: Federal Housing Administration,1939:116—122.

[15]赵荣等.人文地理学[M].北京:高等教育出版社,2009:220—221

[16]Murdie, R. A. Factorial ecology of metropolitan Toronto,1951—1961[Research Paper No. 116. Department of Geography,University of Chicago]

[17]Davies W. Factorial ecology[M]. Gower, Aldershot, 1984.

[18]Walks R. The social ecology of the post-Fordist/global city. Economic restructuring and socio—spatial polarisation in the Toronto urban region[J]. Urban Studies,2001,38(3):407—447.

[19]Ludek Sykora. Processes of Socio-spatial Differentiation in Post-communist Prague [J]Housing Studies, 1990,14(5):676—701.

[20]Thomas Ott. Form concentration to de-concentration-migration patterns in the Post-socialist City[J]cities,2001,18(6):403—412.

[21]Robert Rudolph, Isolde Brade. Moscow: Processes of restructuring in the post—Soviet metropolitan periphery[J]. Cities, 2005,22(2):135—150.

[22]Chaolin Gu, Roger C. K. Chanb, Jinyuan Liuc, Christian Kesteloot Beijing's socio-spatial restructuring: Immigration and social transformation in the epoch of national economic reformation[J]. Progress in Planning,2006,(66): 249—310.

[23]Fulong Wu. Globalization, Place Promotion and Urban Development in Shanghai [J]. Journal of Urban Affairs, 2003,25(1):57—78.

[24]魏立华,闫小培.转型期中国城市社会空间演进动力及其模式研究——以广州市为例[J].地理与地理信息科学,2006,01:67—72.

[25]张京祥,吴缚龙,马润潮.体制转型与中国城市空间重构——建立一种空间演化的制度分析框架[J].城市规划,2008,06:55—60.

[26]Young K. Urban politics: an overview[A]. in: young(ed.). essay on the study of urban politics. London : Macmillan,1975:87.

[27]刘旺,张文忠.国内外城市居住空间研究的回顾与展望[J].人文地理,2004,03:6—11.

[28]J. Rex, R. Moore, Race. Community and Conflict[M]. London: Qxford University Press,1967:273.

[29]Pahl R E. Whose city[M]. Harmondsworth: Penguin, 1975.

[30]William H. Form The Place of Social Structure in the Determination of Land Use: Some Implications for a Theory of Urban Ecology[J]. Social Forces, 1954:5,32, 4, 317-323.

[31]Cox K R. Locational Approaches to Power and Conflict [M]. New York: John Wiley, 1974:23.

[32]景晓芬.社会学视角下的国内外城市空间研究述评[J].城市发展研究,2013,03: 44-49.

[33]David Harvey Social Justice, Postmodernism and the City[J]. International Journal of Urban and Regional Research, 1992,16: 588-601.

[34]Wu F. Urban restructuring in China's emerging market economy: towards a framework for analysis [J]. International Journal of Urban and Regional Research, 1997,21: 640-663.

[35]Rossi, P. H. Why families move:a study in the social psychology of urban residential mobility,Glencoe, Illinois,1955.

[36]Rowland, D. T. Living arrangements and the later family life cycle in Australia[J]. Australian Journal of Aging,1982,1,3-6.

[37]W. A. V. Clark, Jun L. Onaka. Life Cycle and Housing Adjustment as Explanations of Residential Mobility[J]. Urban Stud 1983 (20): 47-56.

[38]吴缚龙.中国城市社区的类型及其特质[J].城市问题,1992,05:24-27.

[39]虞蔚.城市社会空间的研究与规划[J].城市规划,1986,06:25-28.

[40]虞蔚.西方城市地理学中的因子生态分析[J].国外人文地理,1986,02:36-39.

[41]许学强,胡华颖,叶嘉安.广州市社会空间结构的因子生态分析[J].地理学报, 1989,04:385-399.

[42]柴彦威.以单位为基础的中国城市内部生活空间结构——兰州市的实证研究[J]. 地理研究,1996,01:30-38.

[43]顾朝林,C.克斯特洛德.北京社会空间结构影响因素及其演化研究[J].城市规划, 1997,04:12-15.

[44]王兴中等.中国城市社会空间结构研究[M].北京:科学出版社,2000

[45]吴骏莲,顾朝林,黄瑛,龙国英.南昌城市社会区研究——基于第五次人口普查数据的分析[J].地理研究,2005,04:611-619.

[46]徐旳,汪珠,朱喜钢,李唯.南京城市社会区空间结构——基于第五次人口普查数据的因子生态分析[J].地理研究,2009,02:484-498.

[47]庞瑞秋,庞颖,刘艳军.长春市社会空间结构研究——基于第五次人口普查数据[J].经济地理,2008,03:437-441.

[48]冯健,周一星.北京都市区社会空间结构及其演化(1982—2000)[J].地理研究,2003,04:465-483.

[49]李云,唐子来.1982~2000年上海市郊区社会空间结构及其演化[J].城市规划学刊,2005,06:27-36.

[50]徐旳,朱喜钢.近代南京城市社会空间结构变迁——基于1929、1947年南京城市人口数据的分析[J].人文地理,2008,06:17-22.